AF533907

WOODSTOCK

WOODSTOCK

**Die wahre Geschichte.
Vom Macher des legendären Festivals**

MICHAEL LANG

mit Holly George-Warren

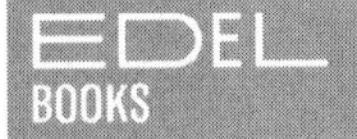

Für meine Frau Tamara und meine Kinder LariAnn, Shala, Molly, Harry und Laszlo, die mein Leben mit Liebe erfüllen.

Und für meine Eltern, Harry und Sylvia.

Ab einem gewissen Punkt gibt es kein Zurück mehr.
Diesen Punkt gilt es zu erreichen.
Kafka

Inhalt

Prolog

Es ist 10 Uhr am Montag, 18. August 1969: Jimi Hendrix spielt vor vierzigtausend Zuschauern. Etwa eine halbe Million Menschen sind in der Nacht zuvor abgereist. Viele müssen arbeiten, andere sind zu ihren Familien zurückgekehrt, die sich wegen der widersprüchlichen Meldungen über das Chaos in Woodstock Sorgen gemacht haben. Während ich von der Bühne auf die Menge hinabschaue, sehe ich, wie immer mehr Menschen aufbrechen. Jimi registriert das auch und sagt: »Ihr könnt gehen, wenn ihr wollt. Wir jammen hier bloß ein bisschen. Ihr könnt gehen oder klatschen.« Er blickt hinauf zu ein paar Sonnenstrahlen, die durch die Wolken brechen – es sind die ersten seit geraumer Zeit. »Der Himmel steht uns noch bei, wie ihr seht«, murmelt er.

Wir, die wir ganz nahe bei der Bühne stehen, sind völlig gebannt von Jimi und seiner Band of Gypsys. Die Jungs haben die ganze Nacht durchgemacht, womöglich sind sie sogar noch viel länger wach – wie viele von uns, die seit Tagen kaum mehr als ein paar Stunden geschlafen haben. Trotz allem haftet Jimi, der deutlich Dreck unter seinen Nägeln hat, in seinem weißen Fransenhemd immer noch etwas Majestätisches an. Jerry Velez, der blutjunge Percussionist, bearbeitet schweißgebadet die Congas. Juma Sultan schwingt wie ein purpurner Derwisch die Maracas und seine Percussionschlegel. Und dann sind da noch Jimis alte Kumpel aus Armyzeiten: Gitarrist Larry Lee mit einem grünen Fransentuch um den Kopf, das seine Augen bedeckt, und Billy Cox, Jimis treuer Bassist, der einen bunten Turban trägt. Im Hintergrund immer in Bewegung der famose Experience-Drummer Mitch Mitchell.

Jimi entschuldigt sich, weil er zwischen zwei Songs seine Gitarre stimmt. »Nur Cowboys sind nie verstimmt«, sagt er lachend. In einem Augenblick scherzt er mit dem Publikum und ruft einem »Mädchen in gelben Unterhosen« hinterher, mit der er am Abend zuvor herumgeschäkert hat, in einem anderen dirigiert er die Band mit einem Blick oder einer Handbewegung und schließlich versinkt er in seinem Riff, taucht mit seiner Gitarre in ferne Sphären ab. Als er wieder auftaucht, konzentriert er sich ganz auf die relativ kleine, aber enthusiastische Menge vor ihm. Mitgefühl und Dankbarkeit schwingen mit, als er das Wort an uns richtet: »Ihr habt alle sagenhaft viel Ausdauer – drei Tage lang habt ihrs ausgehalten! Ihr habt der Welt gezeigt, was ein bisschen Liebe, Verständnis und Musik ausrichten können.«

Kurz darauf erleben wir etwas vollkommen Einzigartiges: Von »Voodoo Child« leitet er über zu »The Star-Spangled Banner«. Billy Cox und Larry Lee strecken sich, fast so, als stünden sie stramm. Ich bin, wie alle anderen, völlig gebannt davon, wie Jimi die Melodie aufbaut, wie er Rückkopplungen und Verzerrungen hinzufügt. Die Nationalhymne, das wird mir schlagartig klar, wird nie mehr dieselbe sein wie zuvor. Jimi hat sich in unsere kollektive Erfahrung eingeklinkt. All das emotionale Chaos und die Verwirrung, die wir als in den 1960er-Jahren aufgewachsene junge Amerikaner durchlebt haben, strömen in diesem Moment aus den Lautsprechern. Jimis Song versetzt uns auf ein Schlachtfeld, auf dem uns Raketen und Bomben um die Ohren fliegen, auf Demonstrationen und Friedensmärsche, bei denen sich die Polizei und wütende Bürger gegenüberstehen. Es ist eine eindrucksvolle Stellungnahme gegen den Krieg, gegen ethnische und soziale Ungerechtigkeit und ein Weckruf, der uns mahnt, die Risse zu kitten, die durch unsere Gesellschaft gehen.

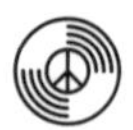

Während ich Jimi zuhöre, wandern meine Gedanken zurück zu einem Abend in einem kleinen Nachtclub in Manhattan, in dem ich als 16-Jähriger aus Brooklyn John Coltrane Saxofon spielen sah. Auch er nahm mich mit auf eine musikalische Reise, und wie Hendrix war er eine Offenbarung.

Dieses ganze Unternehmen – das Festival und der Weg dorthin – war gekennzeichnet von Augenblicken wie diesen. Was getragen war von unerschütterlichem Optimismus und wahnwitzigen Ideen und sich anfühlte wie eine Abfolge etlicher Beinahecrashs und kleiner Siege, die nur durch das Zusammenwirken engagierter und nimmermüder Helfer errungen wurden, gipfelte in einem dreitätigen Festival, wie es die Welt zuvor noch nie gesehen hatte. Erinnerungsfetzen flackern auf. Ich sehe die schwangere Joan Baez im Regen stehen, wie sie einfach nur den Augenblick genießt. Ich sehe Jerry Garcia, der an der *free stage* rumhängt und sich mit ein paar Kids, die er nie zuvor gesehen hat, einen Joint teilt. Ich sehe die Blitze, die nachts über den Himmel zucken, und die Mitglieder der Hog-Farm-Kommune, die den Leuten vor der Hauptbühne, die ihre Plätze nicht verlassen wollen, Schalen mit Müsli reichen. Ich sehe, wie Crosby, Stills and Nash um halb vier Uhr morgens auf der Bühne stehen und »Suite: Judy Blue Eyes« spielen, den Song, der mich Monate zuvor von den Socken gehauen und davon überzeugt hatte, die damals noch unbekannte Band zu buchen. Ich sehe, wie Pete Townshend Abbie Hoffman mit seiner Gitarre eins überbrät und Sly Stone mit seiner Family die Menge zu einem mitreißenden *call and response* animiert, das niemanden unberührt lässt.

Unter denjenigen, die bis jetzt geblieben sind, sehe ich eine Menge müder Gesichter; es sind die Hardcorefans und diejenigen, die einfach nicht gehen wollen.

Ich gehe quer über die Bühne und nehme den Weg über die provisorisch errichtete Fußgängerbrücke in unser Trailerlager, wo ich ein paar Minuten für mich allein sein will, bevor ich mich mit den Folgen und Nachwirkungen dieses sagenhaften Wochenendes beschäftige. In den vergangenen vier Tagen habe ich insgesamt vielleicht sechs Stunden geschlafen, und so langsam spüre ich das auch.

Meine Partner John Roberts, Joel Rosenman und Artie Kornfeld sind bereits abgereist. Mir wird klar, dass ich Joel und John das ganze Wochenende über nicht gesehen und fast nichts von ihnen gehört habe, und ich frage mich, was sie von der ganzen Sache halten. Wie es Artie ergangen ist, weiß ich. Als ihm klar wurde, dass es keine Möglichkeit gab, die Menge davon abzuhalten, unsere Zäune zu überrennen, dass von den Zehntausenden, die zu unserer kleinen Party kamen, keiner für ein Ticket zahlen würde, wurde er kurz panisch. Doch er sammelte sich schnell wieder, und während er diverse LSD-Trips einwarf und den Künstlern, die er zur Bühne führte, die Erlaubnis, sie filmen zu lassen, abzuringen versuchte, hatte er die beste Zeit seines Lebens.

Wir alle hatten die beste Zeit unseres Lebens.

Für mich war Woodstock ein Test, bei dem es darum ging herauszufinden, ob die Menschen meiner Generation tatsächlich aneinander glaubten und an die Welt, die wir aufbauen wollten. Wie würden wir uns verhalten, wenn wir Verantwortung übernahmen? Konnten wir das friedvolle Miteinander, das uns vorschwebte, tatsächlich verwirklichen? Ich war überzeugt davon, dass, wenn wir unseren Job richtig machten und mit dem Herzen dabei waren, wenn wir den Weg ebneten und den richtigen Ton trafen, alle sich mit ihrem höheren Selbst verbinden würden und etwas ganz und gar Unglaubliches schaffen konnten.

Woodstock wurde zu einem Symbol für unsere Solidarität. Das bedeutete mir am meisten – die gegenseitige Verbundenheit, die alle empfanden, die auf dem Festival arbeiteten, die dorthin kamen, um es mitzuerleben, und die auch Millionen von Menschen erreichte, die nicht dabei sein konnten, aber davon berührt wurden. An diesem einen Wochenende im August, zu einer Zeit, zu der es in unserem Land ziemlich hoch herging, zeigten wir uns von unserer besten Seite und schufen – wenn auch nur für kurze Zeit – genau die Art von Gesellschaft, nach der wir uns alle sehnten. Alles war richtig, die Zeit, der Ort, unsere Einstellung – wir waren richtig. Schlussendlich zelebrierten und bestätigten wir damit unsere Menschlichkeit. Es war meines Wissens eines der wenigen Ereignisse in der Geschichte, in der etwas durch und durch Freudvolles für Schlagzeilen sorgte.

Auf Max Yasgurs 600 Morgen Farmland gab jeder für sich seine Vorbehalte auf und alle wurden zu einer einzigen großen Familie. Zusammenzurücken, sich an der Musik und aneinander zu erfreuen und Teil einer so großen Menge zu sein, während ein Ungemach aufs nächste folgte – die vielen Staus, der ganze Regen –, war ein einschneidendes Erlebnis. Keine dieser Widrigkeiten konnte unsere Stimmung trüben. Tatsächlich rückten wir durch sie nur noch näher zusammen. Wir nahmen uns als das wahr, was wir im Kern tatsächlich sind: Brüder und Schwestern – und genau so nahmen wir einander an. Wir teilten alles, wir applaudierten jedem, wir überlebten gemeinsam.

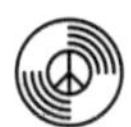

Während Jimi sein Set beendet, verlasse ich meinen Trailer und schwinge mich auf mein Bike, um den Hügel hinaufzudüsen. Ich fahre eine BSA Victor, die beim Anlassen oft Zicken macht, aber heute Morgen springt der Motor gleich beim ersten Versuch an.

Bei meinem Weg über das Areal, das sich mittlerweile in einen riesigen Sumpf verwandelt hat, steigt mir der strenge, üble Geruch der im Abbruch befindlichen »Stadt« in die Nase. Während ich den Hügel hinauffahre, sehe ich, wie die Crew Jimis Equipment abbaut und sich Hunderte von Menschen anschicken, den Müll von den völlig zertrampelten Feldern einzusammeln. Die Bühne, auf der eine total ausgelaugte Crew Kabel aufrollt und Instrumente verpackt, hebt sich eindrucksvoll von dem schlammigen Flickenteppich ab. Ein überdimensionales Leinentuch flattert darüber im Wind. Es sieht aus wie ein riesiges Segel, das sich von seinem Mast losgerissen hat, und erinnert mich an das Schiff aus Nimmerland. Es ist mit uns zu einem großen Abenteuer aufgebrochen und hat alle wieder sicher nach Hause gebracht. In der Ferne erkennt man den See, der uns als Haupttrinkwasserreservoir gedient hat; sein Wasserstand ist sichtbar gesunken. Noch weiter hinten, auf den Hügeln rund um das Gelände, sieht man Menschen, die von den Zeltplätzen strömen und sich auf den Heimweg machen. Die Erfrischungsstände hinter mir sind leer und verlassen. Sanitärwagen und Gülletransporter fahren über die inzwischen wieder passierbaren Straßen zum Festivalgelände hinab. Im Wald zu meiner Linken jenseits der Hurd Road entdeckt man allenthalben bunte Stoffreste und farbige Markierungen – Überbleibsel der vielen Marktstände, die hier aufgebaut worden waren.

Ich stelle den Motor ab und parke meine Maschine neben den Trümmern eines ehemaligen Gartenstuhls, in dessen Umkreis auch noch ein versiffter Schlafsack, eine kaputte Sandale und eine zerbeulte Feldflasche liegen. Das lange Wochenende, das hinter uns liegt, hat uns auf die Probe gestellt, doch wir haben den Test bestanden.

Der Weg, der uns hierherführte, war außergewöhnlich – gelegentlich sogar ein wenig magisch. Hunderte von Menschen begleiteten mich auf dieser Odyssee und arbeiteten unermüdlich selbst gegen die ärgsten Widrigkeiten an.

Ich weiß nicht genau, wie es jetzt weitergehen wird. Finanzielle Probleme sind absehbar und man wird sich um die angeschlagene Woodstock-Ventures-Gesellschaft kümmern müssen. Aber das Wichtigste ist, dass Woodstock überhaupt zustande gekommen ist.

Während ich hier oben vom Hügel aus hinabschaue, erinnere ich mich an den vergangenen Freitag, an den Moment, als Richie Havens, ein Kerl wie ein Baum, in einem orangefarbenen Dashiki die Bühne betrat. Er eröffnete das Festival, was schlicht und einfach daran lag, dass er und seine Band bereits da waren und als Erste loslegen konnten. Als wir über die Brücke zur Bühne gingen, verriet sein Blick großes Erstaunen und dann flackerte sogar ein wenig Angst in seinen Augen auf, angesichts der atemberaubend großen Menschenmasse, die sich über mehrere Kilometer vor der Bühne zu erstrecken schien.

»Wir fangen gerade an zu begreifen«, sagte ich.

Woodstock war eine Chance, ein Augenblick, ein Zuhause, etwas, worauf wir alle gewartet und hingearbeitet hatten. Als Richie zu singen begann und rhythmisch auf seine Akustikgitarre eindrosch, als wäre es eine *talking drum*, war ich mir zum ersten Mal richtig sicher, dass alles gut würde. Die Show lief, das Festival hatte begonnen. Es war der Moment, auf den alles ausgerichtet war, was wir in den vergangenen zehn Monaten getan hatten – und ich war überglücklich.

Plötzlich hält ein Pick-up hinter mir an und jemand reißt mich aus meinen Träumen. »Michael! Artie hat gerade angerufen. Sie brauchen dich an der Wall Street – und zwar *pronto!*«

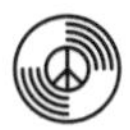

Kapitel 1

Brooklyn

Ich sitze im dunklen, verqualmten Five-Spot-Club in der Bowery in Lower Manhattan und erlebe, wie John Coltrane mit seiner Musik die Grenzen auslotet – ohne Netz und doppelten Boden. Er wirkt, als sei er einfach gespannt zu sehen, wo ihn seine Musik hinführt, er lässt sie heraus und sein Saxofon folgt seiner inneren Stimme. Er sorgt sich nicht um das, was vor ihm liegt. Er weiß um die Gefahren, die damit einhergehen, aber auch, dass alles irgendwie gut werden wird und dass es unheimlich spannend ist, auf dieser Grenze zu balancieren. Genau dort wollte er sein. Für mich, den 16-jährigen Grünschnabel aus Brooklyn, war das ein völlig neues Konzept. Die Vorstellung, keine konkrete Form einhalten oder vorgegebenen Regeln folgen zu müssen, sondern zu improvisieren, einer inneren Inspiration zu folgen, leitete mich fortan.

Ich wuchs in den späten 1940er- und 1950er-Jahren in Bensonhurst inmitten zahlreicher jüdischer und italienischer Familien auf. Meine Eltern, Harry und Sylvia Lang, hatten osteuropäische Wurzeln, und wie viele andere Mittelschichtfamilien in diesem Viertel führten sie ein einfaches Leben. Mein Vater war Heizungsinstallateur und besaß ein eigenes Unternehmen, Lang Engineering. Um die Buchhaltung des Betriebs kümmerte sich meine Mutter. Nebenbei war mein Vater aber auch Erfinder. In jungen Jahren hatte er ein Ballastsystem für Marine-U-Boote und eine Schadstofffilteranlage für Kohlekraftwerke entwickelt. Ich vermute, dass er wohl ein wirklich spannendes Leben hätte führen können, wenn meine ältere Schwester Iris und ich nicht gewesen wären.

Mein Vater hat mich immer zur Selbstständigkeit erzogen. Sie war für ihn das Wichtigste. Sie musste man sich bewahren, komme was wolle. Schon früh zeigte er mir, wie man sich aus heiklen Situationen heil wieder herauslavieren kann. »Verantwortung übernehmen und weitermachen«, lautete sein Motto, sich nur so viel Abstand zu den Dingen zugestehen, dass man in der Lage ist, klare Gedanken fassen zu können, und den eigenen Instinkten vertrauen. Das war seine Strategie, mit der auch ich immer gut gefahren bin.

Neben der Firma investierten meine Eltern mit wechselndem Erfolg immer wieder in diverse Nebenprojekte. Das Coolste war ein lateinamerikanischer Nachtclub an der Upper West Street, das Spotlight. In den 1950er-Jahren war Mambo der letzte Schrei und Musiker aus Puerto Rico und Kuba lockten das Publikum in Scharen an. Der Spotlight-Club war nichts anderes als ein langer, dunkler Raum mit einer großen Bar an einer der Längswände. Im hinteren Bereich befand sich eine große Tanzfläche und am Ende der Bar gab es eine Empore für die Band. Tagsüber wirkte der Raum ziemlich trist, aber sobald es dunkel wurde, funkelte und glitzerte die Einrichtung um die Wette und alles sah richtig glamourös aus. Im Stockwerk darunter gab es einen großen Keller, der sich über die gesamte Tiefe des Clubs erstreckte. Der berühmte Kapellmeister Tito Puente, der auch unter dem Namen El Rey bekannt war und lateinamerikanische Musik als Vorläufer der heutigen Salsa berühmt machte, lagerte dort einige seiner Trommeln. Ich war elf oder zwölf und hatte gerade selbst mit dem Schlagzeugspielen begonnen, als ich El Rey im Spotlight-Club traf. Er sah wahnsinnig gut aus mit seinen tiefschwarzen Haaren und bestärkte mich darin, mit dem Schlagzeugspielen weiterzumachen. Er ließ mich sogar ein paar Takte auf seinem eigenen Kit spielen. »Oye Como Va« war damals eines seiner bekanntesten Stücke, das ein Jahrzehnt später, nachdem es Santana in Woodstock gespielt hatten, auch zu einem Hit für die Band wurde.

Der frühe Rock 'n' Roll, der zu seinem Siegeszug ansetzte, als ich noch klein war, beeindruckte mich gewaltig. Elvis Presley, Buddy Holly, Chuck Berry, Little Richard und vor allem Bill Haley and the Comets' »Rock Around the Clock« sowie der Film *Die Saat der Gewalt*, dessen Titelsong diese Nummer war, hatten es mir angetan. Damals gab es in unserem Viertel viele Musiker, die auf der Straße a capella sangen. Mit einem fantastischen Doo-Wop-Sänger, der im selben Block wohnte wie ich, spielte ich Stickball.

Ich war der Einzige in meiner Familie, der ein Instrument spielte, und mit zwölf schloss ich mich einer Rock-'n'-Roll-Band an – was hauptsächlich bedeutete, dass ich fortan mein Drumkit etliche Treppenabsätze rauf- und runterschleppen konnte, um an so angesagten Orten wie dem jüdischen Gemeindesaal am Bay Parkway auftreten zu dürfen. Trotz allem vermittelten mir diese Gigs eine Ahnung davon, welche Kraft von der alles verbindenden Musik ausgeht. Darüber hinaus spielte ich noch Schlagzeug im Musikkorps der Seth Low Junior High. Doch Umzüge und Uniformen waren nichts für mich. Als ich am St. Patrick's Day zum ersten Mal mit dem Korps die Fifth Avenue entlangmarschierte, bog ich in null Komma nichts in die Sixtieth Street ab und damit hatte es sich für mich. Das war die erste und letzte Parade, an der ich teilnahm.

Jeden Sommer fuhr ich in ein Ferienlager ins Sullivan County, hundertfünfzig Kilometer nördlich von New York City in den Catskill Mountains. Ich war sehr gerne in der freien Natur, vor allem liebte ich das Reiten. In meinem letzten Jahr im Ferienlager, ich war damals elf, überredete ich einen ziemlich lustlosen Stallburschen dazu, mich an seiner Stelle die Pferde pflegen und Urlauber auf Ausritte begleiten zu lassen. Er vertraute mir ein prächtiges Paint Horse namens Bobby an. Ohne Sattel in vollem Galopp auf ihm durch die Gegend zu reiten, war für mich der Inbegriff der Freiheit. In diesem Sommer machte ich auch meine allererste sexuelle Erfahrung, in einer Scheune.

Im Winter fuhren wir mit der Familie immer mit dem Auto runter nach Miami, und im Herbst ging es Richtung Norden nach Kanada, wobei uns der Indian Summer mit den bunt verfärbten Laubwäldern immer wieder aufs Neue faszinierte. Meine Eltern liebten diese langen Autofahrten mit Iris und mir. Ich war vom Autofahren ebenso begeistert wie mein Vater, der mir schon zeigte, wie es geht, als ich erst zehn oder elf war. An dem Tag, an dem ich meinen Lernführerschein erhielt, dank dem ich begleitet fahren durfte, fuhr er mit mir nach Manhattan und ließ mich durch ein unglaubliches Verkehrschaos nach Brooklyn zurücknavigieren. Kurz nachdem ich die Prüfung bestanden und meinen richtigen Lappen hatte, kaufte ich mir ein Motorrad. Und mit diesem Bike war ich ziemlich waghalsig unterwegs. Ich legte mich auf den Sitz, um den Luftwiderstand so weit wie möglich zu verringern, und gab auf dem Belt Parkway ohne Rücksicht auf Verluste Gas. Nach ein paar Jahren hörte ich auf, auf der Straße zu fahren, weil mir klar wurde, dass ich sonst irgendwann draufgehen würde, doch der Kick, den ich von der Raserei bekam, war wie eine außerkörperliche Erfahrung. Es war ein Gefühl, das ich immer wieder nachzuerleben versuchte.

Es war nicht lange nach meinem vierzehnten Geburtstag, als mein Freund Irwin Schloss und ich zum ersten Mal Gras rauchten. Sein älterer Bruder Marty, der heute als radikaler Rabbi in

Israel lebt (und in den 1980er-Jahren die Bar-Mizwa für einen der Söhne von Bob Dylan zelebrierte), leitete damals das Cauldron, ein irres makrobiotisches Restaurant im East Village, das seiner Zeit ziemlich weit voraus war. Marty beeinflusste uns stark. Er beschäftigte sich mit fernöstlicher Philosophie, führte ein sehr unbürgerliches Leben – und eines Tages gab er Irwin ein bisschen Gras. Damals war Marihuana zwar unter Jazzmusikern und Beat-Autoren schon sehr angesagt, aber weit davon entfernt, ein Thema für die breite Öffentlichkeit zu sein. Unseren ersten Joint rauchten Irwin und ich an einem Herbstnachmittag im Seth Low Park direkt vor unserer Schule. Ich erinnere mich noch sehr genau daran. Wir hatten die Tüte mit gelbem Papier gedreht und nach dem Anzünden hörte man die ganze Zeit über die Marihuanasamen darin aufplatzen. Das war lange vor der Zeit der Hydrokulturen und der Züchtung samenloser Pflanzen.

Eine Wirkung konnte ich beim ersten Mal nicht feststellen. Marty hatte uns erklärt, wie man inhaliert. Ich weiß nicht mehr, wie oft ich es versuchte, bis ich endlich high wurde, aber als es dann so weit war, hatte ich einen stundenlangen Lachflash. Es war ein echtes Aha-Erlebnis. Fortan legten Irwin und ich beim Kiffen Musik auf und begannen uns dann irgendwann schlappzulachen, bis der Fressflash einsetzte. Meine Experimente mit Marihuana und später auch LSD brachten mich weiter als jedes Zweirad oder Auto, das ich je besaß.

An den Wochenenden kaufte ich Nickelbags, Marihuana im Wert von 5 Dollar, das in kleinen braunen Umschlägen verkauft wurde. Ich lümmelte in meinem Zimmer rum, stellte den Radiosender WJZ ein und hörte mir die Freitagnachtsendung von Symphony Sid an, durch die ich auf Musiker wie Charlie Parker, John Coltrane, Thelonious Monk, Miles Davis, Dizzy Gillespie, Max Roach und Celia Cruz aufmerksam wurde. Dabei saß ich am offenen Fenster, rauchte meinen Joint und blies den Qualm in die Nachtluft hinaus. Ich liebte es, Jazz zu hören, wenn ich stoned war. Während der Sendung sagte Symphony Sid manchmal, dass er müde sei und dass Zuschauer, die etwas hätten, das ihn wach halten könne, eingeladen seien, ihn im Studio zu besuchen. Irgendwann wurde er nach einer Marihuanarazzia von WJZ gefeuert.

Bald fand ich heraus, dass mein Freund Kenny, der die Schule geschmissen hatte, ein leidenschaftlicher Kiffer war. Wir gingen zu ihm nach Hause und zogen uns die Joints rein. Seine Eltern waren nie zu Hause. Als ich eines Tages von einem Besuch bei Kenny zurückkam, stellte mich meine Mutter zur Rede. Sie hatte meinen Schrank aufgeräumt und dabei ein paar Gramm aus meinem Vorrat gefunden. Ich wollte das Zeug unbedingt retten, also musste ich mir blitzschnell was einfallen lassen. Da kam mir die Idee: Ich griff mir die *Encyclopædia Britannica,* schlug unter *Cannabis sativa* nach und hielt meiner Mutter den Artikel unter die Nase. Ich wusste, dass das, was dort geschildert wurde, ziemlich harmlos war, denn ich hatte mir den Eintrag bereits durchgelesen, als ich mit dem Kiffen begonnen hatte. Ziemlich sachlich wurde darin erklärt, dass Marihuana nicht abhängig macht. »Ich weiß, was ich tue«, erklärte ich meiner Mutter. »Dass Gras eine Einstiegsdroge ist und unweigerlich zum Konsum härterer Sachen führt, ist bloß ein Ammenmärchen. Das Rauchen macht Spaß und hilft mir dabei, Dinge von einer anderen Warte aus zu betrachten. Und du weißt ja, dass ich keinen Alkohol trinke.«

Dieses Gespräch entschärfte die Situation insoweit, dass wir uns, als mein Vater nach Hause kam, alle zusammen an den Küchentisch setzten und nüchtern über die Angelegenheit sprachen. Meine Eltern verhielten sich dabei ziemlich vernünftig. Sie waren nicht gerade begeistert von dem, was ich tat, ließen sich aber mit der Erklärung beruhigen, dass der Konsum nicht schädlich sei. Dass sie selbst die Prohibition miterlebt hatten, hatte sicher auch etwas damit zu tun, dass sie so gelassen reagierten. Mein Vater hatte kurzzeitig sogar mal für einen Schwarzbrenner gearbeitet. Im Schuljahr 1958/59 gab es an unserer Schule bereits eine kleine Kampagne gegen Drogenkonsum. »Seht euch vor, Marihuanakonsum ist der erste Schritt in die Drogensucht«, hieß es da. Die wirklich großen Antidrogenkampagnen begannen aber erst später. Die Behörden machten zu jener Zeit noch hauptsächlich Comics und Rock 'n' Roll für die Jugendkriminalität verantwortlich.

Mit sechzehn kam ich zum ersten Mal mit LSD-25 in Kontakt – dem klassischen Pharmazeutikum, das vom Schweizer Chemiekonzern Sandoz entwickelt worden war. 1961 war LSD als Droge noch so gut wie unbekannt. Das war noch vor Timothy Leary und seinem Slogan „Turn on, tune in, drop out!", und die Substanz selbst wurde erst fünf Jahre später verboten. Ich hatte also keine Ahnung, auf was ich mich da einließ. Meinen ersten Trip schmiss ich bei Kenny. Er zeigte mir eine kleine Phiole mit einer klaren, blauen Flüssigkeit. Ich weiß nicht, wie er daran gekommen war oder wer ihm erklärt hatte, wie man das Zeug einnimmt. Mit einer Pipette träufelte ich mir ein klein wenig Flüssigkeit auf ein Stück Würfelzucker, steckte mir den Zucker in den Mund, wo er sich langsam auflöste, und wartete.

Und dann wurde urplötzlich alles glasklar und hyperreal. Jeder meiner Sinne war geschärft. Einige sogar mehr als das. Nie werde ich das Gefühl vergessen, das sich einstellte, als ich alles plötzlich ganz klar sah. Ich liebte es, Musik aufzulegen, wenn ich auf LSD war. Man ging voll auf in dieser Welt, ganz gleich ob man Jazz, klassische Musik, indische Klänge oder später auch Psychedelic Rock von Leuten wie Hendrix oder den Mothers of

Invention hörte. Es spielte keine Rolle, was es für Musik war: Sie saugte einen geradezu auf. Man selbst wurde zur Musik.

LSD eröffnete mir eine ganz neue Art des Denkens. Ich begann Bücher zu lesen wie Hermann Hesses *Siddhartha,* die Schriften von Khalil Gibran und Aldous Huxleys *Die Pforten der Wahrnehmung* (Orig. *The Doors of Perception* – die Essaysammlung, auf die der Name der Band von Jim Morrison und Ray Manzarek zurückgeht). Mit einem Mal war ich ein Reisender. Trips zu werfen bedeutete, sich selbst an seine Grenzen zu bringen, die eigene Bequemlichkeit und das, woran man gewohnt ist, hinter sich zu lassen. Es war, als gebe man die vernunftgesteuerte Kontrolle ab. Schon bei meinem ersten Trip hatte ich den Eindruck, dass sich eine Tür zwischen meinem Bewusstsein und meinem Unterbewusstsein öffnet, zwischen mir und dem Kosmos. Ich konnte einen umfassenden Blick auf meine eigene Persönlichkeit werfen. Ich war mit allem verbunden. Ich fühlte mich immer sehr wohl in diesem veränderten Bewusstseinszustand. Der ein oder andere meiner Bekannten flippte auf LSD schon mal aus, aber ich hatte nie Probleme mit den Empfindungen, die die Droge hervorrief, ich konnte sie immer gut verarbeiten. Es war eine Lernerfahrung, eine Offenbarung. Eine Paranoia habe ich kein einziges Mal erlebt. Ich war nie auf einem Horrortrip.

Als ich zum zweiten oder dritten Mal auf LSD war, beschlossen meine Freunde und ich, mit der U-Bahn nach Manhattan zu fahren. Ich saß gleich neben der Türe und beobachtete, wie sich der Typ mir gegenüber in einen Hasen verwandelte. Zuerst zuckte er mit der Nase, dann wuchsen ihm Schnurrhaare und lange Ohren. Das rief bei mir keine Panik hervor, ich ließ es einfach geschehen und beobachtete die Metamorphose interessiert. Um etwa vier Uhr in der Frühe kamen wir am Times Square an und schlenderten durch die leeren Straßenschluchten. Ich war ungeheuer fasziniert von allem, was ich sah, und das

Nächste, woran ich mich erinnere, ist, dass ich alleine war. Meine Freunde waren verschwunden. Irgendwann, nachdem ich, wie mir schien, meilenweit gelaufen war, kam ich in einen dunklen Wald. Ich setzte mich auf eine Bank und verlor mich in einem stundenlangen Dialog mit der Natur. Dann blickte ich auf und stellte fest, dass die Sonne aufgegangen war. Ich sah das Empire State Building vor mir aufragen und das holte mich zurück in die Realität. Es stellte sich heraus, dass ich lediglich im Park der Little Church Around the Corner nahe der Fifth Avenue gelandet war.

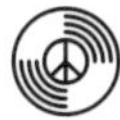

In dem Sommer, als ich die elfte Klasse beendet hatte, entdeckte ich Greenwich Village. Ich war zuvor schon ein paarmal mit meiner Familie dort gewesen. Wir hatten in einem Theater an der Christopher Street *Die Dreigroschenoper* gesehen oder waren einfach ein bisschen herumspaziert. Aber 1961, als ich Kenny und seine neue Freundin Kathy, eine aparte Rothaarige, dort in einem kleinen Laden names Village Corner traf, war ich auf Anhieb begeistert von der nachbarschaftlichen Atmosphäre, dem kulturellen Vibe und den Menschen, die dort lebten. Kenny und Kathy hatten eine Freundin, eine unglaublich gut aussehende Afroamerikanerin namens Pauline. Sie und Kathy teilten sich ein Apartment am West Broadway 500. Zwischen Pauline und mir funkte es sofort. Ich verbrachte fast den ganzen Sommer bei ihr und machte mich in dem Apartment der beiden breit.

Pauline und Kathy arbeiteten als »Hostessen«, wobei Pauline keine Kunden bediente, sondern sich um die Organisation kümmerte. Sie vergab Termine und brachte die Mädchen an zuvor verabredete Orte, wo sie sich mit ihren »Dates« trafen. Ich habe mir keinen großen Kopf um das gemacht, was sie tat. Ich dachte mir einfach, das ist ihr Leben und ihre Art und Weise, Geld zu verdienen. Ich hatte zuvor schon die ein oder andere Freundin gehabt, aber die Zeit mit ihr war wirklich außergewöhnlich. Abends warf sie sich in Schale, wie Frauen das damals taten, trug High Heels und enge Cocktailkleider, ganz das glamouröse Callgirl, immer elegant, nie trashy. Ihre Kundschaft bestand aus wohlhabenden Geschäftsmännern, die viel Geld für ihre Dienstleistungen bezahlten – sie nahm mehrere Hundert Dollar für ihre Services. Das war damals eine Menge Holz.

Die Mädchen wohnten in einem kleinen Hinterhofgebäude auf der Grenze zwischen dem Village und dem heute als SoHo bekannten Viertel, das damals noch sehr industriell geprägt war, mit vielen alten Fabriken und Lagerhallen, die erst ganz allmählich zu Künstlerlofts umgebaut wurden. In dem Apartment der beiden herrschte ein unkonventionelles, bohemehaftes Flair. Matratzen lagen auf dem Boden, Kerzen brannten in jeder Ecke, ständig lief Musik, dunkle Schals hingen vor den Fenstern und über den Lampen. Wir verbrachten allerdings nicht viel Zeit dort, in der Regel waren wir nur zum Schlafen da. Nachmittags zeigte mir Pauline das Village. Meist trug sie dabei einen Rock über einem hautengen Body und eine Perücke. Den Abend begannen wir in der Regel im Village Corner und zogen dann von dort aus weiter ins Village Gate oder Five Spot, um Jazz zu hören. Ich fand es immer faszinierend zu beobachten, wie vier oder fünf Musiker ohne jegliche Vorgabe miteinander spielen und improvisieren konnten. Gelegentlich endete unser Abend auch in Harlem, wo wir uns die Jazz- und R&B-Clubs ansahen.

Die ganze Welt, in der Pauline lebte, faszinierte mich. Allmählich entwickelte sich aus der ehemaligen Beatszene die Folkszene als neue Gegenkultur. Das Leben zwischen all den Fotografen, Malern, Minderheiten und Außenseitern, die ihren eigenen Weg gingen, statt mit der Masse mitzuschwimmen, war ungeheuer inspirierend. Die Leute machten kleine Läden auf, deren Angebot auf die speziellen Wünsche der Anwohner zugeschnitten war. Bei A Different Drummer etwa am St. Mark's Place im East Village konnte man Secondhandklamotten kaufen. Die Mode veränderte sich, die Leute zogen sich anders an als früher. Ich ließ meine Haare wachsen. Das Village präsentierte mir einen sehr reizvollen Lifestyle, der so ganz anders war als das, was ich aus Bensonhurst kannte.

Nach etwa zwei Monaten erklärte mir Pauline, dass sie den Eindruck habe, ich würde mich in sie verlieben, unsere Beziehung jedoch nichts für die Ewigkeit sei. Sie entlarvte mich als genau den Grünschnabel, der ich war, und wollte vermeiden, dass ich mich zu sehr an sie band. Es tat weh, aber sie sorgte dafür, dass es eine sehr freundschaftliche Trennung wurde. Ich sah Pauline nie wieder, doch der Sommer mit ihr veränderte mich. Sie öffnete Türen, die sich nie wieder schlossen.

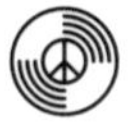

In meinem letzten Jahr an der Highschool bekam ich – dank meines Studienberaters Mr. Bonham – die Chance, früher als geplant an die Uni zu wechseln. Die New York University erlaubte mir, mich schon im Januar einzuschreiben, allerdings unter der Voraussetzung, dass ich die Highschool in Abendkursen beendete. Und so kehrte ich bereits Anfang 1962 ins Village zurück.

Meine Eltern waren sehr angetan davon, wie sich die Dinge entwickelten. Es war immer ihr Ziel gewesen, dass ich studiere, und die NYU war damals nicht teuer, außerdem konnte ich von Brooklyn aus dorthin pendeln. Im Sommer ergatterte ich einen

Job in einem angesagten Laden namens Village Cobbler an der Bleecker Street. Wir verkauften ausgefallene Ohrringe, Lederwaren, Kunsthandwerk und eine Menge anderen Nippes. Ich liebte das Leben inmitten der sich entwickelnden Folkszene im Village. Die neue Musikrichtung war gerade mächtig im Kommen und eine ganz neue Generation von Singer-Songwritern erklomm die Bühnen in den Villageclubs. Bob Dylans erstes Album war bereits bei Columbia herausgekommen, aber gelegentlich trat er immer noch irgendwo im Viertel auf. Ich trieb mich herum in den Kaffeehäusern und Clubs rund um die Bleecker und die MacDougal Street – Café Wha?, Bitter End, Gerde's Folk City und Gaslight – und sah dort Leute wie Bob Gibson, Phil Ochs, Jack Elliott, Fred Neil und Dave Van Ronk. Im Washington Square Park wimmelte es von Bongospielern und allen möglichen anderen Musikern, Künstlern und Dealern. Gras bekam man dort rund um die Uhr.

Ich saß oft in einem kleinen Kaffeehaus namens Rienzi's an der MacDougal Street und beobachtete die flippige, bunte Menge durch das Fenster. Richtige Hippies waren das damals noch nicht, eher eine frühe Vorform. Um das lebhafte Villagetreiben zu dokumentieren, hatte ich mir eine Super-8-Kamera zugelegt. Ich plante eine Doku mit dem Titel *A View from Rienzi's* und machte dafür auch einige Aufnahmen, ein fertiger Film wurde daraus allerdings nie.

Kurz vor meinem achtzehnten Geburtstag im Dezember erhielt ich ein Schreiben mit der Aufforderung, mich für den Militärdienst mustern zu lassen. 1962 waren die Vereinigten Staaten noch nicht direkt in den vietnamesischen Bürgerkrieg involviert, doch die Situation spitzte sich mehr und mehr zu. Meiner Meinung nach gab es für die USA keinen Grund, sich in einen seit bereits über vierzig Jahren schwelenden Konflikt in Südostasien einzumischen. Ich hatte nichts gegen die Vietnamesen. Drei Wochen lang ging ich in der Hoffnung zum Psychiater, eine Untauglichkeitsbescheinigung zu erhalten. Dem Arzt war schnell klar, dass ich keinen Respekt vor Autoritäten hatte und niemals auf einen anderen Menschen schießen würde, nur weil mir das befohlen wurde. Er schrieb einen Bericht, der mit dem Fazit endete, dass ich kein guter Kandidat für den Militärdienst sei. Ich dachte, damit wäre für mich alles geklärt und ich hätte die Untauglichkeitsbescheinigung bereits in der Tasche. Stattdessen wurde ich zur Musterung in die Brooklyner Borough Hall bestellt.

Ich ließ das ganze Prozedere an Tests und ärztlichen Untersuchungen über mich ergehen und wartete nur darauf, dass man mich vortreten ließ und mir mitteilte: »Sie sind nicht das, was wir suchen.« Doch das passierte nicht. Schließlich entschied ich mich, die Anweisungen der Uniformierten, die uns während der Musterung begleiteten, zu missachten, scherte aus der Reihe aus und rannte nach unten ins Büro des Psychiaters. Ich stürmte in den Raum und platzte los: »Hören Sie, ich weiß nicht, ob Sie sich meine Papiere überhaupt angesehen haben, aber Sie werden mich in Ihrer Truppe nicht haben wollen.« Anschließend besprach ich meine Angelegenheit in Ruhe mit dem Therapeuten. Ich erklärte ihm, dass ich moralische Bedenken gegen den Krieg als solchen hatte und das Töten anderer für sinnlos hielt. Der Vietnamkonflikt war damals noch nicht so weit fortgeschritten, dass das Militär verzweifelt Soldaten suchte. Vier, fünf Jahre später sah das völlig anders aus, da war es kaum möglich, sich der Einberufung zu entziehen. Ich hingegen erhielt nach meinem langen Gespräch mit dem Seelenklempner meine Untauglichkeitsbescheinigung.

Das war das Letzte, was ich von der Einberufungsbehörde hörte. Es war mir gelungen, mich dem Einsatz in einem Krieg zu entziehen, an den ich nicht glaubte. Ich hätte mir damals niemals vorstellen können, dass am Ende des Jahrzehnts Millionen gleichgesinnter junger Menschen in Woodstock die gleiche Auffassung wie ich vertreten und sich für den Frieden einsetzen würden.

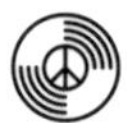

Kapitel 2

The Grove

Während der Regen auf die nicht überdachte Bühne prasselt, regt sich zunehmend Unmut in der Menge. Ein paar Idioten beginnen, mit Colaflaschen und Steinen um sich zu werfen und lauthals Musik zu fordern. Bei dem Wetter kann ich keine Band mit elektronisch verstärkten Instrumenten auf die Bühne schicken, auch wenn ein durchgeknallter britischer Sänger verkündet, dass seine Band, Crazy World of Arthur Brown, gerne auftreten würde und dabei sogar auf einen Stromschlag hoffe. »Das würde wunderschön aussehen«, erklärt er. Mir bereitet die Vorstellung des brutzelnden Arthurs kein besonderes Vergnügen.

Was wir brauchen, ist ein mitreißender Akustikact.

Als der Regen endlich etwas nachlässt und die Crew beginnt, das Wasser von der – aus zwei Tiefladern bestehenden – Bühne zu schippen, entdecke ich John Lee Hooker hinter der Bühne. Rauchend und cool wie immer sitzt er da und wartet auf seinen Auftritt. Das ist mein Mann!

Zwanzig Minuten später hängt das Publikum dem fünfzigjährigen Bluesveteranen an den Lippen. Er ist vermutlich schon unter weitaus schlimmeren Bedingungen aufgetreten. Mit tief in die Stirn gezogenem Porkpie und Sonnenbrille spielt er zunächst seinen Klassiker »Boogie Chillen'« und danach einem improvisierten talking blues, *in dem er darüber sinniert, wie es ist, im Regen zu spielen. Das Publikum ist gebannt von seiner Darbietung, und ich staune, welche Macht die Musik über die Menschen hat, dass sie sie derart ergreift und verwandelt. Zum Ende des Auftritts klettert eine Frau auf die Bühne und legt John Lee einen Blumenstrauß vor die Füße.*

Im Frühjahr 1964 begann ich mein Studium an der University of Tampa. Es zeigte sich allerdings rasch, dass Tampa wenig mehr war als eine Stadt voller Astronauten. Mich hielt es nur sechs Monate dort. Die Atmosphäre war mir einfach zu spießig, zu verkrampft. Ich zog also wieder nach New York und ging zurück zur NYU, reiste zwischendurch aber immer wieder gerne nach Florida. Einer meiner Freunde aus Bensonhurst, Bob West, begleitete mich oft nach Miami. Mit einem New Yorker Kennzeichen Richtung Süden zu fahren, war damals nicht ganz ohne. Sogenannte Freedom Riders aus dem Norden, die in den Süden fuhren, um dort für die Durchsetzung der gesetzlich festgeschriebenen Bürgerrechte zu kämpfen, gerieten oft in Schwierigkeiten. Auch meine Schwester gehörte zu den Aktivisten. Nachdem sie ihr Jurastudium abgeschlossen hatte, übersiedelte sie mit ihrem Mann, Paul Brest, der Anwalt war, nach Mississippi und arbeitete dort knapp zwei Jahre lang für den Legal Defense Fund, der sich dafür einsetzte, die Rassentrennung an den Schulen abzuschaffen.

Im Süden wurden Leute aus dem Norden – insbesondere solche mit langen Haaren – nicht selten schief angesehen. Einmal fuhren Bob und ich mit einer Corvette nach Florida und machten irgendwo in South Carolina an einem Imbiss Halt. Unsere Haare waren zu der Zeit ziemlich lang. Wir setzten uns an die Theke, und während wir Kaffee bestellten, fiel uns ein Schild neben der Milchmaschine auf, auf dem stand: DER KU-KLUX-KLAN HAT DICH IM VISIER. Ohne darüber nachzudenken, wo wir gerade waren, brachen wir in schallendes Gelächter aus, wodurch wir die Aufmerksamkeit einiger Gäste erregten. Die Stimmung in dem Laden heizte sich in Windeseile auf, bis wir letztlich – fast wie in einem Film – die Beine in die Hand nahmen, zu unserem Auto rannten und uns vom Acker machten. Eine Horde junger Halbstarker war uns auf den Fersen. Sie sprangen auf einen Pick-up und nahmen die Verfolgung auf, doch gegen unsere Corvette hatten sie natürlich keine Chance.

Während eines weiteren Ausflugs nach Florida landeten Bob und ich auch in Coconut Grove, einer lauschigen, tropischen Kommune südlich von Miami. Sie war nicht weit entfernt vom Campus der University of Miami und gefiel uns sehr mit ihrem künstlerischen Flair und ihrer entspannten Atmosphäre. Coconut Grove war für mich eine große Offenbarung – der perfekte Ort zum Leben.

Ende 1965, während des Wintersemesters an der NYU, hatte ich vom Büffeln die Nase voll. Ich wollte nach Miami ziehen und einen Headshop eröffnen. Immer wieder hatte ich erlebt, wie meine Eltern in neue Unternehmen investiert hatten, ganz gleich ob sie sich mit der jeweiligen Branche auskannten oder nicht, und dachte daher: Warum nicht? »Learning by doing« hieß ihre Devise und so wollte ich es auch halten. »Studieren ist nichts für mich«, erklärte ich ihnen. »Ich will endlich auf eigenen Beinen stehen.« Wie immer waren sie zwar skeptisch, unterstützten mich jedoch. Ich brach mein Studium an der NYU nach dem Wintersemester ab und entwickelte Ideen, knüpfte Kontakte und konzipierte Strategien, wie sich die Idee mit dem Headshop umsetzen ließ. Ich verkaufte ein bisschen Gras, um über die Runden zu kommen, und hatte etwa vier-, 5000 Dollar auf der Bank, die teils noch von den Geschenken stammten, die ich zu meiner Bar-Mizwa bekommen hatte, sowie aus Einnahmen durch diverse Nebenjobs, die ich über die Jahre gespart hatte. Damit hatte ich erst mal genug, um Waren zu kaufen, einen Laden zu mieten und ein Geschäft aufzubauen.

Während meines letzten Semesters an der NYU hatte ich wieder engeren Kontakt zu Ellen Lemisch. Ellen und ich hatten uns schon als Kinder im Optikerladen ihres Vaters kennengelernt. Sie und ihre eineiige Zwillingsschwester lebten in einem großen Apartment an der Upper West Side. Sie boten Zimmer zur Untermiete an, und ihre Wohnung war ein wahrer Tummelplatz für allerlei interessante Leute, die sich dort die Klinke in die Hand gaben. Es war fast so etwas wie ein alternativer Salon – ständig war Leben in der Bude. Ellen und ich verliebten uns ineinander, und sie beschloss, mit mir nach Florida zu gehen. Sie kannte zahlreiche Kunsthandwerker, die kleine Vorratsdosen und andere hübsche Dinge zur Aufbewahrung von Cannabisprodukten herstellten, und so legten wir uns nach und nach ein kleines Warendepot für den Shop an.

Im East Village hatte der junge Unternehmer Jeff Glick mit dem »Head Shop« den allerersten Laden dieser Art eröffnet. Er lag an der East Ninth Street und das Angebot umfasste Zigarettenpapier, Pfeifen und allerlei anderen Kram für den Cannabiskonsum. Darüber hinaus bot Jeff frühe Plakate von Peter Max, einem bekannten Pop-Art-Künstler, und andere psychedelische Kunstwerke an. Jeff war ein echt netter Kerl und brachte mir die wichtigsten Grundlagen bei, um einen Laden wie seinen zu eröffnen. Außerdem stellte er für mich einen Kontakt zu Peter Max her. Als ich Peter von meinen Plänen erzählte, lud er mich in sein Apartment an der Upper West Side ein, damit ich mir Plakate für meinen Laden aussuchen konnte. Vermutlich hoffte er auf eine Großbestellung, denn er rollte Dutzende von Plakaten vor mir aus. Doch mit meinem schmalen Budget konnte ich mir nur sechs davon leisten. Glücklicherweise störte er sich nicht daran und wir wurden auf Anhieb gute Freunde – und sind es bis heute.

Ellen und ich besorgten uns einen geräumigen Mietwagen, packten all unsere Habe hinein und machten uns auf den Weg nach Miami. Nachdem wir lange vergeblich nach einem Ladenlokal in der Coconut Grove gesucht hatten, fanden wir im

Herbst 1966 endlich ein leeres Geschäft im Süden von Miami, in der Nähe der Universität. Wenig später eröffnete unser Head Shop South am Sunset Boulevard mit viel Tamtam und Rock 'n' Roll. Für die Eröffnungsparty hatte ich eine regional bekannte Band gebucht und der Laden war brechend voll. Die Kids in Südflorida sahen damals noch ziemlich spießig aus, es gab hier bei Weitem noch nicht so viele Langhaarige wie in New York oder San Francisco. Aber sie waren interessiert und wollten sehen, was bei uns los ist. Dummerweise galt das auch für den Polizeichef der Stadt und ein paar Sicherheitskräfte des privaten Securityunternehmens Wackenhut, die ähnlich arbeiteten wie die spätere Drogenvollzugsbehörde DEA. Sie kamen zur Eröffnung, sahen sich um, und am nächsten Tag ließen sie den Laden schließen, weil wir keine Lizenz vorweisen konnten. Wir waren in einem sehr konservativen Viertel gelandet, und den Leuten dort passte es gar nicht, dass wir vor ihrer Tür so einen Laden eröffnet hatten.

Ich brachte den Fall vor Gericht. Die Anhörung fand in einem vollgepackten Saal statt, in dem sich nur ein paar wenige Freaks unter die mir vornehmlich ablehnend gegenüberstehende Bürgerschaft mischten. Ein Professor der University of Miami schlug sich allerdings auf meine Seite und setzte sich wortreich für meine Rechte ein. Leider ließ er sich dabei etwas zu sehr von seinem eigenen Furor mitreißen, sodass er mit seinem Engagement endgültig dafür sorgte, dass ich wieder dichtmachen konnte. Mein Antrag auf Erteilung einer Verkaufslizenz wurde abgelehnt. Ich überlegte, in Berufung zu gehen, doch noch bevor sich die Gelegenheit dazu bot, nahm mich der Polizeichef – ein Mann, der ursprünglich aus der Bronx stammte – zu einem vertraulichen Gespräch zur Seite. »Hör zu«, sagte er mir, »das hier ist nicht New York. Du bist hier im konservativen Süden. Die werden dich hier niemals so ein Geschäft eröffnen lassen.«

Ich ließ mir diese Worte durch den Kopf gehen und streckte meine Fühler erneut in der Grove aus, um zu sehen, ob dort inzwischen nicht doch ein Ladenlokal frei geworden war. Ellen und ich zogen unterdessen in ein Motel am Bayshore Drive und später mieteten wir einen alten Holzbungalow von einem Saxofonspieler namens Twig an der Twenty-seventh Avenue.

Die Leute, die in der Grove wohnten, waren ein erstaunlich heterogenes Völkchen. Während in der South Grove die großen Industriebosse in herrschaftlichen Anwesen residierten, wimmelte es im Rest des Viertels von gesellschaftlichen Randfiguren: Künstlern, Kunsthandwerkern, Musikern, Fischern, Schmugglern und ein paar Hippies. Um Folkmusik zu hören, ging man ins Gaslight. Dessen Inhaber war Sam Hood, der Sohn des Mannes, dem der New Yorker Gaslight-Club gehörte. Der eher öffentlichkeitsscheue Musiker Fred Neil, der ursprünglich aus Florida stammte, aber lange in New York gelebt und im Village für Furore gesorgt hatte, war in seine Heimat zurückgekehrt und lebte ebenfalls in der Grove. Er wiederum zog andere Singer-Songwriter wie David Crosby an, die oft ins Viertel kamen, um im Gaslight aufzutreten und sich mit Fred zu treffen.

Die direkt an der Biscayne Bay gelegene Grove war mit ihrer entspannten Atmosphäre das genaue Gegenteil des konservativverstockten South Miami. Im Herzen der Grove entdeckte ich ein großes, weiß verputztes Steincottage mit einer von Fenstern umschlossenen Veranda, auf der wir Plakate ausstellen konnten. In direkter Nachbarschaft befanden sich Adam Turtles Schreinerwerkstatt, der Ludicious Leather Shop, die Ateliers der Bildhauer Lester Sperling, Michael »Michelangelo« Alocca, David Dowes und Gail Douglas sowie das Studio des Malers Tony Scornavacca. Außerdem hatte Dr. John Lillys Dolphin Research Center seinen Sitz in der Grove – in einem ehemaligen Bankgebäude im Stadtzentrum. Während seiner frühen Forschungen zur Kommunikation mit Delphinen verabreichte Dr. Lilly den Tieren, mit denen er arbeitete, unter anderem LSD. Später nahm er die Droge gemeinsam mit den Tieren ein und schwamm mit ihnen durch ein Salzwasserbecken, das in einem der ehemaligen Tresorräume eingebaut worden war.

Die Miete und die Kaution für den Laden in South Miami hatten alle meine Ersparnisse verschlungen. Daher rief ich meine Eltern an und bat sie um ein Darlehen, das sie mir auch gewährten, ohne weitere Fragen zu stellen. Mein Vater traf Vorkehrungen, mir durch meinen Onkel Sam, den Bruder meiner Mutter, der in Miami lebte, 3500 Dollar aushändigen zu lassen. Sam war völlig außer sich, als er hörte, wozu das Geld benötigt wurde: »Ein Headshop?«, echauffierte er sich. »Hast du denn noch alle Tassen im Schrank?« Er konnte nicht begreifen, dass mein Vater das unterstützte.

Diesmal beantragte ich vor der Eröffnung eine Lizenz zur Führung eines Souvenirladens. Anfangs half Bob West Ellen und mir, das Geschäft zu führen. Das Ladenlokal hatte fünf Räume, in denen wir unsere Waren ausstellten. Glasvitrinen voller Raucherzubehör, darunter eine große Auswahl an Zigarettenpapieren, türkischen Wasserpfeifen und anderen exotischen Pfeifenarten. Die Nachfrage nach Postern war 1966 immens angestiegen, sodass wir alle freien Wand- und Deckenflächen nutzten, um Schwarz-Weiß-Plakate von Ikonen der Popkultur – wie z. B. den Marx Brothers, Allen Ginsberg, Bob Dylan, Lenny Bruce und Marlon Brando in *Der Wilde* – zu präsentieren. Neben Peter Max und seinen Pop-Art-Postern führten wir auch Werke von einigen Künstlern aus San Francisco, die die fantastischen Flyer zu den Filmore-and-Family-Dog-Shows gemacht hatten. Die Durchgänge zwischen den verschiedenen Zimmern waren mit Perlenvorhängen abgetrennt und einige Räume wurden mit Stroboskop- oder Schwarzlicht beleuchtet. Und natürlich wurde bei uns ständig Musik gespielt – Beatles, Stones, Mothers of Invention, Dylan, die Byrds und so weiter. Am Wochenende liefen die Geschäfte großartig. Freitagabends war überall Party angesagt und wir hatten bis Mitternacht geöffnet. Der Laden wurde zum Treffpunkt für die aufkeimende Gegenkulturbewegung in Miami.

Wenn der Laden geschlossen war, gingen wir segeln oder trafen uns mit Freunden, bei denen wir kochten, Musik hörten oder Trips schmissen. Ich kaufte einen alten VW-Bus, mit dem man hervorragend durch die Grove cruisen konnte; vorne hatte er nach oben klappbare Safarifenster, die sich nach außen hin öffnen ließen. Gelegentlich machten wir damit Mystical-Midnight-Trips. Wir nahmen LSD, dröhnten uns so richtig zu, fuhren mit dem Bus an den Strand oder zum E-Werk und beobachteten die Sterne.

Für mich war die Droge weiterhin eine Art experimentelle Substanz. Trips waren für mich eine lehrreiche Erfahrung, sie erweiterten mein Bewusstsein und führten mich auf einen klaren, spirituellen Weg. Ich fand es toll, andere auf einen Trip mitzunehmen und sie dabei zu führen. Ich legte ganz bestimmte Platten auf, um für eine Art musikalische Reise zu sorgen. Zu Beginn waren es Jazzalben, später Stücke des indischen Sitarvirtuosen Ravi Shankar und Songs von Frank Zappa und den Mothers of Invention.

Irgendwann war es aus zwischen Ellen und mir und sie zog zurück nach New York. Ein paar Monate später kam ich mit Sonya Michael zusammen, einer hübschen Blondine Ende zwanzig. Sonya malte und teilte sich ein Atelier mit Don Keider, einem Künstler und Musiker. DK spielte Vibrafon und Schlagzeug, und er war derjenige, über den ich später meinen künftigen Woodstock-Partner Artie Kornfeld kennenlernte. Sonya, DK und ich gründeten die Firma Sodo Posters (Sodo als Abkürzung für Sonya und Don). Für sie entwarfen die beiden anderen großartige Schwarzlichtplakate mit Titeln wie »Speed«, »Lucy in the Sky«, »Mushroom Mountain« und »The Trip«. Und diese Poster verkauften sich so gut, dass wir sogar andere Headshops im ganzen Land damit versorgten.

Rund um den Laden entstand ganz allmählich eine eigene Szene, und 1967 bezog die Redaktion des alternativen Magazins *Libertarian Watchdog* einen der Hinterräume. Es dauerte nicht lange, bis das alles die Bullen auf den Plan rief. Keine Frage: Denen war ich schon lange ein Dorn im Auge. Immer wieder hatten sie versucht, mich zu schikanieren, etwa indem sie meinen Kunden für irgendwelche Lappalien Strafzettel ausstellten – z. B. wegen Unaufmerksamkeit als Fußgänger im Straßenverkehr. Besonders schlimm wurde es nach einem Beitrag im Lokalfernsehen unter dem Titel »Marihuana in Miami«, der am 13. Juni 1967 ausgestrahlt wurde. Man hatte mich in meinem Laden gefilmt. In dem Beitrag sah ich aus wie sechzehn und erklärte – als vermeintlicher Dreikäsehoch –, wie einige unserer Produkte den Konsumenten zu psychedelischen Erfahrungen verhelfen könnten. Die Gesichter einiger anderer Interviewpartner, die in dem Beitrag zu Wort kamen und über ihren Drogenkonsum sprachen, hatte man unkenntlich gemacht, aber ich betrachtete uns als Vorreiter einer neuen Bewegung im Süden und wollte den Leuten unseren Laden und unser Angebot ohne Angst und Hemmungen vorstellen und erkennbar dazu stehen.

Schon bald wurde ein ganzer Trupp Motorradpolizisten exklusiv vor unserem Laden postiert. Jeden Freitag- und Samstagabend parkten sie an der Ecke und schrieben so viele Strafzettel wie möglich. Und wenn es noch irgendwie mittels fadenscheiniger Anschuldigungen oder Verdächtigungen hinzubiegen war, verhafteten sie mich. Diese ganze schikanöse Aktion lief über mehrere Monate und mit einigen der Beamten freundete ich mich während dieser Zeit sogar ziemlich gut an. Es waren nette Kerle, etwa in meinem Alter, und irgendwann siegte ihre Neugier und wir kamen ins Gespräch. Einer von ihnen, »Bob the Cop«, unterstützte uns später sogar beim Woodstock-Festival.

Die Lokalpolitiker waren wild entschlossen, dem Marihuanakonsum in ihrem Einflussbereich einen Riegel vorzuschieben, und planten eine groß angelegte Razzia in der gesamten Grove. Dank eines Freundes, der im Büro des Staatsanwalts arbeitete, wussten wir jedoch lange im Voraus Bescheid. Außerdem lag uns eine Liste vor mit rund neunzig Namen von Personen, für deren Wohnungen Durchsuchungsbeschlüsse genehmigt worden waren. Der Laden stand nicht darauf, wohl aber meine Privatadresse an der Twenty-seventh Avenue, wo ab und an eine Party stieg.

Als ich von der Razzia erfuhr, plante ich bereits den Umzug in ein anderes Haus im üppig begrünten Teil der tropisch anmutenden South Grove, in der es überall herrlich nach Jasmin duftete. Ich hatte ein hübsches Häuschen im spanischen Stil von einer Frau namens Mary Whitlock gemietet, einer Dame, die noch der alteingesessenen Südstaatenaristokratie angehörte. Am Tag der Razzia hatte ich meinen gesamten Hausstand bereits in das neue Domizil gebracht, bis auf ein paar Dinge, mit denen ich den Polizisten ein bisschen Unterhaltung verschaffen wollte. Alles, was sie an meiner alten Adresse an der Twenty-seventh Avenue fanden, waren ein Plattenspieler, auf dem laut Musik lief, und Stroboskoplichter, die nonstop flackerten.

Wir hatten auch anderen Bescheid gesagt, die auf der Liste standen, sodass ihre Häuser am Tag der Razzia ebenfalls sauber waren und niemand vor Ort war, den man hätte verhaften können. Während Dutzende von Polizeiautos auf dem Parkplatz der Florida Pharmacy auf ihren Einsatz warteten, waren wir mit unseren Fahrrädern in der Grove unterwegs. Das Ganze hatte etwas von einem Film mit den Keystone Cops: Während eine Reihe von Einsatzwagen die Grove in die eine Richtung entlangfuhr, strampelte eine ebenso große Gruppe langhaariger Zausel auf ihren Drahteseln in die entgegengesetzte Richtung. Die einzigen zwei, drei Leute, die an dem Tag verhaftet wurden, waren ein paar arme Schlucker, zu denen die Nachricht von der Razzia nicht durchgedrungen war.

Während sich der Head Shop South zum Treffpunkt der Alternativszene von Miami mauserte, nahm ich mir vor, mehr Musik in die Gegend zu bringen. Alle wollten damals die Bands, deren Platten sie hörten, auch live sehen. Das erste sogenannte Be-in mit den Grateful Dead hatte im Januar 1967 im Golden Gate Park in San Francisco stattgefunden, wenig später wurden Be-ins auch im New Yorker Central Park organisiert. Ich veranstaltete ein ähnliches Event in unserem kleinen Park in der Grove. Die Veranstaltung, bei der ein paar Bands aus dem Umland auftraten, stieß auf großes Interesse. Leute mit Akustikgitarren saßen am Rand und spielten und über allem lag der Duft von Räucherkerzen und Tabak.

Die meisten Bands aus New York und Kalifornien, die auf Tour gingen und in Miami Station machten, traten in einem großen Rockclub namens Three Image auf. Die echten Stars sah man im Dinner Key Auditorium, einem ehemaligen Segelflugzeughangar der Pan Am, der im Hafenviertel der Grove gelegen war. Nachdem sich Jim Morrison im März 1969 dort während eines Konzerts der Doors angeblich auf offener Bühne entblößte, wurde die Location allerdings für Auftritte von Rockstars gesperrt. Ende 1967 veranstaltete ich zunächst ein paar Shows in einem Amphitheater am Key Biscayne. Zu den dort auftretenden Musikern zählte auch Ravi Shankar, der bereits beim Monterey-Pop-Festival im Juni für Furore gesorgt hatte.

Ich suchte immer wieder nach besonders reizvollen Orten für Konzerte und stieß dabei auch auf das Reservat der Seminolenindianer im Herzen der Everglades, wo man Gras rauchen konnte, so viel man wollte, ohne dabei von den Bullen behelligt zu werden. Ich traf mich mit den Stammesältesten, um meine Idee mit ihnen zu besprechen, doch leider konnten wir uns auf keinen geeigneten Termin einigen.

Jeder, der sich der alternativen Szene zugehörig oder irgendwie verbunden fühlte – von Timothy Leary bis hin zu Jerry Garcia –, schaute, wenn er in Miami war, bei meinem Laden vorbei. Im Dezember stattete mir Paul Krassner, der Herausgeber von *The Realist*, einen Besuch ab. Ich hatte ihn einige Jahre zuvor in New York kennengelernt, als ich an seinem Seminar »From Mickey Mouse to the Green Berets« an der New School for Social Research teilnahm. Krassner kam in meinen Laden in Begleitung von Abbie Hoffman, also Captain America höchstpersönlich. Hoffman stellte sich vor und wir verstanden uns auf Anhieb bestens. Er hatte einen wunderbaren Humor. Ihm ging es letztlich darum, die alternative Szene immer größer werden zu lassen und auch auf diesem Wege Einfluss auf den Mainstream zu nehmen. Während ihrer Zeit auf den Keys gründeten er und Paul die Youth International Party, deren Anhänger sich Yippies nannten. Später begegnete ich Abbie wieder in New York, und auch in Woodstock hinterließ er einen bleibenden Eindruck.

> **Abbie Hoffman:** Ich lernte Michael Lang etwa ein Jahr vor (Woodstock) kennen. Er hatte damals einen Laden in der Coconut Grove. Ich hielt irgendwo da unten eine Rede und blieb noch ein paar Tage länger, weil es so schön warm war und ich gerade *Revolution for the Hell of It* schrieb … Er erzählte mir, dass er eine – wie sich herausstellte ziemlich vage – Idee für ein Festival habe. Auf mich wirkte er wie

ein kleiner Headshopbesitzer, der zwar einen großen Traum hat, aber nicht über die visionäre Energie verfügt, tatsächlich etwas auf die Beine zu stellen, das meiner Meinung nach wohl als das größte kulturelle Event des Jahrhunderts hätte gelten können. Aber genau das hat er gemacht.

Eine weitere faszinierende Szene in Miami entwickelte sich rund um das Seaquarium, wo die diversen Delfine lebten, die die Rolle des Flipper in der beliebten gleichnamigen TV-Serie spielten. Ihr Trainer, Richard O'Barry, wurde später einer der allerersten Tierrechtsaktivisten. Während seiner Arbeit mit den Tieren wurde ihm bewusst, wie intelligent Delfine sind und wie ausgeprägt ihr Kommunikationsbedürfnis ist. Nachdem Cathy, eine der Flipper-Darstellerinnen, Depressionen bekam und starb – Rics Ansicht nach beging sie Selbstmord –, änderte er sein Leben. Er hielt es für unmenschlich, Delfine gefangen zu halten, und setzte sich fortan für deren Rettung ein. Ric verband eine enge Freundschaft mit dem Musiker Fred Neil, der davon überzeugt war, dass er mittels Musik mit den Tieren kommunizieren könne. Viele von Freds Freunden kamen in die Grove, um ihn und die Delfine zu sehen.

Ric O'Barry: Ich erinnere mich noch, wie Fred seinen Kopf unter Wasser hielt und rundum Bläschen aufstiegen, während er versuchte, den Delfinen etwas vorzusingen. Er spielte für sie auch auf seiner 12-saitigen Gitarre. Bei bestimmten Akkorden tauchten die Delfine auf und klopften gegen das Instrument. Fred zufolge war es der Ton, der ihre Aufmerksamkeit erregte. Er brachte auch Freunde mit, die für die Delfine musizierten: Joni Mitchell, Ramblin' Jack Elliott, David Crosby und andere klasse Typen. Die Leute wunderten sich, was plötzlich all diese Langhaarigen im Seaquarium verloren hatten.

Mit Ric, der mein Nachbar war, freundete ich mich an. Inspiriert durch unsere Erlebnisse in Monterey im vorangegangenen Jahr entschlossen wir uns, das erste Florida-Musikfestival auf die Beine zu stellen. Es sollte unter freiem Himmel stattfinden, sich über mehrere Tage erstrecken und eine große Bandbreite an Künstlern präsentieren – ähnlich wie in Monterey. Meine Küche fungierte als Büro, und wir gründeten eine Gesellschaft namens Joint Productions, an der sich auch ein Drummer namens James Baron und mein Freund, der Rechtsanwalt Barry Taran, beteiligten. Nachdem The Grateful Dead im April drei Tage hintereinander im Three Image aufgetreten waren, rief mich der Inhaber des Clubs – ein etwas zwielichtiger Typ namens Marshall Brevitz – an und sagte, dass er sich ebenfalls beteiligen wolle.

Wir suchten nach einer geeigneten Location und einigten uns auf den Gulfstream Racetrack im benachbarten Hallandale, eine der ältesten Pferderennbahnen in Südflorida. Auf dem von Palmen umgebenen Areal fand regelmäßig das Florida-Derby statt. Rund um ein begrüntes Innenfeld wand sich eine kilometerlange Aschenbahn, die zu einer Seite von einer Sitzplatztribüne gesäumt wurde. Das Gulfstream-Management genehmigte uns die Nutzung nach Abschluss der Rennsaison Ende April. Allerdings konnte Marshall Brevitz seine finanzielle Beteiligung nur garantieren, wenn wir uns für das Konzert auf einen Termin innerhalb der nächsten drei Wochen einigten, woraufhin wir uns für den 18. und 19. Mai entschieden. Brevitz empfahl mir auch, mit Hector Morales zusammenzuarbeiten, der bei William Morris in New York als Booking Agent arbeitete. Und so flog ich rauf, um mich mit ihm zu treffen.

»Du willst eine Show dieser Größenordnung in drei Wochen auf die Beine stellen?«, fragte Hector verdattert, nachdem ich ihm erklärt hatte, dass ich sechs oder sieben namhafte Acts für ein Konzert mit fünfundzwanzigtausend Zuschauern buchen wollte. »Du bist nicht ganz dicht!« Doch im Verlauf einer längeren Unterredung konnte ich ihn überzeugen, mich zu unterstützen. Wir stellten ein beeindruckendes Set an Starmusikern zusammen: John Lee Hooker, Chuck Berry, The Mothers of Invention mit dem genialen Frank Zappa, Blue Cheer, Crazy World of Arthur Brown und The Jimi Hendrix Experience. Hendrix absolvierte gerade die letzten Konzerte seiner US-Tour, sodass er mit dem Auftritt auf unserem Festival einfach noch einen weiteren Termin hinten dranhängte. Abgerundet wurde das abwechslungsreiche musikalische Programm durch einige regionale Gruppen: The Blues Image, eine lateinamerikanisch angehauchte Pop-Rock-Band aus Tampa, die Charles Austin Group, eine Free-Jazz-Combo aus Miami, und eine Garagenband namens Evil.

Das Organisieren des nötigen Bühnen- und Veranstaltungsequipments erwies sich als große Herausforderung. Da die Zeit drängte, entschloss ich mich, Tieflader als Basisbühne zu verwenden, da sie problemlos auf die Rennstrecke transportiert werden konnten. Wir planten, drei Einzelbühnen nebeneinander zu errichten, sodass die verschiedenen Acts abwechselnd auf unterschiedlichen Bühnen auftreten konnten und der Crew somit mehr Zeit für den Ab- und Aufbau blieb. Dadurch verkürzten sich auch die Pausen zwischen den einzelnen Auftritten.

Für die Tontechnik wandten wir uns an Miamis traditionsreiches Criteria-Studio. Damals nahmen dort vornehmlich Jazz- und R&B-Musiker auf, aber kurz zuvor hatten auch Grateful Dead ein paar Songs dort eingespielt. Das Criteria-Studio war seinerzeit eines der führenden im Süden der USA und machte sich später zudem einen Namen dank Aufnahmen wie Derek and the Dominos' »Layla« und *Eat a Peach* von den Allman Brothers. Über DK lernte ich den Studiotechniker Stanley Goldstein kennen, der uns nicht nur hier dabei half, unser Event auf die Bühne zu bringen, sondern später auch Wesentliches zum Aufbau des Woostock-Teams beitrug. Ric und ich trafen Stan im Studio, um mit ihm zu besprechen, was wir für das Festival benötigten.

Wir hatten Glück: Mack Emerman, der Chef von Criteria, erlaubte uns, das Studioequipment zu verwenden, und ließ Stan zudem für die Dauer des Festivals für uns arbeiten. Stans Improvisationstalent beeindruckte mich. Er hatte eine rasche Auffassungsgabe und schreckte nicht davor zurück, Neues auszuprobieren. Außerdem lernte ich Bob Dacey kennen, einen Filmemacher, der sich bereit erklärte, das Festival zu filmen.

Da das finale Line-up erst wenige Tage vor dem geplanten Festivaltermin feststand, blieb uns für Werbung nicht viel Zeit. Wir entwarfen auf die Schnelle ein paar Plakate – einige davon mit dem Konterfei von Jimi Hendrix – und hängten sie in der Stadt auf. Die Tickets gingen für 5 Dollar in den Verkauf. Für den Samstag und den Sonntag waren jeweils eine Nachmittags- und eine Abendshow geplant. Zudem kam noch durch die Vermietung einer Reihe von Imbissständen Geld rein.

Am Tag vor dem Festival kam mein Vater runter nach Miami. Ich nahm ihn mit zur Rennbahn und erklärte ihm, was wir vorhatten. Es dauerte nicht lange, bis er die entscheidende Frage stellte: »Und wie wollt ihr das alles finanzieren?« Ich deutete auf die Wettboxen im Hintergrund und wir mussten beide lachen.

Der 18. Mai 1968 war atemberaubend. Etwa vierundzwanzigtausend Menschen kamen zur Rennbahn und machten es sich auf den Tribünen oder auf dem Rasen gegenüber den auf der Westseite errichteten Bühnen gemütlich. Gegen Mittag begann das Programm. Der Großteil des Publikums bestand aus ganz normalen Studenten. Dazwischen tummelten sich einige wenige Freaks, die aussahen, als seien sie direkt aus New York oder San Francisco angereist. Die *Fort Lauderdale News* hatte einen Reporter vorbeigeschickt und veröffentlichte später einen Artikel unter der Überschrift: »Blumenkinder verhalten sich ungewohnt manierlich: Unser Reporter auf Tuchfühlung mit den Verrückten.« Darin war Folgendes zu lesen: »Ganz gleich wie man sie nennt, Hippies, Blumenkinder oder wie auch immer, es gibt viel, was für diese Generation spricht. Es sind freundliche, liebenswürdige Menschen, die Fremden höflich begegnen und auch miteinander einen gesitteten Umgang pflegen. Ich sprach kurz mit einigen von ihnen, mit denjenigen, die am schludrigsten gekleidet waren, die die längsten Haare hatten und die am wildesten aussahen. Sie alle waren sehr freundlich, manierlich und zuvorkommend. Und sie teilten übereinstimmend mit, dass sie gekommen waren, um ihre Lieblingsmusik zu hören und Gleichgesinnte zu treffen.«

Der durchweg positiven Einschätzung dieser Zeitung stand die größtenteils negative Sicht auf das Festival durch den *Miami Herald* gegenüber. Er warnte seine Leser, dass der Grundstückswert durch die Gegenwart von Hippies in der Stadt sinken könne, und wies nachdrücklich auf die vereinzelten Diebstähle hin, zu denen es während des Festivals gekommen war – aus ein paar Autos waren Achtspurtonbandgeräte und Tonbänder geklaut worden.

Die meisten Acts traten zweimal auf, mit Ausnahme von Hendrix. Jimi und die Band hatten am Flughafen den Wagen verpasst, der sie abholen sollte, und uns fiel erst auf, dass sie zu spät dran waren, als The Mothers of Invention schon auf der Bühne standen. Panisch piepten wir Hendrix' Tourmanager Gerry Stickells an und stellten dann fest, dass der gesamte Tross am Miami International Airport gestrandet war. In aller Eile charterten wir einen Hubschrauber, der sie zur Rennbahn brachte. Es dauerte nicht lange, bis wir das Brummen der Rotoren über unseren Köpfen hörten. Es war absolut spektakulär, die Maschine hinter der Bühne landen und Jimi, Noel Redding und Mitch Mitchell aussteigen zu sehen. Ich kann gar nicht sagen, wen das mehr euphorisierte, mich oder das Publikum. Hendrix – im weißen Rüschenhemd und mit schwarzer Federboa – spielte ein atemberaubendes Set. Ich sah an diesem Abend von meinem Platz am Bühnenrand aus im Publikum nur Menschen, die völlig mitgerissen und begeistert waren von dem, was sich auf der Bühne abspielte. Später fand ich heraus, dass sich Hendrix und seine Band vor ihrem Auftritt STP reingepfiffen hatten.

> **Mitch Mitchell:** Da war dieser Typ, der sagte, dass er uns ein bisschen zusätzliche Energie verschaffen könne, aber dann stellte sich heraus, dass er uns eine Art Halluzinogen untergejubelt hatte. Ich blickte auf und sah den Kerl, der uns das Pulver gegeben hatte, auf einem Beleuchtungsturm etwa sechs Meter über der Bühne. Und dann war ich mit einem Mal auf gleicher Höhe mit ihm und blickte hinab auf meine leere Hülle, die unten saß und Schlagzeug spielte. Das Pulver war definitiv nicht das, wofür wir es gehalten hatten. Ich blickte mich um und plötzlich stand Jimi da oben neben mir und wir sahen uns nur an und nickten einander zu … das war wie eine Szene aus *The Twilight Zone*.

Wie die meisten Auftritte bei dem Festival wurde auch der von Jimi aufgenommen. Jahrelang fand man die Aufnahmen von »Foxy Lady«, »Fire«, »Hear My Train a Comin'« und »Purple Haze«, die auf der Rennbahn gemacht wurden, auf diversen Bootlegs. Noch heute schwärmen Menschen im Internet von der Show: »der mysteriöseste und faszinierendste Gig der JHE überhaupt«, »das großartigste Set, das ich je von irgendwem irgendwo erlebt habe« und so weiter. Hendrix hatte ein Kamerateam von ABC im Schlepptau, das einen Teil seiner Show filmte. Linda Eastman (später McCartney), die mit Jimi befreundet war, machte ein paar großartige Fotos von der Band, und auch Jimis Tontechniker Eddie Kramer (der 1969 auch für die Aufnahme der Woodstock-Auftritte verantwortlich zeichnete) schoss ein paar Bilder auf dem Festival. Jahre später wurde im Petersen-Museum in L. A. die Stratocaster ausgestellt, auf der Jimi an diesem Tag gespielt hatte und die danach in den Besitz von Frank Zappa gelangte. Zappa erzählte, dass er sie an sich genommen habe, nachdem Jimi der Hals abgebrochen war, er sie mit Feuerzeugbenzin übergossen, angezündet und von der Bühne geworfen hatte. Frank tauschte das geschmolzene Schlagbrett und den gebrochenen Hals aus und spielte das Instrument noch etliche Jahre.

Die Show am Samstag endete mit einem spektakulären Feuerwerk. Der krönende Abschluss war ein riesiges Peacezeichen, das den Nachthimmel erleuchtete. Es war eigentlich alles zu schön, um wahr zu sein. Und tatsächlich folgte die Ernüchterung auf dem Fuße. In Südflorida herrschte zu jener Zeit seit Längerem eine große Dürre. Nicht ein einziges Wölkchen trübte den Himmel. Daher hatten wir uns entschlossen, auf die teure Regenversicherung zu verzichten. Was wir nicht wussten, war, dass die Behörden am Samstag entschieden hatten, die Wolken über den Everglades »impfen« zu lassen, um künstlichen Regen zu erzeugen. Dadurch kam es am Sonntag zu einem Unwetter biblischen Ausmaßes mit sintflutartigem Regen, Hagel, Blitz und Donner – und das alles bei einer Windgeschwindigkeit von rund achtzig Stundenkilometern. Über den ganzen Tag verteilt fielen zehn Zentimeter Niederschlag pro Quadratmeter, was sich natürlich in erheblichem Umfang negativ auf die Zahl der Besucher auswirkte. Hinzu kam, dass uns durch den Verkauf gefälschter Tickets an beiden Tagen eine beachtliche Summe in der Kasse fehlte. Am frühen Sonntag traten planmäßig noch drei, vier Acts auf und dann ging alles den Bach runter. Als The Mothers of Invention auftraten, bedeckten dunkle Wolken den Himmel. Zappa empfahl den Leuten, sich auf die überdachte Tribüne zurückzuziehen, wenn es zu regnen beginnt, es sei denn »im Regen zu sitzen ist ganz euer Ding, dann groovt einfach weiter«.

Aber grooven war nicht mehr drin. Wir mussten das Konzert abbrechen und warten, bis sich der Regen legte. Es dauerte Stunden, und irgendwann kletterte ein Typ auf die Bühne, der versuchte, das durchnässte Publikum aufzustacheln. Bevor ich John Lee Hooker auf die Bühne schicken konnte, musste ich mir 750 Dollar an der Tageskasse besorgen, um ihn zu bezahlen. Aber auch im Kassenhäuschen ging es heiß her. John Ek, unser Securitychef, hatte den Fahrer des Geldtransporters, der gekommen war, um die Tageseinnahmen zur Bank zu bringen, in die Mangel genommen. Ek war ein ziemlich rauer Zeitgenosse, der eine gewisse Popularität durch die Erfindung des Ek Commando Knifes erlangt hatte, was er jedem, den er kennenlernte, ziemlich schnell auf die Nase band. Es ist ein langes, schmales Messer, das sich zum Heft hin sehr verjüngt, sodass die Klinge leicht abbrechen kann, wenn man damit auf jemanden einsticht. Ek war klar, dass uns das Wetterchaos finanziell in Bredouille brachte, daher wollte er sein Geld haben, bevor die Bareinnahmen fortgeschafft wurden. Der Fahrer hatte allerdings nicht vor, ihm gegenüber klein beizugeben. Die beiden schrien sich über meinen Kopf hinweg tierisch an. Und dann zückten sie auch noch ihre Waffen. Mir rutschte das Herz in die Hose, aber mir war klar, dass alles noch weit gefährlicher werden würde, wenn die Situation draußen eskalierte. Daher versuchte ich, die Stimmung im Raum wieder etwas abzukühlen.

»Aufhören, sofort!«, schrie ich und hob die Arme hoch. »Das Geld gehört immer noch uns, und niemand bringt das hier irgendwo hin, bevor ich nicht dafür gesorgt habe, dass wieder Musik auf die Bühne kommt. Ich komme gleich wieder und dann sehen wir weiter.« Während die beiden noch darüber brüteten, ob das alles so richtig war, nahm ich mir das Geld und machte mich auf die

Suche nach John Lee. Er ging auf die Bühne und legte einen denkwürdigen Auftritt hin, während ich zum Kassenhäuschen zurücklief, um einen Kompromiss auszuhandeln.

Stan Goldstein: Michael sorgte dafür, dass sich alle wieder einigermaßen beruhigten. Zuvor waren die Gemüter so aufgeheizt gewesen wie kurz vor der Schießerei am O.K. Corral. An diesem Tag, als alles den Bach runterging, hat Michael einfach nur geglänzt. Seitdem habe ich ungeheuren Respekt vor ihm wegen seines besonnenen Umgangs mit solch schwierigen Situationen. Er hat nie den Kopf verloren. Er tat, was er konnte, und das war oft ziemlich spektakulär. Während um ihn herum alles zusammenbrach, packte er die anstehenden Probleme Schritt für Schritt an, auch wenn alle anderen wegrannten, sich versteckten, in Panik ausbrachen oder anderweitig nicht zur Verfügung standen.

Obschon der Regen während John Lees Auftritt etwas nachgelassen hatte, blieb es den ganzen Sonntag über regnerisch. Die letzte Band des Tages waren Crazy World of Arthur Brown – und sie machten ihrem Namen alle Ehre. Nachdem sie ihren großen Hit »Fire« zum Besten gegeben hatten, kickte Arthur sogar die Orgel von der Bühne. Später hörte ich noch, dass er in den frühen Morgenstunden zu Fuß nach Fort Lauderdale aufgebrochen sei. Nach dem Konzert fuhren viele Bands zurück in ihr Hotel und feierten noch ein bisschen an der Bar.

Noel Redding: Unser Auftritt beim Miami-Pop-Festival war grandios, und nachdem unsere Show am zweiten Tag wegen des Regens im wahrsten Sinne des Wortes ins Wasser gefallen war, sind Jimi und ich in unser Hotel zurückgefahren, wo wir noch ein bisschen mit Arthur Brown, (dem Clubbesitzer und Manager) Steve Paul, den Mothers of Invention und Blue Cheer jammten und abhingen.

Eddie Kramer: »Rainy Day, Dream Away« wurde (von Jimi) in Miami geschrieben, das werde ich nie vergessen. Auf dem Rücksitz eines Autos. Wir waren gerade am Gulfstream Park losgefahren … Es regnete in Strömen und unterwegs begann er zu schreiben.

Nach dem Festival fingen unsere Schwierigkeiten erst richtig an, denn Joint Productions schuldeten einer Menge Leute eine Menge Geld, das wir aber nicht hatten. Ich vermute, Stan wusste, dass wir Criteria nicht wie vereinbart bezahlen konnten, trotzdem riss er sich für uns den Arsch auf.

Stan Goldstein: Wir hatten das Catering in einem der Trucks aufgebaut und ich hatte darin auch mein ganzes persönliches Werkzeug verstaut. Als Hendrix und seinen Leuten klar wurde, dass er nicht mehr auftreten würde, weil es so regnete, wuchteten sie sein gesamtes Equipment in den Truck und machten sich vom Acker. Sie verschwanden – einfach so. Ich hab keine Ahnung, wann genau das passiert ist. Nach dem Ende der Show machte ich mich auf die Suche nach dem Truck mit meinem Werkzeug. Ich brauchte die Sachen, um unser Equipment abzubauen. Aber der Truck war weg. Wie vom Erdboden verschluckt. Erst ein paar Tage später tauchte er wieder auf, am Miami International Airport. Als ich die Türen des Aufliegers öffnete, schlug mir ein grauenvoller Gestank entgegen. Der Truck hatte die ganze Zeit in der prallen Sonne gestanden – mit den ganzen Platten mit der Verpflegung, die wir organisiert hatten, u. a. mit Weißkohl- und Kartoffelsalat, Corned Beef und Pastrami. Das war aber auch alles, was in dem Truck zu finden war. Mein Werkzeug war mit Jimi über alle Berge.

Wir versanken nach dem Festival unter einem Berg unbezahlter Rechnungen. Die Ton- und Filmaufnahmen von dem Event bekamen wir nie zu Gesicht. Diejenigen, die sie gemacht hatten, wollten sie behalten, bis wir sie dafür bezahlten – was wir natürlich nicht konnten. Über die Jahre kamen die Sachen dann nach und nach abhanden. Ein Teil der Aufnahmen vom Auftritt der Mothers of Invention wurde später für deren Album *Uncle Meat* von 1969 verwendet. Zappa verhalf Blues Image zu einem Plattenvertrag, die mit »Ride Captain Ride« einen Hit landeten. Ihr Leadgitarrist Mike Pinera stieg später bei Iron Butterfly ein und ihr Percussionist Joe Lala avancierte zu einem der beliebtesten Sessionmusiker von L. A., der unter anderem mit Crosby, Stills, Nash and Young, den Bee Gees und Whitney Houston arbeitete. Jimi Hendrix und seine Band flogen nach New York, wo sie das großartige »Rainy Day, Dream Away« aufnahmen, das wenig später auf *Electric Ladyland* veröffentlicht wurde. Uns wurde von unserem Anwalt empfohlen, Insolvenz anzumelden. Wir trafen uns mit Mack, Stan und unseren anderen Geldgebern, um ihnen die schlechten Neuigkeiten persönlich mitzuteilen.

Stan Goldstein: Als Michael bei den Geldgebern vorbeikam, waren diese sehr verärgert, die Stimmung war ziemlich im Keller. Michael erklärte, dass sie ihr Bestes tun würden, um ihre Schulden zu begleichen, und außerdem wies er darauf hin, dass die Aufnahmen womöglich einen gewissen Wert hätten. Er war ziemlich cool, und das war noch so eine Situation, in der die Beziehung zwischen Michael und mir enger wurde, weil ich der Sprecher der Gläubiger war und Michael die Promoterseite vertrat. Nach dem Miami-Pop-Festival veranstaltete Michael noch ein paar andere Konzerte, eines davon im Miami Marine Stadium. Criteria waren auch hier für den Sound verantwortlich. Diesmal kam allerdings kein Ton aus der Anlage, bevor ich das Geld bekommen hatte.

Ric O'Barry: Wir versuchten, die Pleite wieder wettzumachen, indem wir ein weiteres Konzert im Miami Marine Stadium veranstalteten, diesmal mit den Byrds und Steppenwolf. Doch es regnete schon wieder – und hörte vierzig Tage lang nicht mehr auf. Ich verlor dadurch ein Vermögen, das ganze Geld, das ich während meiner Arbeit an *Flipper* gespart hatte. Und Michael war nun total pleite, er brach seine Zelte in Miami ab und zog zurück nach New York.

Das Leben in der Grove veränderte sich zusehends. Hippies wurden weiterhin von der Polizei schikaniert, die Preise für Mieten und Eigentumswohnungen schossen in die Höhe, die alten Holzhäuser wurden abgerissen und Headshops wuchsen wie Pilze aus dem Boden. Ich war pleite und hatte von Südflorida erst mal die Nase voll, daher entschloss ich mich, zurück nach New York zu gehen. Etwa neunzig Meilen nördlich der Metropole war ein kleiner Ort namens Woodstock zu einem Treffpunkt für Musiker geworden. Von unseren Besuchen in den 50er-Jahren konnte ich mich noch gut an die künstlerisch angehauchte Kleinstadtatmosphäre, die dort herrschte, erinnern. Woodstock war immer schon ein Magnet für Künstler und gesellschaftliche Außenseiter gewesen. Meine Freundin Sonya und ich hatten Lust, uns das mal näher anzusehen.

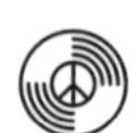

Kapitel 3

Woodstock, New York

Ich liege auf einer Decke unter dem klaren Sternenhimmel, höre laute Musik und komme mir vor wie im Paradies. Eine Frau mit langen roten Haaren schmettert ein Lied mit einer Stimme, die wesentlich kräftiger ist als sie selbst. »Wer ist das?«, frage ich den Typen neben mir.

»Ellen McIlwaine«, sagt er, während er mir einen fetten Joint rüberreicht. »Jimi Hendrix spielte früher für sie im Café Wha. Sie und ihre Band, Fire Itself, sind von New York nach Woodstock gezogen. Sie hat die stärkste Stimme hier im Ort und spielt hammermäßig geil Slidegitarre.«

Mehrere Hundert Menschen lümmeln sich auf der Wiese. Einige haben Schlafsäcke dabei und kleine Vorzelte vor ihren VW-Bussen aufgebaut. Aromatische Düfte erfüllen die Luft. Ich hatte schon von den wöchentlich stattfindenden coolen Saturday Soundouts gehört, aber erst jetzt wird mir so richtig klar, warum in Woodstock alle davon schwärmen. Und was ist das Geheimnis, weshalb hier alle an der Ostküste davon so begeistert sind? Es ist die ländliche Umgebung: eine große Wiese neben einer sich dahinschlängelnden Landstraße, zehn Minuten außerhalb der Ortschaft. Beim Soundout herrscht genau die entspannte, zwanglose Atmosphäre, die wir in Miami schaffen wollten. Meiner Meinung nach ist genau das die richtige Art, Musik zu hören: unter freiem Himmel, inmitten sanft hügeliger Weiden und Felder.

Auf den ersten Blick sah Woodstock im Spätsommer 68 immer noch so aus wie damals, als ich klein war: ein malerisches Örtchen inmitten einer üppigen grün-blauen Berglandschaft. Sonya und ich quartierten uns im Millstream Motel ein, dem einzigen Gasthof im Ort, und erkundeten die Gegend. Schon am nächsten Tag präsentierte uns ein Makler eine umgebaute rot getünchte Scheune an der ruhig gelegenen Chestnut Hill Road. Derselbe kleine Fluss, der am Motel vorbeifloss, schlängelte sich auch an unserem neuen Zuhause entlang. Die Umgebung und die Stille, die dort herrschte, waren atemberaubend.

Entlang der Tinker Street, dem pittoresken »Zentrum« von Woodstock, gab es eine Eisenwarenhandlung, mehrere Galerien, Cafés und noch einige andere Geschäfte. Am besten gefiel uns der Juggler, ein Laden, der neben Künstlerbedarf auch Bücher, Gitarrensaiten und Schallplatten verkaufte. Die Inhaber, Jim und Jean Young, waren von Berkeley an die Ostküste gezogen. Sie waren etwa fünfzehn Jahre älter als ich, offene, tolerante Menschen, die Musik liebten und uns unter ihre Fittiche nahmen.

Abends traf man einen Großteil der dreitausend Einwohner von Woodstock zum Feiern und Musikmachen im Café Espresso, im Deanie's, im Elephant oder im Sled Hill Café. Dem Dylan-Biografen Robert Shelton zufolge handelte es sich bei den Menschen im Ort um eine Mischung aus »Nachfahren von holländischen Siedlern und Abkömmlingen von in mehreren aufeinanderfolgenden Wellen hinzugezogenen Künstlern, Kunsthandwerkern, Tänzern, Musikern, Aussteigern und Revoluzzern, die nach einer grünen Alternative zu Greenwich Village suchten«. In dem Ort lebten schon lange die ansässige Landbevölkerung und die zugezogenen freigeistigen Bohemiens Seite an Seite. Mitte des 18. Jahrhunderts hatten holländische Siedler begonnen, das Land zu bewirtschaften. 1903 ließen sich dann drei Utopisten im Ort nieder: der wohlhabende Engländer Ralph Whitehead, der Schriftsteller Hervey White und der Künstler Bolton Brown. In Woodstock wollten sie ihr Leben gemäß John Ruskins Philosophie führen, die sich gegen die zunehmende Industrialisierung des Alltags wandte. Auf einer Fläche von 1200 Morgen Land gründeten sie im Schutze des Overlook Mountain die Byrdcliffe Arts Colony, die älteste Künstlerkolonie der Arts-and-Crafts-Bewegung. White zog später ins nahe gelegene Glenford, wo er die Maverick Colony ins Leben rief, in der sich in erster Linie alles um die Musik und die darstellenden Künste drehte. 1912 organisierte eine Gruppe der New York City Art Students League ein Sommerprogramm in Woodstock; im Anschluss daran entschlossen sich einige der Teilnehmer, darunter Maler und Bildhauer, in der Gegend zu bleiben.

In den 1920er-Jahren kam es in Woodstock zu wilden Festgelagen, bei denen die exzentrischen Gäste selbst gemachte Kostüme trugen. Ein Flugblatt anlässlich des ersten jährlichen Maverick-Festivals im August 1915 versprach »wilden Spaß« und kündete die Tänzerin Lada an, die »wunderbare Musik wie Gedichte erhellt und Sie deren tiefen Glauben spüren lassen wird … Sie werden weinen, so exquisit ist der Anblick … All das vor dem Hintergrund eines wildromantischen, in Mondlicht getauchten Steinbruchtheaters. Das Orchester wird vor Verzückung frohlocken und die Fackeln eifersüchtig im Winde flackern! Erleben Sie am Nachmittag ein Konzert und einen Festumzug begleitet von manch seltsamem Treiben auf der Bühne … Und dann wird da noch sein ein Dorf, nur für einen Tag, das verrückte Künstler mit allerlei prächtigen Bannern schmücken; Selbiges gilt für den mitten im Wald gelegenen Zugang zum Dorf.«

Obwohl bereits seit den 1940er-Jahren Sammler folkloristischer Musik und klassische Komponisten wie Aaron Copland in Woodstock und Umgebung lebten, erwachte das große Interesse der Musikszene an der Gegend erst, nachdem sich Albert Grossman dort in den frühen 60er-Jahren niedergelassen hatte. Mehrere Künstler, die er unter Vertrag hatte, verliebten sich in den Ort, darunter auch Bob Dylan. Als ich nach Woodstock kam, lebte dieser mit seiner Familie bereits sehr zurückgezogen vor den Toren des Ortes. Weniger öffentlichkeitsscheu waren seine Begleitmusiker, die als The Band firmierten und gerade mit *Music from Big Pink* ihr erstes Album veröffentlicht hatten. Benannt wurde die Platte nach einem Haus im nahe gelegenen West Saugteries, wo ein Teil der Band 1967 gewohnt hatte und wo auch die legendären *Basement Tapes* mit Dylan entstanden sind. Im Sommer 68 hatten sich die Mitglieder von The Band – Rick Danko, Levon Helm, Garth Hudson, Richard Manuel und Robbie Robertson – in Woodstock niedergelassen, nachdem sie jahrelang auf Tour gewesen waren.

> **Garth Hudson:** Wir hatten uns mit diesem Leben angefreundet, Holz hacken, uns mit dem Hammer auf den Daumen schlagen, das Tonbandgerät oder die Fliegengittertür reparieren und durch den Wald spazieren … Es war entspannend und genügsam. So etwas hatten wir seit unserer Kindheit nicht erlebt.

Im Elephant Café kam es immer wieder zu spontanen Jamsessions mit Leuten wir Paul Butterfield, einem großartigen Bluessänger und Harmonicaspieler, und Tim Hardin, einem brillanten Singer-Songwriter. Rick Danko spielte oft Dame im Café Espresso und Richard Manuel konnte man im Deanie's bei einem Glas Rotwein antreffen. (Sie alle nahmen ein Jahr später am Woodstock-Festival teil.) Das Café Espresso, das in den frühen 60er-Jahren einer von Dylans Lieblingsorten gewesen war, gehörte einem Franzosen namens Bernard Paturel.

> **Bernard Paturel:** Dieser Ort hat etwas Magisches, eine ganz besondere Ausstrahlung. Es gibt dort etliche Musi-

ker, Künstler und Schriftsteller. Wer Talent hat, spürt diese Schwingungen und erfährt Unterstützung von denen, die hier leben. Es liegt etwas in der Luft. Man kann hier eine Menge Gleichgesinnte treffen.

Levon Helm: Die Menschen hier sind wie die Leute in den Ozark Mountains. Sie sind ebenso heimatverbunden und bodenständig wie bei mir zu Hause (in Arkansas) … Wer hier lebt, kann sich glücklich schätzen.

Im September 68 war Woodstock so etwas wie ein Zufluchtsort, ein »shelter from the storm«, wie Dylan später sang. Es war das Jahr, in dem der Vietnamkrieg eskalierte und Amerika ein gespaltenes Land war, das von Krawallen und politischen Morden erschüttert wurde: Martin Luther King Jr. und Bobby Kennedy wurden ermordet, Rassenunruhen waren allgegenwärtig, Friedensaktivisten wurden brutal zusammengeschlagen und inhaftiert, Studenten wurden verhaftet, weil sie auf ihrem Campus demonstrierten. Im August wurden Antikriegsdemonstrationen beim Parteitag der Demokraten in Chicago von der Polizei mit Schlagstöcken und Tränengas traktiert. Abbie Hoffman, die Yippies, die Black Panther und andere Aktivisten, die später als Chicago Eight bzw. Chicago Seven bekannt wurden, wurden verhaftet und wegen vermeintlicher Vergehen vor Gericht gestellt. Abbie wurde damals ohnehin gefühlt alle zwei Wochen von den Cops einkassiert.

Die Soundouts in Woodstock hingegen standen in starkem Kontrast zum angespannten nationalen Klima. Dort herrschte nicht zuletzt dank der ländlichen Umgebung eine fröhliche, friedfertige Atmosphäre, Kinder liefen umher, Joints wurden rumgereicht und die Leute machten es sich auf ihren Decken bequem, während am Horizont die Sonne unterging. Seit 1967 fanden diese Konzerte jedes Sommerwochenende auf der

Peter-Pan-Farm statt, einem Grundstück am Glasco Turnpike zwischen Woodstock und Saugerties. Pan Copeland, die Besitzerin, war eine lebenslustige Frau, der auch das Corner Deli im Ort gehörte. Drei bis vier Acts traten auf einer behelfsmäßigen, nur knapp fünfzehn Zentimeter hohen Bühne auf, die auf einem brachliegenden Kornfeld errichtet worden war. Zu den Künstlern, die dort auftraten, gehörten Lokalgrößen wie Ellen McIlwaine and Fear Itself, Chrysalis, Cat Mother und die Colwell-Winfeld Blues Band. Später kamen auch namhaftere, landesweit bekannte Musiker hinzu, wie Van Morrison und Tim Hardin, die es nach Woodstock verschlagen hatte. Zwischen den einzelnen Sets hörte man Zikaden und Vögel musizieren. Auf der angrenzenden Kuhweide stellten Leute Zelte oder Campingwagen auf. »Wäre es nicht cool, wenn man ein großes Konzert veranstalten würde, wo alle wie hier campen könnten, und das ein ganzes Wochenende lang?«, fragte ich Sonya. Die Soundouts gaben der Idee, die ich schon in Miami gehabt hatte, wieder neue Nahrung. Hier jedoch nahm das Ganze vor meinem geistigen Auge noch größere Dimensionen an.

Während eines Besuchs in New York traf ich Don Keider wieder, der von der Grove in die Metropole gezogen war, um für eine Band namens Mandor Beekman Vibrafon zu spielen. Don und zwei Jungs, die bereits in Dons Jazzquartett in Miami gespielt hatten – der Drummer Abby Rader und der Keyboarder Bob Lenox –, hatten sich mit ein paar Rockern aus Brooklyn zusammengetan und traten mit ihnen unter dem Namen Train auf. DK bat mich, die Band zu managen, und obschon ich noch nie etwas von ihnen gehört hatte, sagte ich: »Klar, das höre ich mir an.« Er brauchte meine Hilfe und ich konnte dabei wieder etwas Neues lernen.

Train waren damals gerade dabei, ihren Sound zu finden; sie befanden sich in der Übergangsphase vom geradlinigen Jazz hin zu einer Art Rockfusion. Ich brachte die Band mit Garland Jeffreys, einem talentierten Sänger und Gitarristen, zusammen. Garland besaß eine Beleuchtungsfirma im East Village namens Intergalactic. Ich hatte ihn kennengelernt, als ich bei ihm die Stroboskoplichter für den Head Shop South kaufte. Garland schrieb ein paar großartige Songs und trat im Village auf, und DK und seinen Jungs gefielen seine poetischen Texte. Als Garland zur Band stieß, nahm ihr Sound allmählich Gestalt an.

> **Don Keider:** Wir wohnten in einem abbruchreifen Gebäude nahe der Eisenbahntrasse an der West Side über einem Süßwarengeschäft. Das war zugleich auch unser Proberaum. Es war total krank! Ich hab keine Ahnung, wie wir das ausgehalten haben. Aber ich setzte großes Vertrauen in Michael, hoffte, dass er uns helfen könnte, irgendwas zu reißen. Immerhin hatte er seinen Geschäftssinn mit unserer Plakatfirma in Miami unter Beweis gestellt. Wir hatten mit ein paar Plakaten begonnen und plötzlich konnten wir sie zu Tausenden drucken lassen. Er verkaufte sie im ganzen Land. Damit hatten wir eine schöne Stange Geld verdient.

Ich fuhr mit dem Trailways-Bus von Woostock nach Port Authority, um mit Train zu arbeiten. Während einer dieser Fahrten überlegte ich mir, wie toll es wäre, wenn es ein Studio in Woodstock gäbe, sodass Musiker ihre Aufnahmen auch auf dem Land machen könnten. Der Ort brauchte so etwas wie das Criteria in Miami, das oft von Atlantic Records genutzt wurde. Immerhin hielten sich mehr und mehr namhafte Musiker dort auf, von Van Morrison über Jimi Hendrix bis zu Janis Joplin. Auch Fred Neil war von der Grove dorthin gezogen.

Ich begann mich umzusehen und entdeckte ein verfallenes viktorianisches Haus mit ein paar Nebengebäuden auf einem abgelegenen Waldgrundstück kurz vor der Ortsgrenze. Früher beherbergte es einmal das Tapooz Country Inn, ein von Armeniern geführtes Familienhotel, zu dem auch einige Ferienhäuser gehörten, ein Tanzsaal, ein Swimmingpool in Form eines Konzertflügels und ein Gartenpavillon. Alexander Tapooz, ein schillernder Teppichhändler, bot die Gebäude und das dazugehörige dreißig Morgen große Grundstück für 50 000 Dollar zum Kauf an. Das an einer kleinen zerfurchten, baumgesäumten Seitenstraße der Yerry Hill Road gelegene Anwesen war ziemlich baufällig, aber ich konnte mir vorstellen, mit ein bisschen finanzieller Unterstützung den Tanzsaal in ein modernes Studio zu verwandeln, ein Refugium für Musiker, die sich während der Arbeit gerne zurückziehen wollen.

Ende Oktober, als ich wieder einmal in New York war, um mit Train zu arbeiten, erzählte mir Abby Rader von einem Typen, den er kannte und der bei einer Plattenfirma arbeitete. »Er ist ein hohes Tier bei Capitol Records«, sagte Abby. »Der Knabe heißt Artie Kornfeld und kommt – wie du – aus Bensonhurst.« Wir standen gerade auf dem Bürgersteig und ich sah eine Telefonzelle. »Hast du mal ein bisschen Kleingeld?«, fragte ich. Und so rief ich gleich bei Capitol an und ließ mich mit Arties Abteilung verbinden.

Artie Kornfeld: Ich war stellvertretender Direktor der A&R-Abteilung bei Capitol. Ich hatte als Musiker und Songwriter angefangen und mit Leuten wie (Gerry) Goffin, (Carole) King, (Neil) Sedaka und Leiber und Stoller im Brill Building gearbeitet. Dann ging ich zu Mercury, wo ich ein paar große Hits für die Cowsills schrieb und produzierte. Ich war erst vierundzwanzig, als ich zu Capitol kam. Eines Tages sagte mir meine Sekretärin: »Da ist ein Typ namens Michael Lang, der dich sprechen will.« »Wer ist Michael

Lang?«, fragte ich. Und sie antwortete: »Er meinte, ich solle Ihnen sagen, dass er aus der ›Neighborhood‹ kommt.« Da war mir sofort klar, er meint Bensonhurst. Also sagte ich: »Okay, lassen Sie ihn rein.«

Michael war mein zweiter Hippie. Ich hatte Debbie Harry – die später mit Blondie berühmt wurde – und ihre Band Wind in the Willows unter Vertrag genommen. Das waren die ersten Hippies, die ich kennengelernt hatte. Michael und ich funkten von Anfang an auf einer Wellenlänge. Wir sprachen über Bensonhurst und zogen uns eine Tüte rein; das Zeug war besser als alles, was ich je zuvor geraucht hatte. Ich fühlte mich Michael sehr verbunden, weil wir uns geistig so nahestanden. Und dabei waren wir beide total durchgeknallt.

Als ich Artie zum ersten Mal in seinem Büro besuchte – einem Raum mit unglaublich vielen goldenen Schallplatten an der Wand –, hatte ich eigentlich erwartet, jemanden anzutreffen, der wesentlich biederer war. Stattdessen saß er da, die Beine über Kreuz auf den Schreibtisch gelegt, und wirkte fast schon wie die spießige Idealvorstellung eines coolen Typen. Aber er war unheimlich nett und gastfreundlich. Sein Vater war Polizist und er war ganz klar von der »Neighborhood« geprägt – wir verstanden uns auf Anhieb. Und dann sprachen wir noch über gemeinsame Bekannte aus Bensonhurst, und es war uns beiden von Beginn an klar, dass wir gut miteinander konnten.

Es dauerte nicht lange, bis ich mich erneut mit Artie traf, wobei ich diesmal die Band im Schlepptau hatte. Train hatten noch nicht alle ihre Songs ausgearbeitet. Sie waren ziemlich chaotisch. Eines ihrer großen inspirierenden Vorbilder war Coltrane, sie improvisierten und jammten viel mit ihren Keyboards. Vor allem Bob Lenox war ein sehr faszinierender Jazzmusiker.

Obschon es eine Weile dauerte, bis ihr Zusammenspiel absolut reibungslos klappte, gab es zwischendurch immer wieder perfekte Momente – und da waren sie einfach großartig.

> **Artie Kornfeld:** Train waren grauenhaft. Aber ich mochte Michael, daher bewilligte ich ihnen ein Budget von 10 000 Dollar. Ich sagte, sie sollten in eines der Capitol-Studios kommen und ein paar Demos machen, und dann würden wir sehen, ob wir sie unter Vertrag nehmen.

Obschon Trains bizarrer Sound und ihre politischen Texte nicht Arties Ding waren, vertraute er mir. Ich dachte, ihre Songs könnten gut ins Programm der neuen FM-Radiosender passen, die härtere Rocksongs bevorzugten, nicht wie die AM-Sender mit ihren seichteren Popliedchen aus der Welt, aus der Artie kam. Train waren natürlich hellauf begeistert davon, wie sich die Dinge entwickelten.

> **Don Keider:** Michael hatte mit dem Capitol-Deal wahnsinnig gute Arbeit für uns geleistet. Kurze Zeit später kamen wir eines Abends alle Mann in unsere Unterkunft zurück, um zu proben – und standen vor dem Nichts. Jemand war eingebrochen und hatte alles mitgenommen, eine B-3, mein Vibrafon, zwei Drumsets, die Gitarren und die Verstärker, sogar all unsere persönlichen Sachen und unsere Klamotten waren weg. Die ganze Wohnung war ratzekahl leer geräumt. Zum Glück hatten wir gerade das Geld von Capitol bekommen, und Artie und Michael waren einverstanden, dass wir uns damit alles kauften, was wir benötigten. Daraufhin legte ich mir ein Spitzendrumset und ein neues Vibrafon zu. Wir ersetzten auch alle anderen Sachen und von Capitol erhielten wir ein erstklassiges Soundsystem.

Artie ließ Train in den Capitol-Studios Demos einspielen, damit die Plattenfirma anhand dieser Aufnahmen entscheiden konnte, ob sie die Band unter Vertrag nehmen wollte. Inzwischen traten die Jungs fleißig in der ganzen Stadt auf, darunter auch in Bill Grahams Fillmore East, das im März an der Second Avenue eröffnet worden war, und im Electric Circus am St. Mark's Place. Teilweise wurden sie für Jazzabende zusammen mit illustren Musikern wie etwa John Cage, Cecil Taylor, Charlie Mingus, Ornette Coleman, Don Cherry und Jack DeJohnette gebucht. Capitol entschied sich dennoch letztlich gegen eine Zusammenarbeit mit Train, allerdings erhielt die Band später einen Vertrag bei Vanguard, wo 1970 ihr erstes und einziges Album *Costumed Cuties* herauskam.

Ich verbrachte seit meinem Engagement für Train mehr und mehr Zeit in New York mit Artie und seiner Frau Linda. Meist hing ich in ihrer Wohnung an der Fifty-sixth Street in der Nähe des Sutton Place ab. Wir spielten Billard, rauchten Gras und quatschten bis in die frühen Morgenstunden. Es war, als würde ich Artie schon mein ganzes Leben lang kennen. Er und Linda waren Seelenverwandte. Sie wohnten mit ihrer kleinen Tochter Jamie in einem der neueren, todschicken Hochhäuser. Irgendwann lieh Artie mir seinen Firmenwagen, einen Buick, um mir das Pendeln zwischen Woodstock und New York zu erleichtern. Sonya mochte die Stadt nicht, daher kam ich immer alleine her und fuhr jeden Abend zurück. Später, als mich die Planung und die Vorbereitungen für das Festival völlig in Beschlag nahmen, lebten Sonya und ich uns immer mehr auseinander.

Artie Kornfeld: Michael, Linda und ich wurden so was wie Butch Cassidy, Etta Place und Sundance Kid. Er war der erste Hippie, den ich zum Freund hatte. Wir zündeten uns einen Joint an und schauten von der sechsunddreißigsten

Etage auf die Stadt hinab. Wir blieben bis drei oder vier Uhr morgens wach und spielten Billard. Er nannte mich Krombine und ich nannte in Clang. Eines Abends sagte er: »Artie, du machst das schon seit Jahren – und du bist abgestumpft.« »Ich bin abgestumpft? Was meinst du damit?«, fragte ich ihn, und er sagte: »Na ja, du nimmst Musiker unter Vertrag, gehst ins Studio und machst all diese Sachen, aber du gehst gar nicht mehr in die Clubs wie früher. Du hörst dir neue Acts überhaupt nicht mehr an, wenn du nicht musst.«

Ich erzählte Artie von den Soundouts in Woodstock und von meinem Festival in Miami. Wochenlang redeten wir darüber, unsere eigene Version der Soundouts als Sommerkonzertreihe auf die Bühne zu bringen, bis eines Tages, im Verlauf unserer nächtlichen Gespräche, die Woodstock-Idee aufkam. »Lass uns was richtig Großes machen! Wir laden einfach alle ein und gehen aufs Land, wo die Leute draußen campen können.« Arties Begeisterung für die Idee trug dazu bei, dass wir die ganze Sache immer weiter ausspannen. Außerdem dachten wir mit großer Ernsthaftigkeit darüber nach, ein Studio auf dem Tapooz-Grundstück an der Yerry Hill Road einzurichten. Auch für diesen Plan waren wir Feuer und Flamme. Und so entschlossen wir uns, beide Projekte zu verfolgen.

Mein Freund Jim Young, der Inhaber des Jugglers, hatte ein bisschen Ahnung vom Immobiliengeschäft, und so machten wir uns ab Dezember auf die Suche nach möglichen Austragungsorten für das Festival. Ich zahlte ihm einen geringen Vorschuss und wir sahen uns verschiedene Grundstücke im Ulster County an, darunter unter anderem ein siebzig Morgen großes Feld an der Route 212, östlich von Woodstock, auf dem sich heute ein Golfklub befindet, sowie eine ziemlich coole Midget-Cars- und Kartbahnstrecke in Krumville. Doch bei näherem Hinsehen erwiesen sich beide Areale als zu klein und zu unzugänglich für ein Festival.

Kurz nach Silvester entdeckten wir die Winston-Farm nahe Saugerties. Dieser Standort war perfekt – ein sanft abfallendes Gelände von mehr als siebenhundert Morgen direkt neben dem New York State Thruway. Es gehörte einem Mr. Schaller, dem Hauptinhaber der Großmetzgerei Schaller & Weber, die für ihre deutschen Wurstwaren bekannt war. Schaller nutzte die Fläche lediglich zum Jagen und für gelegentliche Wochenendausflüge. Nach mehreren Gesprächen mit seinem Verwalter gewannen wir den Eindruck, dass er an einer Vermietung des Geländes interessiert sein könnte. Ich erzählte Artie von dieser Entdeckung, der es nach eigener Prüfung auch für den idealen Standort hielt. Nun benötigten wir noch einen Investor. Artie streckte seine Fühler bei einigen hohen Tieren in der Plattenindustrie aus.

Ich hatte kurz zuvor Miles Lourie, einen auf die Unterhaltungsbranche spezialisierten Anwalt, kennengelernt und ihm von unseren Plänen erzählt. Er war auf jeden Fall angetan von unseren Ideen bezüglich des Festivals und des Studios. Lourie kannte zwei junge Risikokapitalanleger namens John Roberts und Joel Rosenman, die gerade ein neues Studio in Manhattan finanzierten und möglicherweise auch an der Finanzierung eines Studios in Woodstock interessiert wären. Lourie arrangierte für uns ein Treffen mit ihnen an einem Nachmittag Anfang Februar. Roberts und Rosenman waren ungefähr so alt wie wir und teilten sich eine Wohnung an der Upper East Side, die zugleich als ihr Büro fungierte. Dort trafen wir uns.

Uns war gleich klar, dass wir aus ganz unterschiedlichen Welten kamen. John Roberts war mit einem Treuhandfonds im Rücken aufgewachsen. Mit einundzwanzig hatte er ein Millionenvermögen von seiner Mutter geerbt, das aus einem Pharmaunternehmen stammte, und dieses Vermögen vermehrte sich stetig. Joel war der Spross eines Kieferorthopäden aus Long Island und hatte gerade sein Jurastudium in Yale abgeschlossen. Zusammen hatten die beiden ein Unternehmen namens Challenge International Ltd. gegründet, dessen erstes Projekt, Media Sound, gerade in der Fifty-seventh Street entstand. Mit seiner offenen und entspannten Art nahm John mich sofort für sich ein. Er war ein zugewandter, bodenständiger Kerl, dem jegliche Arglist völlig fremd zu sein schien. Joel entsprach schon eher meiner Vorstellung von einem typischen Anzugträger. Er war ganz und gar nicht so zugänglich wie John, strengte sich aber unheimlich an, charmant rüberzukommen. Ich war mir nicht ganz sicher, was ich von ihm halten sollte. Aber ebenso wie John hatte er einen guten Humor und ein offenes Lachen, was mich beruhigte.

In ihrem Buch *Young Men with Unlimited Capital* von 1979 erinnerten sich Joel und John an unser erstes gemeinsames Treffen:

> *Kornfeld hat lange braune Haare und trägt eine bestickte Lederweste über einem T-Shirt … Lang wiederum scheint nicht so recht in irgendeine Schublade zu passen. Ein enormer Kranz dunkler Locken umrahmt sein Gesicht, dessen Ausdruck zwischen böse, übermütig, entrückt, verschmitzt und unschuldig wechselt. Unter dieser beunruhigend wandlungsfähigen Miene trägt er ein ausgefranstes Arbeitshemd, einen indianischen Ledergürtel, ausgeblichene Levi's und ausgelatschte, dreckige Cowboystiefel.*
>
> *Es bleibt nicht viel Zeit, sich zu wundern. Während er sich und Lang vorstellt, greift Kornfeld erst Johns, dann Joels Hand, nimmt sie zwischen seine beiden und setzt ein Lächeln auf, das brüderliches Mitgefühl zum Ausdruck bringt, ganz so, als teilten sie alle ein schmerzvolles Geheimnis oder begäben sich in Kürze auf eine gefährliche Mission hinter feindlichen Linien. Lang wirkt frohgemut, fügsam und ergeben, als empfange er irgendwelche unsichtbaren Schwingungen.*

Ich sprach nicht viel. Mein Vater sagte mir einmal: »Wer spricht, lernt nichts.« Artie manövrierte uns meisterhaft durch das Meeting und stellte mit viel Begeisterung unser Konzept für das Studio in Woodstock vor. Wir hatten nicht vorgehabt, im Detail über das Festival zu sprechen, aber Artie erwähnte es in einem Nebensatz. Ab und an warfen John und Joel mir einen Blick zu und ich lächelte sie an, während Artie mit seinen Ausführungen fortfuhr. Für die Idee, auf dem Land ein Studio einzurichten, schienen sich unsere künftigen Partner allerdings weniger zu interessieren.

> **Joel Rosenman:** Was sie uns präsentierten, war eine im Grunde genommen uninteressante Geschichte über die Notwendigkeit eines Aufnahmestudios in Woodstock. Sie schindeten Eindruck mit den Namen der Superstars, die in Woodstock lebten, aber es gelang ihnen nicht, handfeste Argumente dafür zu liefern, warum es sich lohnen sollte, so ein großes Studio für diese Stars dort zu errichten. Obschon das Media-Sound-Studio noch nicht fertig war, wussten wir bereits durch Gespräche mit Experten, wie man so ein Studio profitabel führt und dass man dazu mehr benötigt als ein paar Alben einer Handvoll Superstars – ganz gleich wie berühmt sie sind. Denn auch wenn sie mehrere Millionen Alben verkaufen, die Mieteinnahmen für das Studio erhöhen sich dadurch nicht und sie bleiben deshalb auch nicht länger dort.

Was Joels Experten offenbar nicht wussten, war, dass sich für ein Studio, in dem erfolgreiche Alben aufgenommen werden, auch bald schon weniger namhafte Musiker interessieren, die sich wünschen werden, ebenfalls dort zu arbeiten, in der Hoffnung, dass etwas vom Glanz und Erfolg ihrer Vorgänger auf sie abfärbt. Genau das ließ sich gut am Beispiel des Bearsville-Studios beobachten. Albert Grossman eröffnete es Ende 1970 nur knapp eine Meile vom Tapooz-Grundstück entfernt und in den folgenden dreißig Jahren war es eines der am meisten gebuchten unabhängigen Studios in den USA. Hier mieteten sich Künstler wie die Rolling Stones, Foreigner, Bonnie Raitt, R.E.M., Patti Smith, Jeff Buckley, Van Morrison, The Band, Dave Matthews, Phish und viele andere ein.

Aber damals, bei unserem Treffen im Februar 1969, waren John und Joel vor allem an unseren Festivalplänen interessiert – wenngleich ich den Eindruck hatte, dass John der Idee mit dem Studio gar nicht so ablehnend gegenüberstand. Sie fragten, wie groß das Festival werden und wo es stattfinden sollte, und erkundigten sich nach den Ticketpreisen und dem Budget. Wir erklärten ihnen, dass wir nicht darauf vorbereitet seien, so detailliert über das Festival zu sprechen. Abgesehen davon schienen uns John und Joel auch nicht die richtigen Partner dafür zu sein, das Studioprojekt passte viel besser zu ihnen. Sie waren intelligent und hatten gute Leute an der Hand, die mit der Konzeption und Einrichtung eines Studios Erfahrung hatten. Artie und ich konnten für die richtige Ästhetik und das passende Flair sorgen. »Über die Finanzierung des Festivals sprechen wir gerade eigentlich schon mit jemand anderem, und die Sache läuft auch ganz gut an«, sagte Artie. »Aber okay, wir können gerne noch mal vorbeikommen und über das Budget sprechen.«

Für das Festival hatten Artie und ich ursprünglich eine Partnerschaft geplant mit Alan Livingston, dem Mann, der Artie zu Capitol Records gebracht hatte, und mit Larry Uttal, dem Boss von Bell Records. Ein paar Tage nach unserem Treffen mit John und Joel meldete sich Larry dann auch bei Artie, um sein Interesse an einer Beteiligung an dem Festival zu bekunden. Wir waren sehr glücklich darüber und Artie rief John und Joel an, um ihnen die neue Situation zu schildern. »Die Sache mit dem Festival ist unter Dach und Fach«, erklärte er ihnen, »aber wir würden mit euch gerne weiterhin über unsere Studiopläne sprechen.«

John und Joel waren sehr enttäuscht. Das Wenige, was wir ihnen erzählt hatten, hatte ausgereicht, ihnen die Idee schmackhaft zu machen. Ich denke, sie betrachteten das Ganze als unkonventionelle, aber lukrative Anlagemöglichkeit – die zudem ganz amüsant werden könnte. »Jedes Mal, wenn wir ein Projekt finden, das uns gefällt, kommt irgendeine große Firma daher und schnappt sie uns vor der Nase weg«, jammerte Joel. Artie und ich besprachen die Sache noch einmal und kamen überein, uns erneut mit ihnen zu treffen, bevor wir eine endgültige Entscheidung treffen. Wir mochten die beiden und uns gefiel der Gedanke, mit jemandem in unserem Alter zusammenzuarbeiten. Falls sie bereit waren, beide Projekte mit uns umzusetzen, wollten wir das Ganze mit ihnen durchziehen.

Da wir immer noch in der Anfangsphase der Planung steckten, hatte ich mir noch keine konkreten Gedanken über die endgültige Größenordnung des Festivals gemacht. Ich legte einfach die Zahlen des Miami-Festivals zugrunde und rechnete das Ganze auf dieser Basis hoch. Dabei kam ich auf Gesamtkosten von 500 000 Dollar. Dann erstellte ich einen groben Finanzplan, demzufolge wir ein Investitionsbudget von 250 000 Dollar benötigten. Den Rest glaubte ich mit den Einnahmen aus dem Ticketvorverkauf bestreiten zu können. Ich kalkulierte 100 000 Dollar für die Anzahlungen an die Musiker ein und 150 000 Dollar für die Honorare von Personen, die bereits im Vorfeld der Veranstaltung tätig wurden, sowie für Versicherungen, Bürokosten, Mietzahlungen etc. Ich hoffte, das Winston-Farm-Gelände für 5 000 Dollar mieten zu können, aber das war eine Zahl, die noch in den Sternen stand. In unserer Modellrechnung gingen wir von hunderttausend Zuschauern bei einem zweitägigen

Festival aus und legten Ticketpreise von 5–6 Dollar pro Tag zugrunde. Auf diese Weise konnten wir unseren Traum leben und gleichzeitig Profit machen. (Diese Rechnung ging natürlich nicht mehr auf, als wir unser Konzept konkretisierten und aus dem Festival ein dreitägiges Event mit geschätzten zweihunderttausend Zuschauern pro Tag machten.) Nach einigen weiteren Meetings erklärte sich John einverstanden, sowohl das Festival als auch das Studio zu finanzieren. Wir wurden Partner, und weil das Zentrum für beide Projekte Woodstock war, nannten wir unser Unternehmen Woostock Ventures.

Es wurde ein Vertrag aufgesetzt zwischen

> Rosenman und Roberts, Alleininhaber und Geschäftsführer von Challenge, einem Unternehmen, das in neue Geschäftsprojekte investiert, und Lang, der Rosenman und Roberts zwei neue Geschäftsprojekte vorgestellt hat, eines, das die Organisation eines Musikfestivals in Saugerties, New York, zum Gegenstand hat, sowie eines, dessen Gegenstand die Schaffung eines Musikstudios in Woodstock, New York, ist.

Der Vertrag garantierte ein Investment von 200 000 Dollar sowie eine zehnprozentige Beteiligung am Gewinn in Bezug auf das Festival sowie ein Investment von 275 000 Dollar plus zehn Prozent Gewinnbeteiligung für den Aufbau des Studios. Das zu diesem Zweck gegründete Unternehmen gab zweihundert Anteile aus. Da John die Investition mit seinem Geld tätigte, erhielt er sechzig Anteile und Joel vierzig. Artie und ich erhielten je fünfzig Anteile an der Firma. Ich musste eine Lebensversicherung auf meinen Namen abschließen und Woodstock Ventures als Begünstigten einsetzen. Darüber war es an mir, weitere Gelder zu akquirieren, falls die festgeschriebenen Investitionssummen zur Durchführung des Festivals oder für den

Bau des Studios nicht ausreichen sollten. Weil ich bei der Festivalkalkulation das Winston-Farm-Gelände ausgewählt hatte, das ich mit Jim Young entdeckt hatte, wurde vertraglich fixiert, dass der Veranstaltungsort in Upstate New York zu liegen habe und dass ich persönlich zur Verantwortung gezogen würde, für den Fall, dass es zu Verlusten oder zusätzlichen Ausgaben aufseiten von Woodstock Ventures oder Challenge käme, sofern ich keine Genehmigung für die Veranstaltung beibringen könne oder der Veranstaltungsort verlegt werden müsse. Bis zum Festival erhielt ich ein Gehalt von 400 Dollar pro Woche.

Weil er einen zweijährigen Exklusivvertrag bei Capitol unterzeichnet hatte, konnte Artie vorerst nicht in den Partnerschaftsvertrag einsteigen. Daher einigten wir uns darauf, dass ich seine Anteile übernahm, bis er nicht mehr an Capitol gebunden war. Unterzeichnet wurde der Vertrag am 28. Februar 1969.

Da Artie und ich fest umrissene Aufgaben und auch das Know-how zur Durchführung des Festivals hatten, fürchtete Joel, dass John ihn als Partner nicht mehr benötigte.

> **Joel Rosenman:** Ich erinnere mich daran, gesagt zu haben: »Du bist auf einem guten Weg, Jock. Du hast ein gutes Projekt und gute Partner an Land gezogen. Mich brauchst du jetzt nicht mehr. Du hast Michael und Artie.«

John nahm mich beiseite und bat mich, einen Job für Joel zu finden. Ich war beeindruckt, dass er sich so um seinen Partner kümmerte, und mehr als glücklich über Joels Mitarbeit. Wir hatten wahrlich genug zu tun. Nachdem der Vertrag unterschrieben war, teilten wir die Zuständigkeitsbereiche ein. Artie kümmerte sich um PR und Werbung. John und Joel oblagen die unternehmerische Verwaltung und der Ticketverkauf. Und ich war für den praktischen Teil der Produktion verantwortlich, zu meinen

Aufgaben gehörte es, die Acts zu buchen, mich um die Ausgestaltung des Festivalgeländes und den späteren Aufbau zu kümmern sowie ein Produktionsteam zusammenzustellen. Was das Studio betraf, dachte ich als Erstes an Sam Goldstein, aber dann fiel mir ein, dass er auch eine große Hilfe bei der Konkretisierung der Festivalpläne sein könnte.

Höchste Priorität hatte für uns zunächst das Festivalgelände. Das mussten wir uns als Erstes sichern und innerhalb der nächsten sechs Monate für das Event herrichten. Ein Kinderspiel, dachten wir, und stürzten uns sofort in die Arbeit.

Kapitel 4

Wallkill

»Ist das jetzt Miss Lang oder Mr. Lang, Mann oder Frau?«, höre ich die Leute auf meinem Weg zum Podium spöttisch kichern. Ich ignoriere alle Pfiffe und Buhrufe und konzentriere mich auf die bevorstehende Aufgabe: die Bewohner von Wallkill davon zu überzeugen, uns das Festival in ihrem Ort abhalten zu lassen, und ihnen glaubhaft zu vermitteln, dass es nichts gibt, worum sie sich sorgen müssen. Der Gemeindesaal von Wallkill platzt aus allen Nähten. Es gibt keine Sitzgelegenheiten, nur Stehplätze. Die Emotionen kochen hoch. Hausfrauen mittleren Alters, mittelständische Unternehmer und wettergegerbte Landwirte erzählen einander Schauergeschichten über Hippies. Die Angst, dass der ganze Ort von einer Horde langhaariger Freaks überrannt werden könnte, ist groß. Jack Schlosser, der Gemeindevorsteher von Wallkill, klopft mit dem Hammer auf den Tisch, an dem er zusammen mit sechs weiteren städtischen Vertretern sitzt, und sagt: »Hören wir mal, was uns Mr. Lang zu sagen hat.«

Es ist ein lauer Sommerabend Mitte Juni und ich bin zusammen mit einem erstklassigen Unterstützerteam angereist, um der Stadt unsere Festivalpläne zu präsentieren. Natürlich bin ich auf gewisse Vorbehalte vorbereitet, aber mit so großen Bedenken habe ich nicht gerechnet.

»Wir möchten etwas nach Wallkill bringen, das jedem hier Vorteile bieten wird«, beginne ich. »Wir sind weder Außerirdische noch Drogenabhängige und wissen genau, was wir tun. Denn wir sind Profis auf unserem Gebiet.« Die Leute scheinen erstaunt darüber, dass ich in einer Sprache spreche, die sie verstehen, und ihre Feindseligkeit beginnt ein wenig zu bröckeln.

Es wird still im Saal, während ich ganz nüchtern und sachlich unsere Pläne erläutere. »Es wird Musik, Kunst und kulinarische Spezialitäten geben und alle werden ihren Spaß haben. Wir werden campen – wie Sie das früher sicher auch gemacht haben, als Sie klein waren. Wir haben die besten Spezialisten der Branche engagiert, um die Sicherheit der Veranstaltung zu gewährleisten und den Anwohnern so wenige Unannehmlichkeiten zu bereiten wie irgend möglich. Das Festival wird den Alltag nicht mehr beeinträchtigen als die Orange County Fair, die hier jedes Jahr stattfindet.«

Während ich rede, merke ich, wie sich die Temperatur im Saal langsam normalisiert. Die Leute werden ruhiger, und ich denke bei mir, ich komme besser zum Ende, solange der Vorteil noch auf meiner Seite ist. »Gibt es noch Fragen?«, beschließe ich meinen Vortrag.

»Ja!«, höre ich von einem Mann, der aussieht, als sei er Footballtrainer an einer Highschool. »Sie haben uns von all den berühmten Musikern erzählt, die hierherkommen und auftreten werden. Aber was ist mit denen, die kommen werden, um sich deren Musik anzuhören? Was sind das für Leute?«

»Das sind Menschen wie Ihre Kinder«, entgegne ich, ohne zu zögern. »Menschen, die Musik lieben.« Die jüngeren Leute im Publikum klatschen, einige der Anzugträger lachen sogar.

Wir haben uns vorgenommen hierzubleiben – komme was wolle – und das Festival innerhalb von zwei Monaten auf die Beine zu stellen. Ich bin zuversichtlich, dass wir den Widerstand in der Gemeinde brechen können.

Der Anfang bei Woodstock Ventures war holprig. Das Verhältnis zwischen Joel, John, Artie und mir war angespannt. Eines Abends trafen wir uns in Arties Wohnung. Wir saßen auf dem Boden, ließen einen Joint rumgehen und besprachen unser Konzept. Ich kam nicht umhin, darüber nachzudenken, wie interessant unsere Partnerschaft war, und mich zu fragen, was sie sich von uns versprachen und wir uns von ihnen. Irgendwann diskutierten John und ich über »Vibes«. Ich spürte, dass er sich nicht ganz wohl dabei fühlte, in fremden Gewässern zu segeln, aber der Joint trug zur Entkrampfung bei und wir hatten alle einiges zu lachen. John und Joel schien die Welt, die wir ihnen eröffneten, zu faszinieren, aber unsere Erfahrungen und Herangehensweisen waren völlig verschieden. Ich vertraute auf meine Intuition und meinen Instinkt, während sie sich auf Experten, Umfragen und Marktforschungen sowie Marketingmaßnahmen stützten, bewährte betriebswirtschaftliche Methoden. Artie stand als talentierter Songwriter und Promoter irgendwo dazwischen.

Wenn wir mit Woodstock Erfolg haben wollten, musste das Festival von vorne bis hinten authentisch sein. Wir stellten damit etwas ganz Neues in Sachen Festivals auf die Beine und versuchten zugleich, verschiedene Gruppierungen der alternativen Szene für ein Event zusammenzubringen. Ich malte mir das Festival wie ein großes Stammestreffen aus, eine Oase für Gleichgesinnte, die Platz für experimentelle neue Lebensstile bot, die dort auch respektiert wurden. Flexibilität und Anpassungsfähigkeit waren bei der Vorbereitung einer solchen, nie da gewesenen Verschmelzung von Kunst und Kommerz entscheidend. Es war schnell klar, dass John und Joel zu konservativ waren, um diese Idee mit mir umzusetzen.

Je mehr sich das Konzept für Woodstock in meiner Vorstellung konkretisierte, desto schwieriger empfand ich die Zusammenarbeit. Wenn ich meine Augen schloss, sah ich die einzelnen Komponenten des Festivals vor mir. Damit jonglierte ich im Geiste so lange herum, bis sie einen solchen Grad an Konkretheit erreicht hatten, dass ich sie an andere Projektmitarbeiter übergeben konnte, die sich dann um die Ausführung kümmerten. Im Grunde genommen gab es nur den anfänglichen Organisationsplan, den ich aufgestellt hatte und auf dem die verschiedenen Funktionen und Posten verzeichnet waren, die vergeben werden mussten. Die Detailkonzepte entwickelten wir dann »on the go«, während wir bereits an der Umsetzung des Festivals arbeiteten.

Wir einigten uns darauf, dem Event den Namen »An Aquarian Exposition: The Woodstock Music and Art Fair« zu geben. Der Ortsname »Woodstock« sollte darin auf die ländliche, natürliche Umgebung verweisen, die das Festival auszeichnen würde. Darüber hinaus sollte die Bezeichnung deutlich machen, dass es sich um ein Kunstevent im weitesten Sinne handelte, bei dem es nicht nur um Musik ging, sondern auch um Kunsthandwerk, Malerei, Bildhauerei, Tanz, Theater etc. – ähnlich wie bei den ehemaligen Maverick-Festivals. Außerdem sollte das »Aquarian Age« im Titel genannt werden, das Zeitalter des Wassermanns, jene von Astrologen vorhergesagte Ära, die gegen Ende des 20. Jahrhunderts beginnen und eine Zeit voller Harmonie, Verständnis, Mitgefühl und gegenseitigem Vertrauen in der Welt einläuten sollte. Unser Festival sollte ein Ort sein, an dem Menschen zusammenkommen und den Anbruch dieses neuen Zeitalters feiern konnten.

Im vorangegangenen Jahr hatte es so viele Konflikte gegeben, so viele gewalttätige Auseinandersetzungen an Universitäten, in Großstadtgettos und bei Demonstrationen im ganzen Land. In Woodstock wollten wir uns mit aller Kraft auf den Frieden konzentrieren und alle politischen Diskussionen ruhen lassen, um einfach nur unsere Möglichkeiten auszuloten. Es war unsere Chance herauszufinden, ob es uns möglich war, genau die Welt zu schaffen, für die wir das ganze Jahrzehnt lang gekämpft hatten. Und genau das wäre dann unser politisches Statement: den Beweis zu erbringen, dass Frieden und Verständnis möglich sind und die alternative Szene ihre ganz eigene Berechtigung besitzt.

Es sollten drei Tage voller Frieden und Musik werden.

Um herauszufinden, mit wie vielen Besuchern wir in etwa rechnen mussten, untersuchten wir die Einwohnerstruktur der wichtigsten Ballungsräume im Nordosten der USA: New York, New Jersey, Connecticut, Massachusetts. Nachdem wir alles durchgerechnet hatten, stand eine Zahl von rund zweihunderttausend Besuchern im Raum. Für ein Konzert war das eine geradezu undenkbare Größenordnung. Die Auftritte der Beatles im Shea Stadium 1965 und 1966 hatten circa fünfundfünfzigtausend Menschen angelockt – und damit alle Besucherrekorde gebrochen. Zum Monterey-Pop-Festival 1967, das sich über drei Tage erstreckte, waren pro Tag fünfundzwanzig- bis dreißigtausend Zuschauer erschienen – allerdings hatte keiner von denen am Veranstaltungsort, auf den Monterey Fairgrounds, übernachtet.

Anfang März kontaktierte ich einen Makler hinsichtlich der Anmietung des Winston-Farm-Geländes. Er sprach mit dem Besitzer, Mr. Schaller, und war zuversichtlich, dass wir das Gelände für unser Festival pachten konnten. Die Pacht, die Schaller vorschwebte, lag allerdings bei 40 000 Dollar und damit um einiges über der von uns ursprünglich veranschlagten Summe. Diese Information übermittelte uns der Makler zusammen mit den Kontaktdaten von Schallers Anwalt in Manhattan. Wenig später erhielt ich eine Rückmeldung von Bill Ward, dem Gemeindevorsteher von Woodstock, sowie einem Mitarbeiter des zuständigen Gesundheitsamts, die mir unmissverständlich klarmachten, dass sie an einer Open-Air-Veranstaltung in Woodstock keinerlei Interesse hätten. In der Folge blieben auch meine Anrufe bei Schallers Makler unbeantwortet. John und Joel kontaktierten daraufhin Schallers Anwalt und vereinbarten mit ihm für Ende März einen Termin.

Immerhin hatten wir uns schon den Standort für das Studio in Woodstock gesichert. Am 17. April leisteten wir eine Anzahlung von 4500 Dollar für das Tapooz-Gelände, für das wir einen Gesamtkaufpreis von 55 000 Dollar ausgehandelt hatten. Wir legten außerdem fest, wie groß das fertige Studio werden sollte. Dies geht auch aus einer Beschreibung des Vorhabens in einem *Billboard*-Artikel hervor: » (In Woodstock) wird ein neues Tonstudio errichtet. Woodstock Ventures haben kürzlich ein dreißig Morgen großes Grundstück in der Nähe des Veranstaltungsorts der Woodstock Music and Art Fair erworben und planen, dort ein Sechzehnspurtonstudio mit angeschlossenem Hotelkomplex zu bauen ... Joel Rosenman zufolge werden Produzenten und Musiker in den Woodstock-Sound-Studios eine angenehme Atmosphäre vorfinden, in der sie Aufnahmen mühelos und in angemessener Zeit unter Dach und Fach bringen können. Angeschlossen an das Studio sind Unterkünfte, Probenräume, eine Küche mit 24-Stunden-Service sowie Freizeiteinrichtungen wie ein Swimmingpool und Tennisplätze. Stan Goldstein, der früher für das Criteria-Studio in Miami gearbeitet hat, begleitet das Bauvorhaben beratend und wird später auch als Toningenieur in dem Studio tätig sein.«

Obschon die Standortfrage für das Festival noch immer nicht abschließend geklärt war, legten wir als Termin für die Veranstaltung das Wochenende des 15. Augusts fest. Ich musste langsam in die Gänge kommen und Bands buchen, bevor sie anderweitige Verpflichtungen eingingen. Bei den verschiedenen Konzerten, die ich in Miami veranstaltet und organisiert hatte, hatte ich viel über Bühnenkonzepte gelernt, über das, was beim Publikum ankommt und was nicht. Beim Miami-Pop-Festival hatten wir mit verschiedenen Musikgenres experimentiert – Blues, klassischem Rock 'n' Roll, Acid Rock, Pop, Folk – und den Leuten hatte alles gefallen. Die Kids aus der Alternativszene waren nicht stur auf eine Musikrichtung eingeschworen. Daher beschloss ich, eine große Bandbreite an Musikern einzuladen, und stellte eine Wunschliste auf, die das gesamte musikalische Spektrum von Jimi Hendrix bis Johnny Cash umfasste.

Wieder verbrachte ich viel Zeit mit Hector Morales von William Morris. Wir waren befreundet, seit er mir bei der Organisation des Miami-Festivals geholfen hatte. Er stellte mir rund um die Uhr sein Büro zur Verfügung, um Musiker zu buchen. Hectors Hilfe bei dem Projekt war unbezahlbar. Mir wurde schnell klar, dass ich nur dann Interesse an dem Festival wecken konnte, wenn ich rasch ein paar große Stars ankündigen konnte, die zugesagt hatten. Und die großen Namen angelte ich mir, indem ich ihnen Honorare anbot, die sie nicht ausschlagen konnten. Das heißt, wenn eine Gruppe üblicherweise 7500 Dollar für einen Auftritt bekam, bot ich ihnen 10 000 Dollar an. Und nachdem zwei bis drei renommierte Künstler zugesagt hatten, nahmen mich auch die Agenten und Manager der anderen Stars ernst und die Honorare pendelten sich wieder auf einem normalen Niveau ein. Die ersten Zusagen erhielt ich von Jefferson Airplane, Creedence Clearwater Revival und Canned Heat. Airplane und CCR erhielten jeweils 10 000 Dollar von uns. Canned Heat hatten seit ihrem Auftritt in Monterey mit »On the Road Again« und »Going Up the Country« zwei große Hits gelandet, ihr Honorar war mit 12 500 Dollar entsprechend höher.

Crosby, Stills and Nash buchte ich noch vor der Veröffentlichung ihres Debütalbums. David Geffen, ihr Manager, kam eines Tages zu Hector ins Büro und drückte uns eine Testpressung ihrer gerade fertiggestellten Aufnahme in die Hand. »Wartet, bis ihr das hört«, sagte er stolz. Wir waren völlig von den Socken. Buffalo Springfield und die Byrds waren zwei meiner absoluten Lieblingsbands und CSN hatten deren Stil weiterentwickelt und die Musik auf ein noch höheres Level gehoben. Der Harmoniegesang auf »Helplessly Hoping« und »Suite: Judy Blue Eyes« war einfach fantastisch. Ich war hingerissen von dem Zusammenspiel von Gitarre und Orgel auf »Wooden Ships«, einem Song, von dem ich später erfuhr, dass er von Crosbys Erlebnissen in der Grove inspiriert worden war. Und dass »Marrakesh Express« ein Hit werden würde, war eh sofort klar.

Geffen suchte nach einer geeigneten Veranstaltung als Auftakt für die erste Tour der Band, und wir waren uns alle schnell einig, dass Woodstock dafür perfekt war. Ich buchte sie vom Fleck weg und zahlte auch den von Geffen geforderten Preis von 10 000 Dollar. Wir ließen uns auf einige solcher spannenden Buchungen ein und gaben auch anderen neuen Acts eine Chance, um sie den Festivalbesuchern in Woodstock vorzustellen, darunter etwa Joe Cocker und Mountain.

Gegen Ende März lief in der Branche die Mundpropaganda für das Event langsam an. Garland Jeffreys und ich sahen uns eines Abends einen Auftritt von Van Morrison im Scene in New York an. Das war ein ziemlich cooler Club, der Johnny Winters Manager Steve Paul gehörte. Wir sprachen mit Steve und anderen über das Festival, und schon am nächsten Tag hörte ich, dass jemand aus Los Angeles angerufen hatte, um für seine Band einen Auftritt zu buchen. Um das alles richtig ins Rollen zu bringen, rief Artie auch seine Freunde beim Radio an und bat sie, Woodstock in ihren Sendungen zu erwähnen.

Was die Auswahl unserer Mitarbeiter anging, kam für mich nur das Beste vom Besten infrage. Ich suchte nach Leuten, die auf ihrem Gebiet die meiste Erfahrung hatten und – wenn möglich – genau verstanden, was wir hier aufzogen. Als ich mich in Miami nach Stan Goldstein erkundigte, um nachzuhören, ob er uns unterstützen wolle, erfuhr ich, dass er bei Criteria aufgehört hatte und mittlerweile in New York lebte. Er arbeitete als Tontechniker in der Hit Factory, stand allerdings kurz davor, auch diesen Job zu beenden und nach Los Angeles zu gehen. Ich traf mich mit ihm in New York und engagierte ihn für 500 Dollar pro Woche – 100 Dollar mehr, als ich selbst bekam.

Stan Goldstein: Michael wollte mir die Verantwortung für die ganzen technischen Dinge im Zusammenhang mit dem Festival übertragen. Ich erklärte ihm, dass ich eigentlich nicht sonderlich daran interessiert sei, an einem Festival mitzuwirken, sondern mich lieber auf die Arbeit im Studio konzentrieren wolle. Da verriet mir Michael, dass er parallel zu dem Festival am Aufbau eines Tonstudios auf dem Tapooz-Gelände arbeite. Schließlich kamen wir überein, dass ich ihn bei der Konzeptionierung und Personalplanung für das Festival unterstützen und mich dann, sobald die ärgsten Hürden genommen wären, ganz auf den Aufbau des Studios konzentrieren würde, in enger Zusammenarbeit mit dem Tonmeister von John und Joels New Yorker Studio Media Sound. Das neue Studio in Woodstock sollten wir gemeinsam leiten.

Kurz nachdem ich hinzugestoßen war, beschloss man, das Festival zu einem dreitägigen Event zu machen, und es wurde ein Ablaufplan für die einzelnen Tage erstellt. Das Konzert am Freitag sollte spät beginnen, mit sanfteren musikalischen Klängen und ohne die ganz großen Acts, womit der Tatsache Rechnung getragen werden sollte, dass eine Menge Zuschauer am Freitag wohl erst spät nach der Arbeit anreisen würden. Samstag und Sonntag waren die Tage für die Headliner. Man einigte sich auf den Slogan »Three Days of Peace and Music«, und Michael hatte die Idee für ein Logo mit einer Gitarre und einer Taube, auf deren Grundlage Arnold Skolnick später ein brillantes Plakat entwarf.

Anders als für das Festival am Gulfstream Racetrack mussten wir diesmal erst eine ganze Infrastruktur errichten, einen Ort schaffen, an dem die Leute bleiben und campen konnten, um länger etwas von dem Event zu haben, statt am Ende eines

Tages direkt wieder abzureisen. Stan und ich begannen umgehend damit, zu recherchieren, welche logistischen Herausforderungen damit verbunden waren, zweihunderttausend Menschen drei Tage lang an einem Ort zu versorgen. Da es keine vergleichbare Veranstaltung gab, die wir uns zum Vorbild hätten nehmen können – einmal abgesehen von größeren Militäreinsätzen –, entwickelten wir unsere eigenen Methoden und Berechnungen, um herauszufinden, welche Einrichtungen wir vor Ort benötigten und welche Kosten dadurch auf uns zukämen. Um abzuschätzen, wie viele mobile Toiletten wir anfordern mussten, stoppten wir beispielsweise die Zeit, die einzelne Personen auf öffentlichen Toiletten verbrachten.

> **Stan Goldstein:** Ich ging ganz früh ins Yankee Stadium, wählte einen Toilettenraum aus und zählte die Kabinen darin. Ich hatte eine Uhr und ein Klemmbrett dabei und hielt fest, wie viele Menschen während eines bestimmten Zeitraums den Toilettenraum aufsuchten. Diese Summe teilte ich anschließend durch die Anzahl der vorhandenen Kabinen, um herauszufinden, wie viele Menschen in der vorgegebenen Zeit wie viele Toiletten benutzt hatten.

Wir vermuteten, dass die U. S. Army für Auslandseinsätze oder Einsätze in entlegenen Gebieten Informationen zum Aufbau einer vorübergehenden Infrastruktur besaß, und Stan ließ sich einen Termin im Pentagon geben, der allerdings abgesagt wurde. Die Army hatte wohl letztlich kein Interesse daran, mit uns Informationen über mobile militärische Sanitäreinrichtungen zu teilen.

John und Joels Treffen mit Schallers Anwalt Ende März verlief nicht gut. Man erklärte ihnen, dass Schaller das Grundstück nun doch nicht an uns verpachten wolle. Das bereitete uns natürlich Kopfschmerzen. Wir hatten Bands gebucht und Personal eingestellt, aber es gab keinen Veranstaltungsort. Also begaben wir uns wieder auf die Suche, diesmal auch an Orten, die etwas weiter von Woodstock entfernt lagen. Einige Areale guckten wir uns von einem Hubschrauber aus an, andere fuhren wir mit dem Wagen ab. Zu dieser Zeit lag allerdings immer noch Schnee, sodass eine gründliche Begutachtung der Grundstücke mit viel Laufarbeit verbunden war. Während einer dieser Besichtigungstouren lernte ich Tom Rounds, Tom Driscoll und Mel Lawrence von Arena Associates aus L. A. kennen. Sie hatten sich mein Festival in Miami zum Vorbild genommen und im Dezember 1968, als ich schon in Woodstock wohnte, das zweite Miami-Pop-Festival am Gulfstream Racetrack veranstaltet. Von Stan, der die Auftritte einiger Künstler dort mitgeschnitten hatte, hatte ich nur Gutes über das Festival gehört. Also lud ich die drei zu uns an die Ostküste ein, um mit ihnen über eine mögliche Zusammenarbeit zu sprechen. Rounds kam vom Radio und Driscoll leitete eine große Erdbeerfarm in Kalifornien. Mel kümmerte sich um die ganze Logistik. Da ich nicht genügend Erfahrung mit einer Veranstaltung dieser Größenordnung hatte, dachte ich darüber nach, einen ausführenden Produzenten zu beauftragen, jemanden, der Ahnung von der Produktion hatte und zugleich wusste, wie man ein Unternehmen mit Hunderten von Mitarbeitern führt. Arena Associates verlangten für den Job allerdings eine Pauschale von 50 000 Dollar pro Partner sowie eine Beteiligung an den Ticketverkäufen. Das war definitiv zu viel. »Vielen Dank für Ihr Interesse«, sagte ich ihnen, »aber ich denke, das mache ich dann doch lieber selbst.«

Zwischen Mel und mir hatte es während unserer wenigen Begegnungen allerdings gefunkt. Er war einer dieser praktischen »Kein Problem, ich erledige das«-Typen und verstand zudem sehr genau, was uns vorschwebte und was wir hier aufzogen.

Ich brauchte noch einen Bauleiter und er hatte genau die richtige Qualifikation dafür, zudem teilte er meine Sicht der Dinge. Als die anderen gingen, bat ich Mel, noch kurz zu bleiben. Ich bot ihm den Job für eine Pauschale von 8000 Dollar an und er akzeptierte.

> **Mel Lawrence:** Ich war ganz versessen auf so einen Chefposten und sagte: »Keine Frage, ich mach das.« Ich mochte Michael. Er war immer so zuversichtlich – und er übertrug diese Zuversicht auch auf sein Gegenüber. Das trug dazu bei, dass man ihm vertraute.

Mel war über das Radio zur Konzertbranche gekommen und bereits bei ein paar großen Konzerten auf Hawaii dabei gewesen. Er hatte beim allerersten Popfestival in Amerika, dem Magic-Mountain-Festival in Nordkalifornien, mitgewirkt und eine Woche später die Leitung der Bühnenbauarbeiten, der Geländeeinzäunungen und der Verkehrsführung beim Monterey-Pop-Festival übernommen. Als Bauleiter war er uns auf all diesen und noch einigen anderen Gebieten eine große Hilfe.

> **Mel Lawrence:** Unser erstes Planungstreffen für Woodstock fand in einem Imbiss an der Sixth Avenue statt. Michael, Stan und ich begannen mit der Arbeit an einem meiner patentierten Entwürfe, die gerne mal fünfzehn bis zwanzig Seiten lang werden. Wir entwickelten das Konzept quasi auf Servietten.

Am letzten Sonntag im März machten John und Joel in Johns Porsche einen Ausflug ins Hinterland von New York, um dort endlich einen Veranstaltungsort für das Festival zu finden. Als sie schon wieder auf dem Rückweg waren, entdeckten sie am

Rande der Route 17 ein Schild mit der Aufschrift: MILLS INDUSTRIAL PARK ZU VERPACHTEN. Es handelte sich um ein zweihundert Morgen großes Gelände in der Gemeinde Wallkill in Orange County. Die Fahrtzeit von New York bis dorthin betrug etwa neunzig Minuten. Für eine viermonatige Pacht des Geländes wären 10 000 Dollar fällig, allerdings musste die Nutzung zunächst vom zuständigen Liegenschaftsamt genehmigt werden. Joel und John zahlten daher zunächst eine Kaution von 1500 Dollar, um sich eine dreißigtägige Option auf die Pacht zu sichern. Bei einem Termin beim Wallkill Zoning Board am 18. April gaben sie dann an, das Gelände für eine Kunstgewerbeveranstaltung nutzen zu wollen, bei der über einen Zeitraum von mehreren Tagen mit circa vierzig- bis fünfzigtausend Besuchern zu rechnen sei. Die musikalische Komponente spielten sie anscheinend etwas zu sehr hinunter, versprachen aber, eine Haftpflichtversicherung für die Veranstaltung abzuschließen. Ganz geglaubt haben die zuständigen Beamten ihnen ihre Ausführungen wahrscheinlich nicht, erklärten allerdings, dass sie keine Einwände gegen das Vorhaben hätten.

Meine erste Reaktion auf den Mills Industrial Park war blankes Entsetzen. Das flache Gelände wirkte auf mich, als sei es schwer malträtiert worden. Bussarde flogen überall umher. Die Atmosphäre hatte nicht im Geringsten etwas von dem, was ich mir vorgestellt hatte. Vor meinem inneren Auge sah ich ein zu allen Seiten hin offenes ländliches Idyll voller Schönheit und Stille, das etwas Tröstliches und Friedvolles ausstrahlte. Dieser Ort hier war hässlich, kalt, hart und dreckig. Das Gelände erweckte den Anschein, als hätte jemand alles mitgenommen, was er gebrauchen konnte, und nur den Müll zurückgelassen.

John machte sich jedoch – nicht zu Unrecht – allmählich Sorgen um die Durchführbarkeit des Festivals. Daher ließ ich mich, nachdem ich mit Mills gesprochen und Mel das Gelände gezeigt hatte, davon überzeugen, dass man hier dennoch ein akzeptables Ambiente für das Konzert schaffen konnte. Idyllisch würde es nicht werden, aber dafür hatten wir hier Strom, fließendes Wasser und eine gute Anbindung an eine Hauptverkehrsstraße. Der Name des Festivals, Woodstock, würde sich nicht ändern, ganz gleich wo es letzten Endes stattfand. Daran wollte ich unbedingt festhalten. Der Name Woodstock symbolisierte alles, was ich mit dem Festival verband und zu erreichen versuchte.

Wir erweiterten schleunigst unseren Mitarbeiterstab. Der Großteil der Technikcrew setzte sich aus Leuten zusammen, die für Bill Grahams Fillmore East arbeiteten. Mit Chip Monck hatten wir den Rock-'n'-Roll-Beleuchtungsexperten schlechthin für unser Projekt gewinnen können, der auch schon beim Monterey-Festival und bei Mels Miami-Pop-Festival dabei gewesen war. Er hatte im Village Gate angefangen und war seit seiner Gründung 1959 für die Beleuchtung des Newport-Festivals verantwortlich gewesen. Außerdem hatte er das Beleuchtungskonzept für das Fillmore East entwickelt. Er rief mich an, nachdem er durch Hector Morales von dem Festival erfahren hatte.

> **Chip Monck:** Ich besuchte Hector Morales und er sagte: »Hör mal, kürzlich war dieser Lockenkopf hier und hat jeden talentierten Musiker gebucht, den er kriegen konnte.« Ich hatte damals gerade keinen festen Job und dachte mir, das hört sich an, als obs was Großes wird. Daher rief ich Michael an und sagte: »Junge, lass uns mal 'nen Kaffee trinken und die Köpfe zusammenstecken.« Dann setzte ich mich mit Annie Weldon in Verbindung, die damals mit John Morris verheiratet war, und fragte: »Sag mal, kann ich diesen Kerl mit zu euch bringen und euch mal vorstellen? Könntet ihr an diesem Abend Gastgeber spielen, damit wir die Sache ins Rollen bringen?« Und so trafen wir uns

in ihrer Wohnung an der Ecke Thirteenth Street und Sixth Avenue.

»Hector hat mir erzählt, wen du alles gebucht hast«, sagte ich zu Michael. »Ich würde gerne mehr über dein Projekt erfahren, um zu sehen, ob ich dir irgendwie helfen kann.« Michael stellte uns seine Idee vor – ohne zu viel zu verraten, aber dennoch genug, um das große Ganze zu umreißen. Danach war es an uns, einzuschlagen und zuzustimmen. So läuft das mit einem Veranstalter oder einem gewieften Unternehmer. Man folgt seinen Anweisungen.

Michael ging von zweihundert- bis zweihundertfünfzigtausend Zuschauern aus, wobei ich allerdings vermutete, dass es eher hundert- bis zweihunderttausend werden würden. Wie auch immer, es würde auf jeden Fall eine ganz große Sache werden, jeder würde hinkommen und eins war klar: Das musste mit Sinn und Verstand durchgeführt werden. Jeder, der Michael kennenlernte und begriff, was er da aufzog und was daraus werden konnte, war sofort Feuer und Flamme und wollte dabei sein.

Chip bot uns seine Dienste für ein Honorar von 7000 Dollar an. Er war sehr sympathisch und durch nichts aus der Ruhe zu bringen und verstand sehr gut, was für eine Art Projekt wir da planten. Sein Freund, John Morris, schwatzte uns seine Mitarbeit im Grunde genommen auf. Er war Bill Grahams rechte Hand im Fillmore gewesen und kannte zahlreiche Musiker und ihre Manager. Ich stellte ihn als Artists-Relations-Manager ein. Er sollte bei einigen Buchungen helfen und später mit den Agenten und Managern zusammenarbeiten, um die technischen Anforderungen der einzelnen Acts abzuklären und dafür zu sorgen, dass sie erfüllt werden. Während des Festivals sollte er dann die Künstlerbetreuung übernehmen.

Als technischen Leiter des Projekts empfahlen uns Chip und John Chris Langhart. Jeder, der schon einmal mit ihm gearbeitet hatte, hielt ihn für ein Genie. Chris hatte Bühnenbild an der NYU unterrichtet und die Planung für die Sanitär- und Elektroinstallationen im Fillmore East übernommen. Genau darum sollte er sich auch bei uns kümmern.

> **Chris Langhart:** Irgendwann ging es an die Honorarverhandlungen, in denen sich Michael als ziemliches Schlitzohr erwies. Nach einigem Hin und Her hatten wir uns auf zwei Summen geeinigt, eine hohe und eine niedrige. Michael meinte, dass er zur Entscheidung eine Münze werfen wolle, wobei meiner Meinung nach die beiden Summen etwas sehr weit auseinanderlagen. Ich sagte ihm: »Diesen Münzwurfquatsch können wir sein lassen. Ich habe einen Studenten in meinem Kurs, der zwölf- von dreizehnmal eine Münze völlig vorhersagbar werfen kann.« Da setzte er ein breites Honigkuchenpferdgrinsen auf und wir einigten uns auf eine Summe. Von dem Moment an kamen wir ziemlich gut miteinander aus.

Für die Konstruktion unseres Soundsystems stellte ich Bill Hanley ein. Ich sage *Konstruktion*, weil es so ein System für so ein riesiges Publikum, wie wir es erwarteten, damals noch gar nicht gab. Zunächst hatte ich für den Job an Owsley Stanley gedacht, den Toningenieur von Grateful Dead, der auch deren imposantes System konstruiert hatte (und nebenbei auch der größte Hersteller von LSD im Lande war). Doch der beste Livetontechniker, den es damals in der Branche gab, war Hanley, und somit war er genau der Mann, den ich haben wollte. Als wir uns trafen und ich ihm erklärte, wie groß das geplante Festival werden würde, brannte er sofort darauf, das Problem anzugehen. »Ich weiß, wie man das machen kann«, sagte er. »Ich bau dir ein System, mit dem das funktioniert.«

An Mels Miami-Festival hatte sich ein Unternehmen namens Concert Hall Publications beteiligt, das von Bert Cohen und Michael Foreman geführt wurde; die Firma war hauptsächlich für den Bühnenaufbau und die Promotion verantwortlich gewesen. Artie kannte Michael, der gelegentlich auch für die Alternativpresse schrieb. Wir engagierten sie für die Entwicklung unseres Werbekonzepts und die Gestaltung des Programmhefts. Sie wollten aber noch mehr machen, und irgendwie gelang es Bert, John und Joel dazu zu bewegen, sie mit der Inneneinrichtung der Büros von Woodstock Ventures an der West Fifty-seventh Street zu beauftragen. Obschon uns allen ziemlich schnell klar wurde, wie absurd das Ganze war, verwandelte Bert die neuen Büroräume in eine Art topmoderne psychedelische Kasbah. Die Räume sollten eine ähnliche Atmosphäre vermitteln wie die Zimmer mit den Schwarzlichtpostern im ehemaligen Head Shop South oder das Electric Circus in New York. Man hatte verschiedene Ebenen eingebaut und alles mit giftgrünen Teppichen ausgelegt. Doch der Versuch ging nach hinten los. Statt hip und cool zu wirken, sah das Ganze einfach nur albern aus.

Ich verabscheute dieses Design, aber es gab auch noch andere Gründe, die mich bewogen, mein eigenes Büro zu eröffnen. In den Räumen von Woodstock Ventures ging es um die ganze Werbung, den Ticketverkauf und das Geschäftliche, ich war aber für die Produktion verantwortlich und wollte in Ruhe daran arbeiten. John und Joel kannten sich mit der Branche überhaupt nicht aus, von den praktischen Anforderungen, die mit der Organisation eines Konzerts einhergingen, hatten sie keine Ahnung. Ich hätte nicht gewusst, wie ich ihnen die Details meiner Planung hätte erklären können. Ich glaube auch, sie hätten meine Vorgehensweise weder verstanden noch gutgeheißen. Für mich war von Anfang an klar, dass es für alle das Beste ist, wenn sich jeder auf seinen ureigenen Aufgabenbereich konzentriert: ich auf die Produktion, Artie auf die Promotion und John und Joel auf die Finanzierung und den Ticketverkauf. Wenn ich den beiden alles, was ich tat, hätte erklären müssen, wäre das Festival niemals zustande gekommen. Also eröffnete ich ein eigenes Produktionsbüro an der Sixth Avenue in Greenwich Village.

Stan Goldstein bewies ein unglaubliches Gespür dafür, für einen Großteil der Jobs, die wir besetzen mussten, genau die richtigen Leute zu empfehlen. Einer seiner besten Tipps war Joyce Mitchell, die die Leiterin des Produktionsbüros wurde. Die brünette Mittdreißigerin hatte bereits die Beatniks und Autoren wie Terry Southern und James Baldwin persönlich kennen- und mit ihnen umzugehen gelernt. Sie war Medienkoordinatorin in Bobby Kennedys Präsidentschaftswahlkampfteam gewesen, und zuvor hatte sie von Merv Griffin und Eddy Arnold moderierte Radioprogramme für die US-Streitkräfte produziert. Joyce war 1957 nach New York gekommen, nachdem sie zunächst an der University of Miami studiert und dann einige Zeit in Paris gelebt hatte.

Joyce Mitchell: Ich traf mich mit Michael und Stan auf einen Hamburger in der Nähe des Lincoln Centers. Da sagte dieser Krauskopf zu mir: »Wie würdest du das Toilettenproblem lösen, wenn du es mit hunderttausend Menschen auf einem Acker zu tun hast?« Darauf sagte ich so was wie: »Tja, ich würde mir zwei Bagger besorgen. Einen, der ein großes Loch gräbt, und einen zweiten, der es wieder zuschaufelt.« Woraufhin entweder er oder Stan meinte: »Nun ja, das ist auf jeden Fall eine bessere Antwort als die, die wir von der US Army bekommen haben – du bist engagiert.« Und ich fragte: »Für was? Zum Latrinenschaufeln?« So fing alles an. Nach diesem ersten Treffen wusste ich, glaube ich, noch nicht so richtig, worauf das alles hinauslief. Michael hatte lediglich erzählt, dass sie die größte Rock-'n'-Roll-Party aller Zeiten auf die Bühne bringen wollten.

Die erste Aufgabe, mit der sie mich betrauten, war die Organisation des Produktionsbüros. Die ganzen Manager – Mel Lawrence, Chip Monck, John Morris – stritten sich darum, wer welchen Raum bekommt. John wollte mehr Platz. Aber diejenigen, die wirklich viel Platz benötigten, waren Mel und Chip, weil sie mit großen Entwürfen hantierten. Mel zum Beispiel erstellte ein riesiges dreidimensionales Modell der Veranstaltungsfläche von Wallkill. Ich arbeitete im Vorraum zu Michaels Büro. Das war schon alles ziemlich professionell.

Michael trommelte die einzelnen Bereichsleiter regelmäßig zu einer großen Besprechungsrunde zusammen. Ihm war es wichtig, dass jeder von uns verstand, was der andere tat, sodass die Posten im Notfall auch umbesetzt werden konnten. Die Art und Weise, wie er das alles managte, beeindruckte mich immens. Es wurde viel gestritten, improvisiert und spontan entschieden. Immer wieder mussten neue Budgets erstellt werden. Michael sagte nur: »Treibt das Geld für mich auf.« Glücklicherweise hatte ich, da mein Vater unbedingt darauf bestanden hatte, am College einen Buchhaltungskurs belegt, sodass ich kein Problem hatte, mit all den Kostenplänen und Produktionsberichten hinterherzukommen. Und das alles geschah in einem wahnsinnigen Tempo.

Dank der Vermittlung von Chris Langhart lernten wir Jim Mitchell kennen, der als Professor für Theaterwissenschaften an der NYU gearbeitet hatte. Er wurde unser Einkäufer und nahm Joyce ein wenig Arbeit ab. Jim eröffnete Konten bei verschiedenen Unternehmen, um Equipment und Verbrauchsmaterialien zu beschaffen. Seine Sehkraft verschlechterte sich zunehmend, wobei es mit seiner Gesundheit generell nicht zum Besten stand. Dennoch arbeitete er hart und hängte sich voll rein.

Die Produktionsbüros waren ziemlich schmucklos. Sie erstreckten sich über gerade einmal zwei Etagen in einem kleinen braunen Sandsteingebäude. Die Einrichtung bestand aus Schreibtischen und Aktenschränken. Chip hatte die ganzen Möbel zusammengeklaubt – einige davon sogar selbst gezimmert – und die Büros in weniger als achtundvierzig Stunden eingerichtet. Wir stellten noch eine Empfangsdame ein, die als einzige eine ziemlich ruhige Kugel schob, denn alle anderen hatten alle Hände voll zu tun. Jeder durfte Gras rauchen, wann immer er Lust dazu hatte, und wir hatten ziemlich viel Spaß miteinander – keine Frage: langweilig war niemandem. Wir feierten aber da keine Partys oder so, denn es gab jede Menge zu tun. Die Zeit war knapp und unser Budget limitiert. Wir konnten das Geld nicht zum Fenster rauswerfen. Joyce übernahm die Kommunikation mit John und Joels Buchhalterin Renee Levine im anderen Büro.

John Roberts: (Renee) war eine absolut unverzichtbare Mitarbeiterin. Für die meisten ihrer Kollegen war sie so was wie ein Mutterersatz. Für Michael und Artie war sie der Rammbock, der zwischen uns und ihren teils abenteuerlichen finanziellen Forderungen stand. Für Joel und mich war sie eine treue, zuverlässige Freundin, die Hüterin des Scheckbuchs, die unermüdliche Stimme der Vernunft, die gerissene jüdische Nörglerin, die einen Nichtsnutz sofort erkannte, wenn sie ihn sah – und sie sah einige davon … Sie bot Anwälten, Wirtschaftsprüfern, Agenten, Rockstars und sogar bewaffneten Polizisten die Stirn. Wie wir bekamen auch sie alle mehr von ihr geboten, als sie erwartet hatten.

Artie arbeitete mit John und Joel in dem Büro am anderen Ende der Stadt. Dort herrschte zunehmend dicke Luft. Artie hatte viele Ideen, mit denen er nicht hinterm Berg hielt – einige davon waren realistisch, andere nicht. John und Joel ging es in erster Linie ums Geld, ihnen war daran gelegen, dass alle praktischen Angelegenheiten möglichst effizient erledigt wurden. Bei seinen gelegentlichen Höhenflügen verlor Artie allerdings schon mal das Wesentliche aus den Augen, worüber sie sich mehr und mehr aufregten. Artie wiederum fand, dass John und Joel zu spießig waren und seine Beiträge nicht zu würdigen wussten. Ich beschwichtigte ihn, dass ihm das keine Sorgen bereiten müsse – »halt sie einfach nur bei Laune, sodass ich mich damit nicht rumschlagen muss«. Die beiden riefen inzwischen immer öfter bei mir an, um sich über Artie zu beschweren, weil er irrational sei oder zugedröhnt oder einfach nicht bei der Sache, und ich sagte dann: »Okay, ich rede mit ihm.« Aber ich konnte nicht ständig quer durch die Stadt kutschieren, um ihre Zwistigkeiten zu schlichten. Wäre ich älter gewesen, wäre mir vielleicht etwas eingefallen, womit man die immer größer werdende Kluft zwischen ihnen hätte überwinden können. Aber damals fehlten mir sowohl die Zeit als auch die Zuversicht, um mir vorstellen zu können, dass dies angesichts ihrer unterschiedlichen Persönlichkeiten irgendwie klappen könne. Ich hatte einen Zwanzigstundentag und einfach keine Lösung für dieses Problem.

Ich verbrachte damals viel Zeit in New York. Ich hatte Zimmer im Chelsea-Hotel angemietet, wo sich Mel und ich – und wer sonst noch ein Bett brauchte – aufs Ohr hauen konnten. Stan schlug im April seine Zelte in Wallkill auf, um aufkommende Probleme bereits vor Ort zu lösen, bevor wir später dort unsere Basis einrichteten.

> **Stan Goldstein:** Ich bildete die Vorhut in Wallkill, das heißt, ich war der Erste, der hinfuhr, sich dort niederließ und den Leuten vor Ort sich und das Projekt vorstellte. Ich traf mich mit Al Romm, dem Redakteur der in Middletown ansässigen Lokalzeitung *Times Herald-Record*, und erzählte ihm und seinen Mitarbeitern von unserem Projekt. Bis dahin hatte die Öffentlichkeit noch keinerlei Notiz von uns genommen. Anschließend traf ich Jack Schlosser, den Gemeindevorsteher von Wallkill, der mir gegenüber sehr aufgeschlossen und freundlich war. Der Empfang beim Bürgermeister von Middletown war nicht ganz so herzlich, aber immer noch okay. Und dann nahm ich erste Kontakte zu den ortsansässigen Geschäftsleuten auf.

Im April und bis in den Mai hinein ging Stan in Wallkill Klinken putzen. Er richtete Konten bei verschiedenen Versorgungsunternehmen ein und sah sich diverse Geschäfte und Unternehmen vor Ort an. Solange wir unter dem Radar hindurchhuschten, gab es in Wallkill keine Probleme. Ab Ende Mai jedoch, als die Zeitung schließlich über unser Projekt berichtete, formierte sich plötzlich Widerstand.

> **Stan Goldstein:** Es begann wie ein leises Donnergrollen. Plötzlich wollten alle wissen, was wir da vorhaben, und ich hielt es für das Beste, (in der ersten Juniwoche) eine Zusammenkunft im Gemeindesaal zu organisieren, bei der alle Fragen beantwortet werden konnten.

In der Zwischenzeit bereitete sich auch Mel darauf vor, nach Wallkill umzuziehen. Er war zudem auf der Suche nach einer Assistentin, weshalb er Barry Secunda kontaktierte, einen alten Freund aus Bensonhurst, der den Electric Circus, einen Club im East Village, führte. Secunda empfahl seine Freundin Penny Stallings, eine Texanerin, die nach Abschluss ihres Studiums an der Southern Methodist University gerade erst nach New York gezogen war.

Penny Stallings: Ich hing damals ein bisschen durch, hatte kein richtiges Ziel. Mein Examen hatte ich zwar in der Tasche, wusste aber nichts damit anzufangen. In New York fühlte ich mich völlig verloren. Ich war eine typische junge Frau aus Texas, mit Unmengen Make-up im Gesicht und platinblonden Haaren – also das komplette Gegenteil von natürlich. Das Produktionsbüro erschien mir wie das Zentrum der Hippiebewegung. Alle außer Mel, der stets adrett wie ein typischer Geschäftsmann gekleidet war, liefen völlig abgefahren rum, mit langen Haaren, und die Frauen waren kein bisschen geschminkt. Und sie sahen toll aus, ich hätte es auch gerne so gemacht wie sie, aber ich konnte das nicht. Die Atmosphäre im Büro war unglaublich – richtig ausgelassen. Ich lachte über all den Irrsinn, der sich dort abspielte. Es ging zu wie in einem Zirkus.

Stan war wie Allen Ginsberg, ungeheuer eloquent und sehr smart. Er fand bei Michael immer Gehör, seine Meinung war ihm wichtig. Ansonsten wog Joyce jedes Anliegen ab, bevor sie Michael mit irgendetwas behelligte. An ihr mussten alle vorbei, und oft genug entschied sie, dass die Sache es nicht wert sei, Michael damit zu belästigen. Sie war diejenige, die ihm den Rücken freihielt. Joyce war gewissermaßen die Erwachsene im Team. Sie sah ganz anders aus als ich, trug kein Make-up und hatte einen immensen wuscheligen, graumelierten Haarschopf. Dass sie auch noch extrem gut aussah, tat ihrer Autorität keinen Abbruch – im Gegenteil.

> Chip nannte ich immer »Manners, den Butler«, nach einer Figur aus einer TV-Werbung. Er war so unheimlich britisch, obwohl er gar kein Brite war. Er war witzig, cool und sah gut aus. Er und John Morris waren immer sehr nett und hatten eine Wahnsinnsgeduld mit mir, denn ich hatte von all dem, was wir da taten, überhaupt keine Ahnung.

In der ersten Juniwoche fuhr Mel mit Penny und einigen Mitarbeitern nach Wallkill, um mit den Vorbereitungen auf dem Festivalgelände zu beginnen. Es war einiges zu tun, um die industriellen Hinterlassenschaften, die wie Schandflecken wirkten, zu beseitigen. Dort standen zum Beispiel noch einige alte landwirtschaftliche Geräte herum. Mel hatte die Idee, Skulpturen daraus zu machen, was ich großartig fand. Für sein Miami-Pop-Festival hatte Mel den Bildhauer und Kunstprofessor Bill Ward engagiert, der mit seinen Studenten ein paar Objekte geschaffen hatte, die am Gulfstream Racetrack aufgestellt worden waren. In Wallkill wollten wir etwas Ähnliches machen, und Bill erklärte sich bereit, mit ein paar Leuten nach New York raufzukommen.

Mel und ich arbeiteten einen Geländeplan aus. Wir wollten, dass sich die Leute auf dem Grundstück wohl, sicher und naturverbunden fühlten. Auf der Basis einer Zuschauerflussanalyse erarbeiteten wir Standorte für die Bühne, den Campingbereich, die Toiletten, die Küchen, die Verkaufsstände. Mel kümmerte sich zunächst um alle landschaftsbaulichen und erschließungsrelevanten Aspekte. Mit der Bühnenkonstruktion sowie den Sanitär- und Elektroinstallationen wollten wir uns erst zum Schluss beschäftigen. Feste Bauten wollte ich nicht errichten, um keine unabänderlichen Tatsachen zu schaffen, sodass man am Ende nicht mehr in der Lage wäre, flexibel zu reagieren. Sobald ich mir sicher war, dass Mel und ich uns über die Planung einig waren, ließ ich ihn alleine weiterarbeiten – genau so machte ich es mit

Chip und den anderen Bereichsleitern. Sobald ich wusste, dass ihnen klar war, was mir vorschwebte, pfuschte ich ihnen nicht mehr ins Handwerk. Mel und sein Team blieben in Wallkill, während ich hin und her fuhr, um mich mit Chip, John Morris und Joyce abzustimmen, die noch immer im Produktionsbüro im Village arbeiteten.

> **Mel Lawrence:** Wir – Stan, Penny, unser Einkäufer Jim Mitchell und noch ein paar andere – richteten uns ein Büro in einer großen roten Scheune auf dem Gelände ein. Danach machten wir uns an die Lösung der logistischen Probleme. Die Leute hörten, dass wir ein Festival planten, kamen zu uns und sagten: »Ich bin Schreiner«, oder: »Ich bin Gärtner«, und ich antwortete ihnen: »Wunderbar, du bist eingestellt.«

Die Crew aus Miami traf ebenfalls Anfang Juni in Wallkill ein und begann, Ideen zu entwickeln. Überall auf dem Gelände standen eine Menge Eichen und wucherte Giftefeu, allein für das Versprühen von Herbiziden gingen etliche Arbeitsstunden drauf. Wir brachten das gesamte Team in einer Ferienanlage in Catskill unter, die Mel noch aus seiner Kindheit kannte.

> **Penny Stallings:** Wir übernachteten alle in einer koscheren Bungalowsiedlung namens Rosenberg's. Die Zeit war dort in den 50er-Jahren stehen geblieben. Man bekam dort seine drei Mahlzeiten am Tag und zwischendurch saß man einfach nur rum. Und so sahen die Leute da auch aus – sie waren alle *ziemlich* beleibt. Zu essen gab es standardmäßig Rinderbrust mit Kartoffeln – beides völlig totgekocht. Das Einzige, was wir runterbekamen, war der Apple Pie – der war ein Gedicht. Wir aßen mit den anderen Gästen zusammen, es war einfach zum Schreien.

Bill Ward kam mit seiner Frau Jean aus Florida dazu. Jean konnte schweißen. Von ihr lernte ich ein bisschen Machogehabe. Sie war mit zwei Brüdern in Pennsylvania aufgewachsen und hatte zahlreiche Talente, die mir noch bei keiner anderen Frau aufgefallen waren. Bill und Jean suchten die Gegend nach alten landwirtschaftlichen Gerätschaften ab, um daraus Kunstwerke zu machen.

Bill Ward: Als wir zum ersten Mal da waren, hatten wir lauter Hippies dabei, die für uns arbeiteten. Wir mieteten drei oder vier Pick-ups und einen Kombi und fuhren dann in die Stadt und kauften Schaufeln, Rechen, Hämmer und Ähnliches. Anfangs waren die Leute froh, uns zu sehen, weil wir die Kasse klingeln ließen. Aber irgendwann wurde es ungemütlich. Die seltsam aussehenden Jugendlichen auf meiner Ladefläche zogen viel Aufmerksamkeit auf sich und wurden sehr kritisch beäugt. Ich selbst sah auch nicht viel besser aus. Ich trug Jeanshosen, eine Jeansjacke und eine Baseballkappe. Da ich der Älteste war, wurde mir im Motel automatisch die Verantwortung für die ganze Truppe übertragen. Die Rosenbergs nahmen mich zur Seite und sagten: »Könnten Sie bitte dafür sorgen, dass die jungen Leute beim Essen Hemden und Schuhe tragen?« Anfangs waren sie glücklich, dass wir da waren, weil die Saison noch nicht begonnen hatte und wir Geld ins Haus brachten. Als aber die anderen Gäste eintrudelten, wurden sie ziemlich pingelig und wollten uns am liebsten von hinten sehen.

In New York hetzte ich von einem Meeting zum nächsten. Ich brauchte unbedingt eine Assistentin. Über einen Freund von Stan, der Musiker war, lernten wir Ticia Bernuth (heute Agri) kennen, eine faszinierende Frau, die ungefähr so alt war wie ich und in den letzten Jahren um die ganze Welt gereist war.

Ticia Bernuth Agri: Als ich von der Stelle hörte, hat sich irgendwas in mir geregt und ich sagte mir: »Das ist genau das Richtige für mich. Auf zum Bewerbungsgespräch!« Ich war nach New York gekommen, nachdem ich zweiundsiebzig Länder bereist und den gesamten Nahen Osten durchquert hatte. 1965 war ich beseelt gewesen von dem Wunsch, die Welt zu erforschen. Zunächst ging ich nach Italien und reiste von dort aus nach Afghanistan, Pakistan, Indien, Nordafrika und durch ganz Europa. Ich hatte nur einen Schlafsack dabei und lebte von einem Dollar am Tag. Damals war alles leicht und unkompliziert. Michael stellte mir während des Bewerbungsgesprächs auch Fragen über mich, und da erzählte ich von Saudi-Arabien und davon, wie ich durch die Wüste gefahren bin und Araber mit juwelenbesetzten Dolchen getroffen habe, die uns in ihren Gästepalast eingeladen haben. Ich erzählte Michael noch einige andere Reiseerlebnisse, und vermutlich war das der Grund, warum er mich einstellte.

Joyce Mitchell: Ich gehörte mit zu der Gruppe, die das Bewerbungsgespräch mit Ticia führte. Als ich ihre Saharageschichten hörte, dachte ich nur: »Michael wird ihr den Job geben – ganz sicher.« Sie war wunderbar.

Penny Stallings: Ticia hatte rote Haare, die ihr fast bis zur Taille reichten. Sie war groß, schlank und hatte sehr lange Beine, die sie nur mit einem winzig kleinen Rock bedeckte. Sie sah umwerfend aus – die perfekte Glamoursekretärin mit Hippielook.

Ticia Bernuth Agri: Das ganze Team war unheimlich nett, so als würde man sich schon lange kennen. Ich weiß noch, wie einer der Mitarbeiter, Peter Goodrich, über Hotdogs philosophierte – kiloweise Hotdogs. Er sagte, dass wir so viele Hotdogs bräuchten, dass sie aneinandergereiht einmal quer durch die USA führen würden.

An Ticias erstem Tag im Büro führte ich gerade Bewerbungsgespräche für den womöglich wichtigsten Job des gesamten Projekts: den des Sicherheitschefs. Sie war dabei, als ich mit einem ehemaligen Polizisten aus Florida sprach, der vorschlug, Stacheldraht und Kampfhunde einzusetzen. Ticia und ich wechselten nur einen schnellen Blick und wir waren uns sofort einig: Das wollen wir auf keinen Fall. Es war gut zu sehen, dass wir auf einer Wellenlänge lagen. Nachdem der Mann gegangen war, sagte ich zu Ticia: »Morgen kommt noch ein anderer Bewerber für den Securityjob, Wes Pomeroy aus Washington. Hast du Lust, ihn am Flughafen abzuholen?« Schon als ich Ticia zum ersten Mal sah, war mir klar, dass sie keine Hemmungen hatte, mit jemandem zu sprechen oder auf jemanden zuzugehen. Das war schon sehr wichtig, denn die Welt, in der ich mich inzwischen bewegte, ging weit über meinen eigenen Horizont hinaus. Um mit Menschen jeden Schlags zurechtzukommen, musste Ticia mit sich selbst im Reinen sein, mit Situationen jeder Art klarkommen und mit jedermann zwanglos ins Gespräch kommen können, ganz gleich ob es sich um einen Politiker, einen Rockstar oder einen Handwerker handelte. Also dachte ich mir, sehen wir mal, wie sie mit Wes zurechtkommt – ob mein erster Eindruck von ihr nicht trügt. Und sie meisterte den Job hervorragend. Da wusste ich, dass sie als meine persönliche Assistentin die perfekte Wahl war.

Wes Pomeroy war uns von der Association of the Chiefs of Police empfohlen worden. Er wurde uns als »eher untypischer Gesetzeshüter« beschrieben. Den Rang eines Polizeichefs hatte er zwar nie innegehabt, dennoch war er in der Branche einschlägig bekannt. Während der Regierungszeit Lyndon B. Johnsons war er stellvertretender Direktor der Law Enforcement Assistance Administration (LEAA) und damit direkt dem damaligen Justizminister Ramsey Clark unterstellt gewesen. Als nach der Wahl Nixons John Mitchell die Leitung des Ministeriums übernahm, bat man Wes zu bleiben. Die LEAA, die zuvor dafür zuständig gewesen war, Polizisten in Deeskalationsstrategien und im zurückhaltenden Umgang mit Bürgern zu schulen, diente unter Mitchell und der Nixon-Regierung jedoch nur noch als Waffenlieferant für örtliche Polizeistationen. Wes war 1968 beim Parteitag der Demokraten als Repräsentant des Justizministeriums in Chicago gewesen und hatte, um Unruhen zu vermeiden, vergeblich versucht, mit dem damaligen Bürgermeister Richard J. Daley zu verhandeln. Im Sommer 1969 war er gerade von seinem Regierungsposten zurückgetreten, um eine Sicherheitsberatungsfirma zu gründen. Ich hoffte, dass man unserer Veranstaltung dank seiner Referenzen seitens der Behörden Vertrauen entgegenbringen würde.

> **Ticia Bernuth Agri:** Bei dem Bewerbungsgespräch funkte es sofort zwischen Michael und Wes. Wes hatte volles Verständnis für die ganze Love-and-Peace-Bewegung. Unser Land hatte schwere Zeiten durchgemacht, und Wes war daran gelegen, das negative Bild, das die Hippies von der Polizei hatten, zu revidieren.

Ich fragte Wes, was er tun würde, wenn Leute nach Woodstock kämen, die versuchten, die Absperrungen niederzurennen. Mir war klar, dass die klassische Herangehensweise von Vollzugsbeamten angesichts solch drohender Gewalt viel Leid mit sich bringen und die Stimmung immens trüben würde. (Was sich im weiteren Verlauf des Jahres bei den Festivals in Newport, Atlanta und Denver auch bestätigte.) Andere Bewerber, mit denen ich zuvor über den Job gesprochen hatte, hatten diverse martialische Maßnahmen vorgeschlagen, wie den Aufbau einer zweireihigen Stacheldrahtzaunanlage, in deren Mitte mehrere Hundestaffeln patrouillierten, das engmaschige Aufstellen von bewaffnetem Wachpersonal und den Bau riesiger, unüberwindbarer Mauern. Wes hingegen fragte mich, welche Vorstellung *ich* von dem Sicherheitskonzept hätte – das war schon mal ein guter Anfang.

Ich erklärte ihm, dass Woodstock allen offenstehen sollte. Für diejenigen, die sich kein Ticket leisten konnten, sollte es eine *free stage* geben und eine spezielle Soundanlage, über die man die Bands, die auf der Hauptbühne auftraten, hören konnte. Darüber hinaus würde es einen kostenlosen Campingbereich und kostenlos zur Verfügung gestellte Kochgelegenheiten geben. Der Bereich rund um die Hauptbühne sollte mit Zäunen abgesperrt werden. Ich war davon überzeugt, dass die allermeisten Leute diese Absperrung respektieren würden, wenn die Festivaltickets zu einem fairen Preis angeboten würden.

Wes hielt diese Strategie nicht nur für klug, sondern für die einzig richtige. Uns beiden war klar, dass die Sicherheitsbeamten im Notfall keine Möglichkeit hätten, eine Menschenmasse von der erwarteten Größe im Zaum zu halten. Daher war es wichtig, für die richtige Stimmung und eine ruhige Atmosphäre zu sorgen, den Rest würde das Publikum selbst erledigen.

Wir sprachen auch über Drogen. »Wenn die Leute Gras rauchen«, sagte Wes, »dann lassen wir sie. Ich habe noch nie jemanden gesehen, der von Gras gewalttätig wurde.« Falls harte Drogen in Umlauf kämen, wollten wir versuchen, die Dealer ausfindig zu machen und sie den Behörden zu übergeben. Wir waren uns einig, dass wir unser Hausrecht auf dem Festivalgelände selbst geltend machen wollten. Wes besaß genügend Einfluss, um das bei den örtlichen Behörden durchzusetzen. Er war ein sehr aufgeklärter Vertreter der ansonsten eher rückwärtsgewandten Strafverfolgungsbehörden. Wes scherte sich nicht um Stereotype und hohle Phrasen, er ging mit viel Bedacht und einem feinen Gespür für menschliches Verhalten an seine Aufgabe heran.

Nachdem mir die Polizei in Miami in den vergangenen Jahren so zugesetzt hatte, war ich erleichtert, endlich jemanden kennenzulernen, der davon überzeugt war, dass die Polizei in erster Linie helfen und nicht schikanieren sollte. Wes war es wichtiger, besonnen vorzugehen, als voreilige Schlüsse zu ziehen. Das war für mich entscheidend – dass er unsere politischen Ansichten teilte, war demgegenüber gar nicht so bedeutsam. Mit ihm hatten wir den richtigen Mann gefunden.

> **Wes Pomeroy:** Mir gefiel, was ich sah. Das waren interessante, idealistische Jungs. Sie waren klug. Und sie hatten viele große Ideen und keine Angst davor, sie umzusetzen. Sie waren überzeugt, dass sie etwas erreichen konnten, und ich dachte, vielleicht können sie es tatsächlich. Solche Menschen trifft man nicht allzu oft. Sie verfügten über einen Haufen Geld, den sie gerne in das Projekt steckten, und Michael war anscheinend jemand, den alle respektierten. Ich fühlte mich wohl mit meiner Aufgabe und sie fühlten sich wohl mit mir an ihrer Seite. Außerdem war es ein sehr spannendes Projekt.

Wes empfahl uns Don Ganoung, einen seiner ehemaligen Kollegen bei der LEAA, der unter anderem Episkopalprediger war. Er übernahm für uns die Öffentlichkeitsarbeit vor Ort, das heißt, er unterstützte Stan dabei, mit den uns gegenüber zunehmend ablehnend auftretenden Bewohnern von Wallkill im Gespräch zu bleiben. Don war ein freundlicher, lockerer Typ in den Dreißigern, der seinen Priesterkragen mit Humor und Würde trug. Er und Stan nahmen in der ersten Juniwoche an einer Sitzung des Wallkill Town Boards teil, um Fragen zu beantworten und Bedenken bezüglich des Festivals zu zerstreuen. (Damit ebneten sie auch den Weg für die Gemeindeversammlung, an der ich zwei Wochen später teilnahm.)

> **Stan Goldstein:** Der Widerstand gegen uns formierte sich rasant und ich bekam mächtig eins aufs Dach. Man hatte mir gesagt, dass wir über eine Genehmigung für das Festival verfügten, was aber gar nicht der Fall war. Das Einzige, was vorlag, war ein nicht bindender Beschluss, der besagte, dass wir keine Genehmigung benötigten. Außerdem erfuhr ich, dass John und Joel das Festival den städtischen Vertretern gegenüber falsch dargestellt hatten. Ihnen zufolge sollte es keine laute Musik geben, es sei mit fünfzigtausend Besuchern oder weniger zu rechnen und es würde ein nettes, ruhiges Country-und-Folk-Festival ohne großes Tamtam werden. Dass die Besucher auf dem Gelände campen sollten, war gar nicht erwähnt worden. Mir war klar, dass wir damit vor einem ganz großen Problem standen. Ich rief sofort bei Woodstock Ventures an: »Wir stehen hier vor einem echten Problem. Wir haben keine Genehmigung. Wir haben keinerlei Befugnis, hier weiterzumachen. Das Ganze wird jetzt ziemlich unangenehm. Und was soll das heißen, ihr habt keinen Anwalt?«

Um uns bei der Bewältigung der Schwierigkeiten zu unterstützen, engagierten wir den ortsansässigen Anwalt Sam Eager. Da wir über einen rechtsgültigen Pachtvertrag mit Howard Mills verfügten und die Leute vom Liegenschaftsamt John und Joel im April grünes Licht gegeben hatten, waren wir davon ausgegangen, dass wir rechtlich auf der sicheren Seite standen. Uns war nicht klar gewesen, dass man in Orten wie Wallkill neue Verordnungen ganz nach Belieben erlassen konnte und dass juristisch für uns alles an einem seidenen Faden hing.

Was erschwerend hinzukam, war, dass sich Don Ganoung in der Unterkunft, in der er sich einquartiert hatte, zusätzliche Probleme einhandelte. Er hatte ein Zimmer über dem einzigen Bordell von Wallkill gemietet (das auf Außenstehende wie eine ganz normale Bar wirkte) und sich dort mit der Tochter des Bürgermeisters getroffen. Genau an diesem Tag führte die Polizei in dem Haus eine Drogenrazzia durch und natürlich ertappten sie Don mit der jungen Dame in flagranti. Aufgrund dieses Zwischenfalls verschlechterten sich unsere ohnehin schon schwierigen Beziehungen zu den Bewohnern von Wallkill nur noch mehr und ich fühlte mich mehr und mehr an das erinnert, was ich in Miami erlebt hatte.

Die Telefone in unserer Außenstelle in Wallkill standen nicht mehr still. Die Hippiehasser unter den Anwohnern bombardierten uns mit Morddrohungen. Eines Abends feuerte sogar jemand mit einem Gewehr auf die Scheune. Auch Mills und seine Frau wurden von anonymen Anrufern terrorisiert, die drohten, ihr Haus niederzubrennen, wenn sie nicht dafür sorgten, dass die Festivalvorbereitungen gestoppt würden. Unter dem Titel »Die Wallkill-Fraktion wappnet sich für eine Blockade des Folkfestivals« berichtete die Lokalzeitung über ein Komitee Besorgter Bürger, das mit dem Ziel gegründet wurde, uns an der Weiterarbeit zu hindern. Vom zuständigen Staatsanwalt erhielten wir ein Einschreiben, in dem er uns aufforderte, der Verwaltung diverse Dokumente vorzulegen, in denen wir Details der Organisation zu Themen wie Sicherheitsvorkehrungen, sanitäre

Anlagen, Parkraum- und Verkehrsführungsplanungen erläuterten, wobei vieles davon noch gar nicht abschließend geklärt war.

Dank meiner Erfahrungen in Miami wusste ich, wie man mit Konservativen und Kleinstadtbeamten umgehen musste. Das war ein gutes Training für das gewesen, was in Wallkill auf mich zukam. Durch meine regelmäßigen Aufenthalte in der Catskillregion mit meinen Eltern in den 50er-Jahren war mir die Mentalität der Menschen, mit denen ich es zu tun bekam, vertraut. Dennoch war ich guter Dinge, dass wir die Vorurteile uns gegenüber – und gegenüber der alternativen Szene, die wir repräsentierten – ausräumen könnten. Meiner Meinung nach gibt es immer genügend Gemeinsamkeiten, um die Menschen zusammenbringen zu können. Als ich im Juni mit den wichtigsten Mitarbeitern des Produktionsteams zur Gemeindeversammlung in Wallkill ging, war ich davon überzeugt, dass wir in der Lage wären, den Anwohnern unseren Standpunkt verständlich zu machen, wenn sie uns erst einmal persönlich gegenüberständen und hörten, was wir zu sagen hatten. Mit anderen Menschen zu reden, war für mich nie ein Problem. Ich konnte die Leute fast immer erreichen, ganz gleich um welches Thema es ging. Dass die anderen Leute in meinem Team ebenfalls überzeugende Redner waren, war auch nicht gerade von Nachteil.

An dem Abend im Juni waren wir nach der Versammlung in der Gemeindehalle von Wallkill einerseits beflügelt, andererseits besorgt. Ich fand, dass wir überzeugend gewesen waren, aber uns war auch bewusst, dass noch ein langer, steiniger Weg vor uns lag, wenn wir in Wallkill bleiben wollten.

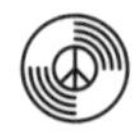

Kapitel 5

New York City

»Ich werd euch eure ganzen Acts ausspannen! IHR KÖNNT EINPACKEN!«

Mir gegenüber sitzt der einflussreichste Promoter der Branche, derjenige, der das Konzertveranstaltungsbusiness überhaupt erst erfunden hat: Bill Graham. Er wirft mir finstere Blicke zu und faucht: »Ich kauf die Leute aus euren Verträgen raus.« Er bäumt sich auf, als sei er zweieinhalb Meter groß, und nur der saure Hering, den er isst, lässt ihn wieder auf ein normales Maß schrumpfen.

Ein paar Tage zuvor hatte er John Morris angerufen und ihm wüste Drohungen an den Kopf geworfen. John hatte für Graham im Fillmore gearbeitet und war nach dem Telefonat total eingeschüchtert. Fertig mit den Nerven stürmte er in mein Büro und sagte: »Das wars, Bill macht uns den Laden dicht.«

»Was für ein Bill? Und was für ein Laden? Es gibt keinen Laden, den man uns dichtmachen könnte«, beschwichtigte ich John. »Beruhig dich erst mal.«

»Du verstehst das nicht«, entgegnete er. »Es geht um Graham. Der hat so viel Einfluss, der kriegt das hin. Wenn der will, macht er uns den Laden dicht!«

Mir wird klar, dass John tatsächlich davon überzeugt ist, dass wir am Arsch sind. »Ruf ihn an und mach einen Termin mit ihm aus. Ich kümmere mich darum. Vertrau mir, John, und mach dir keine Sorgen.«

Es ist Anfang Juni, und ich weiß genau, dass meine Buchungen absolut sicher sind. Die Verträge sind unterzeichnet, die Anzahlungen geleistet und im ganzen Land spricht man von unserem Festival. Zum allerersten Mal arbeiten wir an einem Event mit nationaler Strahlkraft. Klar, Graham ist wichtig, er ist der einflussreichste Konzertveranstalter landesweit, aber er ist nicht Gott. Ich weiß, dass er immer versucht, im Umkreis von fünfzig Meilen um das Fillmore East Exklusivverträge mit seinen Acts abzuschließen. Unser Festivalgelände liegt allerdings knapp zweimal so weit von New York entfernt.

Wenn ich Bill in seinem Umfeld treffe, wird das für mich ein großer Nachteil sein, ich muss also versuchen, ihn auf mein Terrain zu bekommen. Daher treffen John und ich ihn im Ratner's, einer jüdischen Milchbar gleich neben dem Fillmore an der Second Avenue. »Das ist mein Geschäft«, poltert Graham los und haut mit der Faust auf den wackeligen Tisch. »Was glaubst du eigentlich, wer du bist, dass du meinst, mich verarschen zu können, Junge?«

Im Stillen atme ich erleichtert auf. Anscheinend haben wir es mit einem echten Problem zu tun, nicht mit einem irrationalen Egotrip. Damit kann ich umgehen. Dass Ganze erinnert mich an einen Vorfall aus meiner Kindheit in Bensonhurst. Ein paar Schlägertypen aus der Nachbarschaft, die meinten, der Schulhof sei allein ihr Revier, drangsalierten regelmäßig meinen etwas sonderlichen Cousin. Natürlich musste ich mich für ihn einsetzen, aber ohne selbst eins auf die Nase zu kriegen. Ich sicherte mir ihren Respekt, indem ich ihnen gegenüber selbstbewusst auftrat; und durch ein gewisses Einfühlungsvermögen, das mir half zu verstehen, was die Jungs antrieb, gelang es mir auch, die Dynamik in der Gruppe zu beeinflussen.

»Um das vorab gleich klarzustellen: Wir werden dieses Festival durchziehen. Daran wird uns niemand hindern, auch Sie nicht«, sage ich zu Graham und sehe ihm dabei tief in die Augen. »Wo liegt denn überhaupt das Problem? Wir sind doch keine Konkurrenz. Unser Veranstaltungsort liegt fast hundert Meilen von Ihrem entfernt.«

»Ihr habt fast alle Acts aus meinem Frühjahrsprogramm gebucht«, antwortet er. »Die Leute kaufen keine Tickets, um sich einzelne Bands im Fillmore anzusehen, wenn sie nur ein bisschen warten müssen, um all

ihre Lieblingsbands an einem Wochenende live zu erleben«, erklärt er, jetzt schon in etwas ruhigerem Ton.

Mir fällt spontan eine Lösung ein. »Okay, ich verstehe«, sage ich. »Mir war nicht klar, dass durch die Ankündigung des Festivals Ihre Ticketverkäufe zurückgehen. Ich denke, es gibt eine Lösung, mit der wir beide leben können. Ich werde bis kurz vor dem Festival noch weitere Acts buchen. Schicken Sie mir einfach Ihren aktuellen Veranstaltungskalender, in dem alle Musiker gelistet sind, die bis zum August bei Ihnen auftreten, und ich werde keinen der Acts, die ins Fillmore kommen, für Woodstock ankündigen, bevor sie bei Ihnen gewesen sind.«

Einen Moment lang herrscht Stille, und ich kann förmlich sehen, wie es in Grahams Hirn arbeitet und er versucht, sich auf die neue Situation einzustellen. Es gefällt ihm natürlich immer noch nicht, dass es uns gibt, aber er hat nun wirklich keinen Grund mehr, uns anzufeinden. »Okay«, sagt er dann, »so können wir es machen.«

Graham kündet die meisten seiner Acts persönlich an, er liebt es, auf der Bühne zu stehen und sie vorzustellen, daher lade ich ihn zu unserem Festival ein und biete ihm an, einen Tag lang die Rolle des Conférenciers zu übernehmen. Ich sehe ihm an, dass er sich geschmeichelt fühlt. Dennoch lehnt er ab. Er komme gerne zur Show, sagt er, aber er verzichte darauf, das Angebot anzunehmen, die Künstler anzukündigen. »Sie sind der Produzent, das ist Ihre Veranstaltung. Wir können nicht beide am selben Tag Gott sein.«

Spätestens ab der dritten Maiwoche ging es in New York drunter und drüber. Im Büro herrschte hektisches Treiben und wir benötigten immer mehr Platz. Ich hatte noch weitere Mitarbeiter eingestellt, darunter Peter Goodrich, einen alten Freund aus Miami. Peter gehörte zum festen Inventar in der Grove. Er war ein gewiefter und außerordentlich redegewandter Typ, einer von denen, die zu allem was sagen können und vor allem von Kunst eine Menge Ahnung haben. Er war einundvierzig und sein Spezialgebiet war präkolumbianische Kunst und kolumbianisches Gold. Später fand ich heraus, dass er und Joyce Mitchell sich bereits in den 50er-Jahren in Miami kennengelernt hatten. Peter schien einfach jeden, der cool war, zu kennen – von Miami bis L. A.

Ich brauchte einen Mitarbeiter wie Peter, jemanden mit einer schnellen Auffassungsgabe, auf den ich mich blind verlassen konnte. Ich vertraute ihm die Vergabe der Verkaufskonzessionen an. Wir planten einen großen Basar im Wald, wo Bekleidung, Kerzen, Keramiken, Pfeifen, Gemälde, Skulpturen und etliche andere Gegenstände von Marken wie Earthcrafts, Sorcerers Apprentice, Fur Balloons und Xanadu angeboten wurden, die in der alternativen Szene beliebt waren. Für einen von uns aufgebauten Stand zahlten die Händler 300 Dollar Miete. Angesagte Boutiquen wie A Different Drummer und Limbo waren sofort dabei.

Darüber hinaus vermieteten wir Verkaufsstände für Getränke und Nahrungsmittel, die an verschiedenen Stellen rund um das Festivalgelände angeboten werden sollten. Die schwierigste Aufgabe für Peter war es, ein Unternehmen zu finden, das den Verkauf der Nahrungsmittel übernehmen wollte. Ursprünglich waren wir davon ausgegangen, dass es ein Klacks sein würde, diese Konzession zu vergeben, und dass dadurch viel Geld reinkäme. Doch es stellte sich heraus, dass Woodstock selbst für die namhaften Cateringunternehmen wie Restaurant Associates, die Stadien und Sporthallen belieferten, eine Nummer zu groß war. Mit einer Veranstaltung dieser Größenordnung hatte keiner von ihnen je zu tun gehabt. Das Risiko war ihnen angesichts des immensen Kapitaleinsatzes für die benötigten Lebensmittel, deren Transport und das Verkaufspersonal zu hoch. Es konnte ja durchaus sein, dass das Festival letztendlich gar nicht so viele

Besucher anlockte, wie wir prognostizierten. Ich hoffte daher, Peter würde Nathan's, eine Restaurantkette von Coney Island, davon überzeugen, mit uns zusammenzuarbeiten.

Mel Lawrence: Peter war der Älteste im Stab, und er rieb sich echt dafür auf, Unmögliches möglich zu machen. Wir hatten alle großen Respekt vor ihm. Er war ein enger Freund von Michael und auch ich freundete mich mit ihm an. Er traf sich mit allen großen Caterern, u. a. mit Nathan's, denen später auch das Windows on the World und Greyhound gehörten – aber es war vergeblich.

Eine weitere unverzichtbare Mitarbeiterin war Kimberly Bright. Sie bekam 100 Dollar pro Woche dafür, dass sie Räucherkerzen anzündete und das Büro mit Blumen dekorierte. Das sorgte für eine angenehm entspannte Atmosphäre in den Räumen. An manchen Nachmittagen gab Kimberly auch Yogakurse. Im Programmheft führten wir sie später als »spirituelle Beraterin«.

Joyce Mitchell: Kimberly schloss jeden Morgen das Büro auf und kümmerte sich darum, dass alles sauber und ordentlich war. Ich nannte sie nur »das Räuchermädchen«. Sie war ein ganz wunderbarer Mensch, der jeden Tag für ein paar Stunden durch das Büro schwebte und den Leuten ein Lächeln auf die Lippen zauberte.

Vor meinem inneren Auge war inzwischen ein komplexes, dreidimensionales Bild des Festivals entstanden. Es setzte sich aus verschiedenen Elementen zusammen, die sowohl materieller wie emotionaler, spiritueller wie praktischer, künstlerischer wie kommerzieller Natur waren. Nicht jeder verstand, wie all diese Elemente ineinandergriffen. Abgesehen vom harten Kern mussten die Mitarbeiter das große Ganze aber auch nicht verstehen, solange sie ihre jeweiligen Aufgaben erfüllten. Ich hoffte allerdings, dass zumindest John und Joel, abgesehen vom finanziellen Aspekt, irgendwann begreifen würden, welche Bedeutung das Festival haben konnte. Artie hatte es verstanden, er wiederum hatte aber keinen blassen Schimmer gehabt, wie sich so etwas verwirklichen ließ. Eine meiner wichtigsten Aufgaben war es, unseren Idealen und Vorstellungen, mit denen wir beide uns ganz am Anfang in dieses Abenteuer gestürzt haben, treu zu bleiben. Ich achtete darauf, dass sich die führenden Angestellten wie Mel, Chip, John, Chris und Joyce im Bereich Produktion und Design miteinander abstimmten und jederzeit wussten, wo es langging. Das große Ganze würden sie spätestens dann erkennen, wenn wir am Ende alles zusammenfügten.

> **John Morris:** Michael war derjenige mit der Vision und den Ideen. Wenn wir für irgendjemandes Träume oder Ziele arbeiteten, dann für seine. Und dabei steckte er uns mit seiner Energie an, keine Frage.

Ich erkannte und schätzte die verschiedenen Eigenschaften, die die einzelnen Mitglieder unseres Produktionsteams mitbrachten: John, der immer große Töne spuckte, was aber durch sein großes Branchenwissen ausgeglichen wurde, die weltgewandte Joyce mit ihrem Managementbackground, Chip und Chris, die immer erstklassige Arbeit ablieferten und eine Menge Erfahrung mitbrachten. Die Tatsache, dass sie sich alle von dem gigantischen Projekt nicht einschüchtern ließen, stärkte mein Vertrauen in sie und in die Menschen, die sie mir wiederum für andere Jobs empfahlen.

Chip konnte laut Vertrag, den er mit mir geschlossen hatte, über 6000 Dollar zur Einstellung eines Stagemanagers, Bühnenbildners und Bühnenbauleiters verfügen. Chips Wahl fiel auf Steve Cohen, einen Bauzeichner und Absolventen der Carnegie Tech, der schon an Produktionen im Fillmore beteiligt gewesen war und beim Philadelphia-Folk-Festival mitgewirkt hatte. Chris, Chip und Steve wurden zum Herz des Produktionsteams. Sie hatten – genauso wie John Morris und Bert Cohen – alle ganz eigene Vorstellungen vom Stagedesign, daher schrieb ich so etwas wie einen internen Wettbewerb aus, der jedem im Team die Möglichkeit gab, seinen eigenen Bühnenentwurf zu präsentieren.

Ein paar Vorgaben machte ich allerdings: Die Bühne sollte weder schrill noch besonders extravagant aussehen, vielmehr sollte sie keine große Barriere darstellen und organisch wirken. Ich wollte etwas Handfestes, Vertrauenerweckendes sehen. Um lange Pausen zwischen den einzelnen Acts zu vermeiden, favorisierte ich wie beim Miami-Pop-Festival ein Bühnenkonzept, das es der Crew ermöglichte, das Equipment für die nächste Band bereits aufzubauen, während der aktuelle Act noch auf der Bühne stand.

Es wurden etwa ein Dutzend Vorschläge eingereicht – darunter auch Modelle, die mit Stieleisstäbchen konstruiert waren. Sie sahen alle ganz verschieden aus, einige waren sogar ziemlich außergewöhnlich. Da gab es zum Beispiel ein Modell, das aussah wie eine Geburtstagstorte, mit einem sich spiralförmig nach oben windenden Aufbau, der bis in den Himmel reichte. Eindrucksvoll war das, keine Frage, doch waren derart extravagante Bauten nicht das, was mir vorschwebte. Ich wollte etwas Bodenständigeres, etwas, das wie eine gewachsene Struktur wirkte. Wie die Bühnen bei den Soundouts, nur in viel größeren Dimensionen.

Zum Schluss kamen drei Entwürfe in die engere Wahl, der von Bert Cohen, der von Chris Langhart (John Morris' Favorit) und der von Steve Cohen (Chips Favorit). Bert hatte auch das Stagedesign für Mels Miami-Festival entworfen und davon ausgehend ein ganz ähnliches Konzept für Woodstock entwickelt. Im Zentrum standen zwei große Drehbühnen, die über eine Art Oberleitungssystem verbunden waren, sodass der Aufbau für die verschiedenen Künstler abwechselnd auf der einen oder anderen Bühne stattfinden konnte. Das Dach hatte die Form eines riesigen Schirms und wurde von hohen Masten, die neben und zwischen den Drehelementen aufragten, getragen. Die Spitze konnte sich drehen und war mit zwei Dutzend Flaggen geschmückt. Für die ländliche Umgebung, in der die Bühne stehen würde, fand ich das Design allerdings etwas zu ausgefallen.

Chris' Modell basierte auf einer einfachen Drehbühne, flankiert von zwei knapp fünfundzwanzig Meter hohen Telefonmasten, die eine Traverse in Form eines Peacezeichens trugen. Über die Bühne wölbte sich ein Zeltdach, unter dem die Scheinwerfer hingen; es war mithilfe einer Seilkonstruktion an den Masten befestigt. Chris sagte, er habe »etwas ganz Modernes, Spektakuläres« schaffen wollen und habe sich von Zeichnungen einer japanischen Eislaufbahn inspirieren lassen. Die Gestaltungsidee war interessant, allerdings bot sie keine Möglichkeit zum schnellen Wechsel zwischen den einzelnen Bands, daher lehnte ich auch diesen Entwurf ab. Chris widmete sich daraufhin einer anderen Aufgabe. Er entwarf einen Künstlerpavillon, in dem sich die Musiker aufhalten konnten, wenn sie nicht auf der Bühne standen. Es war eine sehr luftige, plastische Konstruktion auf der Basis von vierunddreißig Telefonmasten mit einem weißen Stoffdach, das über Querträger gespannt wurde.

Chip machte sich für Steves Design stark, und nachdem ich ein paar Verbesserungsvorschläge gemacht hatte, stimmte ich diesem Entwurf schließlich zu. Auch hier bildeten die Basis zwei rund zwanzig Meter hohe Telefonmasten, die am unteren Ende in

Blockfundamente einbetoniert wurden, um einen sicheren Stand zu gewährleisten. Über diese Säulen spannte sich ein riesiges, pilzförmiges Dach, an dem rund 250 Scheinwerfer befestigt werden sollten. Außerdem gab es ein gigantisches Drehbühnensystem, das aus drei Halbkreisen auf Rädern bestand, über die sich schnelle Bandwechsel realisieren ließen. Es wäre zu jener Zeit die größte Bühne gewesen, die jemals gebaut wurde – die veranschlagten Kosten allein dafür betrugen knapp 20 000 Dollar.

Im späten Frühjahr stieß mit Lee Mackler (heute Blumer) eine weitere tatkräftige und kluge Frau zu unserem Team. Sie sollte für Wes im Bereich Security and Community Relations arbeiten. Lee war wie ich in einem jüdischen Viertel in Brooklyn aufgewachsen, genauer gesagt in Sheepshead Bay. Später hatte sie eine Zeit lang in Afrika gelebt und nach ihrer Rückkehr für Dick Clark gearbeitet, für den sie die Monkeys-Tour mit dem damals noch unbekannten Jimi Hendrix im Vorprogramm betreut hatte. Nach einem kurzen Abstecher ins Büro von Albert Grossman hatte sie für Bill Graham gearbeitet. Dort wiederum hatte sie John Morris kennengelernt, der sie schließlich für unser Projekt empfahl.

> **Lee Mackler Blumer:** Bill Graham hatte einen guten Geschmack und ein wirklich einzigartiges Talent. Im Fillmore East arbeiteten ganz wunderbare Menschen. Er hat es verstanden, die ganze Crew zu motivieren – keiner hielt das einfach nur für einen Job. Alle hier wussten, was sie taten, es war mehr als nur ein Broterwerb, man war Teil von etwas, das größer war als man selbst. Und genau dieser Gedanke übertrug sich auch auf diejenigen von uns, die für Woodstock arbeiteten.

Anfang Juni konzentrierte ich mich darauf, die abschließenden Buchungen zu tätigen. Ich wollte das Festival am Freitag ganz ruhig mit einem Folktag beginnen lassen. Samstags wollte ich in der Hauptsache Musiker von der Westküste auf die Bühne bringen und der Sonntag wäre den größeren internationalen Stars vorbehalten. Die Buchungen für den 15. August waren fast alle fix; die Kosten dafür waren vertretbar. Mit dabei waren Tim Hardin, der mir ein guter Freund geworden war (2000 Dollar), die Incredible String Band, eine psychedelische Folk-Rock-Band aus England (4500 Dollar), Ravi Shankar, dessen Musik ich immer wieder in meinem Headshop gespielt hatte (4500 Dollar), Richie Havens, der zeit seines Lebens ein ganz außergewöhnlicher Musiker war (6000 Dollar), Arlo Guthrie, dessen episches »Alice's Restaurant« zu einem Zeitdokument der Sixties geworden war (5000 Dollar), und Joan Baez, eine von denen, die dafür sorgten, dass die Flamme nicht erlosch (10 000 Dollar). Wir waren auch an Donovan und Johnny Cash dran gewesen, doch beide hatten einen Auftritt abgelehnt. Eine weitere Option wäre die brillante Songwriterin Laura Nyro gewesen, doch ihr großes Lampenfieber hielt sie davon ab, unser Angebot anzunehmen.

Ein großartiger Act für den Samstag wären Simon and Garfunkel gewesen, doch sie waren bereits Anfang des Jahres auf Tour gewesen, sie hatten erst mal genug voneinander und wollten im Sommer nicht noch einmal auftreten. Auch die Doors hatten ganz oben auf unserer Liste gestanden. Seit seiner Verhaftung in Miami im vergangenen März litt Jim Morrison jedoch an schwerer Paranoia und er hatte seinem Agenten erklärt, dass er aus Angst vor einem Anschlag nicht in Woodstock auftreten wolle.

Im Ablaufplan für den Samstag klafften also noch ein paar Löcher, die es zu füllen galt. Wir hatten ein paar großartige Bands aus der Bay Area gewinnen können. Neben Creedence Clearwater Revival, Canned Heat und Jefferson Airplane hatte uns Bill Graham einen Auftritt der Greatful Dead fest zugesagt (7500 Dollar). Und Albert Grossman hatte Janis Joplin

(15 000 Dollar) und The Band (15 000 Dollar) für uns an Land gezogen.

The Band hatte ich von Anfang an für das Festival gewinnen wollen. *Music from Big Pink* hatte die Musiklandschaft bereichert und einen tiefen Eindruck bei mir hinterlassen. Ich hatte Rick Danko und Richard Manuel kennengelernt und hoffte, Dylan werde vielleicht zu ihnen stoßen. Seit 1966 war er nicht mehr auf Tour gewesen, aber dazu drängen wollte und konnte ich ihn natürlich nicht. Er wurde von vielen aus der Alternativszene als Heilsbringer und ihr Sprachrohr vereinnahmt und fühlte sich völlig missverstanden und ausgenutzt. Ich wollte den Druck auf ihn nicht noch verstärken, also fragte ich ihn erst gar nicht, ob er bei uns auftreten wollte.

Selbstverständlich hätte ich auch die Beatles gerne dabeigehabt. Aber sie hätten die ganze Veranstaltung überstrahlt, außerdem tourten sie nicht mehr miteinander und standen kurz davor, sich aufzulösen. John Lennon gehörte zu den Vorbildern, die mich maßgeblich beeinflusst hatten, und ich versuchte, über Chris O'Dell, der für das neu gegründete Beatles-Unternehmen Apple arbeitete, an ihn ranzukommen. Chris war mir eine große Hilfe, aber im Mai verweigerte die Einwanderungsbehörde Lennon wegen Drogendelikten im vorangegangenen Jahr die Einreiseerlaubnis in die USA. Nixon und seine Regierung wollten ihn sich wegen seiner öffentlichen Auftritte als Friedensaktivist, seiner Bed-ins mit Yoko und anderer Protestaktionen lieber vom Hals halten.

Ich war ein großer Fan der Stones, aber wie die Beatles hätten auch sie das gesamte Festival überstrahlt, wodurch unsere eigentliche Botschaft nicht mehr durchgedrungen wäre. Bei Woodstock ging es nämlich nicht um eine Band oder eine Gruppe von Bands, es ging um die Menschen und um die Ideen und die Musik, die zu ihren Leben dazugehörten und eine wichtige Rolle darin spielten.

Für Sonntagabend hatte ich Blood, Sweat and Tears gebucht, eine extrem angesagte Band mit einer famosen Bläsersektion, die an die großen Big Bands der 40er-Jahre anknüpfte (15 000 Dollar). Und auch Iron Butterfly, die besonders für ihr Jam- und Drumsolo »In-A-Gadda-Da-Vida« bekannt waren, hatte ich für das Festival gewinnen können (10 000 Dollar).

Als letzten Act für den Sonntagabend schwebte mir Jimi Hendrix vor. Beim Miami-Festival war er noch für 5000 Dollar aufgetreten. Doch mittlerweile, nur ein Jahr später, war er der höchstbezahlte Rockmusiker der Welt. Für seinen Auftritt im Madison Square Garden hatte er gerade 150 000 Dollar bekommen. Ich hatte mir jedoch für Woodstock für die bekannteren Acts eine Obergrenze von 15 000 Dollar Gage pro Act gesetzt – einfach um alle gleich zu behandeln. Davon wollte Jimis Manager, Michael Jeffrey, allerdings nichts wissen. Michael lebte in Woodstock und Jimi hatte ein Haus im nahe gelegenen West Shokan angemietet. Es gelang mir zwar, Jeffrey auf 50 000 Dollar runterzuhandeln, aber das war immer noch weit mehr, als ich mir leisten konnte. Von Jimi selbst wusste ich, dass er gerne auftreten wollte; er ging gelegentlich zu spontanen Jams in Steve Pauls Scene und anderen Clubs auf die Bühne. Also wandte ich mich an seinen Agenten Ron Terry. Mit seinem extrem braun gebrannten Teint und seinen weißen Lackschuhen sah Terry aus, als könne er es gar nicht erwarten, wieder an den Strand zurückzukehren. Ich erzählte ihm von meinem Gleichstellungsprinzip und meiner Gagenobergrenze, aber auch er stellte in dieser Hinsicht auf Durchzug. Michael Jeffrey habe ihn instruiert, einen Deal abzuschließen – aber für eine höhere Gage. (Später stellte sich heraus, dass es Jeffrey darauf abgesehen hatte, Jimi zum bestbezahlten Act des Festivals zu machen.)

Und es gab noch ein weiteres Problem mit Hendrix. Jeffrey und Terry verlangten, dass Jimi als Headliner promotet wurde, das heißt, er sollte in allen Radio- und Printmedienkampagnen als Erster erwähnt werden, sein Name sollte größer gedruckt werden als der aller anderen und sein Auftritt sollte das Festival beschließen. Dieses Headlinerkonzept galt in der Branche bis dato als sakrosankt, aber für Woodstock schwebte mir etwas anderes vor. Ich wollte alle Musiker gleich behandeln – in Werbeanzeigen, auf Plakaten etc. Ihre Namen sollten in alphabetischer Reihenfolge und in der gleichen Schriftgröße aufgeführt werden. Das war mir wichtig, zum einen wegen der vielen großen Namen, die dabei waren, zum andern wegen des Zeichens, das dadurch gesetzt würde.

Ich wollte Jimi unbedingt dabeihaben, allerdings ohne mehr als meine festgelegte Maximalgage zahlen zu müssen oder meine Vorgaben bezüglich der Namensnennung zu modifizieren. Der Kompromiss, den ich Terry anbot, war Folgender: Jimi erhielt 30 000 Dollar, musste dafür aber zwei Auftritte bestreiten. Er sollte das Festival mit einem Akustikset eröffnen und mit einem Auftritt mit seiner Band das Festival beschließen. (Damals konnte ich noch nicht ahnen, dass die Experience ihren letzten gemeinsamen Auftritt beim Denver-Pop-Festival am 28. Juni haben würde.) Pro Auftritt würden wir einen eigenen Vertrag über 15 000 Dollar abschließen. Terry war sich nicht sicher, ob er dafür grünes Licht bekäme, daher bat ich ihn, mir Michael Jeffrey ans Telefon zu holen. Michael und ich verhandelten noch ein bisschen, und nachdem ich ihm 2000 Dollar zusätzlich für Spesen gewährte, ließ er sich auf den Vorschlag ein.

Es war mir eine Herzensangelegenheit gewesen, das Festival mit Roy Rogers und seinem Song »Happy Trails« ausklingen zu lassen. Wir alle waren mit Roys Sonntagmorgenshow im Fernsehen aufgewachsen, und ich fand, dieser Song sei der perfekte Abschluss unserer drei Tage voller Frieden und Musik. Doch Rogers Manager Art Rush lehnte mein Angebot ab.

Um unsere ganzen gebuchten Acts bezahlen zu können und die Kasse für die stetig wachsenden Ausgaben aufzufüllen, mussten wir endlich mit dem Kartenverkauf beginnen. Wir stellten Keith O'Connor ein, der im Fillmore an der Kasse gearbeitet hatte, um für John und Joel den Ticketverkauf zu organisieren. Er richtete ein Netzwerk an Verkaufsstellen in Boutiquen und Headshops ein sowie einen Direktversand, der vom Woodstock-Ventures-Büro aus betrieben wurde. Die ersten Tickets gingen für 6 Dollar pro Stück in den Vorverkauf. Später passten wir die Preise an, ab da kosteten Karten für einen Tag 7, Karten für zwei Tage 13 und eine Karte für alle drei Tage 18 Dollar. Wir ließen codierte Tickets drucken, die sich nicht so leicht fälschen ließen, und stellten mehrere junge Frauen ein, die sich um den Versand kümmerten. In den ersten beiden Wochen verkauften wir Eintrittskarten für 169 388 Dollar.

Als Artie im Mai bei Capitol aufhörte, begann er Vollzeit bei John und Joel zu arbeiten. Dazu brachte er seine Sekretärin Gisella Bitros mit. John verliebte sich Hals über Kopf in die süße »Gizzy« und es dauerte nicht lange, bis er sich unter ihrem Einfluss ein wenig zu verändern begann: Er ließ sich die Haare wachsen, trug Perlenketten und fing an, sich für Acid Rock zu interessieren.

Während John langsam lockerer wurde, blieb Joel so reserviert wie eh und je. Die Beziehung der beiden zu Artie wurde immer schwieriger, was mich zunehmend unter Druck setzte. Sie riefen mich an, um mir mitzuteilen, dass Artie mehrere Tage hintereinander nicht im Büro aufgetaucht war, und begannen, seine Rolle in unserem Unternehmen als gleichberechtigter Partner infrage zu stellen.

Unser Festival war schon seit Längerem in aller Munde. Noch in einem sehr frühen Stadium der Planung hatten Artie und ich uns mit Vertretern einer namhaften PR-Agentur getroffen, die

Michael Goldstein gehörte. Zu ihren Kunden zählten zwar Stars wie Jimi Hendrix, doch ihre Kampagnen und ihre Unternehmensphilosophie waren mir zu altbacken. Es gab allerdings in der Firma drei junge Pressesprecher, Jane Friedman, Pat Costello und Rod Jacobson, die ziemlich gut verstanden, wer wir waren und was wir wollten. Ich fragte sie, ob sie Interesse hätten, unsere PR in Eigenregie zu übernehmen. Von der Idee waren sie so begeistert, dass sie sich entschlossen, bei Goldstein Associates zu kündigen und ihre eigene Firma zu gründen: Wartoke Concern.

> **Jane Friedman:** Wir wollten unbedingt für das Festival arbeiten, nicht nur weil es ein hervorragendes Vorzeigeprojekt für eine PR-Firma war, sondern weil wir damals alle mit der Friedensbewegung sympathisierten. Sowohl politisch als auch gesellschaftlich war zu jener Zeit überall auf der Welt so viel im Umbruch, und uns war einfach klar, dass Woodstock in diesem Kontext etwas ganz Besonderes werden würde. Für jemanden, der politisch interessiert war, war es damals das aufregendste Projekt, an dem man arbeiten konnte. Genau so hatten Michael und Artie das Festival konzipiert – und genau so stellten wir es in unserer Kampagne dar. Wir waren auf der Suche nach etwas, auf das wir unsere Hoffnung auf Veränderung projizieren konnten, und dieses Festival stand für eine neue Art, zu denken und zu leben.
>
> Wir steckten unheimlich viel Arbeit und Energie in das Projekt, damit es zu einem Erfolg werden konnte. Ausgestattet mit einem Dreimonatsvertrag verbrachten wir in dieser Zeit jeden Tag im Büro, von etwa zehn Uhr morgens bis drei Uhr nachts. Und fast jeden Tag verschickten wir etwa dreitausend Postsendungen. Wir erstellten eine ungeheuer umfangreiche Liste mit Presseerzeugnissen der alternativen Szene. Damals wurde kaum irgendwo täglich über Popmu-

sik berichtet und es gab nur sehr wenige Musikzeitschriften. Die Redaktionen fütterten wir, so gut wir konnten. Tagtäglich schickten wir ihnen dieselben Informationen, damit sie sich irgendwann festsetzten – natürlich ergänzten wir sie immer um irgendeine Neuigkeit, aber im Grunde genommen war es derselbe Text. Und wir schrieben auch die Radiosender an – weltweit.

In den ersten Pressetexten hieß es noch, es sollte ein zweitägiges Konzertevent werden. Das war allerdings nur ein Trick, um die Berichterstattung noch einmal anzuheizen, wenn wir später bekannt gaben, dass das Festival um einen dritten Tag verlängert würde. (Gegen Ende des Jahres bezeichnete eine Fachzeitschrift Wartoke aufgrund der Woodstock-Kampagne als die erfolgreichste PR-Agentur im ganzen Land.)

Jane Friedman: Schon bald riefen Leute aus dem ganzen Land bei uns an. Wozu man sagen muss, dass es damals absolut nicht üblich war, dass sich jemand, der über tausend Kilometer entfernt lebte, für ein Event in New York interessierte. Warum auch? Doch jetzt wollten plötzlich Leute von überallher zu dem Festival kommen, Redakteure von Studentenzeitschriften, Studentenschaftsvorsitzende, Organisatoren von Schülerfreizeiten, Tageszeitungskolumnisten, Musikjournalisten, Leute, die sich für Rock ’n’ Roll interessierten, Redakteure von Alternativmagazinen, politisch Interessierte und und und. Woodstock wurde als politisches Event wahrgenommen, als eine Demonstration des alternativen Lifestyles.

Zu Wartokes Kampagne gehörte auch die Idee, mich zum »Gesicht« von Woodstock zu machen. Obschon ich in dieser Hinsicht eher schüchtern war, nicht gerne im Rampenlicht stand und mich auch nicht wohl dabei fühlte, als Festivalsprecher präsentiert zu werden, bestärkte Artie mich darin, diese Rolle anzunehmen, an der auch er einen gewissen Anteil hatte. Es hat mir immer widerstrebt, über Pläne zu sprechen. Mir ist es lieber, wenn man mich einfach machen lässt und das Projekt nachher für sich selbst spricht. Eine Zeit lang wurden John und Joel in der Öffentlichkeitsarbeit für das Festival gar nicht erwähnt. Einige der Leute bei Wartoke dachten offenbar, dass durch sie als typische Kapitalisten unsere Glaubwürdigkeit in der alternativen Szene in Misskredit geraten könne – doch gerade diese Glaubwürdigkeit war ein Eckpfeiler unseres Erfolgs. Auch Artie glaubte, dass knallharte Geschäftsleute wie sie unserem Ruf in der Hippieszene schaden konnten. Joel war sehr aufgebracht, als ihm klar wurde, dass er und John zu der Zeit, als wir versuchten, unsere Beziehungen zur alternativen Szene auszubauen, in einigen Pressemitteilungen gar nicht erwähnt worden und auch bei einigen Interviewterminen gar nicht dabei gewesen waren. Sein Unmut überraschte mich. Ich hatte nicht gedacht, dass ihm persönliche Publicity so wichtig ist. Glücklicherweise legte sich der Sturm irgendwann, und dann, Mitte August, wünschten sich John und Joel wahrscheinlich, dass sie nie darum gebeten hätten, in der Presse erwähnt zu werden.

Eine der letzten Bands, die wir für das Festival buchten, war Santana. Und das war das bei Weitem Positivste in einem Monat, in dem alles immer komplizierter wurde. Nachdem wir mit Bill Graham Anfang Juni im Ratner's Frieden geschlossen hatten, begann er erneut, Stunk zu machen und uns zu drohen, den Auftritt der Grateful Dead zu stornieren, wenn wir die Bay-Area-Bands, die er seit Kurzem managte – It's a Beautiful Day und Santana –, nicht ebenfalls engagieren würden. Zu diesem

Zeitpunkt hatte noch keine dieser Bands eine Platte veröffentlicht und ich hatte noch nie etwas von ihnen gehört. Es stand außer Frage, dass ich jemanden verpflichtete, dessen Musik ich nicht kannte. Daher bat ich darum, mir ein paar Tapes zu schicken, um mir einen Eindruck verschaffen zu können. Als ich die Bänder gehört hatte, musste ich zugeben, dass mir tatsächlich beide Bands gefielen, wobei mich Santana von den Socken haute: Carlos Santanas unverwechselbare Latin-Rock-Gitarre, Gregg Rolies soulige Stimme, sein famoses Orgelspiel und die fantastische Rhythmussektion. Diese Klänge erinnerten mich an die Musik, die Tito Puente vor vielen Jahren im Club meiner Eltern gespielt hatte – wobei hier noch eine gehörige Portion Rock 'n' Roll hinzukam.

»Sag Bill, dass ich Santana nehme«, sagte ich John Morris. »Sie können die Show am Samstag eröffnen. Die Jungs klingen großartig.« Bill überließ uns die Band für 1500 Dollar – damit waren sie das beste Schnäppchen des Festivals und eines der absoluten Highlights.

Angesichts so vieler toller Musiker, die schon fest gebucht waren, und des besten Teams hinter mir, das die Branche zu bieten hatte, fühlte ich mich einen Augenblick lang wie im siebten Himmel. Mitte Juni kippte diese Stimmung allerdings. Obschon wir uns zweimal den Fragen der Anwohner im Gemeindesaal von Wallkill gestellt hatten und unser Bestes taten, um alle Kommunikationswege offenzuhalten und dabei positiv aufzutreten, kochte die Stimmung in Wallkill über. Und gerade als es so aussah, als könne es nicht noch schlimmer werden, bahnten sich auch noch in New York neue Konflikte an.

Kapitel 6

Downtown

»Dein bescheuertes Festival ist mir so was von scheißegal. Wir werden dein verficktes Festival in Grund und Boden stampfen, bis dir alles um deine beschissenen Ohren fliegt, wenn du nicht auf unsere Forderungen eingehst.« Abbie Hoffman steht in einem leeren Raum auf der zweiten Etage des Yippiehauptsitzes und brüllt den direkt vor ihm stehenden Joel an. Seine Stimme hallt von den nackten Wänden wider. Als Joel versucht, mit ihm zu verhandeln, zeigt ihm der Aktivist, was er draufhat. Joel wird kreidebleich und ich kann seine Angst förmlich spüren.

Würde ich Abbie nicht kennen, hätte ich vermutlich auch Muffensausen, aber ich kenne ihn und zu einem gewissen Grad auch seine theatralischen Auftritte. Im Moment spielt er Jesse James. Allerdings will er keinen Zug ausrauben, sondern sein Stück von unserem Festivalkuchen abhaben. Jetzt ist es an mir, in die Rolle von Billy the Kid zu schlüpfen.

Schon seit Wochen merkten wir, dass es im Untergrund zu brodeln begann. Eines Abends, als ich noch spät im Büro saß und arbeitete, hörte ich WBAI-FM, den »Volkssender«. Der DJ und Moderator Bob Fass, ein großer Sympathisant der Linken, fing an, Woodstock schlechtzureden:

»Es geht das Gerücht um, dass das Festival reine Abzocke sei. Die Veranstalter interessieren sich kein bisschen für das

Publikum. Sie wollen nur Kohle machen. Musik ist aber für alle da. Das Konzert sollte kostenlos sein!«

Ich war wütend, rief beim Sender an und bekam Fass an die Strippe. Er hatte an einigen Soundouts als Moderator mitgewirkt, von daher überraschte er mich – gelinde gesagt – mit seiner Haltung.

»Hör mal, glaubst du, wir arbeiten hier bis drei Uhr morgens und schlagen uns die Nächte um die Ohren, weil uns das Publikum egal ist«, fragte ich ihm. »Glaubst du, eine Veranstaltung von dieser Größenordnung kann umsonst auf die Beine gestellt werden? Wovon soll man denn die Bühne, die Ärzte, die Bands, das Wasser, die Toiletten, das Essen, den Strom und all die Milliarden anderen Dinge bezahlen, die nötig sind, um das alles zu verwirklichen? Und dann auch noch so, dass zu guter Letzt hinten mehr rauskommt als man vorne reingesteckt hat?

Mir geht es um ein faires Geben und Nehmen«, fuhr ich fort. »Und ich bin überzeugt davon, dass die Bewegung nichts erreichen wird, wenn wir mehr anstreben als das.

Dieses Festival bietet den Menschen die Möglichkeit, sich wirklich zu begegnen, zusammenzukommen«, argumentierte ich weiter. »Hier können wir ganz wir selbst sein. Endlich sind wir einmal in der Lage, richtig und gerecht zu handeln. Und was tust du? Du tust niemandem einen Gefallen damit, uns schlechtzureden, denn wenn du damit Erfolg hast, wird das Festival nicht stattfinden und das Einzige, was hinterher übrig bleibt, sind wieder einmal nur große, leere Worte.«

Fass blieb ziemlich cool angesichts meiner Triade, und als ich nach etwa einer Stunde den Hörer wieder auflegte, hoffte ich, dass irgendetwas von dem, was ich gesagt hatte, auch bei ihm angekommen war, dass ich ihn dazu gebracht haben könnte, über das alles noch mal nachzudenken.

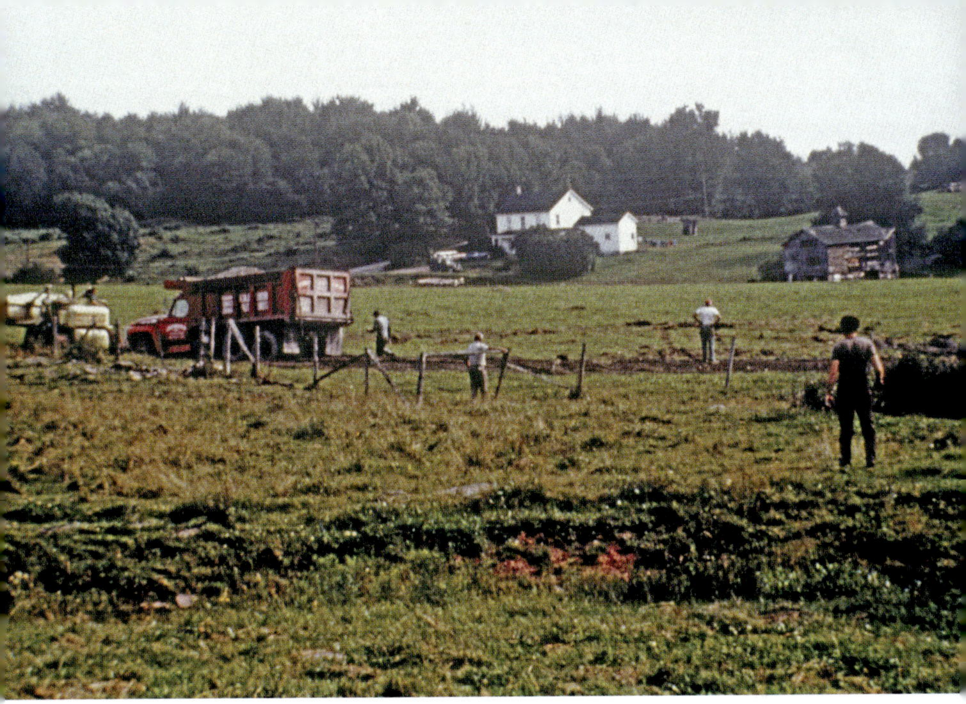

Ohne Max Yasgurs 600 Morgen Farmland hätte es kein Woodstock gegeben. Es gibt viel zu tun: draußen …

… und im spartanischen Produktionsbüro.

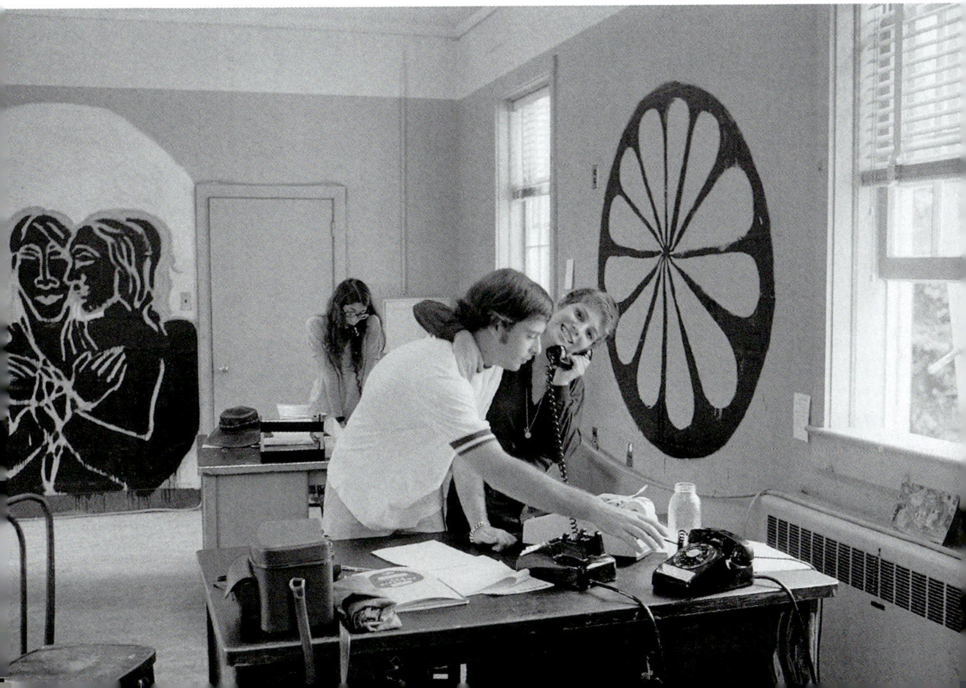

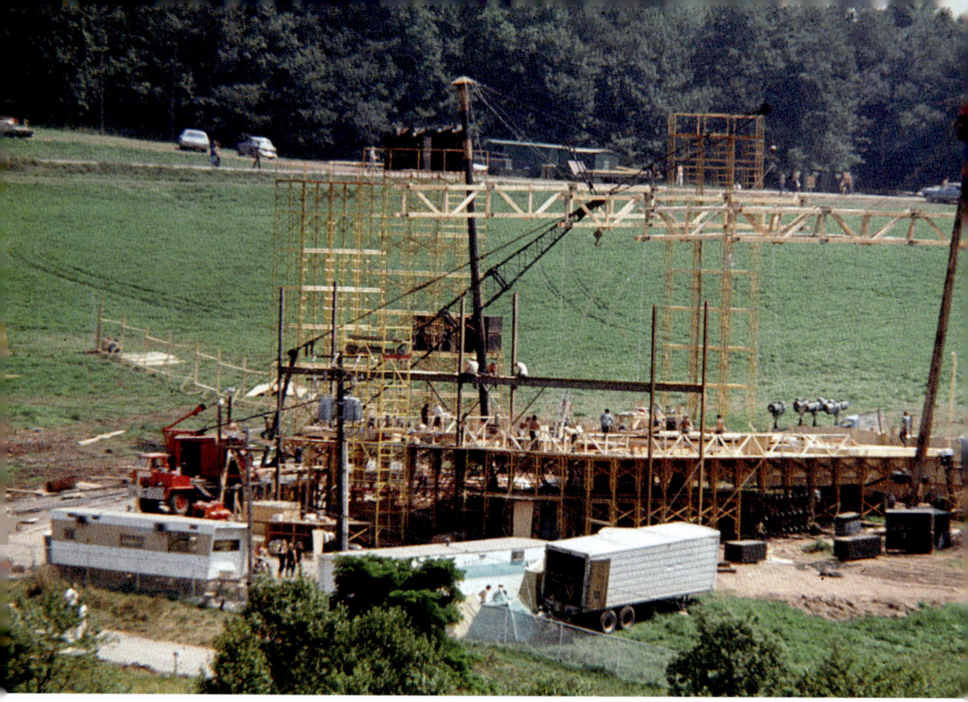

Oben: Die Hauptbühne im Aufbau

Unten: Manager John Morris (rechts) lässt sich anstecken von Langs (links) Vision, Energie und Tatendrang.

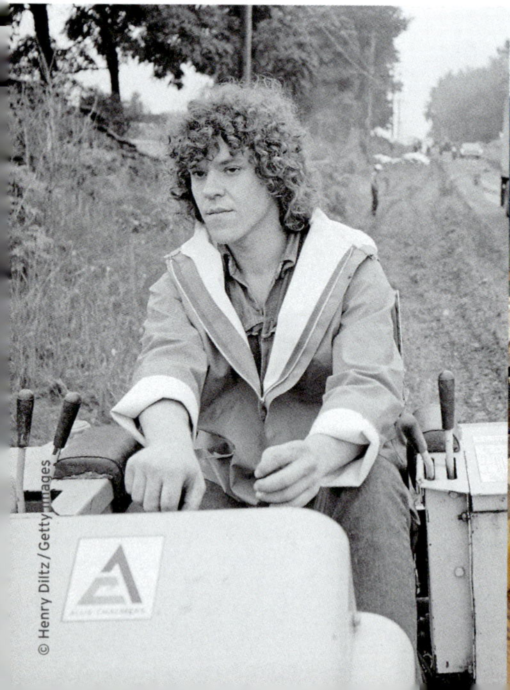

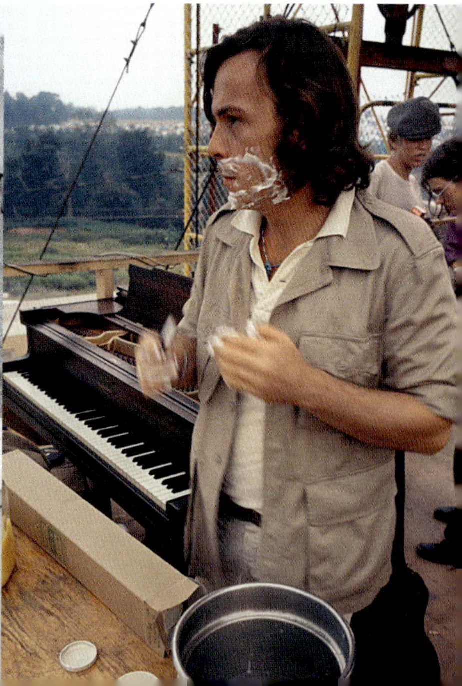

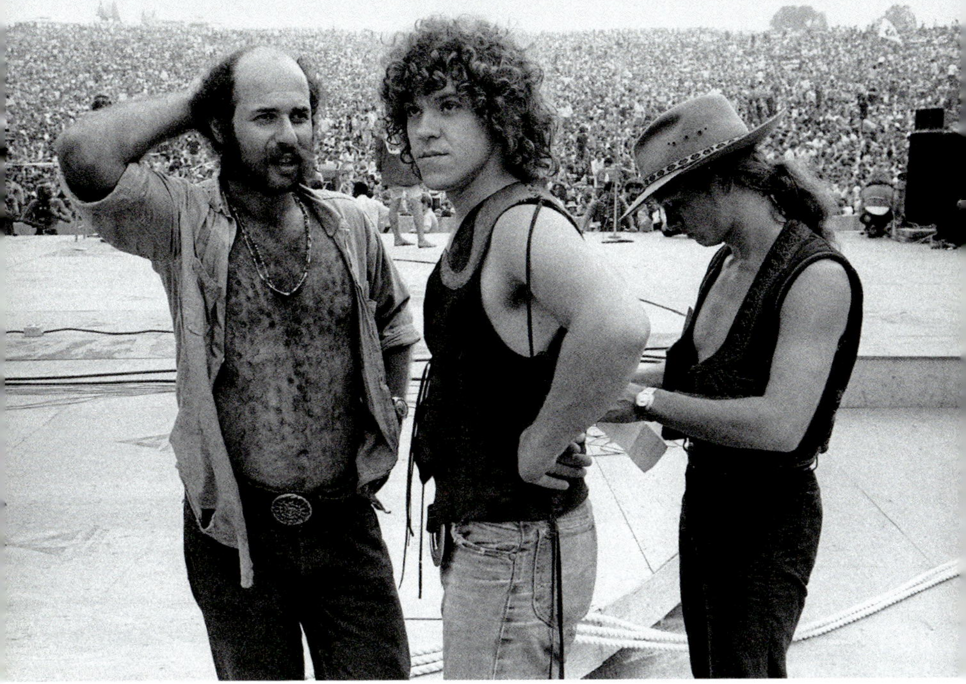

Oben: Organisator Michael Lang (Mitte) hat alles im Griff – hat er?

Unten: Einer der »Jungs«, die die Bühne aufbauen, hebt fatalistisch die Hände – aber er lacht noch …

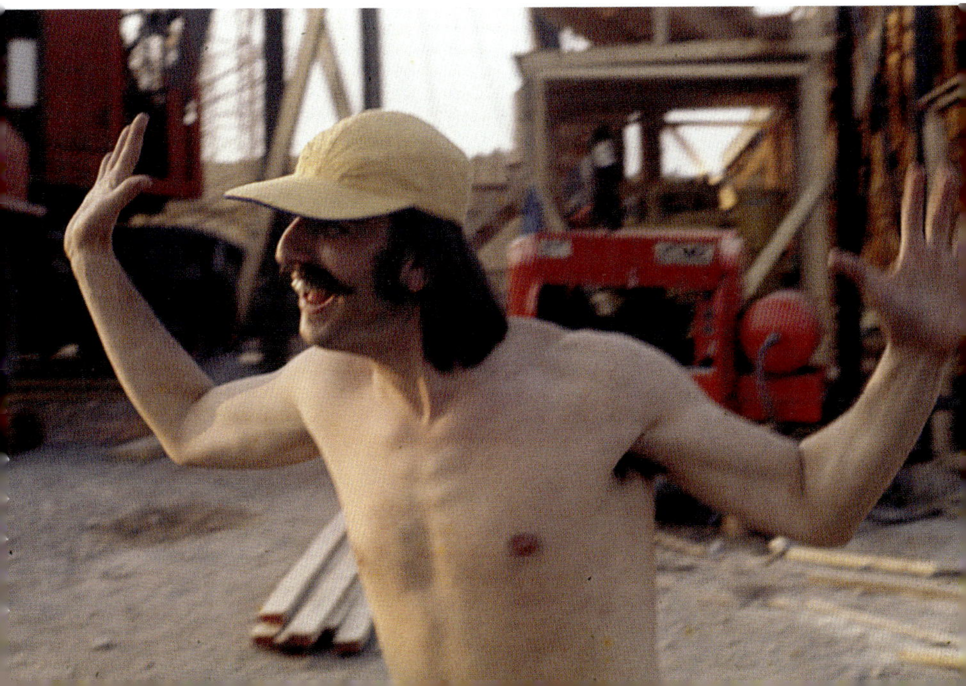

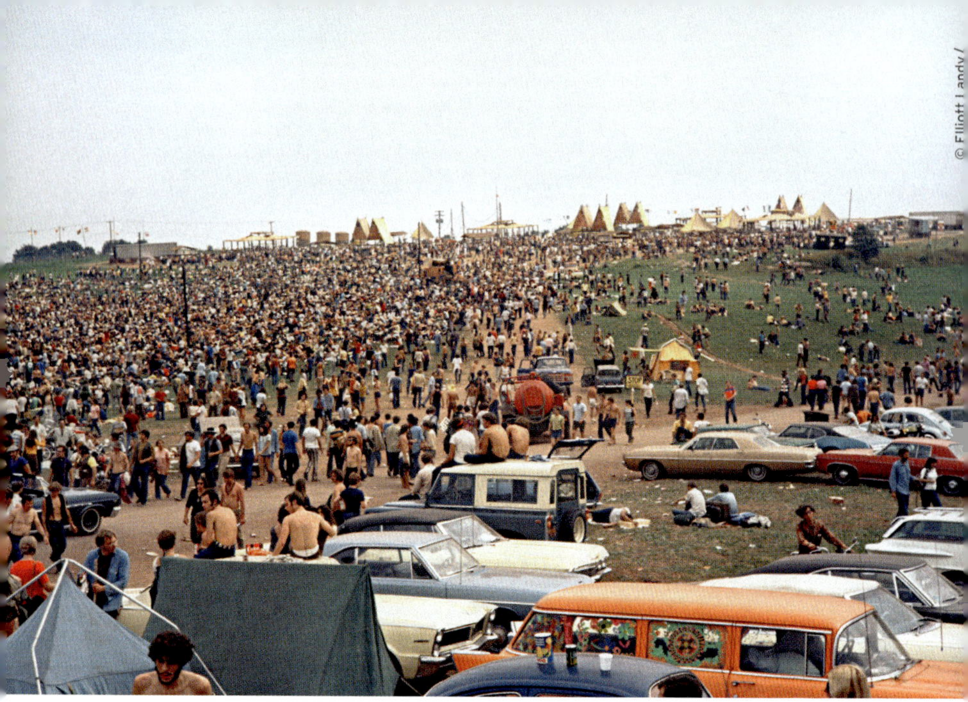

Menschenmassen, unendliche Staus und starker Regen können dem romantischen Wirgefühl von Woodstock nichts anhaben.

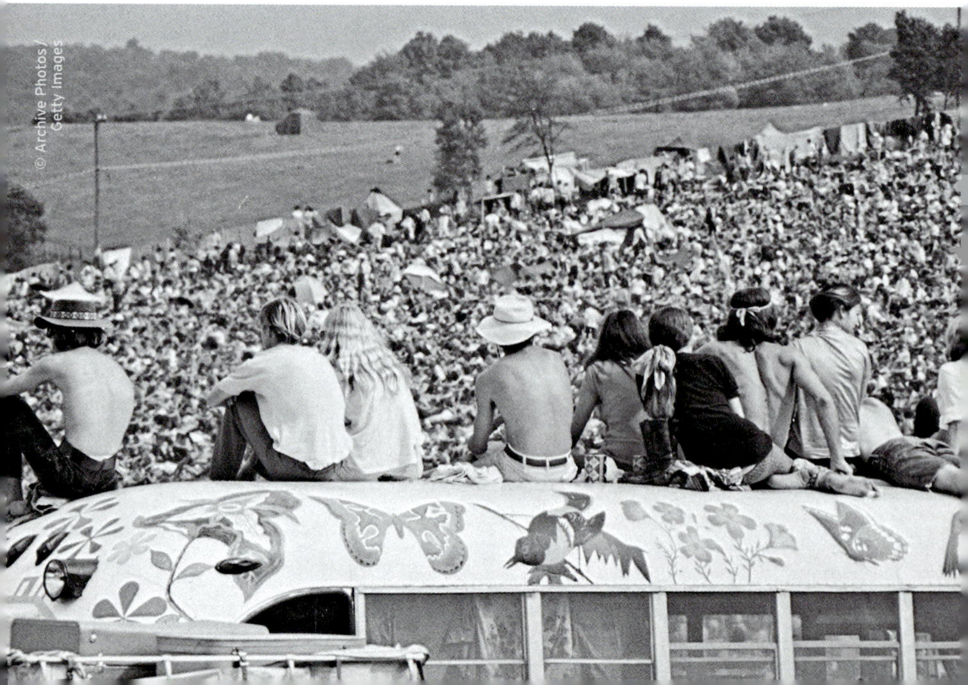

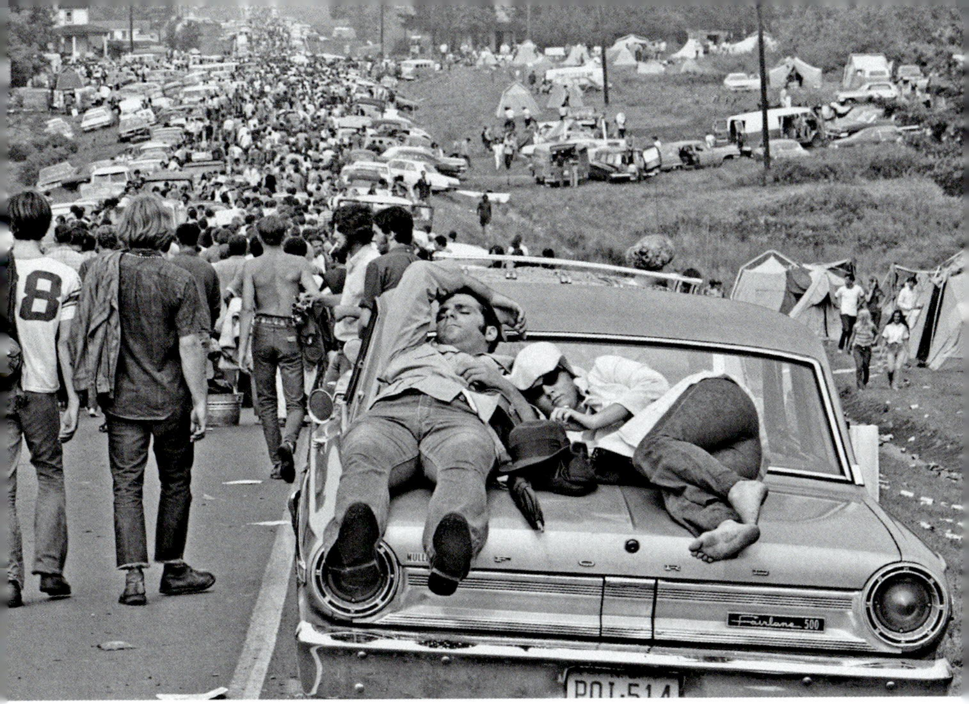

Zu Fuß, im Auto, *auf* Autos – junge Menschen auf dem Weg zum Woodstock-Festival in Bethel, New York

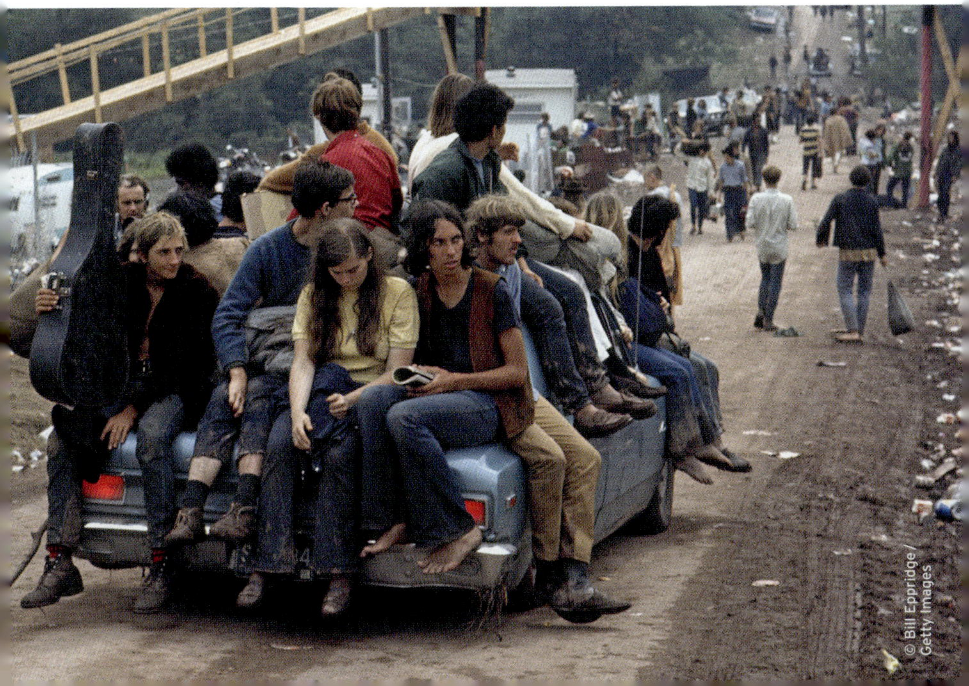

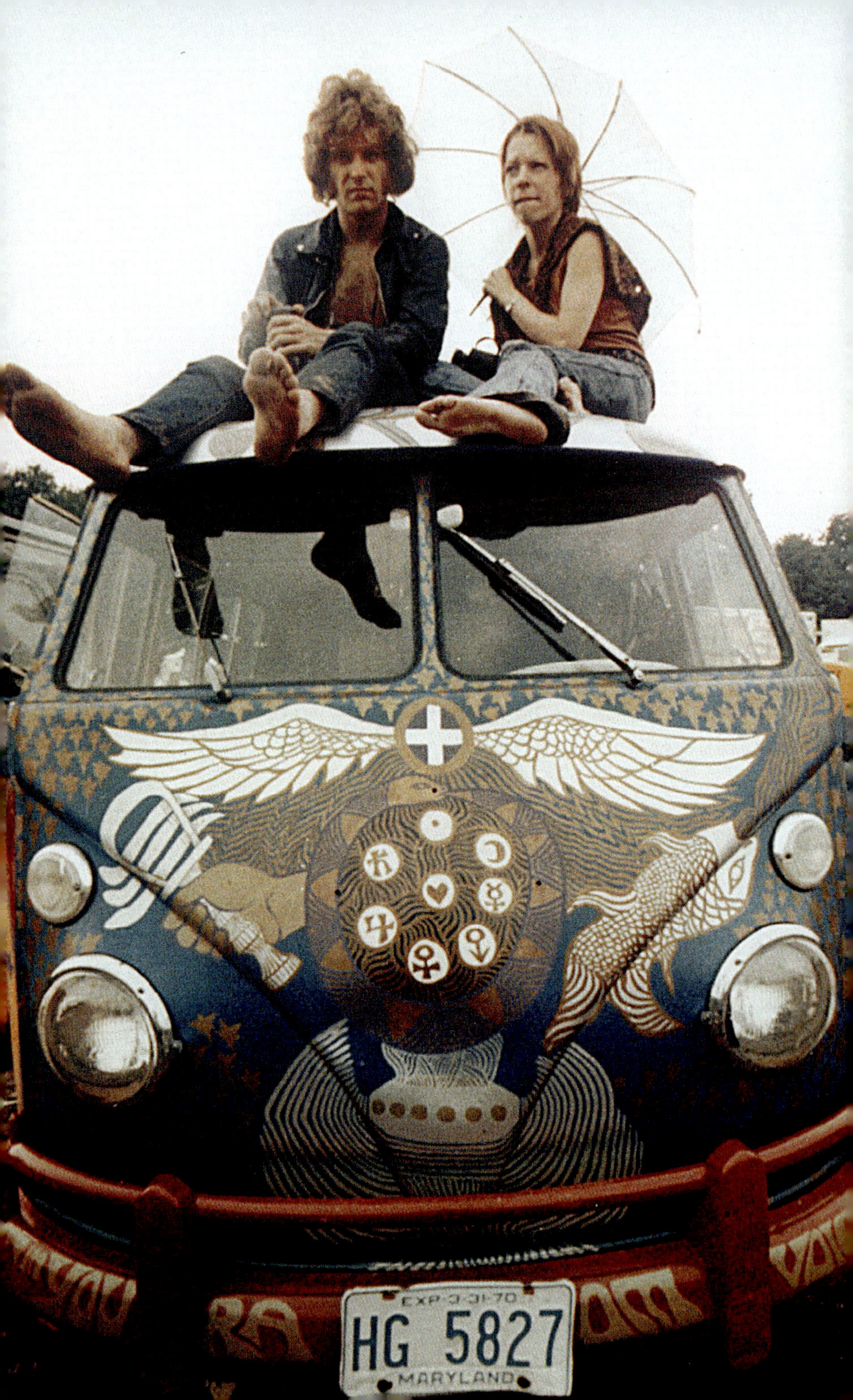
EXP-3-31-70
HG 5827
MARYLAND

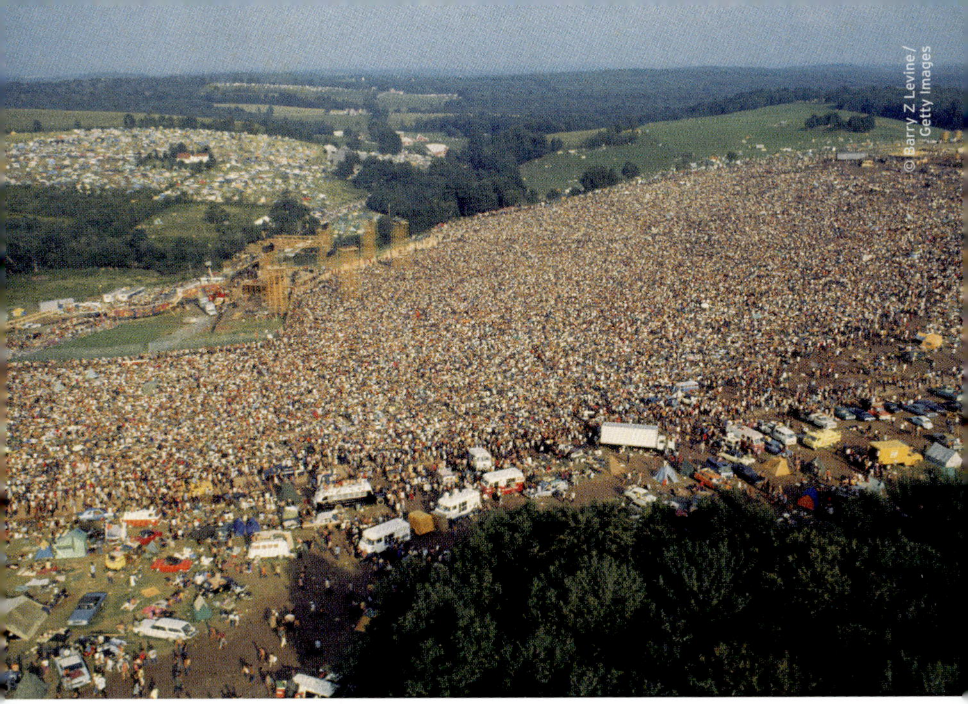

© Barry Z Levine / Getty Images

Mindestens 450 000 Menschen nehmen teil am Drei-Tage-Festival.

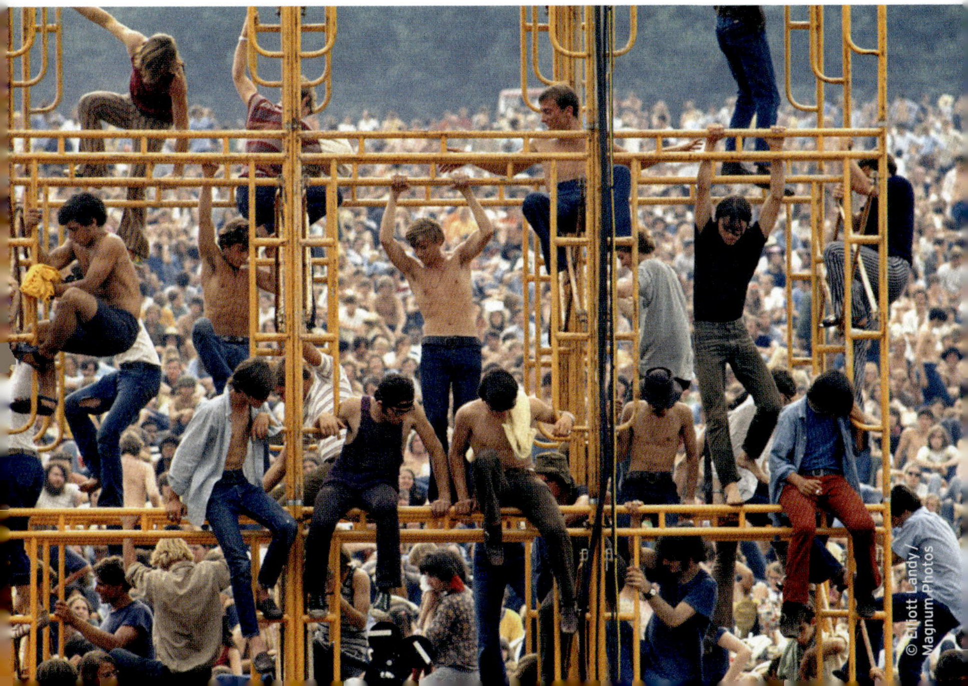

© Elliott Landy / Magnum Photos

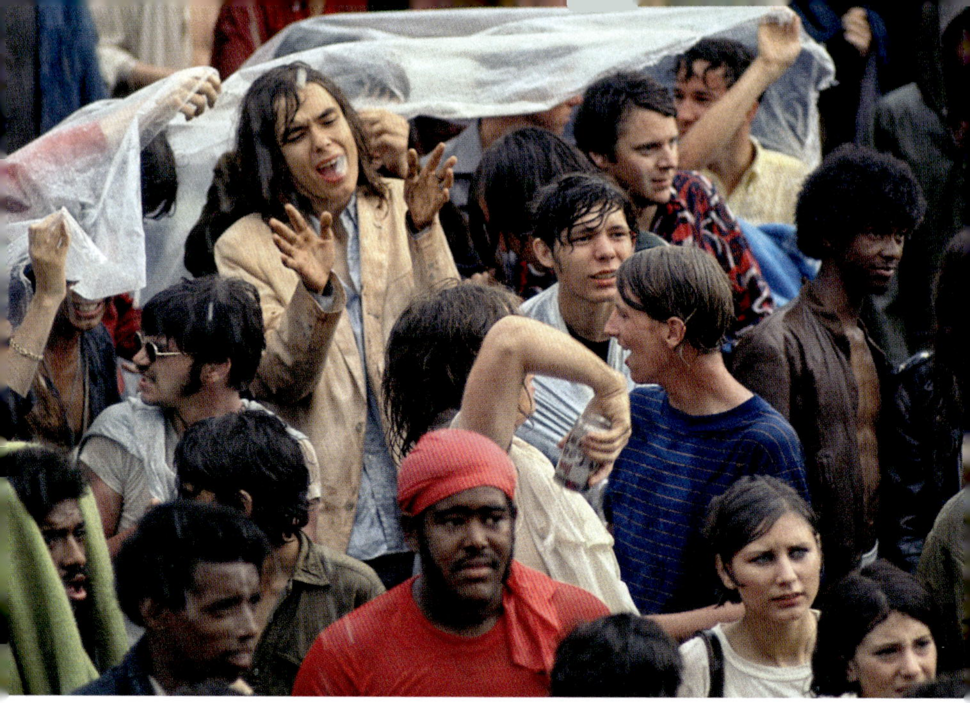

Ein Typ kriecht aus seinem Zelt und schreit gen Himmel:
»Verpiss dich, Regen, wir bleiben für immer hier!«

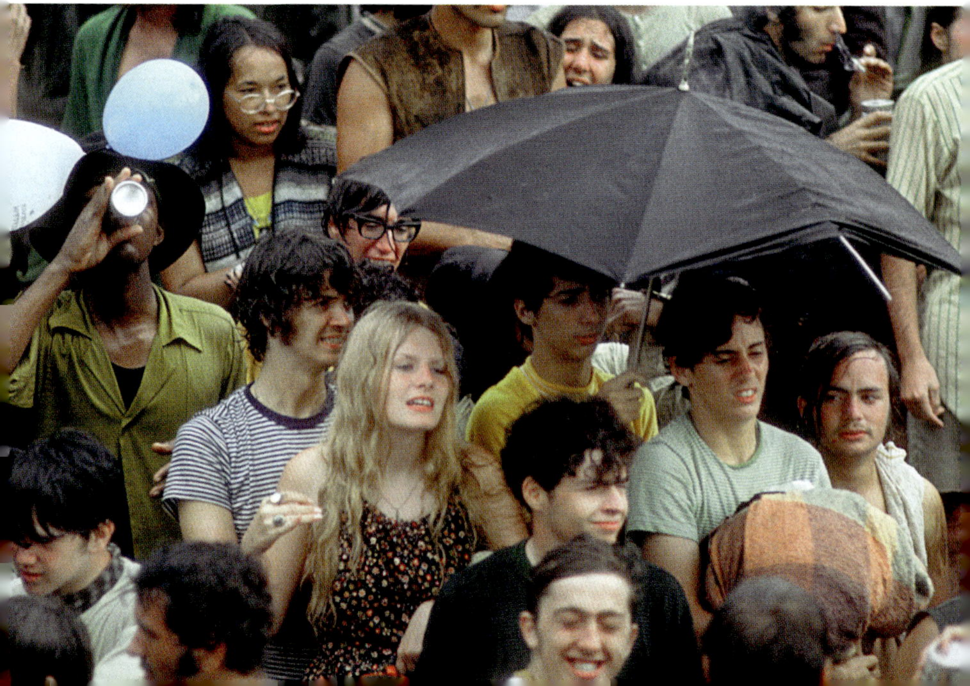

Am nächsten Tag kam uns Abbie Hoffman in unserem Büro im Village besuchen. Er wollte über Woodstock reden. Bei einem Yippietreffen in Ann Arbor hatte er von dem Festival gehört.

Abbie Hoffman: Ich sagte (Michael): »Diese Kultur gehört den Leuten auf der Straße – wir versuchen, eine Gegenkultur zu schaffen. Ich bilde gerade eine Allianz mit mehreren Gruppen aus der Lower East Side und wir würden uns gerne mit euch treffen.« Dem Bündnis gehörten letzten Endes acht bis zehn Vereinigungen an: die Yippies, das Medical Committee on Human Rights, die UP Against the Wall Motherfuckers, die antiwar people und die East Side Service Organization, die sich um Ausreißer und Leute auf schlechten Trips in der Lower East Side kümmerten. Michael nahm die Einladung zu einem Treffen mit uns gerne an.

Roz Payne, Aktivistin und Filmemacherin: Ich gehörte zu einer Gruppe von Filmemachern namens Newsreel. Wir hingen damals viel mit den Yippies rum. Mit denen hatte man einfach mehr Spaß als mit anderen Leuten aus der Szene. Abbie und ich gingen einfach eines Tages zu Michael ins Büro und sagten: »Hey, das ist ein Überfall, wir sind gekommen, um zu holen, was uns zusteht.« Wir waren echt rotzfrech. Und Michael war so nett und hatte so wunderschöne Haare. Er hatte überhaupt nichts Aggressives an sich, im Gegenteil, er war ungemein freundlich. Er sagte nur: »Okay!« Ich glaube, Abbies Plan bestand darin, einfach da reinzustiefeln und unser Ding durchzuziehen, wobei er natürlich wusste, dass die Typen da drin nicht unsere Feinde sind. Michael lächelte, er war furchtbar nett, und er stimmte einfach allem zu.

Ticia Bernuth Argi: Michael hatte die Fähigkeit, alles zuzulassen, sich nicht intuitiv gegen alles zu sträuben und dem Ganzen sogar noch ein bisschen Raum zu geben, was die Situation entschärfte.

Ich konnte John nicht erreichen, daher rief ich Joel an und gab ihm einen kurzen Überblick über die Show, die Abbie abgezogen hatte. Es war schwierig, ihm alle Facetten dieses zwiespältigen Auftritts zu vermitteln, da Abbie einfach mit nichts zu vergleichen war. Ich setzte mich für ihn ein und vereinbarte ein gemeinsames Treffen zwischen Joel, Abbie und mir in der Zentrale der Yippies. Angesichts des ganzen Drucks und der negativen Vibes, die uns aus Wallkill entgegenschlugen, richtete mich der Gedanke, dass wir endlich ein bisschen Rückenwind von unseren Brüdern und Schwestern aus der alternativen Szene bekommen würden, wieder etwas auf.

Diese ganze Lower-East-Side-Gemeinschaft, zu der auch all die Aktivisten, Radikalen und alternativen Politiker gehörten, dachte, wir versuchten, die gesamte Szene abzuzocken – zumindest war das ihr Standpunkt. Sie schienen zu fürchten, dass das kapitalistische Amerika in Form von Woodstock Ventures ihre Ideale korrumpieren würde. Ich tat mein Bestes, ihnen klarzumachen, dass wir selbst Teil der Gegenkultur waren. Dass ich versuchte, unsere Prinzipien mit gerade so viel Kommerz wie nötig in Einklang zu bringen, um die bessere Welt, von der wir träumten, zumindest zu einem kleinen Teil Realität werden zu lassen. Dass es bei Woodstock in erster Linie um die Menschen ging und dass es völlig in Ordnung war, wenn diejenigen, die bereit waren, dieses Projekt zu finanzieren, einen fairen Gewinn damit erzielen konnten.

Bei unserem Treffen stellte sich heraus, dass die Lösung des Problems vorerst – ironischerweise – ganz schnöde von

Geld abhing. Abbie verlangte eine Spende in Höhe von zwanzig Riesen.

»Ihr profitiert von der Szene, dann ist es nur billig, wenn ihr auch etwas an sie zurückgebt«, argumentierte er.

»Und was bitte ist mit unserer Sache?«, fragte ich. »Wofür genau sollen wir deiner Meinung nach denn zahlen?«

»Na, sieh mal«, sagte er, »ihr lockt all diese Großstadtkids raus aufs Land, mit ihrem ganzen Gras und dem LSD, dabei sind die da doch gar nicht überlebensfähig. Wir wollen raufkommen und jeden Tag ein Infoblatt mit Survivaltipps und unsere Flugblätter verteilen, mit Informationen über die politischen und sozialen Gruppen, denen wir angehören. Und wir wollen uns um unsere Leute kümmern. Alles, wofür ihr Typen euch interessiert, ist Geldverdienen.«

Seine Worte schien er vor allem mit Bedacht auf die anderen Alternativen im Raum zu wählen, jener zusammengewürfelten »Allianz«, deren Sprecher er war. Abbie und ich hatten uns zuvor bereits mindestens einmal über unser Anliegen unterhalten. Aber was er sagte, leuchtete mir ein. »Joel und ich brauchen eine Minute, um uns darüber zu verständigen«, sagte ich der Versammlung und wir zogen uns zurück.

Joel fragte mich, ob sie uns tatsächlich Probleme bereiten konnten, was ich nur bejahen konnte. Dann wollte er wissen, ob ich irgendeinen Ausweg aus der Misere sah, der uns kein Geld kosten würde, was ich wiederum nur verneinen konnte. »Aber wenn sie tatsächlich tun, was sie vorgeschlagen haben – und ich gehe davon aus, dass sie das tun –, werden sie uns bei dem Festival eine große Hilfe sein und außerdem unsere Glaubwürdigkeit stärken.«

Joel passte die ganze Sache nicht. Diese Leute gefielen ihm nicht. Er hielt nichts von ihrer Politik – und er hielt erst recht nichts davon, erpresst zu werden. Aber das hier war so was wie ein Straßenkampf, da galten halt andere Regeln, und ich war trotzdem überzeugt davon, dass wir eine Lösung finden konnten, die beide Seiten zufriedenstellte.

Wir gingen wieder zurück zu den anderen und ich sagte: »Hört mal, wenn es euch wirklich darum geht, anderen zu helfen, geben wir euch genug Geld für euer Handbuch mit Überlebenstipps und für eure Druckerpresse, und ihr bekommt einen Platz, wo ihr eure Tische aufstellen könnt. Ihr sagt, ihr glaubt, dass wir uns nicht gut genug vorbereiten, na, dann unterstützt uns doch einfach dabei, den Kids zu helfen, wenn sie ankommen.«

Abbie schien dieser Vorschlag zu gefallen und er bat sich eine kurze Bedenkzeit aus, um das Ganze mit seinen Leuten zu besprechen. Der Kerl, der ein echtes Schlitzohr und ziemlich gewieft darin war, Verhandlungen zu führen, kam anschließend zu uns und fragte, was wir bereit wären, dafür zu zahlen. Nachdem wir ihnen zunächst 5000 Dollar geboten hatten, einigten wir uns schließlich auf 10 000 Dollar. Joel hielt nichts davon, Abbie und seinen Leuten so viel Geld zu geben, daher ging ich zu John, der mir die Auszahlung der Summe ohne größere Diskussion genehmigte.

Abbie Hoffman: Von der Hälfte der 10 000 Dollar kauften wir uns eine Druckerpresse, die letzten Endes Gold wert war. Ich bin mir sicher, dass wir mit ihrer Hilfe mehreren Leuten das Leben retteten. Wir druckten damit Flugblätter, die wichtige Survivaltipps und politische Informationen enthielten. Darüber hinaus investierten wir das Geld in die Miete für einen LKW, in Papiervorräte und ein bestimmtes Nährstoffpräparat, das wir denen gaben, die nach der Einnahme von LSD auf einem Horrortrip waren. Wir bekamen auch ein- oder zweihundert Freikarten. Viele davon spendeten wir WBAI-FM, um den Sender finanziell zu unterstützen, außerdem verschenkten wir sie an Leute auf der Straße, die sich den Kauf der Tickets nicht leisten konnten.

In Teilen der revolutionären Kommune herrschte die Meinung vor, dass Musik mehr war als reine Bauchsache, dass sie im Konflikt zur herrschenden Gesellschaft stand – zur Polizei, die zur Stabilisierung der bestehenden Gesellschaft beitrug, zum Vietnamkrieg, zum gesellschaftsimmanenten Rassismus. Es war also nur natürlich, dass wir versuchten, ein Event wie dieses mit politischen Inhalten zu füllen. Wir waren nicht per se gegen das Festival, wir wollten bloß, dass es im Kontext dessen betrachtet wurde, was ich später »Woodstock Nation« nannte, einem Kontext nämlich, der alles andere als apolitisch war.

Unser Treffen in der Yippiezentrale fiel auf den 19. Juni, denselben Tag, an dem der *Times Herald-Record* von Middletown unsere »Öffentliche Bekanntmachung und Absichtserklärung« abdruckte:

> Gewisse Personen aus dieser Gegend haben Gerüchte in die Welt gesetzt, mit der bewussten Absicht, die Atmosphäre vor Ort emotional so sehr aufzuheizen, dass dem mit Vernunft und gesundem Menschenverstand nicht beizukommen ist …
>
> Aus unerfindlichen Gründen üben sie einen solchen Druck auf die Behörden aus, dass diesen keine andere Wahl zu bleiben scheint, als sich all unseren Vorschlägen wie eine Wand entgegenzustellen, ganz gleich welche Ergebnisse ihnen ihre Untersuchungen und Beratungen liefern … Wir haben vor, in Ihrer Gemeinde zu bleiben …
>
> Woodstock Ventures

Was in Wallkill als kleine Auseinandersetzung begonnen hatte, der Argwohn und Unklarheiten zugrunde lagen, war inzwischen in einen regelrechten Krieg ausgeartet. Mit unserer halbseitigen Anzeige versuchten wir, uns gegen die Angriffe des Komitees Besorgter Bürger zu wehren sowie gegen den letzten Schachzug der Stadtverwaltung, die versuchte, das Festival mittels einer neuen Verordnung zu kippen, die Versammlungen von mehr als 5000 Teilnehmern verbot. Wir hatten eine Vorladung zu einer Verhandlung vor dem Obersten Bundesgericht am 7. Juli erhalten, in der wir Stellung beziehen sollten zu den Klagen der Besitzer der an das Mills-Gelände angrenzenden Grundstücke, die unser Festival zu einem öffentlichen Ärgernis erklärten, das verboten werden musste.

Später war im *Times Herald-Record* zu lesen, dass laut Aussage des Staatsanwalts innerhalb von drei Wochen eine einstweilige Verfügung gegen unser Festival erwirkt werden könne. Und Frank Jennings, der Sprecher des Komitees, erklärte gegenüber der Zeitung, dass seine Organisation zweihundert Unterschriften gegen das Festival gesammelt habe, weil sich die Anrainer »um die Gesundheit, das Wohlergehen und die Moral der Gemeinde und der Festivalbesucher« sorgten.

Mel, Chris, Stan, Wes und ihre jeweiligen Teams arbeiteten rund um die Uhr, um die Pläne für Sanitäranlagen, Abwasserentsorgung, Wasserversorgung, medizinische Betreuung, Verkehrswege, Parkanlagen, Nahrungsmittelversorgung und Sicherheitsmaßnahmen fertigzustellen, damit sie den Behörden von Wallkill vorgelegt werden konnten. Nur anhand dieser Pläne konnte beurteilt werden, ob wir den Anforderungen für eine Veranstaltung unserer Größenordnung gerecht wurden und eine entsprechende Genehmigung erhalten konnten. Denn ohne Genehmigung kein Festival, so die Drohung der Behörden.

Indes versuchten wir, den Bedenkenträgern in Wallkill klarzumachen, dass wir wussten, was wir taten, und dass unsere Arbeit positive Effekte für den Bezirk haben würde. Mel bat George Emmerich, den Polizeipräsidenten von Hallandale, Florida, eine Erklärung zur ordnungsgemäßen Durchführung des Miami-Pop-Festivals abzugeben. »Alles ging sehr geordnet zu und angesichts der großen Besucherzahl waren die Probleme minimal«, so Emmerich. »Die Leute waren freundlich und anständig. Der Veranstalter erfüllte sämtliche an ihn gestellten Sicherheitsauflagen.«

Um die Kommunikation mit den Anwohnern zu verbessern, stellten wir Mels damalige Partnerin Rona Elliot als PR-Frau vor Ort ein. Rona war zwar erst zweiundzwanzig, hatte aber bereits Erfahrung auf dem Gebiet Promotion und Öffentlichkeitsarbeit im Radio (so hatten sie und Mel sich kennengelernt) und im Zusammenhang mit der Ausrichtung einiger Festivals gesammelt. Sie knüpfte freundlich Kontakt zu Zeitungen und lokalen Radio- und Fernsehsendern sowie verschiedenen Organisationen wie den Kiwanis, wo sie in einem Vortrag darlegte, wie die Gemeinde von dem Festival profitieren könnte. Sie beteiligte sich sogar an der Organisation einer Square-Dance-Veranstaltung in der Gemeinde. Außerdem warben wir Quill, eine Softrockband aus Boston, für Gratiskonzerte in der Gegend an. Da sie eine eher gemächliche Gangart pflegten, dachten wir, sie würden einen guten Eindruck bei den Anwohnern hinterlassen.

Lee Mackler Blumer: Ich organisierte eine Goodwilltour für Quill. Sie traten in der Warwick School for Boys, einem Heim für kriminell gewordene Jugendliche, einigen Gefängnissen und einer Nervenheilanstalt auf. Aber im Grunde genommen änderte das nichts an dem Bild, das sich die Gemeinde von uns gemacht hatte. Sie wollten partout eine Gefahr in uns sehen. All die guten Dinge, die wir initiierten, interessierten sie nicht. Don (Ganoung) warf sich sein Priestergewand über und versuchte, ihnen klarzumachen, dass wir nicht vorhatten, ihr Wasser mit LSD zu vergiften, aber ich glaube nicht, dass er viele von ihnen beschwichtigen konnte.

Außerdem versuchten wir, unsere Glaubwürdigkeit in der alternativen Szene zu stärken. Zu diesem Zweck organisierten Wartoke eine öffentliche Versammlung im Village Gate in New York, wo sich verschiedene Gruppierungen zu einer Diskussionsrunde treffen konnten. Wartokes Einladung lautete folgendermaßen: Ihr werdet dringlichst gebeten, an einem Seminar zur Entwicklung und Normierung von Basisregeln für Outdoorprogramme zu den Themen Frieden und Musik teilzunehmen.

Jane Friedman: Wir wollten etwas tun, um den Leuten eine wirkliche Teilhabe an dem Festival zu ermöglichen, denn es hatte Drohungen von diversen politischen Gruppierungen gegeben, dass es zu Ausschreitungen kommen würde, wenn wir diese Forderung nicht erfüllten. Also luden wir Studenten aus dem ganzen Land ein, zu unserem Seminar zu kommen, um eine Entscheidung zu fällen: Sollte das Festival ein dreitägiges Fest des Friedens und der Musik werden, an dem wir uns einen wohlverdienten Urlaub von unserem lang anhaltenden revolutionären Kampf gönnen durften? War es in Ordnung, die Politik einmal ruhen zu lassen und einfach nur Spaß zu haben? Oder sollte das Ganze eine politische Veranstaltung werden?

Artie und ich wollten Woodstock zu einem Kulturereignis machen, einem, das nicht notwendigerweise apolitisch ist, aber das der Kultur eine Möglichkeit bietet, aus eigener Kraft sich selbst darzustellen. Falls sich die Vision Woodstock verwirklichen ließe, wäre allein das die beste politische Aussage, die getroffen werden konnte.

Der Saal im Village Gate war rappelvoll, als am 26. Juni die Diskussionsrunde stattfand, die ein Aktivist namens Jim Fouratt moderierte. Wortgewandt lenkte Jim das Gespräch in die Richtung Love and Peace. Wes Pomeroy und ich hielten Vorträge darüber, wie sich Konflikte mit der Polizei vermeiden ließen – erst kurz zuvor war es bei einem Festival im kalifornischen Northridge wieder zu gewalttätigen Ausschreitungen gekommen. Wir wollten in diesem öffentlichen Rahmen erklären, wie sich unsere Veranstaltung von den anderen, bei denen es zu Problemen gekommen war, unterschied. Ich hatte bereits geplant, andere Festivals zu besuchen, um mir anzusehen, wie man dort mit dem großen Besucherandrang umging, und auf dieser Basis für mich herauszufinden, was gut und was weniger gut war.

»Wir wollen mit allen Menschen, die zu dem Festival kommen, eine große Gemeinschaft schaffen«, erklärte Wes. »Alles, was passiert, liegt dann ebenso in der Hand des Publikums wie in der der Veranstalter. Wenn die Leute genug zu tun haben und das bekommen, wofür sie bezahlt haben, wird es keine Schwierigkeiten geben.«

»Die Öffentlichkeitsarbeit für das Festival ist darauf ausgerichtet, die jungen Leute, die interessiert sind zu kommen, darauf hinzuweisen, welche Angebote wir haben und was für eine Art von Gemeinschaft wir aufbauen wollen«, sagte ich. »Unser Konzept sieht vor, das Publikum ebenso aktiv einzubinden wie die auftretenden Künstler. Wenn das Publikum in dieser Form am Festival beteiligt ist, wird jeder die Rechte des anderen respektieren.«

Ich wollte die Leute auch wissen lassen, dass es uns nicht nur ums Geld ging. Wir alle tun, was wir können, um unsere

Brötchen zu verdienen. Aber wenn wir unsere Brötchen verdienen und gleichzeitig etwas Gutes tun können, dann ist das einfach genial. Ich war damals ungebunden, hatte nur bescheidene materielle Bedürfnisse und lebte meinen Traum. Aber John sollte meiner Meinung nach einen Gewinn ziehen dürfen aus der großen Investition, die er getätigt hatte, und aus der ganzen Arbeit, die er und Joel in das Projekt gesteckt hatten. Und Artie und ich verdienten auch etwas für die Arbeit, die wir geleistet hatten.

Nach einer etwa vierstündigen Diskussion stimmten die etwa zweihundert Seminarteilnehmer dafür, dass Woodstock genau das bleiben sollte, was wir uns von Anfang an erträumt hatten: ein dreitägiges Festival des Friedens und der Musik. Politisches sollte auf der Bühne nicht thematisiert werden, allerdings konnten in einem Bereich namens »Movement City« Stände aufgestellt und Schriften verteilt werden, die sich politischen Themen widmeten.

Während weiterhin von rechts und links auf mich eingeprügelt wurde, sah ich den Weg, den wir gehen mussten, ganz klar vor mir. Er führte zu einem Ort, an dem Kunst und Kommerz ebenso friedlich nebeneinander existieren konnten wie gegensätzliche Meinungen, an dem die Humanität an erster Stelle stand und das, was uns voneinander unterschied, nur dazu beitrug, die Welt bunter zu machen. Alle Bereiche des Festivals wurzelten tief in der Ideologie der Gegenkultur, ohne jedoch explizit politisch zu sein. Der Fokus lag weiterhin auf Frieden und Musik.

Zu dieser Zeit nahm Stan Kontakt zu einer Gruppe auf, die Erfahrung mit der Einrichtung und Organisation von Campingplätzen und Suppenküchen hatte. Die Hog-Farm ist eine bis heute aktive Hippiekommune, die 1965 in Los Angeles gegründet wurde. Wenn sie nicht gerade mit ihrer kostenlosen »Hog-Farm and Friends«-Show auf Tour waren, lebten die Mitglieder der Kommune in New Mexico. (Der Name »Hog-Farm« geht auf die Tatsache zurück, dass die Kommune bei ihrer Gründung auf einer echten Schweinefarm im kalifornischen Sunland lebte.) Hugh Romney, einer der Hog-Farm-Gründer, gehörte in den 50er-Jahren der Beatnikszene an. Er hatte Gedichte geschrieben und sie bei mit Jazzmusik unterlegten Lesungen in Greenwich Village vorgetragen. Unter anderem war er damit im Vorprogramm von John Coltrane und Thelonious Monk aufgetreten. Anfang der 60er-Jahre hatte er als »Poetry Director« im Gaslight gearbeitet. Eine Zeit lang hatte Lenny Bruce ihn gemanagt, der von Hughs Witz und seinen subversiven Einzeilern beeindruckt war.

Auch Hughs Frau, Bonnie Jean, gehörte zur Hog-Farm-Kommune (Dylan besingt sie in seinem Lied »Girl from the North Country«) und ebenso mehrere Mitglieder der Merry Pranksters, die zusammen mit Ken Kesey und den Grateful Dead die berühmten Acidtests an der amerikanischen Westküste durchgeführt hatten. Die Pranksters reisten in einem psychedelisch umgestalteten Schulbus durchs Land, den sie »Further« nannten und der die Hog-Farmer zur Gestaltung ihres eigenen Busses »Road Hog« inspirierte. Im April hatte Stan zum ersten Mal Kontakt zu der Gruppe aufgenommen. Damals saßen sie nach einem Zwischenfall in New York fest. Auf ihrer Fahrt durch Pennsylvania waren sie in eine Polizeikontrolle geraten und im Schlafsack eines der Mitreisenden war eine Pfeife mit Cannabisasche gefunden worden. Der betreffende Hog-Farmer war verhaftet worden, und die anderen versuchten nun, mit Gelegenheitsjobs in New York das Geld für seine Kaution aufzutreiben. Stan traf sich mit ihnen in einem Loft an der Houston Street, das Calico (alias Elizabeth Zandermee), einer Freundin der Hog-Farmer und der Grateful Dead, gehörte. Bei dieser Gelegenheit erzählte Stan ihnen von dem Festival und dass wir sie gerne dabeihätten. Ihnen war die Sache zunächst nicht ganz geheuer, aber sie waren bereit, sich mit uns zu treffen.

> **Hugh Romney:** Stan Goldstein, der aussieht wie Allen Ginsberg auf einer Dick-Gregory-Diät, setzt sich zu uns an den Küchentisch und sagt: »Hättet ihr Lust, bei einem Musikfestival in New York State mitzuwirken?« Er schien definitiv einmal zu viel am Joint gezogen zu haben, also schickten wir ihn nach Hause.

Ein paar Tage später trafen Stan und ich Hugh, Bonnie Jean und ein paar andere Hog-Farmer im Cauldron. Hugh war echt ein Original. Er hatte schon fast alle Zähne verloren und trug einen Strohhut mit einer großen Feder daran. Er wirkte auf mich wie ein eloquenter, kosmischer Clown. Heute kennt ihn jeder unter dem Namen Wavy Gravy; den hat ihm B. B. King bei einem Festival in Texas kurze Zeit nach Woodstock verpasst. Damals im Cauldron aßen wir Vollkornreis mit gedämpftem Gemüse und sprachen darüber, was Woodstock meiner Meinung nach werden sollte – und welche Rolle sie dabei spielen könnten. Mein Plan war, dass sie den Campingplatz, die *free stage* und die Suppenküche betreiben sollten. Irgendwann kamen wir im Lauf der Unterhaltung auf ihre Erfahrungen mit Leuten zu sprechen, die auf Horrortrips waren oder eine Überdosis genommen hatten. Und da wurde mir erst richtig klar, wie wichtig sie sein konnten und wie gut sie uns helfen konnten, unsere Ziele zu erreichen. »Was würdet ihr tun, wenn es auf dem Campingplatz zu einer Prügelei kommt?«, fragte ich. Hugh antwortete nur: »Den Beteiligten Kuchen ins Gesicht schleudern.« Und damit hatte er mich überzeugt.

Wir kamen überein, dass eine kleine Gruppe von Hog-Farmern im Juli nach New York rauffuhr, um Mel und seinem Team dabei zu helfen, einen Kinderspielplatz zu bauen und Wege rund um das Campinggelände zu erschließen. Als Hugh fragte, wie der Rest der Kommune nach New York kommen solle, sagte ich: »Nun, es wird nicht genug Zeit bleiben, um euch alle raufzufahren, also werden wir euch einfliegen.« Das beeindruckte zwar alle, aber ich glaube, sie nahmen mich nicht wirklich für voll. Für ihren Einsatz sollten sie 8000 Dollar Honorar erhalten, außerdem sagten wir ihnen zu, nach dem Festival die gesamte Ausstattung und alle Gerätschaften mitnehmen zu dürfen, die für die Einrichtung der Küche und für den Campingplatz angeschafft werden mussten.

> **Stan Goldstein:** Nachdem sie wieder in New Mexico waren, musste Bonnie Jean jedes Mal, wenn wir uns über ihre Mitwirkung am Festival und den Fortschritt unserer Vorbereitungen unterhalten wollten, mehrere Kilometer zur nächsten Telefonzelle laufen. Wir sprachen dann über das, was anstand, und machten direkt einen Termin für unser nächstes Gespräch aus.

Stan und ich setzten uns mit Wes Pomeroy zusammen und sprachen über die Rolle, die die Hog-Farmer beim Festival übernehmen sollten. Er war sich bei der ganzen Sache nicht sicher und befürchtete, dass sie möglicherweise mehr Schaden anrichteten, als Hilfe zu leisten. Er wollte die Hog-Farmer zunächst genau unter die Lupe nehmen. Ich hielt das für durchaus sinnvoll, also schickte ich Stan am 21. Juni nach New Mexico. Als er dort ankam, feierten die Hog-Farmer und die Pranksters gerade eine Sonnenwendfeier in Aspen Meadows vor den Toren von Santa Fe.

Stan Goldstein: Ich trug ein weißes Hemd, eine biedere Stoffhose und hatte eine Aktentasche dabei. In dem Aufzug traf ich mich mit Jim Grant, dem Leiter der Governor's Crime Commission von New Mexico, der ein Freund von Wes war und dessen unvoreingenommene Meinung Wes einen objektiven Eindruck von den Hog-Farmern vermitteln sollte. In einem ersten Bericht hatte er uns geschrieben: »Über die Hog-Farm kann ich nur Gutes sagen, was nicht unbedingt für ihr künstlerisches Schaffen gilt (worüber ich mir kein Urteil erlaube), aber Verantwortungsbewusstsein und besonnenes Verhalten kann ich attestieren.« Nach der Sonnenwendfeier fügte er in einem Nachtrag allerdings ergänzend hinzu: »Die gesamte Veranstaltung schien vollkommen unorganisiert und unkontrolliert abzulaufen … Es gab zwischenzeitlich auch ein paar nackte Tatsachen zu sehen … Ich vermute, dass sich diese Leute bei öffentlichen, kommerziellen Darbietungen anders präsentieren, als wenn sie ›ihr Ding‹ durchziehen.«

Hugh Romney: Stan kommt mit einem dieser hochnoblen Alukoffer bei uns an, die auch die berühmten Rock-'n'-Roller gerne mit sich rumschleppen, und erklärt uns, dass wir unseren eigenen American-Airlines-Astrojet kriegen, um nach New York zu fliegen. Wir waren völlig von den Socken. Zudem konnten wir uns die besten Leute aus der Kommune für unser Team aussuchen.

Stan Goldstein: Die Hog-Farmer schienen ziemlich gut aufgestellt zu sein und ihre Leute einigermaßen unter Kontrolle zu haben, daher hatten wir an ihnen nichts auszusetzen. Glücklicherweise verabschiedete Jim Grant sich, bevor die Busrennen losgingen. Ken Kesey kam auch runter zu der

Veranstaltung, natürlich nicht ohne seine typischen Begleiter: Freunde und Cannabis. Außerdem hatte er eine Menge Bier dabei. Die meisten von uns haben an dem Tag zum ersten Mal Bierflaschen mit Schraubverschlüssen gesehen und Ken hatte das Bier mit LSD versetzt. Psychedelisches Bier! Es hatte mit dessen Nachwirkungen zu tun, dass sich die ganze Truppe dazu entschloss, ein Querfeldein-Busrennen zu veranstalten. Die ganzen Busse düsten also über die Wiese, wobei sie immer wieder und natürlich erst im letzten Moment Schlaglöchern ausweichen mussten. Einige der Beifahrer saßen oder lagen auf den Dächern, andere hingen hinten an den Bussen, saßen auf den Kotflügeln oder auf den Motorhauben und alle waren auf LSD. Es war ein beeindruckender Anblick.

Kurz nachdem Stan aus New Mexico zurückgekehrt war, fuhr ich nach Denver, um mich vom 27. bis 29. Juni auf dem dreitägigen Popfestival im Mile High Stadium umzusehen. Und dort erlebte ich all die Dinge, die ich in Woodstock vermeiden wollte.

Von Anfang an gab es Spannungen zwischen der Polizei und einer Gruppe von Aktivisten, der sogenannten American Liberation Front, die für einen großen Protestmarsch, der am 4. Juli stattfinden sollte, in die Stadt gekommen waren. Sie wiegelten die jungen Festivalbesucher auf, indem sie ihnen einredeten, dass das Festival eigentlich umsonst sein müsse. Samstags, als ich zum Festival kam, waren bereits mehrere Polizeistaffeln vor Ort – etwa 150 Mann in voller Schutzmontur –, die auf der Tribüne links von der Bühne platziert worden waren. Ich vermute, sie dachten, eine derartige Machtdemonstration könne auf Demonstranten und Leute, die sich unbefugt Zutritt zum Gelände verschaffen wollten, abschreckend wirken, aber mir schien, dass eher das Gegenteil der Fall war.

Einige Hundert Jugendliche machten sich daran, die Absperrungen niederzureißen, und um sie daran zu hindern, wurden weitere Beamte in Schutzmontur angefordert. Daraufhin kam es zu einem wilden Handgemenge zwischen Steine und Flaschen werfenden Kids auf der einen und Schlagstöcke schwingenden Cops auf der anderen Seite, was auf beiden Seiten zu schlimmen Verletzungen führte. Irgendwann – Johnny Winter stand gerade auf der Bühne – entschlossen sich die Cops, mit Tränengas gegen die Aufrührer vorzugehen, um den Eingangsbereich frei zu bekommen. Natürlich kam Wind auf und die Gaswolke wurde Richtung Bühne geweht, sodass alle Beteiligten in Mitleidenschaft gezogen wurden. Schlussendlich musste der Veranstalter auf Drängen der Polizei die Eingänge öffnen, sodass zur Abschlussshow von Creedence Clearwater Revival Tausende weitere Besucher ins Stadion strömten.

Ich hatte eigentlich vor, Sonntagabend wieder in New York zu sein, aber ich wollte mir unbedingt Joe Cocker und The Grease Band ansehen. Also blieb ich noch. Am Sonntag wurden die Tumulte dann noch heftiger. Tausende kamen ohne Tickets zum Stadion, weil sie hofften, dass es wieder ein kostenloses Konzert gäbe. Sie wurden von Polizeihunden, Pfefferspraymaschinen und Hunderten kampfbereiter Polizisten begrüßt. Für mich lag es auf der Hand, dass die offensive Strategie der Polizei die Gewalt provozierte. Das gab mir zu denken. Daher entschied ich, bei Woodstock auf uniformierte Beamte zu verzichten. Ich wollte mein Möglichstes tun, um Szenen wie hier in Denver bei unserem Festival zu vermeiden.

In musikalischer Hinsicht war ich sehr zufrieden. Joe Cocker und The Grease Band waren fantastisch. Cocker hatte ich gebucht, nachdem Artie mir ein Tape von ihm vorgespielt hatte, das ihm Joes Produzent Denny Cordell gegeben hatte. Damals war er noch völlig unbekannt. Als wir seine Songs zum ersten Mal hörten, dachten wir, er sei ein schwarzer Soulsänger. Aber dann entpuppte er sich als dürrer Engländer, der auf der Bühne einen wahren Veitstanz aufführte. Er hatte es echt drauf!

Kurz bevor ich in Denver war, hatte sich die Beziehung zwischen Joel, John und Artie enorm verschlechtert. Seitdem Artie bei Capitol aufgehört hatte, sprach nichts mehr dagegen, ihn in den Woodstock-Ventures-Vertrag aufzunehmen. Noch hielt ich seine Anteile an der Firma. Sie mussten also noch rechtlich übertragen werden. John und Joel versuchten mich allerdings immer vehementer davon abzuhalten, diesen Schritt zu vollziehen, weil sie überzeugt waren, dass er mehr und mehr durchdrehte. Inzwischen riefen sie mich fast täglich an, um mir von irgendwelchem neuen Blödsinn zu berichten, den Artie verzapft haben sollte, oder um sich darüber zu beklagen, dass er sich davor drücke, für irgendetwas Bestimmtes Verantwortung zu übernehmen. Meine Versuche, auf beide Seiten mäßigend einzuwirken, hatten bisher nicht gefruchtet.

»Schau, es ist doch so, dass wir das gemeinsam geregelt kriegen«, sagten sie, »aber so, wie die Dinge liegen, können wir ihn einfach nicht als Partner betrachten. Lass uns seine Anteile einfach unter uns dreien aufteilen.«

Ich für meinen Teil hatte Arties Anteile von Anfang an als genau das betrachtet, ich wäre niemals auf die Idee gekommen, dass es an mir sein könnte, sie ihm wieder wegzunehmen. Mein Stück vom Kuchen war mir groß genug und ich hatte weder die Zeit noch das nötige Geschick dafür, die Dynamik ihrer Beziehung zu verändern. Ich erklärte ihnen, dass sie mich damit zu sehr unter Druck setzten, dass ich zunächst nach Denver fahren und nach meiner Rückkehr Arties Papiere unterschreiben würde. »Das ist eure Sache«, sagte ich ihnen. »Klärt das unter euch!«

Später erfuhr ich, dass Joel in Panik geraten war, nachdem ich fort war, weil er der Meinung war, ich hätte mich tierisch aufgeregt und sie mit dem ganzen Festival sitzen gelassen. Doch alles, was ich wollte, war, dass sie sich um ihren Aufgabenbereich kümmerten und mir die Möglichkeit gaben, mich um meinen kümmern zu können. Joel traf sich noch an dem Wochenende mit Artie, um sich auszusprechen. Dabei gelang es ihnen immerhin, sich wieder so weit anzunähern, dass am Status unserer Partnerschaft nichts geändert werden musste.

Ende Juni verbrachte John Morris einen aufregenden Abend mit Pete Townshend und seinem Agenten Frank Barsalona in dessen Apartment in Manhattan. John hatte Frank, den Gründer von Premier Talent, gebeten, uns dabei zu helfen, The Who für Woodstock zu buchen. Die Band war das ganze Frühjahr hindurch mit ihrer großartigen Rockoper *Tommy* durch die USA getourt, wobei sie meist in kleineren Hallen aufgetreten war. John und ich fanden, dass The Who genau das waren, was uns für den Samstagabend in Woodstock noch fehlte. Aber Pete Townshend war entschieden dagegen, dass seine Band bei Woodstock auftrat, obschon Frank ihm eindringlich klarzumachen versuchte, dass das der Band hinsichtlich ihrer Popularität einen Riesenschub geben würde. Die Musiker waren jedoch einfach erschöpft und wollten nach dem Ende ihrer Tour nichts anderes als schnellstmöglich nach England zurückkehren.

Also lud Frank Pete und John zum Abendessen zu sich nach Hause ein. Er dachte, falls nötig könnten sie die ganze Nacht auf Townshend einreden, um ihn zu einem Woodstock-Auftritt zu überreden. John und Frank lenkten das Gespräch immer wieder auf das Thema, aber Pete weigerte sich standhaft, ihrem Bitten nachzugeben. Gegen ein Uhr früh stieß John Wolff, der Roadmanager der Who, zu ihnen. Frank wies ihn und Pete darauf hin, dass The Who in der Woche des Woodstock-Festivals ohnehin wieder in die USA reisen müssten, um am 12. August bei einem Konzert in Tanglewood aufzutreten, was sie Bill Graham zugesagt hatten. Trotzdem wollten Townshend und Wolff von Woodstock nichts wissen. Frank und John bearbeiteten sie die ganze Nacht hindurch. Sie wollten einfach nicht aufgeben. Zwischen vier und fünf Uhr morgens nickte Pete immer wieder ein, aber Frank und John weckten ihn regelmäßig auf, bis er um etwa acht Uhr endlich einlenkte: »Okay, okay, wir machen es, aber lasst mich jetzt verdammt noch mal endlich ins Bett gehen!« Nach einer kurzen Verhandlung einigte ich mich mit Wolff auf ein Honorar von 12 500 Dollar, wobei die erste Hälfte bei Vertragsunterzeichnung zu zahlen war. Der Vertrag enthielt auch unsere Gleichbehandlungsklausel, durch die eine Bevorzugung der Stars ausgeschlossen werden sollte: »Die Musiker werden in alphabetischer Reihenfolge gelistet. Es handelt sich dabei um ein Konzept des Festivals, die Rangfolge der auftretenden Künstler liegt im Ermessen des Veranstalters.« (The Who veröffentlichten ein Faksimile unseres Vertrags als eine von mehreren in der Innenseite des Albumcovers von *Live at Leeds* steckenden Beigaben.)

Inzwischen waren fast alle Buchungen getätigt. Nun mussten wir überlegen, wie sich die Botschaft unseres Festivals optisch umsetzen ließ in Werbeanzeigen, auf Plakaten und Anzeigetafeln. Ganz zu Beginn hatten wir die Aquarian Exposition mit einem Poster von David Byrd angekündigt – aber dessen Optik entsprach nicht dem, was wir uns vorstellten. John Morris meinte, wir sollten dem Grafiker Arnold Skolnick eine Chance geben. Ich erklärte ihm, dass unsere Hauptaussage auf »drei Tage des Friedens und der Musik« lag und dass ich mir das Bild einer auf einer Gitarre sitzenden Taube wünschte. Die Namen der auftretenden Künstler sollten in alphabetischer Reihenfolge und alle in derselben Schriftgröße gelistet werden. Bei allen Konzerten vor (und nach) Woodstock waren die auftretenden Musiker das Wichtigste gewesen – und genau darum ging es: Woodstock war keine Veranstaltung wie alle anderen. Woodstock war ein Event, bei dem es um uns ging: unsere Kultur, unsere Musik, unsere Kunst und unsere Werte – und das sollte bereits in der Ankündigung deutlich werden.

Ein paar Tage später kam Arnold mit einem Plakatentwurf zu mir ins Büro. Er war perfekt. Arnold hatte sich von einfachen, von seiner kleinen Tochter ausgeschnittenen Figuren inspirieren lassen und einen weißen Vogel auf dem Hals einer blaugrünen Gitarre vor einen knallroten Hintergrund gesetzt.

> **Arnold Skolnick:** Ich war gerade auf Shelter Island und malte die ganze Zeit über nur Katzendrosseln. Dann kam mir die Idee: Mit einem Rasiermesser schnitt ich eine der Drosseln aus dem Zeichenblock, mit dem ich gerade arbeitete, und machte aus ihr kurzerhand eine Taube.

Artie sorgte weiter dafür, dass für unser Festival massiv Werbung gemacht wurde: im Radio mit Spots und in alternativen Zeitungen wie dem *Great Speckled Bird* aus Atlanta, dem *Western Activist* aus Kalamazoo, *Hair* aus Minneapolis und *Door* aus San Diego mit Anzeigen – insgesamt waren es fast vierzig Stück. Nach der Aussprache mit Joel und John konzentrierte sich Artie stärker auf dieses Gebiet.

> **Artie Kornfeld:** Ich schaltete eine Anzeige mit einem Rabattgutschein, der für Vorverkauftickets galt. Uns ging das Geld aus und durch die Anzeige nahmen wir über eine Million Dollar ein.

In der Anzeige, der jener Gutschein beilag, war die gleiche Beschreibung des Festivalgeländes zu lesen wie auf Skolnicks Plakat:

Kunstausstellung
Gemälde und Skulpturen werden auf Bäumen und Wiesen im Hudson Valley präsentiert werden. Sprecht mit bekannten, aufstrebenden und Gettokünstlern über ihre Arbeiten, die herrliche unberührte Naturkulisse oder alles, was euch sonst durch den Kopf geht. Du bist ein Künstler, der daran interessiert ist, seine Werke hier auszustellen? Dann schreib uns, um nähere Informationen zu erhalten.

Kunsthandwerkmarkt
Du magst kreativen Schmuck und Trödel? Dann wirst du unseren Kunsthandwerkmarkt lieben. Entdecke kreative Kreationen aus Leder, Keramik, Perlen und Silber neben persönlichen Horoskopen, schicken Klamotten und gebrauchten Schuhen.

Workshops
Wenn du dich gerne mit Perlen beschäftigst, auf der Gitarre improvisierst, Gedichte schreibst oder mit Ton arbeitest, schau dich bei unseren Workshops um und finde heraus, was du anderen beibringen und selbst mitnehmen kannst.

Verpflegung
Es wird Softdrinks, Hotdogs und Dutzende spannender Lebensmittelkreationen geben, mit denen man experimentieren kann.

Hunderte Morgen Land, die entdeckt werden können
Erkunde drei Tage lang deine Umgebung, ohne ein Hochhaus oder eine Ampel zu sehen. Lass einen Drachen steigen, nimm ein Sonnenbad. Bereite deine eigenen Mahlzeiten zu und genieße die frische Luft. Campe unter freiem Himmel: Für Wasser und Toiletten ist gesorgt. Zelte und weiteres Campingzubehör können im Campstore vor Ort erworben werden.

Ende Juni wurde in etlichen Tageszeitungen landesweit über das Festival berichtet. Unter anderem erwarben diverse Redaktionen die Abdruckgenehmigung für einen längeren Artikel mit dem Titel »Rockgepolter in der Heimat Rip Van Winkles«, in dem unserere Probleme in Wallkill und die Bemühungen der Anwohner, das Festival zu verhindern, detailliert geschildert wurden.

Kapitulation war allerdings ein Fremdwort für uns; unsere Teams arbeiteten die ganze Zeit über unbeirrt auf dem Gelände weiter. Inzwischen hatten wir bereits um die fünfundsiebzig Mitarbeiter vor Ort. Wir waren in ein größeres Motel namens Round Top umgezogen und hatten einige Köchinnen eingestellt, um die Mahlzeiten für alle zuzubereiten.

Die von der Verwaltung in Wallkill beantragte Verordnung – mit einer Auflistung unüberwindbarer Hindernisse, die gegen die Durchführung des Festivals sprachen – hing wie ein Damoklesschwert über uns. Neben all dem Papierkram, der für die Stadtverwaltung zu erledigen war, mussten wir Genehmigungen vom zuständigen Gesundheitsamt, der Behörde für Sanitärangelegenheiten, dem Amtsarzt, der Wasserschutzbehörde, der Bauaufsicht, dem zuständigen Highway Department, dem Verkehrsministerium, dem Sheriffbüro, der State Police, dem örtlichen Brandschutzbeauftragten, dem örtlichen Fire Advisory Board, dem Liegenschaftsamt, der städtischen Polizeibehörde und dem

County Fire Coordinator einholen. Bedingungen, die unmöglich zu erfüllen waren. Im *Times Herald-Record* aus Middletown erschien ein Leitartikel, dessen Autor das ähnlich sah:

> Die »Bestimmungen« sind derart streng, dass man sich kaum vorstellen kann, dass sie einer nur oberflächlichen juristischen Prüfung standhalten würden. Zweifellos hoffen die Behörden darauf, dass allein die Aussicht auf einen Rechtsstreit die Veranstalter des großen Kunst- und Musikfestivals in die Knie zwingt … Aus unserer Sicht ist die beantragte Verordnung ein Beispiel für den eklatanten Missbrauch von Regierungsgewalt. Es ist durchaus legitim, wenn eine Gemeinde versucht, seine Bürger vor Ausschweifungen zu schützen, die entstehen können, wenn Tausende Menschen an einem Ort zusammenkommen; hochgradig illegitim ist es unserer Meinung nach hingegen, eine komplette Veranstaltung unter dem Deckmantel der Regulierungspflicht zu verhindern.
>
> In einem Entwurf zu der geplanten Verordnung heißt es u. a., dass »kein Licht über die Grundstücksgrenzen hinaus ausstrahlen darf«, … dass keine Musik »über die Grundstücksgrenzen hinaus hörbar sein darf« und dass weder Lärm noch unangenehme Gerüche »die Grundstücksgrenzen passieren dürfen« …
>
> In ihrer Eile, das für Mitte August geplante Festival zu verhindern, scheinen die Verfasser der Verordnung nicht alle Folgen ihrer neuen Bestimmungen bedacht zu haben. Zum einen hätte die traditionelle Orange County Fair, die Ende Juli stattfinden soll, selbst Schwierigkeiten, den Licht-, Lärm- und Geruchstest zu bestehen, den der Gemeindevorsteher Jack Schlosser und seine Mitarbeiter entwickelt haben. Zum anderen würde die Verordnung wohl auch das Aus für

die privat betriebenen Stockcarrennen auf dem Festgelände bedeuten, deren Lärm noch in gut fünfzehn Kilometer Entfernung zu hören ist.

Unser Vorschlag wäre, dass der Stadtrat seinen monströsen Plan verwirft und seine Energien in die Ausarbeitung fairer – ich wiederhole: fairer – Regularien steckt.

Im Stadtrat wurde am 2. Juli über die Verabschiedung der neuen Verordnung abgestimmt. Dass sich dafür eine Mehrheit finden würde, stand außer Frage. Stan erklärte gegenüber dem *Poughkeepsie Journal:* »Allen Punkten der Verordnung, die recht und billig sind, werden wir voll und ganz entsprechen, so wie wir es von vornherein beabsichtigt haben. Gegen alle Punkte, die unangemessen und unzumutbar sind, werden wir uns hingegen zur Wehr setzen.«

Anders als bei den Schlachten, die ich die letzten Monate hindurch ausgefochten hatte, hatte ich bei dieser ein schlechtes Gefühl.

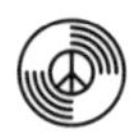

Kapitel 7

Yasgurs Farm

»Ich mag mir beim besten Willen nicht vorstellen, was passieren wird, wenn die vierzigtausend Menschen, die bereits Tickets für unser Festival gekauft haben, nach Wallkill kommen und dort überhaupt nichts stattfindet.«

»Soll das eine Drohung sein?«, ertönt eine laute Stimme aus dem hinteren Teil des überfüllten Saals.

»Da gibts nichts zu drohen«, entgegne ich. »Das ist ein Problem, das uns alle angeht.«

Wieder einmal spreche ich zu einer Gruppe feindlich gesinnter Wallkiller. Es ist der 14. Juli, und ich möchte ihnen klarmachen, dass sie ebenso wie wir mit Konsequenzen zu rechnen haben, falls das Festival jetzt noch abgesagt werden sollte. Die Wut im Raum ist mit Händen greifbar, und das Ganze erinnert mich stark an die Auseinandersetzung zwischen der Polizei und den Jugendlichen beim Denver-Pop-Festival einen Monat zuvor. Wie in Denver ist auch hier die Kommunikation vollständig zusammengebrochen. Ich versuche zu begreifen, wie es so weit kommen konnte. Wie kann Angst den Menschen so sehr zusetzen, dass sie jede Möglichkeit zur Kommunikation, zu logischem Denken und fairem Handeln blockiert?

Zwei Wochen zuvor, am 2. Juli, hatte der Stadtrat nach einer fünfstündigen Debatte mit fünf zu null Stimmen die neue zehnseitige Verordnung verabschiedet, die Zusammenkünfte mit mehr als fünftausend Teilnehmern regelt. Es waren noch einige kleine Änderungen vorgenommen worden. Unter anderem war die von uns verlangte Beteiligung an der Haf-

tungssumme auf eine halbe Million Dollar festgesetzt worden, wobei aber Veranstaltungen auf dem Orange County Fairground, dem Gelände, auf dem jedes Jahr die County Fair und das Wagenrennen stattfanden, von der Pflicht zur Einhaltung der in dieser Verordnung festgelegten Bestimmungen ausgenommen wurden.

Jetzt müssen wir uns in einer Anhörung vor dem zuständigen Liegenschaftsamt für unser Festival einsetzen, nachdem uns die Baugenehmigung für das Festivalgelände verweigert wurde. Wir stehen in genau demselben Raum, in dem John und Joel drei Monate zuvor grünes Licht für die Veranstaltung erhalten hatten, als sie die Ausrichtung eines Musik- und Kunstfestivals auf dem Gelände des Mills Industrial Parks erstmals beantragt hatten.

Ich habe unsere Präsentation bis ins Detail ausgearbeitet, um die Gemeinde mit unserer Kompetenz und unserer umfassenden Planung zu beeindrucken. Mel, Stan und Don tragen äußerst wortgewandt überzeugende Argumente für unsere Sache vor. Stan verliest eine Erklärung, in der er betont, dass unser Festival eine »kulturelle Veranstaltung von bedeutendem Ausmaß« sei, an der »Künstler aus allen Bereichen teilnehmen, darunter Maler, Bildhauer, Filmemacher, Theatergruppen und Musiker«. Außerdem sagt er, dass wir uns verpflichten, »die landschaftliche Schönheit des Festivalgeländes zu erhalten und zu fördern«.

Mel hat sich für seinen Vortrag mit etlichen Detailkarten, Diagrammen und Tabellen gewappnet. Er erklärt den Zuhörern, dass das gesamte Gelände mit betonverstärkten Maschendrahtzäunen abgeriegelt wird, dass wir dabei sind, ein komplexes Straßen- und Wegenetz zu errichten, dass neben der Musik auch Kunstausstellungen und ein Kunsthandwerkmarkt auf dem Programm stehen und dass es außerdem Imbissstände, Einrichtungen zur medizinischen Versorgung, einen Campingplatz, mobile Toilettenhäuschen und viele andere Dinge geben wird, die auch auf der alljährlichen County Fair anzutreffen sind.

Don Ganoung gibt einen tieferen Einblick in unsere Sicherheits- und Verkehrsführungspläne. Er erklärt, dass unser Securityteam über vierhun-

dert Mann stark sein und über sechzig Funkgeräte verfügen wird und wir darüber hinaus zusätzliche Parkplatzwächter und Bühnensecurity einstellen. Parkplätze werden auf angrenzenden Grundstücken geschaffen werden, die wir ebenfalls angemietet haben, von dort aus werden zweihundert Shuttlebusse die Konzertbesucher zum Festivalgelände und zurück transportieren. »Das an sich ist schon ein Aussiebverfahren für Unruhestifter, da es niemandem gestattet sein wird, direkt bis zum Festivalgelände vorzufahren«, fügt Mel hinzu. »Wir werden einige unserer Mitarbeiter bereits an den Bushaltestellen postieren, um diejenigen, die nur auf Ärger aus sind, herauszufischen.«

Anschließend bin ich an der Reihe. »Wir haben bereits über fünfhunderttausend Dollar in dieses Projekt investiert«, erkläre ich. »Das ist Geld, das wir nicht zurückbekommen werden. Wir können nur an dem Plan für dieses Festival festhalten und weitermachen. Die in den vergangenen Wochen verschärften Bedingungen haben uns ausgebremst, aber das wird sich jetzt ändern. Wir stehen voll und ganz zu unserer Veranstaltung, unseren Plänen und dem Festivalgelände.«

Als Antwort auf meine Worte gibt es lautstarke Unmutsbekundungen. Ich fühle mich an den Moment beim Miami-Pop-Festival erinnert, als ich zwischen zwei Männern mit gezückten Pistolen stand, und sehe ein, dass es allerhöchste Zeit ist, uns noch einmal richtig reinzuhängen und ein neues Gelände zu suchen.

Die Stimmung im Saal bessert sich schlagartig, als die Bevollmächtigten des Liegenschaftsamts verkünden, dass wir unser Büro vor Ort – in der Scheune neben dem Festivalgelände – umgehend zu räumen haben, weil dies ein reines Wohngebiet sei, in dem kein Gewerbe betrieben werden dürfe. Dem tosenden Applaus der Anwohner folgt die nicht minder entmutigende Ankündigung, dass das Liegenschaftsamt binnen achtundvierzig Stunden über unser Anliegen entscheiden wird.

Wir haben nur noch einen Monat bis zum Festival und sind mit unseren Gäulen in einen üblen Hinterhalt geraten. Es wird höchste Zeit, Dodge City zu verlassen.

Am nächsten Tag war im Middletowner *Times Herald-Record*, der unsere Odyssee bis ins Detail mitverfolgt hatte, zu lesen:

> Während der stundenlangen Anhörung in einem stickigen Raum im Rathaus kam es zum ersten Mal zu einem Einbruch in dem bewusst höflich-distanzierten Verhältnis zwischen Anwohnern und Festivalorganisatoren. Die Anwohner – sichtlich erbost über die Länge der Präsentation, die Woodstock Ventures für die Anhörung vorbereitet hatte – hatten nur Spott und Hohn für die Veranstalter übrig. Der langhaarige Lang (24) wurde mit einem Schwall typischer abschätziger Kommentare gegen Langhaarige (»Na, so ein Hübscher!«) begrüßt, als er ans Podium trat, um seine Rede zu halten. Allerdings beunruhigte er das Publikum mit der Prognose, dass 40 000 »enttäuschte« Karteninhaber in Wallkill auftauchen könnten.

Wir machten uns kaum Hoffnungen, die Baugenehmigung zu erhalten, nicht zuletzt wegen der vielen Rückschläge, die wir seit dem 2. Juli hatten einstecken müssen. Am 8. Juli hatte die Feuerwehr von Middletown auf unsere Nachfrage, ob sie Personal zur Arbeit in den von Nathan's betriebenen Imbissständen zur Verfügung stellen könnte, mit einer abschlägigen Antwort reagiert. Sie beanstandeten die lange und späte Arbeitszeit (von 18:30 Uhr bis 4:30 Uhr) sowie den geringen Lohn, den Nathan's zu zahlen bereit war (1,75 Dollar pro Stunde). Nathan's benötigten dreihundert Mann zum Betreiben ihrer Imbissstände und die Gespräche zwischen dem Hotdoghersteller und Peter Goodrich kamen langsam zum Erliegen. Jetzt, da auch noch unser Standort infrage stand, drohte Nathan's, sich komplett aus dem Vertrag zurückzuziehen.

Am 11. Juli, demselben Tag, an dem Mel und Rona der Presse das Festivalgelände vorstellten, fand eine Anhörung bezüglich der einstweiligen Verfügung statt, die das Komitee Besorgter Bürger gegen uns erwirken wollte. Der zuständige Richter Edward M. O'Gorman aus Monroe weigerte sich allerdings, in diesem Fall ein Urteil zu fällen, da die Entscheidung des Liegenschaftsamtes zur Erteilung der Baugenehmigung noch ausstand. Erst wenn diese Behörde unser Vorhaben nicht verhinderte, wolle er sich den Fall genauer ansehen.

Zwei Tage darauf verkündete der Abgeordnete des Bezirks Ulster County Clark Bell, ein Republikaner aus Woodstock, in einer Presseerklärung, dass er soeben einen Brief an Gouverneur Rockefeller geschickt habe, in dem er ihn um die Ernennung eines Koordinators für die Beaufsichtigung des Festivals bat. In der Erklärung hieß es: »Die Nationalgarde sollte in Alarmbereitschaft versetzt werden.« Darüber hinaus erklärte er, dass die Polizeibehörde des Staates New York und das Ulster County Sheriff Department bereits Vorbereitungen trafen, um größere Menschenmassen abfertigen zu können, die irrtümlicherweise direkt in Woodstock das Festivalgelände suchten. Er beschuldigte uns, »Woodstock zu verklären. Sie machten publik, dass Bobby Dylan in Woodstock lebt und die Beatles vor ein paar Jahren dort Urlaub gemacht haben.« (Tatsächlich glich Woodstock vom 15. bis 17. August einer Geisterstadt.) Außerdem gingen bei uns Beschwerden aus einem kleinen Weiler namens Wallkill in Ulster County ein, das an dem Festival Interessierte mit dem tatsächlichen Veranstaltungsort, der Gemeinde Wallkill in Orange County, verwechselten. Das falsche Wallkill schien mit Anfragen zum Festival überschüttet zu werden.

Der Tag X kam am Dienstag, 15. Juli. In unserer Abwesenheit veröffentlichte das Liegenschaftsamt einen vier Seiten umfassenden Entscheid, mit dem unser Bewilligungsantrag für die Ausrichtung des Festivals ABGELEHNT wurde. In dem Schreiben hieß es: »Die eingereichten Pläne sind insgesamt unklar, diffus und unsicher. Auch die geschätzte Besucherzahl ist zu ungenau und nicht belastbar. Geht man vom Umfang und von der Art der Werbung aus, lässt sich das gesamte Projekt überdies nicht mit dem vorliegenden Bebauungsplan in Einklang bringen. Die Gesundheit und die Sicherheit der Öffentlichkeit können aufgrund von Mängeln im Bereich Brandschutz, Polizeischutz und Gesundheitsfürsorge nicht gewährleistet werden.«

Wir waren fassungslos, geschockt, wütend und frustriert. Von unserem Büro vor Ort aus, wo er gerade damit beschäftigt war, das gesamte Inventar einzupacken, erklärte Stan einem Journalisten: »Irgendwo da draußen gibt es ein Feld, und am 15., 16. und 17. August werden sich dort Menschen versammeln, um Musik zu hören. Ich kann Ihnen zum jetzigen Zeitpunkt nicht sagen, wie wir das schaffen. Aber wir werden es schaffen.«

Auch ich wusste, dass wir es schaffen werden, allerdings *nicht* in Wallkill, worüber ich letztlich sogar erleichtert war. Wallkill hatte mir von Anfang an nicht zugesagt und die Situation vor Ort hatte sich zunehmend verschlimmert. Ich sprach mit John und spürte, dass er und Joel am Boden zerstört waren. Auch ihnen war klar, dass wir in Wallkill keinen Blumentopf mehr gewinnen konnten. Ich versuchte, ihnen Mut zu machen und sie davon zu überzeugen, dass wir einen neuen Veranstaltungsort finden würden, aber sie hatten meine Beschwichtigungen satt und waren sich sicher, dass dies nun das Ende war.

Als Nächstes rief ich Artie an. Mein Gespräch mit ihm verlief fast genauso wie das mit John, allerdings stimmte ihn mein Optimismus wieder zuversichtlich und ich schöpfte neuen Mut, weil er an mich glaubte. Ich sprach noch einmal mit dem Rest des Teams und sagte: »Macht euch keine Sorgen. Ich krieg das hin. Das Festival wird stattfinden. Bereitet euch auf einen Umzug vor.«

Wir hätten den Beschluss des Liegenschaftsamts anfechten können, aber uns war klar, dass der Monat bis zum geplanten

Festivaltermin dafür nicht reichen würde. John gab umgehend eine Presseerklärung heraus, in der er darlegte, dass uns die Nutzung des Festivalgeländes zu Unrecht verwehrt wurde und wir juristisch gegen die Verantwortlichen vorgehen würden.

> Die Behauptungen ... des Liegenschaftsamts von Wallkill und anderer Personen entbehren jeder Grundlage. Wir haben daher Rechtsanwälte in New York und in Wallkill beauftragt, Klage einzureichen, um Ersatz für die Schäden, die durch Schikanen und vorsätzliche Falschdarstellungen gewisser Personen entstanden sind, zu erwirken. Niemals wurden in der Geschichte der Freiluftveranstaltungen von der Art wie der unsrigen derart umfangreiche und bis ins Kleinste durchstrukturierte Vorbereitungen getroffen, um die Sicherheit und das Wohlergehen aller zu gewährleisten. Es wird ein Woodstock-Festival geben – daran besteht kein Zweifel!

Mel Lawrence: Die ganze Arbeit und die Liebe, die wir über eineinhalb Monate in das Gelände gesteckt haben, lassen sich finanziell gar nicht ermessen. Wir haben eigenhändig Natursteinmauern und Gesteinsstrukturen errichtet, wir haben die gesamte Fläche in ein Kunstwerk verwandelt, bevor uns aus Engstirnigkeit und Eifersucht die Nutzung verweigert wurde.

Wir hatten schon etliche Pfostenlöcher gegraben, und Unternehmen aus Orange und Rockland hatten angefangen, Stromleitungen zu verlegen. Ich hatte Telefonmasten bestellt, die als Grundgerüst für die Bühne dienen sollten. Als die mit einem riesigen LKW angeliefert wurden, hatten sie eine lange Reise hinter sich. Entlädt man solche riesigen Masten von einem Tieflader, muss man darauf achten, dass sie nicht wegrollen, sonst kriegt man sie nicht mehr gebändigt. Gerade als ich den Anruf erhielt, der mich über den Beschluss des Liegenschaftsamts informierte, fuhr der Truck aufs Gelände und die Anlieferer fragten mich, ob sie mit dem Abladen beginnen könnten. »Moment, noch nicht!«, rief ich ihnen zu. Ich konnte sie gerade noch aufhalten, nachdem ich erfahren hatte, dass die Sache für uns dort gelaufen war.

Stan Goldstein: Michael gab sich die ganze Zeit über nach außen hin unerschütterlich. Man konnte ausflippen und gegen ihn wettern, wie man nur wollte – was ich gelegentlich tat –, er nahm das alles einfach auf wie ein Schwamm und blieb cool. Was einen selbstverständlich nur noch mehr aufbrachte, wenn man in Rage war! Michael blieb einfach Michael, ganz der – gelegentlich etwas rätselhaft und mysteriös wirkende – Alte.

Wir mussten also ein neues Festivalgelände finden – und zwar schnell. Mir war klar, dass es sich total demoralisierend auf alle Beteiligten auswirken würde, wenn sie nicht sofort wieder etwas zu tun bekämen. Daher sagte ich jedem, der nicht damit beschäftigt war, das Gelände oder unsere Zweigstelle vor Ort zu räumen, sich ein Telefon zu schnappen, um mit Leuten von der Presse, vom Radio, mit Immobilienmaklern und anderen zu sprechen, die uns helfen konnten, ein neues geeignetes Grundstück zu finden.

Penny Stallings: Michael arbeitete auf Hochtouren, um ein neues Festivalgelände ausfindig zu machen. Nachdem feststand, dass wir in Wallkill nicht bleiben konnten, machte er allen Mut und beteuerte immer wieder, dass wir es schon hinkriegen würden.

Infolge der Berichterstattung über die Vorgänge riefen uns viele Leute an, die Ideen für neue Veranstaltungsstätten hatten. Natürlich waren auch einige Spinner darunter, aber wir guckten uns alle Vorschläge an. Ein Tag nachdem das Liegenschaftsamt seinen Beschluss veröffentlicht hatte, erhielt Ticia in unserem Büro im Village einen Anruf von jemandem, der erklärte, er kenne ein Gelände in Sullivan County, das für das Festival perfekt geeignet sei.

> **Ticia Bernuth Agri:** Nachdem wir das Gelände in Wallkill verloren hatten, erklärte Michael allen: »Macht euch keine Sorgen, wir haben alles unter Kontrolle.« Mir trug er auf, am Telefon die Stellung zu halten, während er zum Anwalt fuhr. Er, John, Joel und Artie wollten das weitere Vorgehen mit ihrem Rechtsanwalt Paul Marshall besprechen. Während er weg war, rief dieser Typ an und sagte: »Mein Name ist Elliot Tiber und ich habe ein Grundstück. Wir wollen euch hier in White Lake haben!« Ich antwortete: »Tatsächlich? Wir kommen gleich vorbei!« Sofort verständigte ich Michael, und wenige Minuten später stand er schon wieder neben mir im Büro und holte mich ab, um mit mir zu dem vorgeschlagenen Gelände zu fahren.

Nachdem Ticia mir Bescheid gesagt hatte, rief ich Mel und Stanley an und bat sie, sich mit mir bei der angegebenen Adresse, dem El Monaco Motel in White Lake zu treffen. Dank der einen wunderbaren Annehmlichkeit, die ich mir durch meine Beteiligung an Woodstock Ventures leisten konnte – einem Porsche 912, den ich für die Dauer des Projekts gemietet hatte –, waren wir bereits nach 90 Minuten an Ort und Stelle. Wir nahmen den New York State Thruway bis zur Route 17 und fuhren von dort aus über die Route 17B und die County Road 52. Die Fahrt bis zu unserem Ziel in der Gemeinde Bethel im Sullivan County weckte in mir Erinnerungen an vergangene Urlaube, dic ich mit meiner Familie gemacht hatte, als ich noch klein war.

Elliots Wegbeschreibung brachte uns zu einem der heruntergekommensten Motels, das ich je gesehen hatte. Auf dem windschiefen Schild stand »El Monaco«, daher wussten wir, dass wir hier richtig waren. Ein kräftiger Kerl Anfang Dreißig kam raus, um uns zu begrüßen, und stellte sich als Elliot Tiber vor. Es dauerte nicht lange, bis wir wussten, dass sein richtiger Name Eliyahu Teichberg war und er ganz bei mir in der Nähe in Bensonhurst aufgewachsen war. Er erklärte uns, dass das Motel seinen Eltern gehöre und dass nur wenige der achtzig Zimmer darin belegt seien.

Irgendwann im Verlauf unseres Gesprächs stürmte eine reichlich verrückte jüdische Dame mit einem starken russischen Akzent auf uns zu. Sie und Elliot begannen, einander anzuschreien, wobei sich herausstellte, dass sie seine Mutter war. Doch ganz gleich wie barsch sie ihn herumkommandierte, Elliot blieb heiter und optimistisch. Es wurde schnell klar, dass dies zwischen ihnen die übliche Art war, Gespräche zu führen. Elliot schien überglücklich, uns zu sehen, und fest entschlossen, sich irgendwie in die Festivalvorbereitungen einzubringen. Er erzählte uns von einer Bühne, die er in einer Scheune auf dem Motelgelände errichtet hatte. »Ich organisiere hier jeden Sommer ein Theaterfestival«, erklärte er uns, »und ich habe auch schon eine Genehmigung für die diesjährige Produktion – damit wirds hier also keine Probleme geben!« Eine Off-off-off-Broadway-Truppe namens Earthlight Theatre war für zwei Monate vor Ort und hauste in einer zerfallenen Herberge auf dem Gelände. Wir beschlossen, auf Mel und Stan zu warten, die aus dem knapp sechzig Kilometer entfernten Wallkill zu uns stießen, bevor wir uns das Gelände ansahen, dass Elliot uns vorschlagen wollte.

Als sie endlich ankamen, sagte ich: »Okay, Elliot, dann zeig uns mal, was du hast.«

»Folgt mir! Es ist eine natürliche Senke, perfekt geeignet für das Festival«, versprach uns Elliot mit breitem Grinsen.

Auf dem Weg dorthin, der hinter dem Motel vorbeiführte, kamen wir an einigen heruntergekommenen Gebäuden vorbei, die nach verschiedenen Stars benannt waren, wie z. B. Jerry Lewis und Elvis Presley. Vereinzelt standen zerfallene Bungalows herum und es gab einen leeren Swimmingpool, in dem sich Müll sammelte. Als wir eine abfallende Weide erreichten, wurde der Boden unter meinen Füßen immer nasser und schlickiger. Das verhieß nichts Gutes.

Wir stiegen ein leichtes Gefälle hinab und landeten geradewegs in einem großen Sumpf, der mit knorrigen alten Bäumen und verkrüppelten Jungpflanzen bewachsen war. Während wir durch den Morast hindurchwateten, wagte ich, die Frage zu stellen, deren Antwort ich bereits zu kennen fürchtete: »Wie weit ist es denn noch bis zu dem Gelände?«

»Das hier ist es!«, sagte Elliot mit einer weit ausholenden Armbewegung. »Natürlich können wir das ganze Gelände roden und entwässern.«

»Wie bitte? Der ganze Aufwand für dieses Gelände?«, fuhr Mel Elliot an. »Was soll der Unfug? Bist du noch ganz gescheit? Glaubst du wirklich, dass wir damit was anfangen können?«

Das sah ich ganz genauso und fügte so diplomatisch wie möglich hinzu: »Das wird so leider nicht funktionieren.« Als wir wieder im Motel waren, fragte ich Elliot: »Gibt es hier vielleicht jemanden, der uns die Gegend zeigen kann?«

»Ich werde einen Freund anrufen«, entgegnete er bereitwillig, schon wieder etwas munterer, nachdem er zuvor ziemlich niedergeschlagen gewirkt hatte. »Er macht in Immobilien.« Stan reiste wieder ab, aber Mel blieb bei Ticia und mir, um sich noch etwas umzusehen. Etwa eine halbe Stunde später tauchte ein schmierig aussehender Kerl in einem großen Buick auf. Er hieß Morris Abraham und war sehr darauf erpicht, uns ein paar Grundstücke zu zeigen.

Wir fuhren los und stießen einige Kilometer jenseits des Motels an der 17B auf einige beeindruckende Ländereien. Es war wunderbares Farmland mit weitläufigen Feldern, so weit der Blick reichte. Von der 17B bogen wir rechts auf die Hurd Road ab. Nach etwa einem halben Kilometer erreichten wir den Kamm des Hügels – und da lag es vor uns.

»ANHALTEN!«, rief ich, während ich meinen Augen kaum zu trauen wagte. Vor mir lag das Feld meiner Träume – wie ich es mir von Anfang an vorgestellt hatte. Und natürlich habe ich gleich den tieferen Sinn begriffen, dass wir aus Wallkill vertrieben worden waren, nur um in Bethel, dem biblischen »Haus Gottes« zu landen. Ich stieg aus dem Wagen und nährte mich dieser perfekten grünen Senke. Ganz unten im Tal war eine kleine Erhebung, der ideale Ort für unsere Bühne. Die anderen gesellten sich zu mir. Mel, Ticia und ich blickten einander verwundert an. »Wem gehört dieses Land?«, fragte ich Abraham.

»Max Yasgur«, antwortete er. »Er ist der größte Milchbauer in der Gegend. Er besitzt zehn Höfe und zweitausend Morgen Land. Ich kann ihn anrufen und ihn fragen, ob er Interesse daran hat, es Ihnen zu verpachten.«

»Ja, tun Sie das«, sagte ich, und es fiel mir schwer, ruhig zu bleiben. Ich wollte diesem Kerl meine Begeisterung nicht allzu deutlich zeigen. Wir fuhren an einem Schild mit der Aufschrift »Happy Avenue« vorbei, bis wir eine Telefonzelle erreichten, von wo aus Abraham Max anrief. Anschließend fuhren wir zu Max nach Hause. Er und seine Frau Miriam, beide Ende vierzig, lebten in einem schlichten weißen Farmhaus. Sie waren ein hübsches Paar.

»Diese Leute hier interessieren sich dafür, einen Teil deiner Ländereien zu pachten, Max. Sie wollen ein Musikfestival organisieren«, erklärte Abraham.

»Ihr seid diejenigen, die gerade das Gelände in Wallkill verloren haben, nicht wahr?« Ich war bereits auf das Schlimmste gefasst, als er hinzufügte: »Ich glaube, dass man euch da ganz übel mitgespielt hat. Ich zeige euch mein Grundstück und ich denke, wir werden schon eine Lösung für euer Festival finden.«

Wir stiegen wieder ins Auto, Max fuhr mit uns, und Abraham erklärte ihm, dass wir das Feld an der Hurd Road gesehen hatten und dort beginnen wollten. Während der Fahrt zeigte uns Max einige der Ländereien, die ihm gehörten. Mein Herz raste so sehr, dass ich hoffte, niemand könne es hören. Als wir wieder zu unserem Ausgangspunkt kamen, von wo aus ich das Feld gesehen hatte, bat ich Ticia und Mel, im Auto zu bleiben und sich mit Abraham zu beschäftigen, während ich mir von Max bei einem kleinen Spaziergang die Gegend zeigen ließ, die ich in Gedanken bereits als unser neues Zuhause betrachtete.

»Max, was ist mit diesem Feld hier?«, fragte ich ihn. »Es ist genau der richtige Ort für uns. Es hat die richtige Größe, die richtige Form, hervorragende Sichtachsen und genau den richtigen Vibe.« Irgendetwas an Max Verhalten mir gegenüber riet mir, ihm gegenüber absolut aufrichtig zu sein: »Für mich fühlt es sich so an, als sei dieser Ort für uns bestimmt.« Ich wollte den Deal gleich hier vor Ort unter Dach und Fach bringen. Wir schlenderten über die Anhöhe, die an dem Talkessel entlangführte.

»Was meinen Sie, wie viel Fläche werden Sie insgesamt benötigen?«, fragte er.

»Nun, zusätzlich zu diesem Feld hier und allem angrenzenden Gelände, das Ihnen auch noch gehört, brauchen wir noch sechshundert Morgen sowie eine Fläche für Camping- und Parkplätze«, erklärte ich.

»Hier wächst noch Luzerne, und einige andere Felder sind ebenfalls noch nicht abgeerntet«, sagte Max. »Wann genau benötigen Sie die Grundstücke denn?«

»Wäre *jetzt gleich* zu früh?«, fragte ich mit einem Grinsen.

Max lachte, zog einen Bleistift aus der Brusttasche seines Hemdes, feuchtete die Spitze mit der Zunge an und schrieb diverse Zahlen auf einen Notizblock. Er kannte sein Geschäft genau, wusste, wie hoch die Einbußen waren, wenn er eine Ernte nicht einholen konnte, und wie viel ihn die Neuaussaat kosten würde. Als er mir schließlich einen Preis für das Talkesselgrundstück nannte, den ich für fair hielt, nahm ich das Angebot sofort an. Wir einigten uns darauf, dass er die Pacht für die anderen Felder auf die gleiche Weise berechnen und dabei auch einkalkulieren würde, ob er die Ernte noch einfahren konnte, bevor wir beginnen würden, das Land zu nutzen. Das Ganze würde auf eine stattliche Summe hinauslaufen, aber ich wusste, dass dies hier unser Woodstock war – und Max war unser Retter. Als wir unseren Deal mit einem Handschlag besiegelten, fiel mir auf, dass Max nur noch drei Finger an seiner rechten Hand hatte. Trotzdem hatte er einen eisernen Griff. Plötzlich musste ich daran denken, dass er das ganze Land hier selbst bestellt hatte.

Ohne Max Yasgur hätte es kein Woodstock gegeben. In Sullivan County kannte man ihn als einen willensstarken Mann, der zu seinem Wort steht. Er war auf einer Farm aufgewachsen, an die eine Pension angeschlossen war, die regelmäßig Sommergäste beherbergte. Sein Vater starb, als er noch ein Teenager war, seitdem war er das Familienoberhaupt. Er hatte Liegenschaftsrecht an der NYU, meiner Alma Mater, studiert, aber immer schon davon geträumt, die Farm seiner Familie zu vergrößern und mit Yasgur's Dairy der größte Milchproduzent in Sullivan County zu werden. Also kaufte er immer mehr Güter und Ländereien und vergrößerte stetig seinen Milchviehbestand, bis er sein Ziel erreicht hatte. Er arbeitete Lieferrouten aus und errichtete einen großen Kühlkomplex und eine riesige Pasteurisierungsanlage. All die Arbeit war allerdings nicht spurlos an ihm vorübergegangen. Als wir ihn kennenlernten, hatte Max bereits einige Herzinfarkte hinter sich. Stets hatte er eine Sauerstoffflasche in greifbarer Nähe und in seinem Schlafzimmer stand ein Sauerstoffzelt.

Ich rief John und Joel an, um ihnen von den Neuigkeiten zu berichten: Wir waren wieder im Geschäft, wir hatten das perfekte Gelände für das Festival gefunden. John wirkte während des Gesprächs verhalten optimistisch, war jedoch bereit, schon am nächsten Tag herzukommen und die Vertragsdetails mit Max zu besprechen. Ich hoffte, er und Joel würden erkennen, wenn sie es erst einmal mit eigenen Augen sahen, welch ein Wunder dieses Gelände für uns war. Anschließend rief ich Artie und Joyce Mitchell an und bat sie, alle zu informieren, dass wir ein neues Festivalgelände gefunden hatten. Stan wiederum trug ich auf, alle Pläne, die wir hatten, zusammenzusuchen und damit so schnell wie möglich nach Bethel zu kommen. Mel fuhr unterdessen zurück nach Wallkill, um den Umzug zu organisieren, sodass die LKW am kommenden Montag mit dem Transport beginnen konnten.

Am nächsten Tag setzten John und ich uns mit Max, seinem Sohn Sam, der Anwalt war, und ihrem Finanzberater zur Ausarbeitung des Vertrags zusammen. Wir einigten uns auf 50 000 Dollar Pachtzins und eine Kaution in Höhe von 75 000 Dollar, die als Sicherheitsleistung für eventuelle Schäden hinterlegt werden sollte. John hatte Barschecks in entsprechender Höhe mitgebracht. Unterzeichnet wurde der Pachtvertrag – der u. a. regelte, was wir auf dem Gelände tun durften und was nicht – um 22 Uhr, nachdem wir alle Punkte einzeln durchgesprochen und verhandelt hatten.

Miriam Yasgur: Michael braucht fünfzehn, höchstens zwanzig Minuten, um einen um den kleinen Finger zu wickeln. Nachdem wir uns lange mit ihm unterhalten hatten, waren wir völlig entspannt. Er erklärte uns, was sie vorhatten, und klang dabei, als ob das alles ganz einfach wäre und keine große Sache werden würde. Er versteht es, andere für sich einzunehmen. Ich glaube, er ist ein geborener Hochstapler. Selbst wenn man weiß, dass er einen übers Ohr haut, kann man nicht anders, als ihn gern zu haben. John schien mir ein sehr offener Mensch zu sein und er war womöglich einer der ehrlichsten jungen Männer, die mir je begegnet sind.

John Roberts: Nachdem der Vertrag unterzeichnet war, fuhren wir zurück nach New York und Michael Lang hatte – wie immer – das letzte Wort: »Wisst ihr«, sagte er, »wenn wir erst einmal anfangen, da oben auf dem Acker zu arbeiten, wird in null Komma nichts so viel los sein, dass wir ganz schnell die Übersicht darüber verlieren werden, wie viele Punkte des Vertrags wir verletzen. Aber«, fügte er nach einer langen Pause hinzu, »Max wird es wahrscheinlich genauso gehen.«

Joel Rosenman: Max wollte sichergehen, dass er die 50 000 Dollar bekam, bevor irgendeiner seiner Konkurrenten sie einkassierte. Davon abgesehen kann ich nur sagen, dass Max, nachdem wir ihn einmal bezahlt hatten, nie auch nur einen weiteren Cent mehr von uns verlangte.

Am Freitag, 18. Juli, berichteten die ersten Zeitungen darüber, dass das Festival nach White Lake verlegt wurde. Der Presse gegenüber war Max zunächst noch ein wenig zurückhaltend und erklärte, dass er noch überlege, ob er uns das Gelände verpachten wolle oder nicht. Aber ich wusste, dass der Handschlag von Max zählte. Der Mann war aufrichtig und idealistisch. Ich glaube nicht, dass es ihm nur ums Geld ging. Max verpachtete nicht zuletzt an uns, um uns die Chance zu geben, unseren Traum zu verwirklichen – genau wie er seinen Traum vom größten Milchbetrieb im County hatte wahr werden lassen. Wir zeigten ihm alle Pläne und Gestaltungskonzepte, die wir für Wallkill ausgearbeitet hatten, und er war beeindruckt, wie sorgfältig wir dabei vorgegangen waren – da war nichts einfach nur schnell zusammengeschustert worden. Natürlich wollte er für sein Land eine Pacht haben, aber dafür hatten wir neben dem Nutzungsrecht auch etwas ganz Entscheidendes: seine Loyalität.

Trotz allem musste bei den Behörden von White Lake noch die Genehmigung für das Festival eingeholt werden. Nach unseren schlechten Erfahrungen in Wallkill waren wir entsprechend nervös. Max versprach, uns nach Kräften zu unterstützen, soweit es ihm möglich war. Am Wochenende hatten wir zunächst ein Vorgespräch mit Daniel Amatucci, dem Stadtverordneten von Bethel. Er sah hinsichtlich unseres Vorhabens keine Probleme, beraumte allerdings für den 21. Juli eine Sondersitzung des Stadtrats zu diesem Thema an. Unsere Mühlen mahlten so schnell wie nur möglich.

Während die Behörden in Wallkill noch dabei waren, einen Unterlassungsbescheid gegen Woodstock Ventures zu erwirken, um uns von dem Mills-Gelände zu vertreiben, waren wir schon längst weg. Als Erstes holten wir unsere ganzen Möbel und Unterlagen aus der Scheune, die uns als Zweigstelle gedient hatte, und schafften sie nach White Lake. Ich schloss einen Vertrag mit Elliot und mietete bis in den September hinein das gesamte Motel seiner Eltern an – womit das El Monaco zugleich vor der Zwangsversteigerung gerettet war. Das Motel diente uns als Unterkunft, Zweigstelle und Ticketverkaufsbüro zugleich. In drei der reichlich heruntergekommenen Zimmer richteten wir unsere Büroräume ein. Die restlichen verwendeten wir als Unterkunft für uns selbst sowie für einige Mitarbeiter und die Crew. Unsere Leitstelle richteten wir im alten New York Telephone Building im nahe gelegenen Kauneonga Lake ein. Und in der Nähe von Max' Hof entdeckte Penny ein altes Hotel namens Diamond Horseshoe, in dem wir etwa 150 Arbeiter unterbringen konnten. Es waren zwar einige Sanierungsarbeiten nötig, um es bewohnbar zu machen, dafür vermieteten es uns die Inhaber aber auch für einen lachhaften Preis. Chris Langhart und sein Team führten die nötigen Reparaturen durch, sodass das Gebäude über fließendes Wasser und Strom verfügte – allerdings auch nicht viel mehr.

Montags nahmen wir bereits Kontakt zu den örtlichen Elektrizitätswerken, der zuständigen Telefongesellschaft und anderen Zulieferern auf, damit auf dem Gelände schnellstmöglich Strom und Telefonleitungen verfügbar waren. Jim Mitchell bestellte ein paar Trailer, um darin vor Ort, ganz in der Nähe der Bühne Produktionsbüros einzurichten. In Wallkill hatten wir ursprünglich geplant, Frischwasser mit Lastwagen anliefern zu lassen, doch dank Fillipini's Pond, einem See mit kristallklarem Wasser, der in unmittelbarer Nähe von Max' Grundstück lag, konnten wir darauf verzichten.

Am 19. Juli war im *Kingston Freeman* zu lesen:

> Woodstock Ventures haben, vertreten durch zwei Personen, in Sullivan County im Hinblick auf eine mögliche Austragung ihres Festivals in dieser Gegend Verhandlungen geführt. Der *Freeman* sprach mit Max Yasgur, Eigentümer einer 2000-Morgen-Farm in Bethel, der bestätigte, dass das Festival eventuell auf seinen Ländereien stattfinden werde.

> Yasgur erklärte, dass er sich noch nicht entschieden habe, ob er das Grundstück tatsächlich verpachten wolle, fügte allerdings hinzu, dass er noch heute mit den Veranstaltern über ihr Vorhaben sprechen werde.
>
> Dies ist allerdings nicht das einzige Rätsel, das sich um die Aquarian Exposition rankt, für die es derzeit keinen festen Austragungsort gibt. Elliot Tiber, ein Bürger von Bethel, erklärte, dass er am kommenden Montag eine Pressekonferenz zum »White Lake Music Festival« geben wird. Gerüchte, dass es sich dabei um die Aquarian Exposition handelt, wollte Tiber jedoch nicht bestätigen.

Ich schuldete Elliot eine ganze Menge dafür, dass er uns überhaupt in diese Gegend gebracht hatte, aber das Letzte, was wir jetzt gebrauchen konnten, war ein Pulverfass, das jederzeit hochgehen konnte. Ich sagte die Pressekonferenz ab und erklärte ihm, dass wir unverzüglich aus seinem Motel auschecken würden, wenn er noch einmal an die Öffentlichkeit ging, ohne zuvor mit mir gesprochen zu haben. Ich wollte nicht, dass irgendwer schlafende Hunde weckt, bevor unserem Antrag vom Stadtrat stattgegeben wurde.

Ein weiteres Problem kam auf uns zu in Gestalt unseres Maklers Morris Abraham. Er erklärte uns, dass wir für 10 000 Dollar ein paar Beamte für uns gewinnen konnten, die in der Lage waren, uns alle erforderlichen Genehmigungen zu beschaffen. Wir hatten vorgehabt, Abraham eine Vermittlungsprovision zu zahlen, weil er für uns den Kontakt zu Max hergestellt hatte, aber das stank doch ziemlich stark nach Erpressung. Ich fürchtete, dass es das ganze Festival in ein schlechtes Licht rücken und sich irgendwann rächen würde, wenn wir darauf eingingen. Ich sprach mit Stan über die Sache und wir beschlossen, Max davon zu erzählen. Auf dem Weg zu Max einigten wir uns darauf, dass es sinnvoller sei, das Geld als Zeichen unseres guten Willens dem ortsansässigen Krankenhaus zu spenden, statt Morris und seine Kumpane bei der Stadtverwaltung damit zu schmieren.

Als ich Max von der Angelegenheit erzählte, platzte ihm die Hutschnur. »Ihr werdet auf keinen Fall irgendwelches Schmiergeld an Morris Abraham zahlen! Ich finde heraus, wer dahintersteckt, und sorge dafür, dass euch niemand Schwierigkeiten bei der Genehmigung des Festivals macht. Und falls doch, werde ich dafür sorgen, dass dieser Bestechungsversuch publik gemacht wird.« Max war zu unserem engsten Verbündeten geworden. Ihm gefiel unser Plan, das Geld dem Krankenhaus zu spenden. Und so veranlasste John, dass das Geld an das Bethel Medical Center gezahlt wurde.

Am Sonntag, 20. Juli, legten wir eine kurze Pause bei unseren Vorbereitungen für die Stadtratsitzung ein. Wir sahen uns die Mondlandung an und beobachteten, wie Neil Armstrong als erster Mensch einen Fuß auf die Mondoberfläche setzte. Was für eine Ironie! Während ein Amerikaner den Mond betrat, versuchten wir auf der Erde wie verrückt, ein Bein auf den Boden zu kriegen.

Am Montagabend war es so weit: Don Ganoung, Mel, Stan und ich trafen uns mit Dan Amatucci, dem Stadtrat und Vertretern des Liegenschaftsamts von Bethel. Der Raum, in dem wir zusammenkamen, war winzig, und unsere ganze Gruppe quetschte sich um einen Tisch. Zu der Sitzung kamen auch einige Anwohner, für die aber nur wenige Stehplätze in dem Zimmer übrig waren. Einige verfolgten das Geschehen von außen durch ein offenes Fenster.

Mel legte einen hastig gezeichneten Grundstücksplan von Max' Ländereien vor, den das Liegenschaftsamt zu den Akten nahm. Anschließend erklärten wir, wo genau wir das Festival stattfinden lassen wollten, nämlich fünf Kilometer westlich von White Lake, auf einem durch die Route 17B, die Perry Road, die Hurd Road und die West Shore Route begrenzten Areal.

Wir hatten Richard Gross, einen Anwalt aus Sullivan County, beauftragt, uns vor dem Stadtrat zu vertreten. Er erklärte den Anwesenden, dass laut Aussage des zuständigen Staatsanwalts keine Bedenken hinsichtlich der geplanten Nutzung bestünden. Max' Grundstück sei sowohl für die landwirtschaftliche als auch die gewerbliche Nutzung freigegeben. Wir versprachen, so schnell wie möglich Baupläne vorzulegen, um sie vom Stadtrat genehmigen zu lassen.

Max setzte sich sehr wortreich für unser Projekt ein und bat die Anwesenden eindringlich, das Festival zu genehmigen: »Das Einzige, worum sie bitten, ist, gerecht behandelt zu werden. Verwehren wir ihnen das, nur weil sie lange Haare haben, wäre das nichts anderes, als Menschen eine gerechte Behandlung zu verweigern, nur weil sie lange Mäntel tragen oder einem anderen Glauben angehören.«

»Wenn eine Sache legal ist, will ich mich ihr nicht in den Weg stellen«, erklärte Amatucci nach unserer Präsentation. »Wir heißen in dieser Stadt jeden willkommen, der redlich ist, sich anständig benimmt und unsere Gesetze achtet. Wenn diese Voraussetzungen erfüllt sind, wird es keine Probleme geben.«

Nach einer dreistündigen Debatte warteten wir vor dem Rathaus auf das Ergebnis der Abstimmung. Während drinnen unser Schicksal besiegelt wurde, saß ich draußen auf den Eingangsstufen des Gebäudes und dachte über das nach, was mir wie eine kosmische Fügung vorkam: dass wir, nur wenige Stunden nachdem wir aus Wallkill verjagt worden waren, einen Mann wie Max Yasgur mit seinem perfekten Grundstück gefunden hatten. Das konnte nicht einfach nur Zufall oder Glück gewesen sein. Das war Karma. Es war uns bestimmt, hier zu sein. Als ich aufblickte und die amerikanische Flagge über der Vorhalle im Wind flattern sah, wusste ich, dass wir die erforderlichen Genehmigungen bekommen würden.

Beide Gremien, Stadtrat und Liegenschaftsamt, stimmten zu unseren Gunsten. Nur wenig später trat Don Ganoung vor die Presse und erklärte: »Sie haben uns grünes Licht gegeben – das Festival wird wie geplant stattfinden. Wir haben die größte Hürde genommen, die man sich nur vorstellen kann.«

Während der Ratssitzung hatten wir darauf hingewiesen, dass uns sehr daran gelegen sei, ortsansässige Unternehmen in das Festival einzubeziehen. Die Vereinigung der mittelständischen Unternehmen von White Lake empfing uns mit offenen Armen. Ken Van Loan, Inhaber einer Kfz-Werkstatt und der Vorsitzende der Bethel Businessmen's Association, erklärte der Presse: »Das Festival ist das Beste, was Sullivan County passieren konnte. Es wird die regionale Wirtschaft enorm ankurbeln. Hotelbranche, Gastronomie und Kfz-Betriebe werden mehr Geld einnehmen als je zuvor.« Später schätzte er, dass wir in den ersten zehn Tagen unseres Aufenthalts bereits 200 000 Dollar in Bethel gelassen hatten.

Bethel hatte gerade einmal 2366 Einwohner. Noch in den 1940er- und 50er-Jahren war die Gegend rund um die Stadt ein beliebtes Naherholungsgebiet gewesen, doch inzwischen waren in diesem Teil von Sullivan County schwere Zeiten angebrochen. Familien verbrachten die Sommerferien inzwischen lieber an exotischeren Orten. Gleichwohl waren der Tourismus und die Landwirtschaft nach wie vor die Haupteinnahmequellen der Region. Es gab immer noch eine Handvoll großer Hotels in der Nähe von Liberty, wo gut betuchte New Yorker Juden ihre Ferien verbrachten, z. B. das Neville, das Grossinger's und das

Concord. In den ländlicheren Regionen sah man jedoch immer mehr abgewirtschaftete Ferienhaussiedlungen und heruntergekommene Motels. Im nahe gelegenen Montichello gab es zwar eine Rennbahn, aber eine Spitzenattraktion war das beim besten Willen nicht. Bethel brauchte uns offenbar ebenso sehr wie wir Bethel brauchten.

Gleichwohl schien sich nicht jeder über unsere Ankunft zu freuen. Am Sonntagabend hatte jemand ein recht unbeholfen beschriftetes Sperrholzschild vor der Einfahrt zu Max' Grundstück aufgestellt, auf dem zu lesen war: »Stoppt Max' Hippiemusikfestival – keine 150 000 Hippies hier! Kauft keine Milch.« Das verhieß nichts Gutes für uns. Doch als Max die Warnung las, bestärkte ihn das nur in seinem Entschluss, uns bei der Umsetzung unseres Festivals zu helfen. Das zeigt deutlich, was für eine Art Mensch er war.

In allen Lokalzeitungen erschienen Berichte über unsere Wiederauferstehung. »Im Vergleich zu dem Empfang, den man uns in Wallkill bereitete, ist die Begrüßung hier einfach überwältigend«, wurde Rona zitiert. »Der Landkreis, die Stadt und die ortsansässigen Behörden haben von Anfang an hervorragend mit uns zusammengearbeitet.« Paul Marshall erklärte gegenüber *Newsday*, dass sich die Kosten des Umzugs für das Festival auf etwa 100 000 Dollar belaufen würden.

In einer anderen Zeitung war zu lesen, dass wir bereits siebzigtausend Tickets verkauft hatten. Dan Amatucci erhielt daraufhin etliche Anrufe von besorgten Anwohnern – um die zwanzig gleich am ersten Tag. »Das wird schlimmer als eine Heuschreckenplage in einem Kornfeld«, sagte ein Anwohner gegenüber dem *Times Herald-Record.* Aber immerhin – noch hatte niemand mit einer Klage gedroht.

Max setzte sich weiterhin für uns ein: »Das sind wirklich patente junge Leute und ich heiße sie gerne willkommen«, erklärte er dem *Record Call* aus Hackensack. »Ich gehöre einer anderen Generation an, wir haben andere Dinge getan ... Nur weil cin junger Mann lange Haare hat, ist er noch lange nicht kriminell. So einen Unsinn kann man mir nicht verkaufen. Das wird etwas ganz anderes werden, aber Ängste weckt das bei mir nicht.«

Um die Ängste anderer Anwohner zu beschwichtigen, gab ich folgende Erklärung ab: »Anscheinend ist es zu einem Missverständnis hinsichtlich der Anzahl der Festivalteilnehmer gekommen. Bei den 150 000 Personen, von denen die Rede ist, handelt es sich um die erwartete Gesamtbesucherzahl an allen drei Tagen. Die Höchstbesucherzahl zu einem beliebigen Zeitpunkt während der Veranstaltung wird wahrscheinlich bei 50 000 Personen liegen.« Das war nicht die ganze Wahrheit, aber zu diesem frühen Zeitpunkt unserer Unternehmungen in Bethel ging es nicht anders als mit ein bisschen Unaufrichtigkeit.

»Falls sich einige der direkten Anwohner Sorgen um ihre Sicherheit machen«, versicherte Wes besorgten Anrainern, »werden wir rund um die Uhr einen Sicherheitsdienst vor ihrem Haus postieren.« Darüber hinaus teilten wir der Öffentlichkeit mit, dass wir Hubschrauber zur Verkehrsüberwachung einsetzen würden und bei Bedarf Personen ins Krankenhaus fliegen konnten. Überdies würden rund um die Uhr Krankenwagen, Ärzte und Sanitäter auf dem Festivalgelände zur Verfügung stehen.

Uns war klar, dass wir auf Hochtouren arbeiten mussten, um die Vorbereitungen auf dem Festivalgelände voranzutreiben. Nicht nur, um rechtzeitig zum Konzert fertig zu werden, sondern auch, um so viele Tatsachen zu schaffen, dass uns niemand mehr aufhalten konnte. Es war wie bei einer Razzia: reingehen und den Überraschungseffekt ausnutzen, bevor jemand die Möglichkeit erhält, die Aktion scheitern zu lassen.

John Roberts: Die Tatsache, dass Max auf der Bildfläche erschienen war, löste bei uns so etwas wie einen Freigiebigkeitsimpuls aus. Plötzlich gaben wir das Geld mit beiden Händen aus. Alles ging so schnell voran, dass man überhaupt nicht mehr über Gewinn oder Verlust nachdachte. Ich jedenfalls schwöre, dass ich nicht einmal über Gewinn oder Verlust nachgedacht habe. Ich war nur noch damit beschäftigt, mir zu überlegen, wie wir das Ding auf die Bühne bringen konnten. Erst viel später ist mir klar geworden, warum ich damals in diesem Punkt so nachlässig war: Weil ich nämlich eine Woche zuvor fast in den kompletten Ruin gestürzt wäre. Die Dreiviertelmillion Dollar, die wir seit dem 1. Juli ausgegeben hatten, wären weg gewesen, zugleich hätten wir ungefähr 600 000 Dollar für die Rückerstattung bereits verkaufter Tickets aufbringen müssen. Im Vergleich zu einer 1,3-Millionen-Dollar-Pleite schien alles andere ein ausgesprochener Segen zu sein. Wir dachten inzwischen nicht mehr darüber nach, wie hoch unser Gewinn ausfallen würde. Hätten wir das getan, hätte es kein Festival gegeben. Wir konnten nur hoffen, dass wir mit den Einnahmen durch die Nebenrechte und den weiteren Ticketverkauf das, was wir ausgegeben hatten, wieder reinbekamen. Woche für Woche nahmen wir mehrere Zehntausend Dollar über die Ticketverkäufe ein, sodass wir erst mal liquide genug waren, um alle Kosten zu decken, bis wir in der letzten Woche vor dem Festival nach White Lake umzogen. Da kam dann eine immense Summe an Ausgaben auf uns zu, ohne dass da irgendwelche Einnahmen gewesen wären, die man hätte gegenrechnen können. Mit einigen der Ausgaben hatten wir nicht gerechnet. Das ursprünglich veranschlagte Budget reichte schon lange nicht mehr.

Auf dem Festivalgelände legten wir mit allem gleichzeitig los. Wir hatten nur achtundzwanzig Tage Zeit für Arbeiten, die normalerweise drei Monate in Anspruch nahmen. Am Montag und Dienstag, 21. und 22. Juli, trafen die Lkws mit den Baumaterialien ein und wir erstellten den abschließenden Geländeplan. Den zuständigen Energiekonzern überredeten wir dazu, Stromleitungen aus gut zwölf Kilometer Entfernung zum Gelände herüberzuführen. Die Telefongesellschaft vor Ort hingegen weigerte sich, die Telefonleitungen zu verlegen, die wir für die Produktionstrailer, die Sicherheitszentrale und die hundert Telefonzellen, die im Bereich der Verkaufsflächen aufgestellt werden sollten, benötigten. Chris Langhart rief schließlich einen leitenden Angestellten einer Telefongesellschaft in Ohio an, den er kannte, und warb ihn für uns als Berater an. Ihm gelang es schließlich, die örtliche Telefongesellschaft zu überreden, diese fast unmögliche Aufgabe zu übernehmen und sie in der Kürze der Zeit auszuführen. Sie schickten acht Teams, um die Arbeit zu erledigen. Das Ganze kostete uns rund 20 000 Dollar, wobei New York Bell mit den Tausenden von R-Gesprächen, die während des Festivals über die Telefonzellen geführt wurden, einen Riesenreibach machte.

Alle arbeiteten wie besessen. Oberste Priorität hatten für uns die Herrichtung der Verkehrswege und die Installation der Frisch- und Abwasserleitungen. Max wollte nicht, dass wir unterirdische Leitungen verlegten, was die ganze Sache zusätzlich verkomplizierte, aber Chris Langhart fand schließlich eine praktikable Lösung. Es war, als würden wir die Infrastruktur für eine ganze Stadt planen und realisieren. Es war ein ungeheures Vorhaben dafür, dass wir nur einen Monat Zeit hatten. Max erlaubte uns freundlicherweise auch, mehrere Brunnen zu bohren, um damit die Wasserversorgung zusätzlich zu unterstützen.

Mel Lawrence: Wir engagierten diesen Wasserguru, einen Albino mit Wünschelrute, der es wirklich draufhatte. Ich glaube, wir sind in fünf von acht Fällen direkt auf Wasser gestoßen.

Wes begann, ein neues Parkkonzept auszuarbeiten. Wir stellten schnell fest, dass wir weitere Grundstücke in der Umgebung pachten mussten, um ausreichend Parkplätze zur Verfügung stellen zu können. Wir hofften, dass wir auf das für Wallkill erarbeitete Konzept zurückgreifen konnten, nämlich die Leute mit Shuttlebussen von den Parkplätzen zum Festivalgelände zu fahren. Letzten Endes mussten wir weitere 25 000 Dollar Pacht für zusätzliche Parkmöglichkeiten aufwenden.

Im El Monaco richteten wir eine kleine Jobbörse ein. Sie bestand aus nicht mehr als ein paar Tischen vor unserem Büro. Im Umkreis von etwa hundertfünfzig Kilometern schien sich jeder Arbeitsfähige unter dreißig, der wusste, wie man einen Hammer hält, um eine Stelle zu bewerben. Wir heuerten rund siebzig Schreiner und Hilfsarbeiter an, um die etwa zwanzig mal fünfundzwanzig Meter große Bühne, die Beleuchtungs- und Lautsprechertürme, den Künstlerpavillon und circa fünfzig Verkaufsstände aufzubauen. Innerhalb von ein bis zwei Tagen wuselten über zweihundert Mann auf dem Gelände herum, die den Festivalbereich und den Campingplatz für unser Event herrichteten. Auch die erste Hog-Farmer-Gruppe, die mit dem sogenannten Road Hog angereist war, befand sich darunter. Über die nächsten Wochen stieg die Zahl der Arbeiter auf über tausend an.

Chip Monck und Steve Cohen brachten ihre Blaupausen und Designs vorbei. Steve ernannte seinen Assistenten Jay Drevers, einen einundzwanzigjährigen Schreiner, der bereits im Fillmore gearbeitet hatte, zum Bauleiter für den Bühnenbereich.

Mel sorgte dafür, dass die ganzen Telefonmasten, die nach Wallkill geliefert worden waren, nach White Lake weitertransportiert wurden. Wir schlossen einen Vertrag mit einem Müllentsorgungsunternehmen, das zur vereinfachten Abfallbeseitigung Müllpressen einsetzen wollte. Und wir trafen ein Arrangement mit Portosan für die Aufstellung und den Betrieb der Mobiltoiletten.

In den ersten Tagen machte uns das Wetter auf dem Gelände in Bethel schwer zu schaffen. Regen verhinderte, dass die Felder abgeerntet werden konnten, und bremste zudem die Erschließung neuer Straßen und Wege aus. Einige Stellen mussten drei- oder viermal neu asphaltiert werden, weil die Fahrbahn – besonders nach einem heftigen Schauer – einfach im Schlamm versank. Die Arbeiter standen teilweise knietief in Morast und hohem Gras und mussten sich mühevoll vorwärtskämpfen.

»Denen macht das nichts aus«, erklärte Rona in einem Zeitungsinterview. »Das gehört einfach zu ihrem Job dazu. Genauso wie bei den Jungs, die auch bei Regen jagen oder angeln gehen.«

> **Mel Lawrence:** Wir waren ein richtig gutes Team. Wir hatten Jungs, die Bäume fällten, damit wir die Imbissstände aufbauen konnten, Jungs, die die Bühne errichteten, und Jungs, die Wege durch den Wald erschlossen. Alle zogen an einem Strang. Ich versuchte, ihnen zu erklären, dass uns unser Karma bei unserem ganzen Vorhaben behilflich sein würde. Wenn wir dieses wunderschöne Land respektvoll behandelten, indem wir mit unseren Lkw nicht dort durchfuhren, wo später die Leute feiern würden, sondern stattdessen die Straßen benutzten, würde dieses Karma auf uns zurückfallen. Und alle verstanden das. Dabei regnete es die ganze Zeit über wie verrückt. Allen wurde einmal pro Woche im

nahe gelegenen Krankenhaus eine Vitamin-B12-Spritze verabreicht. Das war großartig!

Wenn ich morgens aufwachte, wusste ich, dass hundertfünfzig schier unlösbare Probleme auf mich warteten. Ich hakte sie Punkt für Punkt ab, nur um am nächsten Morgen wieder vor der gleichen Anzahl an Problemen zu stehen. Ich konzentrierte mich auf den Augenblick, um mich nicht unter Druck zu setzen. Mir gefiel die Herausforderung und ich mochte es, zu beobachten, wie alles – einem großen Tanz gleich – in Bewegung war. Mit der Zeit gelang es mir, fast alle dazu anzuregen, es mir gleichzutun. Wenn irgendwer aus dem Team raus in den Wald ging und murmelte: »Das wars, ich kann nicht mehr. Mir wird alles zu viel und wir werden das nie schaffen!«, holte ich ihn zurück und sagte: »Ich weiß, dass es schwer ist und dass du unter Druck stehst, aber du bist nicht der Einzige. Das geht uns allen so. Glaub mir, zusammen schaffen wir es.«

Alle wussten, worum es ging. Die Leute von der Telefongesellschaft arbeiteten rund um die Uhr für uns, und die Jungs vom Energieversorger taten das Gleiche. Wirklich alle packten mit an. Das war großartig – und ansteckend. Angesichts der wenigen Zeit, die uns blieb, lag eine heroische Aufgabe vor uns, aber alle Beteiligten zeigten sich der Lage gewachsen.

Joel Rosenman: Michael stellte eine großartige Truppe zusammen. Ich glaube, er war sich nicht sicher, wie viele Leute er brauchte, daher stellte er ungefähr doppelt so viele Arbeiter ein, wie nötig gewesen wären, und so zahlten wir mehr, als wir hätten zahlen müssen. Aber man muss ihm zugestehen, dass er letztendlich eine Truppe zusammenstellte, die sich regelrecht überschlug, um alle nötigen Arbeiten für das Projekt zu verrichten.

Von unserem New Yorker Büro aus informierten wir die Manager und Agenten der auftretenden Musiker über unseren Ortswechsel und fügten den Verträgen eine entsprechende Zusatzklausel an. Die meisten hatten damit keine Probleme, nur Creedence Clearwater Revival ließen uns durch ihr Management wissen, dass sie »keine Lust (hatten), auf einer Kuhweide aufzutreten!« Glücklicherweise änderten sie ihre Meinung noch einmal. Die Jeff Beck Group sagte ihren Auftritt leider ab, was allerdings nicht an unserem Ortswechsel lag, sondern daran, dass sie sich aufgelöst hatte, nachdem ihr Leadsänger Rod Stewart beschlossen hatte, zu den Faces zu wechseln.

Wir fügten dem Line-up noch ein paar weitere Bluesrockacts hinzu: Johnny Winter, einen großartigen Slidegitarristen aus Texas, die Keef Hartley Band aus England (Hartley war ein Drummer, der schon mit John Mayall gespielt hatte) sowie Ten Years After, eine weitere britische Band, mit Alvin Lee, dem damals schnellsten Gitarristen. Außerdem buchte ich Mountain, ein neues Powertrio, das von dem großartigen Produzenten Felix Pappalardi gegründet worden war, der schon mit Cream, den Youngbloods und anderen Größen zusammengearbeitet hatte. Pappalardi selbst spielte Bass und überließ das Rampenlicht dem Frontmann Leslie West, der nicht nur hervorragend singen, sondern auch grandios Gitarre spielen konnte. All diese Bands waren von traditionellen Blues-Ikonen wie Robert Johnson und Muddy Waters inspiriert worden.

In Steve Pauls Scene entdeckte ich eine Art 50er-Jahre-Retroband namens Sha Na Na. Sie bestand aus einer Gruppe von Studenten der Columbia University, die Rock-'n'-Roll-Klassiker spielten und in 50er-Jahre-Outfits auftraten. Für ihren Namen hatten sie sich von einer Zeile aus dem alten Doo-Wop-Hit »Get a Job« inspirieren lassen. Ihre Haare trugen sie stilecht nach hinten gegelt und ihre Auftritte lockerten sie mit witzigen

Tanzeinlagen auf. Ich fand, sie könnten das restliche Line-up gut abrunden, indem sie einerseits den Wurzeln des Rock 'n' Rolls Reverenz erwiesen und dem Publikum andererseits ein wenig Amüsement boten. Nach ihrer Show ging ich hinter die Bühne und bot ihnen einen Auftritt beim Festival an. Zu der Zeit war Woodstock schon in aller Munde und sie waren überrascht und sehr erfreut, dazu eingeladen zu werden.

Dank der Unterstützung von Hector Morales konnten auch Sly and the Family Stone für das Festival gewonnen werden. Ich liebte ihren Sound – Rhythm and Blues gemischt mit Soul, das rockte – und Slys Lyrics hatten Tiefgang. Die Band hatte zu den ersten Acts gehört, die wir verpflichtet hatten, aber dann hatte ich sie wieder gestrichen, weil Sly sich den Ruf erworben hatte, seine Auftritte kurzfristig abzusagen. Hector versicherte mir jedoch, dass Sly all seine Sommerauftritte ohne Sperenzchen durchgezogen hatte und dass ihm Woodstock am Herzen lag. Also nahm ich die Band erneut unter Vertrag und hoffte auf das Beste. Fest gerechnet hatten wir mit The Moody Blues, doch dann schrieb mir ihr Manager, dass »die Arbeit an einem Album, das gerade ... in London eingespielt wird, nicht so gut voranschreitet« und dass die Band ihre US-Reise absagen muss, um die Platte fertigzustellen.

Als in Wallkill gerade alles zusammenbrach, war noch ein Brief von Apple Corps Ltd. eingetrudelt. John Lennon erhielt zwar weiterhin keine Einreiseerlaubnis, aber sie boten mir ein paar der Künstler an, die sie neu unter Vertrag genommen hatten: James Taylor und Billy Preston. Außerdem wollten sie uns einen Experimentalfilm schicken, den wir während des Festivals vorführen konnten, und eine silberne Kunststoffplastik als Ersatz für die echte Plastic Ono Band. Wegen des ganzen Durcheinanders aufgrund der Suche nach einem neuen Veranstaltungsort und des anschließenden überstürzten Umzugs verstaubte der Brief leider in unserer alten Außenstelle, und als er endlich seinen Weg zu mir fand, war es bereits zu spät. Schade, die angebotenen Programmpunkte wären eine großartige Bereicherung für das Festival gewesen – selbst der konzeptionelle Ersatz für die Plastic Ono Band.

Gerüchte rund um Woodstock hatten schon seit einiger Zeit Hochkonjunktur. Bereits vor dem Debakel in Wallkill hatten einige Zeitungen darüber berichtet, dass Lennon und eventuell auch Dylan auftreten würden. Danach war unklar, ob und wo das Festival überhaupt stattfinden würde. Daher mussten wir jetzt unbedingt klarstellen, dass Woodstock nicht ins Wasser fiel. Bei Wartoke telefonierte man sich die Finger wund und verschickte an Hunderte von Tageszeitungen einen Berg an Pressemitteilungen, in denen auf den Wechsel des Veranstaltungsortes hingewiesen wurde.

> **Jane Friedman:** Zu diesem Zeitpunkt bombardierten uns alle mit der Frage, wie es mit Woodstock weitergehe. Wir wollten verhindern, dass das Interesse abebbte, daher sorgten wir für einen steten Informationsfluss mit täglich neuen Nachrichten. Als die Kontroverse hochkochte, versuchten wir, die Leute dazu zu bewegen, Partei zu ergreifen. Es war eine brillante Kampagne.

Weil die ganze Geschichte landesweit durch die Presse ging, war unser Rausschmiss aus Wallkill vermutlich die beste Publicity, die wir bekommen konnten. Um das Beste daraus zu machen, entschlossen wir uns, eine Anzeige in der *New York Times*, der *Daily News* und einigen anderen Zeitungen zu schalten, in der wir die neue Veranstaltungsstätte bewarben und die Hintergründe des Umzugs erklärten. Wir beauftragten Arnold Skolnick, eine Karikatur von zwei Hinterwäldlern mit Schrotflinten neben einem Krug mit Selbstgebranntem zu zeichnen.

Die Anzeige lief über eine ganze Woche, beginnend mit dem 25. Juli. Aus heutiger Sicht wirkt sie freilich ein wenig plump, aber damals fanden wir sie witzig. Zudem lag es vielleicht auch an ihr, dass wir einige Tausend Tickets mehr verkauften.

Kurz darauf, am 28. Juli, wurde im Village Gate ein Benefizkonzert veranstaltet. Der Erlös kam einem Stipendienfonds zugute, der es sogenannten Gettokünstlern – den Vorgängern der heutigen Graffitikünstler – ermöglichen sollte, ihre Werke beim Woodstock-Festival zu zeigen. Das war Teil des von uns geplanten Kulturprogramms, mit dem wir es Künstlern aller Art ermöglichen wollten, ihre Werke auf dem Festival auszustellen und zu verkaufen. Zu den Teilnehmern an der Benefizveranstaltung gehörten Marian McPartland, Les McCann und Roberta Flack. John Morris hatte die Idee, ein paar Indianer aus New Mexico zusammen mit den Hog-Farmern, denen wir ja einen eigenen Charterflug spendierten, einzufliegen. Er kontaktierte eine Gruppe Hopi, die sich bereit erklärten, am 7. August mit Hugh Romney und den anderen zu uns zu kommen.

Am 28. Juli gaben wir auch unsere erste Pressekonferenz in White Lake. Zudem fand an diesem Tag eine weitere Besprechung im Rathaus statt, diesmal mit der Polizei, einigen städtischen Beamten und Vertretern des Gesundheitsamts. Es gab wahnsinnig viel zu tun in der Woche, nachdem wir das Okay für das Festival bekommen hatten.

Auch in White Lake blieben wir nicht von Anfeindungen verschont. Bei der Besprechung im Rathaus tauchte eine Gruppe verärgerter Anwohner auf, die – nach Wallkiller Vorbild – eine Art Komitee Besorgter Bürger gegründet hatten. Zu dieser Gruppe gehörten auch zwei Mitarbeiter des Liegenschaftsamts, die eine Woche zuvor noch grünes Licht für unser Festival gegeben hatten. Nun hatten sie sich mit einigen von Max' Nachbarn und ein paar anderen Anliegern zusammengetan, die Woodstock als »öffentliches Ärgernis, eine Bedrohung für die Gesundheit sowie eine Stau- und Brandgefahr fördernde Veranstaltung« bezeichneten. Sie wollten mit allem, was in ihrer Macht stand, versuchen, das Festival zu verhindern. Acht Stunden verbrachten wir damit, Fragen zu beantworten und den städtischen Beamten unsere Pläne zu erklären. Letzten Endes konnten wir sie davon überzeugen, dass es keinen Anlass für eine Bürgerversammlung zum Thema Woodstock gab und dafür auch nicht genügend Zeit vorhanden war.

Das Gefühl, einen Sieg errungen zu haben, verflüchtigte sich allerdings schnell wieder. Schon am nächsten Tag erhielten wir zwei Vorladungen für Verhandlungen vor Richter George Cobb in Catskill. Zum einen hatten vier Ferienlager eine Sammelklage gegen uns eingereicht, weil wir ihnen angeblich das Geschäft kaputtmachen würden. Zum anderen wollten die Eigentümer eines Sommerhauses, deren Grundstück an das von Max grenzte, eine einstweilige Verfügung gegen uns erwirken.

»War die Aquarian Exposition von Woodstock Ventures in der letzten Woche noch auf Rosen gebettet, so ist inzwischen nur noch das Dornengestrüpp übrig geblieben«, schrieb der *Times Herald-Record*. Dem konnte ich nur beipflichten.

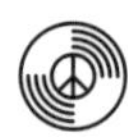

Kapitel 8

Bethel

»Was würden Sie tun, wenn Ihnen ein Jugendlicher mit langen Haaren einen Joint reicht?«

»Ich würde ihn verhaften.«

»Tut uns leid, Sie können wir nicht gebrauchen.«

In einem Raum über dem Ratner's, gleich neben dem Fillmore East, findet das Auswahlverfahren für unser Peace Service Corps statt. Ich sehe zu, wie Wes, Lee, Joe Fink, der Leiter des neunten Reviers im East Village, und John Fabbri, ein ehemaliger Polizeichef aus San Francisco, Einstellungsgespräche mit Hunderten von New Yorker Stadtpolizisten führen. Etwa fünfhundert sind in die engere Wahl gekommen. Wir wollen unbedingt sichergehen, dass sie die richtige Einstellung haben, um für Woodstock zu arbeiten. Ich glaube, seit der großen Razzia in der Coconut Grove war ich nicht mehr von so vielen Polizisten umringt – nur dass die meisten von ihnen jetzt auf unserer Seite stehen.

Wir geben 100 000 Dollar für Sicherheitsmaßnahmen aus, inklusive der Gehälter für John Fabbri, Wes Pomeroy, Don Ganoung und Jewell Ross, einen pensionierten Polizisten, der früher bei der Polizei von Berkeley gearbeitet hat. Es sind alles vorurteilsfreie Männer, die nicht so schnell die Fassung verlieren, wenn sie es mit Horden von Teenagern zu tun haben – wie bei den ersten Be-ins im Golden Gate Park. Auch Joe Fink ist uns eine große Hilfe.

Wes heuerte Jewell Ross an, damit er für uns ein Handbuch mit Verfahrensanweisungen schreibt. Zudem hatte er die Idee für das Peace Service Corps und er erhielt die offizielle Erlaubnis von Howard Leary, dem Präsidenten der New York City Police, in allen Wachen seines Zuständig-

keitsbereichs Anzeigen aufzuhängen, mit denen wir nach Polizeibeamten suchten, die Lust hatten, in Woodstock für uns zu arbeiten.

Alle Bewerber mussten einen Fragebogen ausfüllen, und diejenigen, deren Antworten darauf schließen ließen, dass ihre Einstellung zu unseren Anforderungen passte, wurden zum Vorstellungsgespräch geladen.

Wes erklärt allen Versammelten: »Sie sollen für uns bei einem Rockfestival arbeiten, zu dem Tausende von Teenagern kommen werden, die entspannt und unbeschwert sind und sich alle auf ganz verschiedene Weise kleiden. Damit müssen Sie klarkommen, das darf Ihnen nichts ausmachen. Waffen, ganz gleich welcher Art, werden nicht erlaubt sein – weder Schusswaffen noch Schlagstöcke. Ihre Aufgabe wird es sein, den Leuten zu helfen – das ist das, was Sie als Polizist ohnehin die meiste Zeit tun. Wir rechnen grundsätzlich nicht damit, dass es zu Gewalttätigkeiten kommt, manche Leute könnten jedoch krank werden oder die Orientierung verlieren, und wir möchten, dass Sie sich um die Leute kümmern, so wie Sie es als Polizist in New York auch tun würden. Im Grunde genommen ist es ein Kinderspiel. Sie müssen einfach nur da rauffahren und brauchen sich nicht darum zu kümmern, irgendetwas durchzusetzen. Seien Sie einfach nur nett und freundlich – dafür erhalten Sie von uns dann fünfzig Dollar pro Tag.«

Einige der Polizisten verabschieden sich daraufhin aus der Runde. Letzten Endes bleiben uns jedoch etwa dreihundertfünfzig Beamte erhalten, die der Meinung sind, sie könnten mit diesem Job leicht etwas hinzuverdienen und zugleich noch einen Tag auf dem Land verbringen. Lee notiert sich ihre Kleidergrößen für die »Uniformen«, die wir uns für sie ausgedacht haben: eine Jeanshose mit Schlag und ein rotes T-Shirt mit einem Peacezeichen auf der Vorder- und unserem Logo mit der Gitarre und der Taube auf der Rückseite, dazu noch eine Windjacke und ein Tropenhelm.

Ich beauftragte ein Unternehmen namens Intermedia Systems unter der Leitung von Gerd Stern, Wes und Don Ganoung bei der Planung der Park- und Campingflächen zur Hand zu gehen. Ich kannte Gerd bereits seit 1966. Damals hatte er mir einige der Schwarzlichtposter und Fraktale geliefert, die ich für meinen Laden in Florida bestellt hatte. Seine Firma mit Hauptsitz in Bosten hatte inzwischen expandiert, und Gerd und seine Mitarbeiter stellten mittlerweile auch die gesamte Beschilderung her, die wir benötigten. Wir planten ein Leitsystem mit etwa zweitausend Einzelschildern, die den Leuten helfen sollten, sich auf dem Festivalgelände zurechtzufinden. Intermedia beauftragten den Family-Dog-Plakat-Künstler Alton Kelley aus San Francisco mit der Betreuung des Gestaltungs- und Herstellungsprozesses der Schilder. Kelley richtete sich eine kleine Siebdruckerei ein und entwickelte in Windeseile Schilder mit Aufschriften wie »Lasst Max' Kühe in Frieden muhen« und »Coole Strecke«. Die Koordinatoren von Intermedia halfen uns, anhand der Anzahl verkaufter Tickets die Größe des benötigten Campingbereichs zu bestimmen – das Ergebnis: Wir brauchten noch mehr Platz.

Wir schlossen einen Vertrag mit einer Luftfahrtgesellschaft ab, um sicherzustellen, dass für die Dauer des gesamten Festivals Hubschrauber und Piloten für uns auf Abruf bereitstanden. Wir pachteten ein weiteres Grundstück hinter der Bühne von Max' Nachbar, um dort einen Hubschrauberlandeplatz einzurichten, worum sich Chris Langhart kümmerte. Für die Beleuchtung wurden hier und im Campingbereich mehrere Kilometer Lichterketten verwendet.

Da die prognostizierten Besucherzahlen immer weiter in die Höhe schnellten, benötigten wir auch erheblich mehr Imbissstände als bisher veranschlagt. Nach dem Wallkill-Debakel hatte Nathan's sein Angebot zurückgezogen und Peter Goodrichs letzter Kandidat war ein mehr oder weniger spontan gegründetes Unternehmen namens Food for Love.

Peter hatte Charles Baxter, Jeffrey Joerger und Lee Howard im Village kennengelernt. Leider hatte keiner der drei Erfahrung in der Lebensmittelbranche. Joerger verkaufte Antiquitäten, Howard leitete ein Tonstudio und Baxter war derjenige, der die Idee hatte, für Woodstock eine Cateringfirma zu gründen. Ihr Anwalt half ihnen, einen etwas eigenartigen Vertrag auszuarbeiten. Gemäß diesem bestellten sie ausreichend Lebensmittel zur Verköstigung von hundertfünfzig- bis zweihunderttausend Menschen, allerdings mussten wir ihnen für die Ausgaben 75 000 Dollar vorschießen. Sie würden sie später an Woodstock Ventures zurückzahlen. Den darüber hinausgehenden Profit würden wir anteilig zwischen uns aufteilen. Keiner von uns war mit diesem Arrangement rundum zufrieden, aber was sollten wir tun? Wir steckten in der Klemme.

> **John Roberts:** Nur einer von ihnen hatte zumindest ein wenig Erfahrung in Sachen Catering. Aber Peter Goodrich sagte so viel wie: »Sie sind unsere letzte Hoffnung. Sie haben sich schon erkundigt, wo sie ihre Hotdogbrötchen, die Cola und alle benötigten Gerätschaften herbekommen. Ich glaube nicht, dass irgendjemand sonst das Kind innerhalb von zwei Wochen noch schaukeln kann. Sie können den Job machen – entweder sie oder es gibt nichts zu essen.«

Das Catering für die Musiker zu organisieren war wesentlich einfacher. Eines Morgens fuhr völlig unerwartet eine Limousine vor dem El Monaco vor und heraus stieg Barry Imhoff. Imhoff hatte eine unglaubliche Präsenz. Er war knapp eins achtzig Meter groß und wog wohl um die hundertfünfzig Kilogramm. Er hatte schon das Catering bei Veranstaltungen von Bill Graham übernommen. Imhoff war von New York heraufgekommen, um mir seine Ware zu präsentieren. Um diese Tageszeit lungerten immer etwa hundert Kids auf dem Parkplatz vor dem Motel rum, in der

Hoffnung, einen Job zu ergattern, oder um einfach nur zu sehen, was hier abging. Dem Betrachter bot sich ein merkwürdiges Bild. Barry hielt einen Koffer in der Hand und sagte: »Rat mal, was ich dir mitgebracht habe? Komm rüber zum Wagen!«

Die Leute drängten sich um die Limousine. Barry legte den Koffer auf die Motorhaube, öffnete ihn und präsentierte mir das erste tragbare Telefon, das ich je gesehen hatte. »Wenn irgendjemand auf der Welt dieses Ding gerade braucht, dann du!«, sagte er. Es war wie in einem Science-Fiction-Film.

Mir war klar, dass Barry mich damit nur auf den wahren Grund seines Besuchs vorbereitete: Catering. Mir war allerdings schon dieses ganze Limousinengehabe nicht geheuer; das passte so gar nicht zu unserer Gegenkulturveranstaltung. Da öffnete Barry seinen Kofferraum, und ganz so, als würde er ein Gefäß entkorken, dem gleich ein Flaschengeist entsteigt, hob er eine riesige Warmhalteglocke von einer Silberplatte und präsentierte einen enormen Sonntagsbraten. Die Jugendlichen scharten sich um Barry, der große Scheiben von dem Rindfleisch abschnitt und sie – um Unterstützung heischend – an die Umstehenden verteilte. Dieses Telefon war auf jeden Fall eine praktische Sache – letztendlich hatte Barrys Braten allerdings das Nachsehen hinter den Omelettes von David Levine, dem Inhaber von David's Potbelly, einem beliebten Restaurant, das gegenüber dem Fillmore East lag. Aber auch wenn Barry nicht den Zuschlag für das Catering im Künstlerpavillon erhielt, eine Aufgabe in Woodstock bekam er: Bill Graham beauftragte ihn damit, einen Kühlschrank voller Steaks für seinen Festivaltrailer bereitzustellen.

Am 7. August flogen fünfundachtzig Mitglieder der Hog-Farm-Kommune – darunter sieben Babys – und fünfzehn Künstler vom Stamm der Hopi mit dem American-Airlines-Flug Nummer 281 von Albuquerque nach New York. Wartoke machte aus ihrer Ankunft in unserem Privatjet ein riesiges Presseereignis. Am JFK-Flughafen wimmelte es von Reportern und Hugh Romney zeigte als Sprecher der Kommune echte Starqualitäten.

> **Hugh Romney:** Wir hatten überhaupt keine Vorstellung von dem Ausmaß der ganzen Veranstaltung, bis wir zum Flughafen kamen und sahen, dass die gesamte Weltpresse dort versammelt war. Sie fragten mich, ob wir für die Sicherheit verantwortlich seien, und ich dachte mir nur: »Mein Gott – wir sind die Cops! Ich kanns nicht fassen!« Ich antwortete auf die Frage mit einer Gegenfrage: »Na ja, fühlen Sie sich denn sicher?« Und der Reporter antwortete: »Na sicher.« »Na also«, entgegnete ich, »dann funktioniert es ja.« Ein anderer Kerl fragte: »Wie wollt ihr die Menge unter Kontrolle halten?« Und ich sagte: »Mit Sahnetorten und Wasserflaschen.« Mir fiel auf, dass sie alles mitschrieben. Gott weiß, worüber wir sonst noch gesprochen haben.

Dass die Hog-Farmer Teil unseres Sicherheitsteams sein würden, hatte man aus einer arglosen Nebenbemerkung herausgehört, die Mel eine Woche zuvor bei einem Pressegespräch gemacht hatte. Wir haben sie nie darum gebeten, sich dieser Sache anzunehmen, und Hugh Romney war ebenso überrascht wie wir, als die Journalisten ihn darauf ansprachen. Eingeplant hatten wir sie als Aufsichtspersonal für den Campingbereich, als Platzwächter sozusagen. Für die Sicherheit sollten die von uns engagierten Polizisten sorgen. Nichtsdestotrotz schafften es ein paar Bilder von der Ankunft der Hog-Farmer am JFK in die *New York Post.* Die Bildunterschrift dazu lautete: »Sie werden dem Sicherheitsteam, das aus dreihundertsechsundvierzig beurlaubten Beamten der New York City Police besteht, unterstützend zur Seite stehen. Die Polizisten erhalten 50 Dollar pro Tag inklusive Kost und

Logis, um für Sicherheit und Ordnung während des Festivals zu sorgen, zu dem pro Tag hunderttausend Besucher erwartet werden.« Diese Worte sollten uns später noch zu schaffen machen.

Der stets auf guten Stil bedachte John Morris buchte ein paar Limousinen, um die Hopikünstler nach Bethel zu schaffen. Für die Hog-Farmer charterten wir einen Trailways-Bus. Die Vorhut, die bereits einige Tage früher angereist war, hatte auf der Campingfläche in Bethel bereits mehrere Zelte, Tipis, Verschläge und psychedelische Busse aufgebaut und eingerichtet. Unterstützt wurden sie von etwa zwanzig Mitgliedern der Merry Pranksters, darunter Ken Babbs, der Further, den legendären Bus der Gruppe, von Oregon nach Bethel gefahren hatte. Wir erstatteten ihnen ihre Reisekosten, nachdem wir einen entsprechenden Betrag mit Ken Kesey (der sich im letzten Moment entschlossen hatte, nicht mitzukommen) ausgehandelt hatten. Zu den Hog-Farmern und den Merry-Prankstern gesellten sich außerdem noch Mitglieder der Ohayo-Mountain-Kommune aus Woodstock sowie Personen, die anderen Gruppierungen angehörten. Das Ganze entwickelte sich rasch zu einer eigenen Szene. Sie richteten sich eine Küche unter einer hölzernen geodätischen Kuppel ein und nutzten sie als Treffpunkt. Morgens vor dem Frühstück machten sie alle zusammen Yoga, dann teilte Stan sie gemäß ihrer Talente in verschiedene Gruppen ein, die jeweils für bestimmte Aufgaben zuständig waren – sei es das Graben von Feuergruben, das Einrichten von Waldpfaden, das Aufstapeln von Holzscheiten oder der Aufbau der *free stage*. Probleme gab es nur, als die Leute von der Schädlingsbekämpfung kamen und DDT gegen die vielen Mücken verspritzen wollten. Anders als die breite Öffentlichkeit wussten die Hog-Farmer damals schon um die schädlichen Nebenwirkungen dieses Insektizids und wehrten sich massiv dagegen. Als sie drohten abzureisen, verzichteten wir auf die Verwendung von DDT.

Paul Foster, einer der Pranksters, entwickelte ein eigenes Hog-Farm-Logo: ein fliegendes Schwein mit Flügeln. Alton Kelley brachte es im Siebdruckverfahren auf etliche rote Stoffstreifen auf. Sie wurden als Armbänder an die Mitglieder der Kommune und ihre immer größer werdende Helferschar verteilt. Abends versammelten sich alle um ein großes Lagerfeuer. Gelegentlich gesellte sich Wes Pomeroy mit seiner Frau und seinen Töchtern zu ihnen. Stan verbrachte sehr viel Zeit dort.

> **Stan Goldstein:** Die Gruppe der Hog-Farmer war auf mehrere Hundert Personen angewachsen. Ihre Ankunft hatte sich rumgesprochen, und so tauchten nach und nach weitere auf, eine Kommune von hier, eine Truppe von da – unaufgefordert natürlich –, um sich ihnen anzuschließen. Darunter auch das Orson-Welles-Theater, eine Theaterkommune aus Boston, die mit Bussen anreiste und Filmprojektoren und Leinwände dabeihatte, um Filme auf dem Campingplatz zu zeigen. Das war eine sehr talentierte und gut organisierte Truppe. All das waren Leute, die zwar zum Festival gehörten, aber nicht offiziell eingestellt worden waren. Ihnen war zu diesem Zeitpunkt klar, was wir hier auf die Beine stellten, und sie hatten erkannt, wie wichtig es uns war, dass man sich um alle Besucher kümmerte. Wir hatten also diesen großen Pool an Leuten, die Probleme angehen und anderen unter die Arme greifen wollten. Nachdem sich alle eingerichtet und auf dem Gelände orientiert hatten, aßen wir zusammen in der Hog-Farm-Küche. Jeden Abend trafen wir uns, um Aufgaben zu verteilen und zu besprechen, was getan werden musste bzw. auf welche Probleme man gestoßen war.

Anfangs baten wir die Hog-Farmer, unerfahrenen Campern bei der Errichtung ihres Lagers zur Hand zu gehen. Stan, Hugh und der Hog-Farmer Tom Law, der zugleich

Yogalehrer war, zeigten den Frühangereisten, wie man seine Campingstelle am besten einrichtete. Diese Leute halfen dann ihrerseits anderen, die später eintrafen, und so weiter. Als der Großteil der Besucher anreiste, war die Operation Campingplatz daher schon in vollem Gange. Es gab gemeinschaftlich genutzte Feuerstellen und eigene Brennholzstapel in jedem Bereich. So organisierten sich die Leute selbstständig auf dem gesamten Gelände. Ganz gleich wo man hinkam, man fand jemanden, der wusste, wie man ein Lager aufschlug und wo man die Dinge bekam, die man benötigte.

Wes Pomeroy: Die (Hog-Farmer) sagten: »Wir sind alle gleich, niemand ist der Boss und keiner spricht für den anderen.« Aber natürlich gab es auch unter ihnen Personen, die eine gewisse Führungsrolle einnahmen. Morgens machten sie immer ein bisschen Yoga. Ich stand auf, setzte mich dazu und war einfach nur *da*. Und wenn jemand ins Muschelhorn blies, kamen die Leute rüber und wir unterhielten uns.

Sie waren alle wirklich effektiv und nützlich, und ich bin froh, dass sie dabei waren. Ihre Rollen waren klar verteilt, welche Logik dahintersteckte, war weniger klar, aber das Ganze noch weiter zu strukturieren wäre sinnlos gewesen. Wenn ich ihnen was zu sagen hatte, spazierte ich einfach durch die Gegend und quatschte irgendwen an. Wir kamen gut miteinander aus und Hugh Romney ist ein sehr guter Freund. Stan war derjenige von uns, der am engsten mit ihnen zusammenarbeitete und sie am besten kannte. Aber grundsätzlich kamen wir alle mit ihnen zurecht. Wir lebten in einer Gemeinschaft. Sie wussten, wer meine Töchter waren, also musste ich mir um sie keine Sorgen machen. Bei ihnen waren sie sicherer, als sie es anderswo gewesen wären. Kinder machen ohnehin, was sie wollen, das ist mir schon vor langer Zeit klar geworden, warum sollte man sich also ihretwegen zum Narren machen?

Hugh Romney: Es kamen um die tausend Leute, die sich auf verschiedene Teams verteilten. Wir teilten Plastikplanen an alle aus, damit sie sich damit kleine Lager bauen konnten. Stan und die Veranstalter waren ganz großartig, sie schafften es, hinter die Fassade zu sehen und zu erkennen, wozu wir wirklich in der Lage waren.

Wir machten ein Lagerfeuer, das so riesig war, dass ich sagte: »Jetzt brauchen wir einen gigantischen Marshmallow!« Also klapperten wir alle Läden im Umkreis von gut dreißig Kilometern ab und kauften alle Marshmallows, die wir kriegen konnten. Die kneteten wir zusammen, bis wir ein Riesenmarshmallow hatten, und das rösteten wir noch am selben Abend auf einer Mistgabel in unserem Lagerfeuer.

Der Humor verband uns. Ich bastelte ein schwarzes Brett für Ankündigungen. Eine meiner unbestrittenen Stärken ist, dass ich ziemlich gut mit Tacker und Papier umgehen kann. Nun, jedenfalls machten wir in eine Seite des Brettes ein Loch, das groß genug war, um seinen Kopf durchstecken und Ankündigungen machen zu können. Eines Tages steckte ich meinen Kopf hindurch, weil ich etwas ankündigen wollte, als gerade Max Yasgur mit seiner Familie vorbeischaute. Das war für ihn so etwas wie eine Offenbarung, ihm gefiel das Urtümliche, das Menschliche daran. Nicht zuletzt deswegen war er uns gegenüber sehr aufgeschlossen. Er machte einfach mit bei diesem kumpelhaften Umgang miteinander.

Die Hog-Farmer schufen mit ihrem Verhalten eine Atmosphäre, die jeden Neuankömmling sofort in ihren Bann schlug und ihn seinerseits zur Verbreitung derselben beitragen ließ. Sie hießen jeden willkommen, und schon bald taten wir das alle. Die Hog-Farmerin Lisa Law (die damals mit Tom Law verheiratet war) kümmerte sich um die Vorräte der Suppenküche, die für Leute gedacht war, die weder Geld noch Mittel hatten, sich selbst zu versorgen. Zusammen mit Peter Whiterabbit fuhr sie zum Einkaufen nach New York. Sie kaufte circa 160 000 Pappteller, rund 500 Kilo Bulgur, 500 Kilo Haferflocken, 250 Kilo Rosinen sowie Berge von Nüssen und Dörrobst. Wir gaben ihr 3000 Dollar für den ersten Einkauf, denn sie musste auch Messer und Edelstahltöpfe besorgen, weil sie keine Gerätschaften aus Aluminium verwenden wollte. Irgendwann ging ihr das Geld aus, und sie ging in unser Büro im Village, wo Joyce ihr noch mal 3000 Dollar gab, damit sie den Einkauf nicht mittendrin abbrechen musste.

> **Lisa Law:** Sie drückten es mir einfach in die Hand. Das war gar kein Problem. Ich ging sparsam mit dem Geld um. Meine Aufgabe war es, es den Leuten in der Küche so einfach wie möglich zu machen, große Mengen an Speisen zuzubereiten. Yasgur versorgte uns mit Joghurt, Milch und Eiern. Jeden Tag bekamen wir stapelweise Eierpaletten – direkt frisch von seinem Hof, was toll war. Natürlich bezahlten wir sie. Die Camper trudelten von Anfang an ein, also legten wir gleich los mit dem Kochen und versuchten, uns gleichzeitig auf das vorzubereiten, was vor uns lag.

Ich hoffte immer noch, ein paar Überraschungsgäste auf die Bühne bringen zu können, insbesondere Musiker aus Woodstock. Paul Butterfield ließ sich überreden, am Sonntagabend mit seiner Bluesband aufzutreten. Fred Neil war von der Coconut Grove aus nach Woodstock gezogen. Sein Song »Everybody's

Talkin'« war der Titelsong des Films *Asphalt-Cowboy* (und wurde wenig später zu einem Hit für Harry Nilsson), wodurch Neil noch öffentlichkeitsscheuer wurde, als er ohnehin schon war. Trotzdem erklärte er sich bereit, am Freitagabend aufzutreten, und so kam er mit auf die Line-up-Liste, die wir an die Presse gaben. Wenige Tage vor dem Konzert rief er jedoch an und erklärte, dass er es nicht schaffen würde.

Bob Dacey – den ich noch aus meiner Zeit in der Grove kannte und der inzwischen das Sled-Hill-Café in Woodstock führte – arrangierte für mich ein Treffen mit Bob Dylan in dessen Haus. Dylans Songs hatten in meinem Leben eine ebenso wichtige Rolle gespielt wie in dem vieler anderer. Ich dachte mir, ich erzähle ihm einfach, dass wir ihn alle gerne bei dem Festival sehen würden – unangekündigt natürlich. Seine Frau Sara bereitete für uns ein Mittagessen zu und wir sprachen über das, was ich geplant hatte. Ich erklärte ihm, warum ich ihm kein offizielles Angebot für einen Auftritt bei der Show gemacht hatte. Mir war bekannt, dass ihm die Rolle des »Propheten«, in die die Presse ihn gedrängt hatte, zuwider war. Seit 1966 war er daher kaum öffentlich aufgetreten. Bob war der wichtigste Musiker unserer Generation, und aus meinem Respekt vor seinem Werk unterschätzte ich womöglich seinen Geschäftssinn. Vielleicht wäre er aufgetreten, wenn ich seinem Agenten eine ausreichend hohe Summe angeboten hätte – beim Isle-of-Wight-Festival, das wenig später stattfand, war er jedenfalls dabei. Wie dem auch sei, in den zwei Stunden, die wir miteinander verbrachten, war er sehr freundlich und erklärte, dass er vielleicht vorbeischauen würde.

Al Aronowitz schrieb noch in derselben Woche in der *New York Post:*

> Am Tag zuvor hatte es so stark geregnet und die Erde war dermaßen aufgeweicht, dass man leicht bis nach China hätte

durchrutschen können … Die Veranstalter der Woodstock Music and Art Fair waren schwer damit beschäftigt, den Anschein zu erwecken, als hätten sie eine halbe Million Dollar zu verprassen. Eineinhalb Stunden entfernt im echten Woodstock äußerte sich Bob Dylan derweil zu dem Gerücht, dass er als Überraschungsgast auf dem Festival auftreten würde. »Mal sehen, vielleicht habe ich ja Lust dazu«, sagte er. »Man hat mich eingeladen, also weiß ich, dass es in Ordnung ist, wenn ich vorbeikomme … Meine Meinung zu dem Festival unterscheidet sich nicht wesentlich von der aller anderen. Ich glaube, die Leute werden eine Menge Spaß haben, aber ich würde ihnen auch keinen Vorwurf machen, wenn sie keinen haben.«

Wenige Tage nach dem Festival, als ich gerade die Tinker Street in Woodstock überquerte, fuhr Bob zusammen mit Bernard Paturel vom Café Espresso in einem offenen Jeep an mir vorbei. Ich winkte ihnen zu und zuckte kurz mit den Achseln, nach dem Motto: »Schade, dass du nicht dabei warst.« Bob grinste und tippte mit dem Finger gegen seine Hutkrempe, was ich als ein »Ich finds auch schade« interpretierte. (Fünfundzwanzig Jahre später stellte Bob sich dann doch noch auf die Woodstock-Bühne.)

Vom Miami-Pop-Festival hatte ich damals Film- und Tonaufnahmen machen wollen. Diesmal hatten Artie und ich im Hinblick auf den Film allerdings größeres im Sinn. Wir hatten versucht, die Filmrechte zu verkaufen, bisher aber kein Glück damit gehabt. D. A. Pennebaker hatte das Monterey-Pop-Festival gefilmt, aber der Film war gefloppt, daher galten Konzertfilme bei den Studios damals als Kassengift. Artie und ich hatten schon früh darüber gesprochen, dass es wichtig wäre, auch die Aufbauarbeiten und die anderen Vorbereitungen auf dem Festivalgelände filmisch zu begleiten. Ich hatte mich mit Alan Douglas angefreundet, dessen Multimediafirma sowohl in der Musik- und Filmbranche als auch im Bereich Fotografie aktiv war. Er willigte ein, die Filmaufnahmen im frühen Stadium zu finanzieren, und bot an, genügend Geld aufzutreiben, um den Film zu drehen. Zusätzlich zur Dokumentation der Aufbauarbeiten hatten wir uns überlegt, Filmteams nach Kalifornien, Texas und Ohio zu schicken, damit sie mit ausgewählten Besuchergruppen nach New York reisten, um die Atmosphäre während der Anreise zum Festival einzufangen. Durch den Umzug nach White Lake ging uns jedoch so viel Zeit verloren, dass es uns nicht mehr möglich war, diese Idee umzusetzen.

Alan Douglas: Ich hörte nicht auf, sie zu nerven: »Michael, wir müssen endlich loslegen.« Es waren nur noch zwei Wochen bis zum Festival und es gab noch immer keinen Deal für den Film. Wir waren zwar eigentlich eine Plattenfirma, machten gelegentlich aber auch Bücher, Filme und solcherlei Dinge. In meinem Büro hingen zudem ab und an ein paar Leute ab, die wir als »Untergrundfilmemacher« bezeichneten, und ein Stockwerk weiter unten hatte ich einen Schnittplatz. Daher sagte ich: »Wir schicken besser mal ein paar Leute da hoch, die mit dem Filmen anfangen«, denn sie begannen nun damit, die Bühne aufzubauen und das Gelände vorzubereiten, und ich dachte, falls es tatsächlich einen Film geben würde, dann wären das wichtige Ereignisse, die festgehalten werden sollten. Zwei Hippies aus London, Malcolm Hart und Michael Margetts, arbeiteten für mich als Filmemacher, ebenso wie der bekannte New Yorker Filmemacher Marty Topp. Also besorgte ich ihnen eine Ausrüstung, Filmmaterial und ein paar geliehene Kameras, und schickte sie rauf nach Woodstock. Die ersten beiden Vorbereitungswochen, die man im Film sieht, haben unsere Leute gedreht.

Michael und Malcom waren Feuer und Flamme von der Idee und machten sich sofort auf den Weg. Sie mieteten einen Wagen bei Avis und entfernten die Kofferraumklappe, weil sich Michael zum Filmen in den Kofferraum setzte, während Malcolm fuhr. Es machte den Eindruck, als würden sie Tag und Nacht durchfilmen. Sie hielten sogar fest, wie Wes Pomeroys Tochter Ginny mit einem der Hog-Farmer auf einem Pferd ritt.

Als Joel in der Woche vor dem Festival nach Bethel kam, war er zunächst etwas ratlos und wusste nicht so genau, wohin mit seiner Energie. Wir mussten immer noch darum kämpfen, die letzten Genehmigungen zu erhalten, und uns gleichzeitig um den Betrieb der Tageskassen kümmern. Ich hatte gehofft, dass Joel sich dieser Dinge annehmen würde, aber er interessierte sich viel mehr dafür, was ich die ganze Zeit über tat. Vor allem ärgerte er sich über die Filmcrew, die Alan Douglas rübergeschickt hatte. Ich glaube, er betrachtete das als eine Art Ausdruck von Größenwahn meinerseits und stellte immer wieder den Sinn dieses Unternehmens infrage, das seiner Meinung nach nur Zeit und Ressourcen verschwendete. Letzten Endes wurde er natürlich zum Nutznießer des ganzen Aufwandes, denn der Film war am Ende der größte Vermögenswert von Woodstock Ventures.

Mir gefielen die Dokumentationen der Brüder David und Al Maysles sehr gut und wir trafen uns mehrere Male mit ihnen und ihrem Produzenten Porter Bibb. David und Al sahen sich das Festivalgelände an und schienen interessiert daran, den Film in Eigenregie zu produzieren, hatten allerdings Probleme mit der Finanzierung. Sie empfahlen uns Wadleigh-Maurice Productions für die Filmaufnahmen bei der Show. Michael Wadleigh war etwa so alt wie ich und hatte ein Medizinstudium an der Columbia University abgebrochen, um Filmemacher zu werden. Für seine Dokumentation *No Vietnamese Ever Called Me Nigger* hatte er bereits einen Preis gewonnen. Sein Produzent, Bob Maurice, war ein zäher Bursche und fest entschlossen, den Film zu machen. Erst kurz zuvor hatte Wadleigh einige spannende Liveauftritte von Aretha Franklin und James Brown nur mit einer Handkamera gefilmt, und er brannte darauf, so etwas noch einmal zu tun. Die Produktionsfirma hatte Zugriff auf eine experimentelle Splitscreenschnittmaschine, mit deren Hilfe es möglich war, drei verschiedene Szenen in einem Bild gleichzeitig zu zeigen. Sie glaubten, das sei eine gute Möglichkeit, die Atmosphäre eines Konzerts in einem Film einzufangen. Koproduzent Dale Bell legte einen großen Vorrat an 16-Millimeter-Film an und stellte ein Team zusammen, das über ausreichend Kameras verfügte, um drei Tage und Nächte durchfilmen zu können.

Dale Bell: Am Samstag vor dem Festival fuhr unsere kleine sechsköpfige Gruppe mit mehreren Wagen nach White Lake, wo wir Michael Lang zum ersten Mal trafen. Falls ich irgendetwas Kluges zu der ganzen Sache beizutragen hatte, dann war es zu sagen: »Lasst uns das Ganze filmen und uns die Negative sichern, und dann warten wir darauf, dass die Leute auf uns zukommen, denn wenn wir erst einmal die Negative mit den ganzen Aufnahmen haben, sitzen wir am längeren Hebel.« Das war ein Teil der Philosophie, die Bob, Michael und ich entwickelten. Also fuhren wir da rauf, ließen eine Kamera, einen Tontechniker und einen Produzenten vor Ort und erklärten ihnen: »Ihr seid jetzt unsere Platzhalter hier und filmt alles, was sich bewegt und etwas zu sagen hat.«

Ich wollte noch jemanden einstellen, der das ganze Event fotografiert, und Chip empfahl mir Henry Diltz. Henry kam aus L. A. und hatte gerade die Coveraufnahme für das Debütalbum von Crosby, Stills and Nash gemacht. Bevor er Rockfotograf wurde, hatte er auf Hawaii in einer Folkgruppe gespielt. Es stellte sich heraus, dass er Mel aus dieser Zeit kannte, und er fügte sich sofort in unsere Gruppe ein und kam mit allen aus.

Henry Diltz: Es machte mir Spaß, jeden Tag da runterzugehen und zuzusehen, wie sie die Bühne aufbauten. Das war wie ein riesiges Schlachtschiff. Es ragte über das ganze große grüne Feld hinaus bis hinauf in den blauen Himmel, und der sah aus wie ein Ozean. Mittags brachten diese Hippiemädchen, die in der Küche arbeiteten, den Jungs, die das Ding aufbauten, immer etwas zu essen vorbei. Michael Lang hatte irgend so ein altes Motorrad, mit dem er über das Alfalfafeld düste. Er trug eine Lederweste und hatte diesen unglaublichen Lockenkopf. Irgendwie sah er aus wie ein Cherub. Chip, Michael und Mel erinnerten mich an Brigadegenerale. Es wurden Anweisungen gegeben, Dinge erledigt und alles wurde sehr zackig und effizient ausgeführt – wobei aber immer alle freundlich blieben.

Penny Stallings: Michael plante weiter, während die Arbeiten im Gange waren. Er arbeitete ungeheuer intuitiv und war damit erfolgreich. All diese gestandenen Kerle hatten schon fast Angst vor Michael – was wir, die wir für sie arbeiteten, natürlich ziemlich witzig fanden. Er verwirrte sie, sie wussten nicht genau, wie sie mit ihm umgehen sollten. Es war lustig, das zu beobachten. Dem ruhigen, etwas geheimnisvoll wirkenden Michael beugten sich all diese älteren Kerle, die aufgrund ihrer Erfahrungen mit Konzertveranstaltungen, Promotionaktionen und den Abläufen im Fillmore eigentlich alte Hasen waren. Viele von den jüngeren Angestellten, zu denen auch ich zählte, betrachteten Woodstock als politische Veranstaltung. Wir wollten der Welt zeigen, wer wir sind und wie groß wir waren. Für Mel, John und Chip war das nicht wichtig. Für sie war es einfach nur Arbeit. Sie kifften nicht, hatten nichts am Hut mit der ganzen Hippieideologie, sie wohnten nicht mit uns zusammen und hingen auch nicht mit uns ab – sie glaubten einfach nicht an das alles. Anders als Michael, ihr Boss.

Es gab da auch die Träumer, die sich hinstellten und – wie z. B. Tom Edmunston – sagten: »Wir werden eine gigantische, mit aromatischen Düften gefüllte Sphäre schaffen und alle werden sie berühren.« Wie genau das Ganze aussehen und wie man es umsetzen sollte, wusste freilich niemand. Aber Michael liebte solche Ideen. Er wartete nur auf solchen Input. Trotzdem, wie setzte man so was um? Im Endeffekt gar nicht. Diese ganzen Künstler, die aus Florida kamen – Ron Liis, Bill Ward und Buster Simpson –, die machten tatsächlich ein paar Kunstinstallationen. Da waren ein paar großartige, schräge Sachen dabei. Aber es gab noch eine ganze Menge anderer extremer Ideen, und die verpufften einfach irgendwie im Vorbeigehen.

Bill Ward: Ron war ein geborener Anführer. Er war eins fünfundneunzig groß and sah aus wie ein Hippie. Er trug einen langen Bart und eine Weste mit Glöckchen dran.

Außerdem war er ein großartiger Künstler und hatte ein gutes Auge für Details. Er übernahm die Leitung der Truppe und sie bauten alles auf. Irgendwann drängte Mel mich allerdings dazu, Ron beiseitezunehmen und ihn ein bisschen zu bremsen; er trieb ihn in den Wahnsinn. Ron tat, was getan werden musste, aber er hatte dabei seinen ganz eigenen Stil. Einmal – ich war nicht dabei, als es passierte – soll er sich den Gabelstapler der Stagecrew unter den Nagel gerissen haben, woraufhin es zu einer regelrechten Prügelei kam. Ron neigte dazu, sich zu nehmen, was er brauchte.

Unser Team war großartig. Buster Simpson, ein Freund von Ron, stieß aus dem mittleren Westen zu uns. Heute lebt er als ziemlich erfolgreicher Bildhauer in Seattle. Buster war ein Spitzenkerl. Auch mit Herb Summers, einem talentierten Künstler und hellen Kopf, der ebenfalls zum Team gehörte, konnte man gut klarkommen. Und sie packten alle mit an. Buster und seine Freundin schufen Freilichtskulpturen. Sie bauten ein offenes Tipi mit einem großen Stein in der Mitte, der an Seilen herabhing, und ein vertikales Gebilde mit kleinen Küken darin.

Penny Stallings: Einmal hatte Buster die Idee, ein kleines Mädchen in einer gepunkteten Schürze über das Festivalgelände hüpfen zu lassen. Solche Dinge machten sie damals – einfach nur wunderbar.

In der gesamten Senke, an deren tiefster Stelle die Bühne stand, stellte die Crew Masten mit wunderschönen etwa ein Meter fünfzig langen Bannern auf, die Mel bei einem Kerl in der Bronx bestellt hatte. Die waren mit Peacezeichen und anderen Symbolen bestickt und verschwanden ziemlich schnell, als die ersten Besucher auftauchten.

Irgendwann fiel uns auf, dass wir eine Fußgängerbrücke zwischen dem Künstlerpavillon und der Bühne benötigten, also machte sich Chris daran, eine zu entwerfen. So war er einfach, er konnte alles konstruieren, was ich mir ausdachte. Die Brücke erhob sich etwa sechs Meter über der Straße und man hatte einen atemberaubenden Ausblick von da oben. Chris berechnete die nötige Traglast, indem er John Morris fragte, was Jimi Hendrix wog und wie schwer ein durchschnittliches Groupie war, und dieses Gewicht multiplizierte er mal zehn oder zwölf. Einige der aus Miami angereisten Künstler malten großartige Wandgemälde auf die Seitenwände der Brücke.

In den letzten Wochen vor Beginn des Festivals hatten wir auch alle Hände voll damit zu tun, unser Erste-Hilfe-Team zusammenzustellen. Anfangs hatten wir uns vom Medical Committee for Human Rights in New York beraten lassen und Don Ganoung und Wes hatten mit Ärzten in der Region rund um Wallkill verhandelt, aber in Sullivan County mussten wir jetzt noch mal ganz von vorn anfangen. Bill Ward empfahl Bill Abruzzi, einen Arzt aus Wappingers Falls, der 1965 beim Protestmarsch der Bürgerrechtsbewegung von Montgomery nach Selma ehrenamtlich geholfen hatte – damals hatten die beiden Bills sich auch kennengelernt. Abruzzi konnte sich auf Anhieb für unsere Festivalidee begeistern. Er sagte umgehend seine Mitarbeit zu und entwarf einen medizinischen Versorgungsplan. Ausgehend von der zu jener Zeit geschätzten Besucherzahl stellte er sechs Ärzte, sechsunddreißig Sanitäter sowie achtzehn Assistenzärzte ein (wobei wir für Letztere für den Fall eines Kunstfehlers noch eine Berufshaftpflichtversicherung abschließen mussten). Die Ausgaben für dieses Team beliefen sich auf knapp 16 000 Dollar. (Letzten Endes wurden sie allerdings noch von zahlreichen Freiwilligen unterstützt, sodass wir auf eine Gesamtzahl von fünfundzwanzig Ärzten und zweihundert Sanitätern kamen.) Drei nahe gelegene Krankenhäuser waren in Alarmbereitschaft. Don Ganoung engagierte außerdem eine Amateurfunkgruppe aus der Region, um uns die Kommunikation auf dem Festivalgelände zu erleichtern. Und er bat das zuständige Arbeitsamt, Kräfte für die zahlreichen Hilfsarbeiterstellen für das Festivalwochenende zu vermitteln. Wir benötigten siebzig Parkwächter, dreihundert Mann Personal für die Verkaufsstände und zweihundert Personen, die das Festivalgelände täglich von Müll befreiten. Mel spürte ein Unternehmen auf, dass über eine große Müllpresse – die erste ihrer Art – verfügte und uns zur Verfügung stellte, um die Aufräumarbeiten auf dem Gelände zu erleichtern.

Je mehr Geld wir ausgaben, desto vorteilhafter war das für die Menschen aus dem Umland. Das Material, das wir benötigten, kauften wir, soweit es möglich war, vor Ort, außerdem stellten wir viele Leute aus der näheren Umgebung ein. Das trug dazu bei, einen Teil der Menschen aus der Nachbarschaft, die uns nicht so gut gesinnt waren, umzustimmen und für uns einzunehmen. Mehr und mehr Bürger von White Lake wurden plötzlich vom Woodstock-Fieber gepackt. Sie unterstützten uns, weil ihnen gefiel, was wir taten, und weil sie sahen, dass wir hart arbeiteten. In den letzten beiden Wochen vor dem Festival kam es uns so vor, als ob Tausende von Menschen uns auf jede erdenkliche Weise ihre Hilfe anboten.

John Roberts: Wir wollten die Fehler, die wir in Wallkill gemacht hatten, nicht wiederholen. Daher achteten wir genau auf die politischen Verhältnisse und Abhängigkeiten vor Ort, darauf, wen wir kennen mussten, was wir tun mussten,

> wen wir überzeugen mussten und wem wir besser aus dem Weg gingen. All das in Erfahrung zu bringen und zu berücksichtigen, war sehr aufwendig. Die PR-Arbeit spielte eine enorm große Rolle.

Unsere PR-Abteilung leiteten nach wie vor Don Ganoung und Rona, gelegentlich wurden sie auch von Elliot Tiber unterstützt. Elliot ließ sich nicht davon abbringen, uns die Earthlight-Theatre-Truppe aufzudrängen, um sie mit ins Programm aufzunehmen – er stellte sogar das Gelände des El Monaco zur Verfügung für die Aufführung einer kostenlosen Festival-Theater-Vorpremiere für die Einwohner von White Lake. Es wurde ein riesiges Desaster. Vor einem aus Rentnern, Farmern und Familien bestehenden Publikum führten sie eine Szene aus *Oh! Calcutta* auf, in der sich die Künstler sämtliche Klamotten vom Leib rissen. Die Dorfbewohner rannten schreiend davon.

Irgendjemand setzte das Gerücht in die Welt, dass Peter und ich eine ganze Ladung Hasch für das Festival geordert hätten, die angeblich von Miami zu uns raufgebracht werden sollte. Es hieß, dass die Küstenwache das Boot mit unserer Lieferung am Montag vor dem Festival irgendwo bei den Florida Keys abgefangen hätte. Da war natürlich nichts Wahres dran.

Der Countdown lief ab Montag, 11. August, als die ersten tausend Besucher eintrudelten. Der Campingbereich öffnete laut unserer Ankündigung zwar erst am Donnerstag, doch das hielt diejenigen, die die Ersten vor Ort sein wollten, nicht davon ab, früher zu erscheinen. In der Zwischenzeit waren wir rund um die Uhr damit beschäftigt, die Bühne mit all ihren Aufbauten, die Verkaufsstände, die Zufahrten, die Parkplätze, die Versorgungsleitungen, die Trinkwasserstationen, die

Sanitätseinrichtungen und die Imbissstände fertigzustellen und Tausende andere Kleinigkeiten zu erledigen, die noch zu tun waren. Es herrschte ein großes Gerangel um Arbeitskräfte, Werkzeug und andere Gerätschaften. Nichts von all dem war in ausreichenden Mengen vorhanden.

Der Zaun, der das Festivalgelände umschließen sollte, war erst halb fertig, und Ticketschalter gab es auch noch nicht. Ich ging davon aus, dass sich Joel und John, die den Ticketverkauf vom New Yorker Woodstock-Ventures-Büro aus geregelt hatten, um die Bestellung und den Aufbau der Schalterhäuschen kümmerten, doch es wurden nie welche angeliefert. Später fand ich heraus, dass man für den Ticketverkauf ein paar Wohnwagen aufgestellt hatte, doch sie wurden nie genutzt.

Wir waren so sehr mit dem Endspurt beschäftigt, dass wir beinahe unsere neuesten Rechtsstreitigkeiten vergessen hatten. Paul Marshall hatte uns zwar versichert, dass die Klage der Ferienlagerleiter und Hauseigentümer, die unser Festival zu verhindern suchten, abgewiesen werden würde, ganz sicher sein konnten wir uns dessen allerdings erst wenige Tage vor dem Festival. Die Verhandlung war für den 12. August anberaumt. Um 10 Uhr erschienen Paul, Don Ganoung und Wes vor dem zuständigen Richter am Obersten Gerichtshof in Catskill. Bei dem Termin stellte sich heraus, dass Paul als Kind eines der Ferienlager, das gegen uns klagte, besucht hatte. Paul führte vor der Verhandlung ein kleines Schwätzchen mit dem Lagerleiter »Uncle Davy« – was uns wohl geholfen haben dürfte.

Im Verlauf der Verhandlung bemerkte Paul, dass wir inzwischen 1,4 Millionen Dollar ausgegeben hatten, dass nach dem Festival weitere 300 000 Dollar fällig waren und wir bis dato 124 000 Tickets verkauft hatten. Nachdem Wes, Don Ganoung und Paul Marshall auch den letzten Zweifler davon überzeugt hatten, dass wir über ausreichende Mittel verfügten, die

Grundstücke und Immobilien der Kläger zu beschützen, einigten sich alle darauf, die Klage zurückzuziehen.

Damit hatten wir die letzte juristische Hürde genommen. Es waren nur noch drei Tage bis zum Beginn der Aquarian Exposition.

Kapitel 9

13.–14. August 1969

»Unsere Verkaufsstände sind nicht fertig! Lebensmittel im Wert von 100 000 Dollar werden verschimmeln, vielen Dank dafür! Wer braucht so was? Wir wollen neu verhandeln, ansonsten treten wir von unserem Vertrag zurück!«

»Arschloch! Ihr solltet eure Scheißvorbereitungen selber längst abgeschlossen haben. Ihr nutzt die Situation doch nur als faule Ausrede, um einen besseren Deal für euch rauszuschlagen!«, knurrt Peter Goodrich, und dann knallt er Jeffrey Joerger seine Faust ins Gesicht.

Das hatte ich nicht kommen sehen.

Während Jeff zu Boden geht, schreit er: »Du blöder Wichser! Du hast mir eine reingehauen!« Dann zieht er ein Messer, das er irgendwo am Körper versteckt hatte. Lenny Kaufman, den ich als Securitymann eingestellt habe, sieht das, und als sich unsere Blicke treffen, nicke ich ihm zu. Er packt Joerger und hält ihn zurück.

»Ich geh meine Knarre holen!«, schreit Jeffrey, während er sich in seinen Trailer zurückzieht, die Tür hinter sich zuknallt und abschließt.

Es ist Donnerstagmorgen – ein Tag vor Beginn des Festivals – und der Zustrom an Besuchern ist immens. Seit gestern haben wir den genauen Überblick verloren, aber es sind vermutlich an die sechzigtausend Menschen, die den Talkessel bevölkern und in den umliegenden Wäldern zelten. Die Jungs von Food for Love sind Dienstagabend angereist und waren von Anfang an angepisst, weil die Imbissbuden erst zur Hälfte aufgebaut sind. Die Teams wechseln sich ab mit der Arbeit daran und an den wichtigen Projekten, die zur Eröffnung auf jeden Fall fertig sein müssen. Die Bühne ist noch nicht vollständig aufgebaut. Infolge des anhaltenden Regens hat sich der Boden darum herum in ein riesiges Schlammloch verwandelt, weshalb das Betonfundament erst wenige Tage zuvor gegossen werden konnte. Der Aufbau der Imbiss- und Verkaufsstände ist aufgrund der katastrophalen Wetterlage ebenfalls in Rückstand geraten. Und die Zufahrtstraßen, die wir angelegt haben, sind versumpft.

»Komm, Jeffrey, lass uns eine Lösung finden!«, brüllt John Roberts von außen durch die verschlossene Tür des Trailers. »Wir setzen uns heute Abend zusammen und dröseln das auf.« John sagt, er frage sich, ob Joerger noch alle Tassen im Schrank habe, und ich denke nur: »Knarre?«

John, Mel, Joel und mir ist klar, dass wir ein Problem haben. Die Suppenküche der Hog-Farmer hat Müsli und Vollkornreis in ausreichenden Mengen, aber wenn Food for Love keine Hotdogs und Hamburger anbietet, werden wir es mit Tausenden wütenden und hungrigen Jugendlichen zu tun bekommen. Wir funken Wes an und schildern ihm die Situation.

»Findet eine Lösung – tut alles, was in eurer Macht steht«, rät er uns. »Das Letzte, was wir gebrauchen können, sind hungrige Kids – vor allem, da jetzt keine Leute von der New York City Police kommen.«

In den letzten zwei Tagen vor dem Festival brannte es an allen Ecken und Enden lichterloh, wir kamen mit dem Löschen gar nicht hinterher. Am Mittwoch hatte Lee einen Anruf bekommen, der gewissermaßen den ersten Brandherd darstellte.

In der Woche war Joe Fink hier, um das Gelände zu inspizieren, und unserem Plan, die ausgewählten Beamten der New York City Police schichtweise über alle drei Tage verteilt als Sicherheitskräfte auf dem Festival arbeiten zu lassen, schien nichts im Wege zu stehen. Alles war vorbereitet, wir hatten für Unterkünfte und Verpflegung gesorgt und auch der Transport von New York zum Festivalgelände war organisiert. Unsere Bedingung war, dass sie keine Waffen mitbrachten. Doch dann verteilten die »Up Against the Wall Motherfuckers« im East Village aufwieglerische Flugblätter: »Kommt alle mit nach Woodstock, um den unbewaffneten New Yorker Bullen dort einen heißen Empfang zu bereiten.« Hinzu kam, dass Polizeichef Leary die Bilder von der Ankunft der Hog-Farmer am JFK gesehen hatte, die überall durch die Presse geisterten, und gelesen hatte, dass sie die besten Cops der New York City Police beim Sicherheitsdienst unterstützen würden. Damit war für ihn die Sache gestorben.

Am Mittwochmorgen wurde ein Telex an alle Reviere in New York City verschickt: »Die Behörde hat Kenntnis davon erhalten, das sich einige unserer Beamten verpflichtet haben, verschiedene Aufgaben im Rahmen der Woostock Music and Art Fair zu übernehmen … Es kann keine Genehmigung für Nebentätigkeiten erteilt werden, bei denen es den Beamten untersagt wird, ihre Uniform, ihr Schild und ihre Waffe zu tragen oder von der Ausübung der Polizeihoheit Gebrauch zu machen.« Es wurde deutlich gemacht, dass jedem, der diese Anweisung missachtete, die Entlassung drohte. Joe leitete die schlechte Nachricht, dass uns die dreihundertsechsundvierzig ausgewählten Beamten nun doch nicht zur Verfügung stünden, umgehend an Lee weiter. Als Wes davon erfuhr, flippte er aus.

Wes Pomeroy: Leary knallte uns praktisch die Tür vor der Nase zu … Er gab Anordnungen, die es Cops aus New York unmöglich machten, für uns zu arbeiten. Und das nur wegen der Hog-Farmer! Er erklärte, dass er gerade erst von ihrer Beteiligung gehört hatte, was totaler Unfug war. Aber da standen wir nun – ohne unseren tollen Peace-Service-Corps.

Lee Mackler Blumer: Wes und Joe Fink begannen, an einer Notlösung zu arbeiten. Wir waren jetzt schon überrascht davon, wie viele Leute auf dem Gelände waren, bevor wir es überhaupt vollständig umzäunt hatten, und wussten, dass die Sicherheit so nicht zu garantieren war.

Wes fühlte sich von der Polizei verraten, sogar die *New York Times* kritisierte Leary in einem Leitartikel dafür, dass er seine Männer in der letzten Minute zurückzog. Joe hielt den ganzen Tag über Kontakt zu Wes und versprach, einige der Beamten dazu zu überreden, sich der Anordnung zu widersetzen und heimlich doch für uns zu arbeiten. Wes kontaktierte nahe gelegene Polizeireviere und diverse Justizvollzugsanstalten und bat, uns Personal zur Verfügung zu stellen, doch in den meisten Fällen wurde er abgewiesen. Wir mussten irgendetwas tun – die Polizisten waren Teil des Plans gewesen, mit dem wir die städtischen Behörden davon überzeugt hatten, die Genehmigung für das Festival bedenkenlos erteilen zu können. Zudem benötigten wir die Beamten nicht nur, um auf dem Gelände dafür zu sorgen, dass alles friedlich blieb, sondern auch, um den Verkehr zu regeln und sich um medizinische Notfälle zu kümmern.

Ich wollte das Risiko, das Festival ohne professionelles Sicherheitspersonal zu veranstalten, nicht eingehen. An den Kassen und den Verkaufsständen würden hohe Bargeldsummen eingehen, daher rief ich meinen Freund Lenny Kaufman, einen ehemaligen Biker, Türsteher und Abenteurer, an. Lenny behielt in brenzligen Situationen immer einen kühlen Kopf und er hatte mein volles Vertrauen. Ich bat ihn, sechs bis sieben Männer zusammenzuscharen, denen er blind vertraute, und am Abend mit ihnen zum Festivalgelände zu kommen.

Auch am Mittwoch regnete es wieder in Strömen, was es nicht gerade einfacher machte, mit den letzten Elektroarbeiten, die noch ausgeführt werden mussten, zum Ende zu kommen. Die Treppe, die zum Eingang des Wohnwagens führte, der neben dem

Hauptverteiler aufgestellt war, stand unter Strom. Aus irgendeinem unerfindlichen Grund gelang es den Elektrikern nicht, sie zu erden, daher bekam man jedes Mal, wenn man die Treppe rauf- oder runterging, einen gewischt. Wichtiger war es in dem Moment allerdings, den Aufzug fertigzustellen, mit dem die Verstärker auf die zehn Meter hohe Bühne gehievt werden sollten.

Bill Hanley lieferte das von ihm entwickelte Spezialequipment an, mit dessen Hilfe der Sound von der Bühne bis in die hintersten Winkel des Festivalgeländes getragen werden sollte. Er hatte ein eigenes Mischpult und extrem hochwertige Lautsprecher gebaut, die mit insgesamt drei Millionen Dollar versichert waren. Sechs Lautsprecher und die Hornhochtöner wurden per Kran auf die Lautsprechertürme gehievt. Die Monitorlautsprecher wurden am vorderen Bühnenrand verschraubt. Eddie Kramer, den ich zum ersten Mal mit Hendrix beim Miami-Pop-Festival getroffen hatte, nahm das Konzert zusammen mit Lee Osborne in einem mobilen Studio hinter der Bühne auf. Ahmet Ertegün hatte die Rechte an den Aufnahmen für Atlantic, das Label, bei dem auch Crosby, Stills and Nash waren, gekauft.

Neben der Hauptbühne sorgte Hanley auch für die Beschallung der *free stage* weiter hinten bei den Hog-Farmern. Hierfür nutzte er ein kleineres Soundsystem. Der Aufbau des Puppentheaters und des Spielplatzes, die wir dort geplant hatten, war am Tag zuvor abgeschlossen worden. Wir hatten das gesamte Gelände mit Maschendraht umzäunt, um den kostenlos nutzbaren Gemeinschaftsbereich vom Areal in der Nähe der Hauptbühne abzutrennen. Abbie Hoffmans Freundin Roz Payne erzählte mir später, was mit einigen dieser Zäune geschah.

Roz Payne: Ich reiste einige Tage vor dem Festival an und campte bei den Hog-Farmern. Da waren Arbeitstrupps, die Pfosten aufstellten und das Gelände mit Stacheldraht ab-

> zäunten, um die Leute, die keine Tickets hatten, draußen zu halten. Jeden Abend, wenn sie weg waren, montierten Paul (Krassner), Abbie, Jean-Jaques (Lebel) und ich den Zaun wieder ab. Die Pfosten ließen wir stehen, aber das Drahtgeflecht nahmen wir ab. Wir machten auch noch andere Aktionen. Wir fanden ein Schild, auf dem stand: »Unbefugtes Betreten verboten!« Jean-Jaques pinselte mit Farbe »Schwarzes Brett für das Volk« darüber, dann stellten wir es wieder auf. Für den Hauptweg, der durch den Wald zum Gelände führte, machten wir ein Schild, auf dem stand: »Ho-Chi-Minh-Pfad«.

Die ganze Zeit über ließen wir die Aktivisten wissen, dass es kostenlos nutzbare Gemeinschaftsbereiche gab. Ich wusste, dass sie gewieft genug waren, um Leute heimlich auf das Gelände zu schmuggeln, aber ich dachte, die Einnahmen aus dem Vorverkauf und der Abendkasse würden genügend Gewinn abwerfen. Und weil es wegen des Dauerregens zu so vielen Verzögerungen gekommen war, konzentrierte ich mich lieber darauf, den Aufbau der Bühne und die Installation des Soundsystems bis zum Festivalstart unter Dach und Fach zu bekommen, als mich um die Einzäunung des Geländes zu kümmern.

Schließlich fanden wir heraus, dass das von Steve Cohen entworfene Bühnendach viel zu groß war. Wegen des schlechten Wetters hatten wir die einzelnen Module zwei Wochen lang nicht zusammensetzen können, und nun stellte sich heraus, dass die verwendeten Holzbalken für unsere Zwecke viel zu wuchtig waren. Es gelang uns nicht, das Segeltuch so darüber zu spannen, dass die Konstruktion wirklich wasserdicht war. Für die Scheinwerfer sollten zudem Traversen am Bühnendach befestigt werden, die wir jedoch nicht anbringen konnten, sodass Chip beschloss, das gesamte Bühnengeschehen mit zwölf

Super-Trouper-Scheinwerfern von den Lautsprechertürmen aus zu beleuchten. »Unter unserer Bühne rosten sechshundertfünfzigtausend Watt vor sich hin«, erinnerte er uns.

Für 1 000 Dollar pro Tag mieteten wir zwei riesige Kräne an, die uns den Aufbau der Bühne und der Lautsprechertürme erleichtern sollten. Leider gelang es uns nicht mehr, sie zu entfernen, bevor die ersten Besucher aufs Gelände kamen, weil der Holzzaun, der die Bühne umgab, und andere Konstruktionsteile den Transportweg versperrten.

Chip Monck: Was wir brauchten, war ein erfahrener Rigger mit einem eigenen Betrieb im Rücken, eine grundsolide Produktionsleitung und stressresistente, versierte Vertragspartner. Aber die hatten wir nicht. Alle sagten einfach nur: »Mach dir keine Sorgen, das wird schon.« Wir hätten es wie auf einer echten Baustelle angehen müssen. Es hätte einen Bauleiter geben müssen, einen Schlosser, ein paar Schweißer. Das Konzept war atemberaubend. Es sollten mehrere Schichten Segeltuch übereinandergelegt werden, was dann fast wie Fischschuppen ausgesehen hätte. Das wäre grandios geworden. Wir hätten ein komplettes Team gebraucht, das sich ausschließlich um den Bühnenaufbau kümmert. Aber wir hatten nur vier Gerüstbauer. Das war ein großer Fehler. So ein Projekt lässt sich nicht mit minimalem Aufwand auf die Bühne bringen. Wir waren alle überwältigt von dem Ausmaß, das das Ganze angenommen hatte.

Ich mietete die Scheinwerfer bei Charlie von Altman Stage Lighting in Yonkers. Der war ganz schon angepisst, weil alle fünfhundert C-Klemmen, die er uns mitgab, nach dem Festival verrostet waren. Die Dinger kosteten 6 Dollar pro Stück und wanderten samt und sonders in den Müll. Es gab drei Scheinwerfer exakt hundert Fuß links und fünfzehn Grad rechts von der Mittelachse der Bühne. Drei weitere montierten wir auf einem anderen Turm. Und knapp fünfzehn Grad rechts und links von der Mittelachse waren noch zwei Followspots angebracht. Mehr hatten wir nicht. Es gab keine Ambientebeleuchtung, keinen Hintergrund – nichts. Das einzig andere Beleuchtungselement, über das wir verfügten, waren Lichterketten mit kleinen Siebeneinhalb-Watt-Glühbirnen im Abstand von jeweils dreißig Zentimetern. Sie waren an den Spanndrähten befestigt, die die Lautsprechertürme zusammenhielten. Die Lichterketten bewahrten uns davor, im Dunkeln gegen die Aufbauten zu laufen, und abgesehen davon sorgten sie auch für ein bisschen Atmosphäre.

Ein weiteres Problem war, dass der Wasserdruck immer wieder abfiel. Wir hatten gut zweiundzwanzig Kilometer Rohrleitungen verlegt, bei denen immer wieder Leckagen auftraten, nachdem die ersten Besucher eingetrudelt waren. An einigen strategisch günstigen Punkten platzierte Chris Plastikkisten mit alten Kurbeltelefonen darin, sodass man sofort Alarm schlagen konnte, wenn ein Leck bemerkt wurde, damit die Crew die schadhafte Stelle schneller abdichten konnte. Wir ließen Hunderte Schilder mit der Aufschrift »Gefahr« anfertigen und stellten sie neben den Leitungen auf, um zu verhindern, dass die Leute darauf traten und so weitere Lecks verursachten.

Es war nicht zu übersehen, dass weit mehr Menschen zu dem Festival kommen würden, als wir Max ursprünglich angekündigt hatten, also ging ich zu ihm, um mit ihm darüber zu sprechen. Die Besucher strömten schon zu Zehntausenden herbei. »Wir sind von einer Gesamtbesucherzahl von zweihunderttausend Menschen ausgegangen, aber es sieht aus, als würden es mehr werden«, erklärte ich ihm. »Aber keine Sorge: Wir kriegen das hin.«

Ich hatte den Satz noch nicht ganz zu Ende gesprochen, da kroch er wieder unter sein Sauerstoffzelt. Miriam fürchtete, dass die vielen Menschen und das ganze Chaos, das sie verursachten, eine große Belastung für Max sein könnten – und zwar völlig zu Recht, es war für jeden eine große Belastung. Als Max nach seiner kurzen Sauerstoffbehandlung wieder zu uns zurückkehrte, gab er sich jedoch unbeeindruckt. Er wusste, wie groß die Anlage war, die wir bauten, dass wir bestmöglich vorbereitet waren und alle nötigen Vorkehrungen getroffen hatten. Er hatte uns zwei Wochen lang vor Ort beobachtet, und ich vermute, die korrigierten Zahlen überraschten ihn nicht wirklich.

Wes Pomeroy: (Von Mittwoch an) war keine Zeit mehr, irgendetwas zu planen. Man arbeitete einfach mit dem, was man hatte. Viele Leute riefen an und sagten: »Wie habt ihr vor, das zu regeln? Da tummeln sich eine Menge Leute auf meinem Feld!« Wir redeten mit den Anrufern und verpflichteten uns, ihnen die Ernte abzukaufen. Die Leute gingen einfach hin, zelteten auf den jungen Alfalfasprossen und zerstörten die Ernte. Das setzte uns natürlich unter Druck. Also stellten wir klar, dass wir – sofern die Forderung rechtmäßig sei und wir dies verifizieren könnten – für den Schaden aufkommen würden.

Logistisch gesehen ähnelte das Ganze einer Militäroperation. Das Grundprinzip war das gleiche. Man plant alles, was planbar ist, richtet seine Versorgungslinien ein und bestellt alle Vorräte und Gerätschaften, die man benötigt – Nahrungsmittel, Toiletten etc. –, und dann legt man los. Und wenn die eingerichteten Versorgungslinien zusammenbrechen, muss man neue aufbauen.

Wir hatten für die Sicherheitskräfte einen detaillierten Einsatzplan aufgestellt, der allgemeine Wachgänge ebenso regelte wie das Einweisen auf den Parkplätzen. Nachdem uns die Beamten aus New York nicht mehr zur Verfügung standen, entwickelte Wes einen Plan für die State Police, nach dem verschiedene Straßen zu Einbahnstraßen gemacht und auf anderen die Durchfahrt nur Krankenwagen und Lieferanten gestattet werden sollte. Als Wes der State Police am Mittwoch diesen Plan vorlegte, weigerte sich der Leiter der zuständigen Einheit jedoch, zu kooperieren und das Konzept umzusetzen.

> **Stan Goldstein:** Nicht nur dass es dadurch keine geregelte Verkehrsführung mehr gab, uns stand auch niemand mehr zur Verfügung, der sich auf die Straße stellte und den Leuten den Weg zu den Parkplätzen wies. Da sie also nicht wussten, wo sie parken sollten, stellten die Besucher ihre Fahrzeuge einfach dort ab, wo sie es für sinnvoll hielten, was zur Folge hatte, dass es auf den Straßen letzten Endes so aussah, wie es aussah. Nebenbei bemerkt: Der Beamte, der sich geweigert hatte, mit uns zusammenzuarbeiten, war später für die Niederschlagung des Aufstands im Attica-Gefängnis verantwortlich. Er gab den Schießbefehl und versuchte später zu verschleiern, dass er und seine Leute damit den Tod der Geiseln zu verantworten hatten.

Nachdem die State Police unseren Plan verworfen hatte, errichteten die Beamten eine Straßensperre gleich hinter der nächstgelegenen Autobahnauffahrt, um verdächtige Fahrzeuge anzuhalten und zu durchsuchen. Acht Jugendliche wurden im Zuge dessen wegen diverser Drogendelikte verhaftet – einigen von ihnen wurde nichts anderes als der Besitz einer Pfeife vorgeworfen. Wir hatten bereits dafür gesorgt, dass in solchen Fällen

Anwälte zur Verfügung standen, die den Beschuldigten kostenlosen Rechtsbeistand boten. Insgesamt kam es während des Festivals zu rund achtzig Durchsuchungen wegen vermeintlichen Drogenbesitzes, was angesichts der hohen Besucherzahlen ein ziemlich geringer Wert ist.

Das Busunternehmen Short Line hatte extra Sonderfahrten von Port Authority in New York nach Bethel eingerichtet, um dem Besucheraufkommen gerecht zu werden. Einige wenige Festivalbesucher flogen auch den kleinen Sullivan-County-Flughafen an. Die meisten kamen jedoch mit dem Auto. Als die ersten Wohnwagen durch White Lake fuhren, verfolgten die Anwohner das Geschehen auf der Straße vom Bürgersteig aus, als ob eine Zirkusparade vorbeizöge.

Abbie Hoffman erzählte mir später eine lustige Begebenheit von der Anreise aus New York in einem Short-Line-Bus, die seine Frau Anita miterlebt hatte:

Abbie Hoffman: Anita erzählte mir, wie der Bus über den Thruway fuhr und diese ganzen Freaks darinsaßen. Alle lachten, sangen und ließen ein paar Joints rumgehen. Dann geriet der Bus in einen Stau, und plötzlich stand da so ein Kerl auf der Straße, der nach einer Mitfahrgelegenheit suchte. Im Bus hüpften alle auf und ab und riefen: »Nimm ihn mit! Nimm ihn mit! Nimm ihn mit!« Dem Busfahrer brach der Schweiß aus und er faselte was von Beförderungsvorschriften und ähnlichem Bockmist. Darauf formierte sich im Bus so was wie eine spontane Volksmiliz. Die Leute stellten sich im Gang auf, als sich mit einem Mal die Türen öffneten und dieser Kerl mit seinem Rucksack reinkam. Alle witzelten rum und machten Späße, ja selbst der Busfahrer schien jetzt bessere Laune zu haben. Den Joint, den ihm eines der Kids geben wollte, lehnte er zwar ab, aber er wuselte dem zugestiegenen Typen durch sein zotteliges Haar und grinste.

Wenige Tage später schaltete Short Line eine Anzeige, in der Busfahrer darüber berichteten, wie vergnüglich es gewesen sei, Jugendliche nach Woodstock zu fahren. Eugene Jennings, einer von ihnen, sagte: »Auf der Fahrt da rauf steckten wir drei Stunden im Stau, und der einzige Krach, den ich hörte, waren ihre Witze über das Expressschild auf dem Bus. Sie mögen vielleicht etwas schmuddelig ausgesehen haben, aber sie waren absolut anständig und großzügig. Es war ein einziges Leben und Lebenlassen mit ihnen.«

Nach einigen wenigen Stunden Schlaf in der Nacht zum Donnerstag erwachte ich, als die ersten ungetrübten Sonnenstrahlen seit über einer Woche zu sehen waren. Keine Wolke am Himmel. Das hielt ich für ein gutes Zeichen. Tatsächlich lösten sich am Donnerstag einige Probleme fast von selbst, allerdings entstanden dafür direkt wieder neue – wie die Differenzen mit Food for Love zum Beispiel. Gegen Nachmittag trudelten einige Polizeibeamte aus New York ein, wie Joe Fink es versprochen hatte.

Wes Pomeroy: Donnerstags erfuhren wir, dass uns eine Gruppe Polizisten sprechen wolle. Sie sagten: »Wir sind jetzt da. Wir wollen arbeiten.« Ich schickte Don Ganoung rüber, um mit ihnen zu reden. Sie benutzten alle Pseudonyme, gaben sich Namen wie »Robin Hood« und »Errol Flynn«. Und sie wollten bar bezahlt werden. Außerdem wollten sie mehr Geld haben, als abgesprochen war. Wir fühlten uns erpresst, aber wir hatten keine Wahl. Wir engagierten sie für Zwölfstundenschichten, wofür sie 100 Dollar pro Tag bekamen – das Doppelte von dem, was wir ursprünglich angeboten hatten. Gezahlt werden musste, wie gesagt, in bar. Ich war ziemlich sauer wegen der Geschichte, konnte aber nichts dagegen tun. Darüber hinaus betrieben wir noch einen weiteren Sicherheitsservice, der bestand aus Wachpersonal für Häuser und Höfe, es waren spezielle Hilfssheriffs. Diesen Service hatten wir eigens für die Anwohner eingerichtet.

Am Abend riefen mich Wes und John Fabbri zu sich, um mir die zweihundertsechsundsiebzig Beamten vorzustellen, die zur Einweisung erschienen waren und ihre »Uniformen« und Walkie-Talkies abholen wollten. »Er ist der Boss«, stellten sie mich vor, und erstaunlicherweise lachte niemand. Ich erklärte den Jungs, dass es ihre Aufgabe sei, den Leuten zu helfen, und nicht, sie wegen geringfügiger Vergehen zu schikanieren. Außerdem sollten sie Spaß haben, aber auch darauf achten, nicht zu high zu werden. Dafür erntete ich dann einige Lacher.

Eine weitere gute Nachricht am Donnerstag kam von Artie. Er hatte endlich einen Filmdeal für uns klargemacht. Nach so vielen Jahren im Musikgeschäft verfügte er über reichlich gute Kontakte. Er hatte sich mit zwei Leuten von Warner Bros. in Verbindung gesetzt, die einflussreich genug waren, den Deal abzuschließen: Freddy Weintraub und Ted Ashley. Bevor sie bei Warner Bros. angefangen hatten, hatte Weintraub das Bitter End im Village geleitet und Ashley die Talentagentur Ashley's Famous – bei der unter anderem die Cowsills unter Vertrag gestanden hatten, die von Artie gemanagt worden waren. Ted war inzwischen der Vorsitzende von Warner Bros. Pictures, Freddy sein Stellvertreter. Artie traf sich am Donnerstag mit ihnen.

Artie Kornfeld: Ich erzählte ihnen: »Falls es zu einem Aufstand kommt und alle sterben, ist euch der umsatzstärkste

Film aller Zeiten sicher. Wenn alles so läuft, wie wir uns das vorstellen, verfügt ihr über die Rechte an einem fantastischen Film, der uns allen eine Menge Geld einbringen wird.« Mit Papier und Bleistift arbeiteten wir die wichtigsten Regelungen aus. Warner und Woodstock Ventures teilten sich den Gewinn zu gleichen Teilen. Wadleigh musste noch mit einem Deal für die Filmregie einbezogen werden. Und das wars, das war der Deal. Unterzeichnet wurde er nur von Ted Ashley und mir. Danach stieg ich in eine Limousine und fuhr rauf zum Festival. Aber die Limousine blieb liegen, und so musste ich schließlich mit meiner Frau zum Festival trampen.

Joyce Mitchell: Ich war dabei, als sich Artie Kornfeld mit Freddy traf, und eine der Fragen, die Freddy mir stellte, war: »Von wie vielen Bands haben wir eigentlich eine Freigabe?« Das war, nachdem Michael mir aufgetragen hatte, Freigaben anzufordern. Ich glaube, wir hatten zu dem Zeitpunkt Freigaben von etwa einem halben Dutzend Acts – und von den bedeutenden war keine einzige dabei.

Michael Wadleigh unterzeichnete am Freitag bei Warner Bros. seinen Regievertrag. Am selben Tag erhielten wir vom Studio 50 000 Dollar für die Organisation weiterer Hubschrauber, mit denen die auftretenden Künstler eingeflogen werden konnten. Artie begleitete die Musiker nach ihrer Ankunft vom Künstlerpavillon zur Bühne und holte sich bei der Gelegenheit ihre Einwilligung, dass ihr Auftritt gefilmt werden durfte. Sie erhielten noch einmal fünfzig Prozent ihres ursprünglichen Honorars für das Abtreten der Filmrechte. Vielen der Musiker, die an dem Wochenende bei uns auftraten, sicherte der Film eine Karriere fürs Leben. Es gab allerdings auch Musiker, die sich weigerten, eine Einverständniserklärung abzugeben, und deshalb nicht im Film zu sehen sind, etwa Neil Young (der kurz vor ihrem Auftritt Crosby, Stills and Nash beitrat) und die Grateful Dead (die auch schon nicht im Film über das Monterey-Pop-Festival zu sehen gewesen waren). Außerdem untersagte Albert Grossman allen bei ihm unter Vertrag stehenden Künstlern die Mitwirkung am Film, wobei Warner Bros. Richie Havens trotzdem rumkriegte, und The Band und Janis Joplin im fünfundzwanzig Jahre später veröffentlichten Director's Cut zu sehen waren.

Wären die Dinge anders gelaufen, hätten wir die Filmrechte auch komplett für uns behalten können. Kurz bevor Artie Warner Bros. ins Boot geholt hatte, hatte Bob Maurice John Roberts gebeten, noch einmal 100 000 Dollar zu investieren, um damit das nötige Filmmaterial bei Kodak zu kaufen, Kameraleute von der Westküste einzufliegen und für weitere kleinere, zwingend erforderliche Ausgaben. Woodstock Ventures wären dann die alleinigen Rechteinhaber gewesen. Das Ganze war allerdings ein Glücksspiel, und John war so geschockt von der Kostenexplosion für das Festival und so wenig überzeugt vom Potenzial des Films, dass er ablehnte. Er hielt es für höchst unwahrscheinlich, dass man mit einem Dokumentarfilm auch nur einen Cent Gewinn machen konnte.

Am Donnerstagnachmittag trudelte die Filmcrew ein. Koproduzent Dale Bell reiste mit Michael Wadleigh und seiner Crew an, darunter die Kameramänner David Myers und Al Wertheimer sowie die Cutter und Regieassistenten Thelma Schoonmaker und Martin Scorsese, die gerade ihren Abschluss am Filminstitut der NYU gemacht hatten. John Binder, der Unit-Supervisor, erzählte später, dass er Michael Margetts gefragt hatte, wie er beim Filmen vorgehen wolle, und zur Antwort erhalten habe: »Wenn ich was Spannendes sehe, drücke ich auf die Aufnahmetaste.«

Binder empfand das als »richtungsweisend für den ganzen Film. Woodstock war nicht planbar, und es versuchte auch niemand, es planbar zu machen.«

Dale Bell: Innerhalb von vier Tagen hatte ich eine achtzig Mann starke Truppe zusammengestellt, dafür gesorgt, dass sie Donnerstagmorgen vor Ort waren, und mir von überallher zusätzliche Kameraausrüstungsteile zusammengeklaubt, damit wir alle auf dasselbe austauschbare Equipment zugreifen konnten: Linsen, Magazine, Kameras, Monitore. Ein Riesendank gebührt Michael, Chris Langhart, Steve Cohen und Chip. Ich hatte sie um einen Steg vor der Bühne gebeten – ein mal zwei Meter groß, aus Sperrholzplatten, etwa ein Meter unter Bühnenniveau –, damit unsere Jungs die besten Voraussetzungen für absolut perfekte Kamerawinkel hatten. Wir wussten, dass wir alles mit Handkameras filmen mussten. Und wir wussten, dass wir, sobald oben Musik gemacht wurde, die ganze Zeit über acht Magazinwechsler und Kameraassistenten unter der Bühne benötigten, die die Magazine auswechselten und die Übersicht darüber behielten, wer was filmte und welche Filmrolle zu wem gehörte.

Einige Mitglieder der Filmcrew filmten auch Anwohner und ihre Reaktionen auf das Festival sowie den Stau der Ankömmlinge, der sich am Donnerstagnachmittag bereits über mehrere Kilometer erstreckte und einige Besucher dazu nötigte, ihre Autos an Ort und Stelle zurückzulassen und zu Fuß weiterzugehen. Die kleine Route 17B verwandelte sich in einen dreißig Kilometer langen Parkplatz, und aus den Medien erfuhren wir, dass der Rückstau auf der größeren Route 17 bereits bis zum New York State Thruway reichte.

Parry Teasdale, Undergroundfilmer: Ich war in dem Sommer einundzwanzig und kannte mich in der Gegend aus, weil meine Großmutter ganz in der Nähe ein Sommerhaus hatte. Ich fuhr Anfang der Woche hin und richtete mir einen Zeltplatz her, dann fuhr ich noch mal kurz zurück und kam Donnerstagabend mit ein paar Freunden wieder. Ich weiß noch, dass ich, während wir die Hurd Road entlanggingen, den Eindruck hatte, in ein Meer aus Menschen einzutauchen. Alle strömten nur in eine Richtung. Für Fahrzeuge war da überhaupt kein Platz, die wären gar nicht durchgekommen. Es war viel zu voll. Um mich herum war alles dunkel, und die einzigen Geräusche, die man hörte, waren Menschen, die leise gingen und sich unterhielten. Gelegentlich sang oder trommelte auch jemand, aber ich dachte mir, genau so muss es wohl auf einem Pilgermarsch in Indien zugehen.

Rob Kennedy, Festivalbesucher: Ich war sechzehn und trampte mit drei Freunden aus dem Norden New Jerseys rauf zum Festival. Wir teilten uns in zwei Zweiergruppen auf und suchten nach Mitfahrgelegenheiten entlang der Route 17. Interessanterweise kamen unsere beiden Gruppen etwa zeitgleich bei Einbruch der Dämmerung in Bethel an; wir hatten also keine größeren Probleme, uns wiederzufinden. Der Weg zum Festivalgelände war ziemlich lang, und irgendwann als wir unserem Ziel näherkamen, hielten wir an, schlugen unsere Zelte auf und aßen etwas. Als wir fertig waren, kam mein Freund Mark freudestrahlend von einer Erkundungstour zurück – er hatte das Festivalgelände entdeckt. Wir zogen uns alle ganz ordentlich LSD rein und gingen dann rüber. Wir hatten kaum etwas zu essen mitgebracht, und das wenige, was wir hatten, war schnell aufgebraucht. Aber ich kann mich nicht daran erinnern, sonderlich hungrig gewesen zu sein. Wir hatten alle Tickets gekauft, die sich als absolut nutzlos erwiesen. Mein Freitagsticket hatte ich per Post angefordert und meine Eintrittskarten für den Samstag und den Sonntag hatte ich einem Freund abgekauft, der nicht mitkommen konnte. Als wir auf dem Gelände ankamen, begrenzten wir unseren Bewegungsradius auf ein bestimmtes Gebiet, um uns nicht zu verlieren. Auf Acid war die Menge an Menschen um uns herum schier überwältigend. Und es war eigentlich eine unlösbare Aufgabe, zu einer kleinen Gruppe aus drei Freunden zurückzufinden, wenn man sich einmal kurz zum Pinkeln zurückzog. Also hingen wir von Donnerstagabend bis Sonntagmorgen mehr oder weniger an derselben Stelle rum. Bis zu dem Zeitpunkt hatte vermutlich keiner von uns geglaubt, dass es in Amerika viele Hippies gab. Wir waren damals zumindest die einzigen Freaks an unserer Highschool. Wir wussten, dass es in den Nachbarorten noch ein paar andere gab, aber von dem wirklichen Ausmaß hatten wir keine Vorstellung. Das war einer der Aspekte von Woodstock, der uns bestärkte und zuversichtlich stimmte, zu wissen, dass wir so viele waren.

Wir riefen alle Lieferanten und Mitarbeiter, die noch nicht auf dem Gelände waren, an, um ihnen zu raten, sich umgehend auf den Weg zu machen, damit sie nicht auch im Verkehr stecken blieben. Als Dr. Abruzzi endlich zu uns stieß und sah, wie viele Menschen bereits vor Ort waren, organisierte er umgehend weitere Medikamente, Hilfsmittel und zusätzliches medizinisches Personal. Außerdem forderten wir noch mehr Hubschrauber an, weil wir einsahen, dass wir die nicht nur für Krankentransporte, sondern auch zur Beförderung von Versorgungsgütern benötigen würden.

John, der am Mittwochmorgen eingetroffen war, und Joel, der seit Montag das Geschehen auf dem Gelände verfolgte, regten sich maßlos darüber auf, dass bereits so viele Leute auf dem Konzertgelände waren. Wir hatten von Anfang an gesagt, dass die Zeltplätze kostenlos seien. Inzwischen waren allerdings auch die besten Plätze vor der Bühne schon von früh angereisten Besuchern in Beschlag genommen worden – bevor Zäune, Einlassbereiche und Verkaufsstellen errichtet worden waren. John fragte Wes, wie man mit den vielen Tausend Menschen umgehen solle, die bereits auf dem Gelände waren, und er riet ihm, sie gewähren zu lassen. Er sah keine Möglichkeit, sie vom Gelände zu entfernen, ohne Tumulte zu provozieren.

Wes Pomeroy: Es war wie im Gefecht, ständig veränderte sich etwas. Aber man wusste, was man wollte und was man konnte, also passte man sich den Gegebenheiten an. Wirklich hektisch wurde es erst an dem Tag, bevor es losging. Als plötzlich all die Menschen kamen und wir versuchten, so gut es ging mit ihnen fertig zu werden. Wir wussten, dass wir weder Zäune noch Eingänge hatten, und das war eine große Enttäuschung. Aber Zäune waren eigentlich auch irrelevant. Da, wo es bereits welche gab, hatte man Löcher daruntergebuddelt, und es hätte sich ziemlich schnell herumgesprochen, dass man heimlich hineinschlüpfen konnte, wenn man wollte.

Bill Graham: Ich kam einen Tag vorher aufs Gelände. Ich lief die ganze Zeit herum, und der Anblick, der sich mir bot, war atemberaubend. Damals fürchtete ich, dass die Sache nicht gut gehen würde, weil die Dimensionen dieses Festivals in jeder Hinsicht immens waren und es dafür keine Blaupause gab, auf die man hätte zurückgreifen können. Das war eine Premiere. Dass es zu Problemen kommen würde, etwa bei der Regelung der ankommenden Verkehrsströme, war unvermeidbar. Wenn neunzigtausend Mäuse versuchen, durch ein Mauseloch zu kriechen, kommt es unweigerlich zu Schwierigkeiten.

Am Donnerstagabend gingen John, Joel, Peter Goodrich und ich noch einmal zu den Jungs von Food for Love. Sie wollten nicht aus ihrem Trailer kommen, stattdessen schickten sie uns ihren Anwalt, der uns erklärte, dass sie sich weigerten, die Imbissstände zu betreiben, sofern wir ihnen nicht hundert Prozent des Gewinns zugestanden, abzüglich der 75 000 Dollar Vorschuss, die John ihnen gezahlt hatte. John hatte fest mit den Einnahmen durch die Imbissstände gerechnet und wir waren alle empört über ihr erpresserisches Vorgehen. Dennoch folgten wir Wes' Rat und gingen auf ihre Forderungen ein, in der Hoffnung, später noch einmal nachverhandeln zu können.

Im weiteren Verlauf des Abends brach ein Feuer im Diamond Horseshoe aus, wo knapp zweihundert unserer Mitarbeiter einquartiert waren. Alle mussten die Unterkunft verlassen, und wir können von Glück reden, dass niemand verletzt wurde. Über die Hälfte der Gäste waren ohnehin noch auf dem Festivalgelände, weil sie die ganze Nacht durcharbeiteten. Aufgrund der katastrophalen Verkehrssituation kamen die Löschzüge der Feuerwehr nicht durch, aber diejenigen, die im Hotel waren, konnten das Feuer glücklicherweise ohne fremde Hilfe löschen. Später stellte sich heraus, dass der Brand durch einen Kurzschluss im Keller ausgelöst worden war.

Die in Scharen anreisenden Journalisten fragten mich in einem fort, ob wir das Festival tatsächlich durchziehen wollten, würde es wirklich drei Tage des Friedens und der Musik geben?

Würden die Zuschauer friedlich bleiben oder würde es wie bei anderen Festivals zu Gewaltausbrüchen und Krawallen kommen?

»Wenn es schlecht läuft«, erklärte ich einem Reporter von der *Washington Post*, »dann geht der Schuss nach hinten los und sie werden selbst ihre eigenen Opfer sein. Unser Festival wird von den Leuten gemacht, die selbst Teil der alternativen Szene sind. Wenn es so, wie wir es machen, nicht gemacht werden kann, dann lag ich falsch – und zwar mit *allem*.« Ticia, die die meiste Zeit während der letzten paar Wochen nicht von meiner Seite gewichen war und auch jetzt neben mir stand, fügte hinzu: »Wenn es so wird, wie wir uns das erträumt haben, werden die Leute die alternative Szene – und damit *uns* – mit ganz anderen Augen sehen.« Besser hätte man es nicht sagen können.

»Verantwortung übernehmen und weitermachen«, an diese Devise meines Vaters erinnerte ich mich noch so manches Mal an diesem Wochenende.

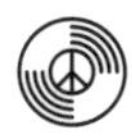

Three Days of Peace and Music

Freitag, 15. August
Richie Havens
Sweetwater
Bert Sommer
Tim Hardin
Ravi Shankar
Melanie
Arlo Guthrie
Joan Baez

Samstag, 16. August
Quill
Country Joe McDonald
Santana
John Sebastian
Keef Hartley Band
Incredible String Band
Canned Heat
Mountain
Grateful Dead
Creedence Clearwater Revival
Janis Joplin
Sly and the Family Stone
The Who
Jefferson Airplane

Sonntag, 17. August

Joe Cocker and the Grease Band
Country Joe and the Fish
Ten Years After
The Band
Johnny Winter
Blood, Sweat and Tears
Crosby, Stills, Nash and Young
Paul Butterfield Blues Band
Sha Na Na
Jimi Hendrix

Kapitel 10

15. August 1969

»Hey, Richie, was hältst du davon, in gut einer Stunde auf die Bühne zu gehen?«

»Nein, Mann, nicht ich! Such dir jemand anderen! Ich will nicht der Erste da draußen sein!«

»Ach komm, deine Band ist doch schon da – das kriegst du hin! Überleg doch mal, wie cool das sein wird, als Erster hier auf der Bühne zu stehen.«

»Nein, Mann, mein Bassist ist noch nicht da. Und wenn die Show mit Verspätung beginnt und ich da rausgehe, wird die Menge verrücktspielen und mir Bierdosen an den Kopf werfen!«

»Okay, denk aber bitte trotzdem mal drüber nach …«

Es ist Freitagnachmittag, drei Uhr, und ich versuche, Richie Havens dazu zu überreden, das Festival zu eröffnen. Wir haben überall angekündigt, dass wir um vier Uhr anfangen werden. Die Leute machen zwar keinen ungeduldigen Eindruck, aber einige von ihnen sitzen immerhin schon seit Mittwoch vor der Bühne. Ich hab so was schon einmal erlebt und will mir das nicht noch mal antun.

Ich bin seit knapp achtundvierzig Stunden wach und hab mir schon dreimal was reingezogen; mein Tank ist leer. Seit dem Morgengrauen sind wir dabei, tausenderlei Dinge zu erledigen, die noch getan werden müssen, damit die Show beginnen kann. Das ist das, was mir am besten gefällt: zu sehen, wie sich alles ineinanderfügt und die Vision Gestalt annimmt. Ich habe eine Ewigkeit an der Realisierung dieses Festivals gearbeitet, und der Rausch, der sich jetzt zur Eröffnung einstellt, zusammen mit der nie da gewesenen Zahl an Besuchern, ist genau das, was ich brauche, um weiterzumachen.

Die Wettervorhersage für das Wochenende sieht allerdings nicht gut aus und überall werden irgendwelche Katastrophen prophezeit. Mel, Stan, John Morris und Chip kommen mit ständig neuen Problemen zu mir: leckende Wasserleitungen, aufgebrachte Anrainer, die sich über unbefugtes Betreten ihres Landes beschweren, und unser unvollendet gebliebener Zaun (Mel schlägt vor, ihn komplett zu entfernen). John und Joel verzweifeln über die vielen Tausend »Schmarotzer«, die ohne Tickets auf das Gelände strömen und von Stunde zu Stunde mehr werden. Die Verkehrslage wird immer prekärer und unsere Sorge, dass wichtige Lieferungen nicht bis zum Gelände durchkommen, wird stündlich größer.

Unsere Hubschrauberflotte haben wir weiter aufgestockt, um die Musiker einfliegen zu können, die im Holiday Inn und im Howard Johnson in Liberty abgestiegen sind. Richie Havens, sein Gitarrist und sein Percussionist sind unter den ersten Ankömmlingen. Ich habe sie im fast fertiggestellten Künstlerpavillon entdeckt und mir gedacht, dass ich mit ihnen zumindest mal darüber sprechen sollte, dass ich mir vorstelle, sie die Show eröffnen zu lassen. Richie ist ein Profi. Er ist schon in den frühen Sechzigern in Cafés im Village aufgetreten. Er ist groß, hat eine kräftige Stimme und einen einzigartigen Gitarrenstil – auf mich hat er immer unerschrocken gewirkt. Sweetwater, eine Folkrockband aus L. A., die das Festival eigentlich eröffnen sollen, stecken irgendwo zwischen ihrem Motel in Liberty und dem Festivalgelände fest. Der Truck mit ihrem Equipment steht ebenfalls im Stau – allerdings in einem anderen. Ich will Richie im Moment noch nicht drängen, aber ich lasse ihn nicht aus den Augen – wohl wissend, dass ich ihn in etwa einer Stunde noch mal ansprechen muss.

Richie Havens: Sie quetschten mich, meinen Gitarristen Deano (Paul Williams) und meinen Drummer Daniel Ben Zebulon in das Cockpit dieses Hubschraubers. Wir saßen gleich hinter dem Piloten und hielten noch zwei Congas und zwei Gitarren zwischen uns fest. Um uns herum war überall nur Glas. Wenn ich auf meine Füße blickte, konnte ich klar und deutlich die Landschaft darunter erkennen – ganz so als säße ich in der Luft. Dann neigten wir uns plötzlich leicht nach links und das Meer von Bäumen unter uns verwandelte sich in ein Meer ganz anderer Art, das aber ebenso schön war. Ich bekam den Mund nicht zu vor lauter Staunen, als ich all diese Menschen sah. Es müssen Hunderttausende gewesen sein. Ganz sicher mehr als die Zweihundertfünfzigtausend, von denen die New Yorker Tageszeitungen am nächsten Morgen berichteten. Eine ganze Menge mehr sogar – so um eine halbe Million am ersten Tag.

Es war atemberaubend: eine Menschenmenge, die doppelt so groß war wie in der Silvesternacht am Times Square, und das bei Tageslicht ohne irgendwelche Mauern oder Gebäude, die die Leute daran hinderten, sich zu bewegen. Wie eine menschliche Decke überzogen sie das ganze Feld bis quer über die Straße zur anderen Seite des Hügels hinauf und in die umliegenden Wälder hinein, von wo aus garantiert niemand die Bühne sehen konnte. Als wir gelandet waren und ich mich umsah, erkannte ich, dass drei Straßen von dieser menschlichen Decke blockiert wurden, vor allem der Weg unterhalb des Hügels, der zum Bühnenbereich führte.

Soweit ich sehen konnte, war alles ruhig. Selbst die Leute ganz vorne an der Bühne zeterten nicht rum, dass es nun endlich losgehen solle. Es war Sommer und sie verbrachten eine angenehme Zeit auf dem Land. Einige rauchten Gras, tanzten zur Musik aus ihren Kofferradios oder spielten Frisbee. Andere sonnten sich, hielten ein Nickerchen oder verkrochen sich unter ihren Decken, um ein bisschen rumzufummeln. Vor allem aber trafen sie sich, lernten einander kennen und verbrachten Zeit miteinander. Ganz gleich, wo sie herkamen oder wie alt beziehungsweise wie jung sie waren. Der Vibe auf dem Gelände war toll.

Die letzten vierundzwanzig Stunden waren ein Nonstoprennen gegen die Zeit gewesen. Die Crew hatte die Nacht durchgearbeitet, um die Bühne fertig aufzubauen und – bei Sonnenaufgang – endlich die hölzerne Drehbühne zu installieren, die gut zwölf Meter im Durchmesser maß. Ich dachte: Wenn es keine schlimmen Zwischenfälle gibt und wir einfach weitermachen können, wird es richtig, richtig klasse.

Als hätte irgendwer meine Gedanken gelesen, tauchte plötzlich eine attraktive Frau mit einer großen Plastiktüte voller weißem Pulver im Backstagebereich auf. Irgendein guter Samariter hatte ein Pfund Kokain bestellt, um es an die verschiedenen Teams zu verteilen, die die ganze Nacht durchgearbeitet und jetzt noch ein langes Wochenende vor sich hatten. Um etwa acht Uhr früh hatten sich alle Teamleiter vor den Bürocontainern im Backstagebereich versammelt. Und just in dem Moment, in dem das Pulver auf den Tisch geschüttet wurde, um es zu verteilen, brach ein sintflutartiger Wolkenbruch über uns herein. Noch bevor sich irgendwer rühren konnte, hatten sich die glitzrigen Körnchen in eine klebrige Pampe verwandelt. Die Leute rangelten wie wild, um noch etwas von der weißen Paste abzubekommen, die in kleinen Rinnsalen in der Erde versickerte.

Die Götter hatten wieder einmal gesprochen.

Es mussten noch einige Last-Minute-Entscheidungen getroffen werden. Ich nahm Chip Monck und John Morris zur Seite und erklärte ihnen, dass sie als Conférenciers ranmüssten. John hatte am Donnerstag, als Bill Hanley und sein Team die PA installierten, schon die Mikrotests gemacht. Er war bei Konzerten im Fillmore als Ansager aufgetreten und liebte das Rampenlicht. Chip hingegen hatte so etwas noch nie gemacht, aber er war redegewandt und sehr selbstsicher, was ihn für den Job als Conférencier prädestinierte.

> **Chip Monck:** Um sieben Uhr morgens am ersten Tag kam Michael zu mir auf die Bühne, während ich arbeitete, und sagte: »Chip, da in Sachen Beleuchtung ja nicht so viel zu tun ist, gebe ich dir noch einen anderen Job: Conférencier.« Von einer Minute auf die nächste hörte man förmlich, wie mir die Knie schlotterten. Ich hatte panische Angst. Aber er sagte nur: »Guck, dass du das irgendwie hinbekommst.« Meine erste Ankündigung richtete sich an die Leute unten im Talkessel, sie sollten aufstehen und ein Stück weiter von der Bühne abrücken. Dann kamen lauter kleine Hinweise rein, die ich verlesen sollte, zum Beispiel: »Harold, komm bitte in das blaue Zelt im hinteren Bereich, um dir deine Diabetestabletten abzuholen.« Was natürlich nichts anderes hieß, als dass irgendjemand einen Dopedeal abschließen wollte.

Am Freitagmorgen belagerten mindestens zweihunderttausend Menschen die Felder von Max. Da es keine vernünftigen Absperrungen gab, war uns allen klar, dass wir keinerlei Tickets überprüfen oder verkaufen konnten – obschon viele Leute nach Verkaufsstellen suchten. Dennoch versuchten wir weiterhin, das Problem zu lösen. Da ich weder Keith O'Conor noch Joel irgendwo auftreiben konnte, wandte ich mich an Mel, um herauszufinden, wie es mit dem Ticketverkauf weitergehen sollte. Allerdings hatte er auch keine aktuellen Informationen und konnte mir nicht weiterhelfen. Später erfuhr ich von Keith, dass man ihm und dem Verkaufsteam gesagt hatte, sie sollten früh am

Freitagmorgen vor Ort sein. Aber das war natürlich viel zu spät, nachdem schon so viele Menschen auf dem Gelände waren.

Ursprünglich hatten wir geplant, die Zugänge zum Hauptgelände um 13 Uhr zu öffnen – nur dass es jetzt gar keine Zugänge gab, die man hätte öffnen können. Artie schlug vor, Frauen »in transparenten Gewändern« mit einer Sammelbüchse aufs Gelände zu schicken – und da war er noch nüchtern. Als ich bemerkte, dass wir bei unserer ziemlich erhitzten Diskussion gefilmt wurden, sah ich zu, dass wir uns weit genug entfernten, um vor der Kamera sicher zu sein. Natürlich wollte ich, dass Woodstock dokumentiert wird, aber es gab auch Grenzen.

Nachdem wir mit John und Wes gesprochen hatten, mussten wir uns im Verlauf des Nachmittags mit dem abfinden, was einige Hunderttausend Besucher zu dem Zeitpunkt bereits wussten. John war verzweifelt. Ich schickte John Morris auf die Bühne, um anzukündigen, was ohnehin längst offensichtlich war: »Der Eintritt zu diesem Konzert ist ab sofort frei.« Und nach dem Applaus, der darauf folgte, fügte er hinzu: »Die Leute, die das ganze hier auf die Bühne gebracht haben, werden jetzt ein Bad nehmen – ein langes Bad …« Wir hofften, dass das die Leute dazu anregen würde, mit anzupacken und zu helfen, wann immer Hilfe benötigt wurde. Wir steckten da jetzt alle gemeinsam drin.

> **Joyce Mitchell:** Uns war schon lange Zeit vor der Ankündigung klar, dass das letzten Endes ein Festival mit freiem Eintritt werden würde. Das lag zum einen an all den radikalen Gruppierungen, die auf Michael Druck ausgeübt hatten, und zum anderen daran, dass die verdammten Absperrungen nicht rechtzeitig fertig wurden – was absehbar gewesen war. Wir wussten eine ganze Menge Dinge, die wir nicht

nach außen getragen haben. Das hatte nichts mit Kungelei oder so zu tun – es war einfach so. Aus Michaels Sicht war nichts wichtiger, als das Konzert auf die Bühne zu bringen.

Wes Pomeroy: Ich hatte im Gefühl, dass ich sie enttäuschte, dass ich irgendwie versagt hatte, aber ich musste ehrlich sein. Ich sagte zu John: »Es gibt nichts, was wir dagegen tun können – ich kann nicht dafür sorgen, dass Sie Ihr Geld bekommen.« Ich schlug vor, dass sie an einigen Stellen Spendentische aufstellen. Ich dachte, das könnte ganz effektiv sein, weil viele Leute sehr dankbar waren. Einige fragten auch: »Wem sollen wir unser Geld geben?« Aber aus irgendeinem Grund hat sich da niemand weiter drum gekümmert.

Chip und John versicherten den Leuten von der Bühne aus wiederholt, dass das Konzert bald beginnen würde. Wir begannen, die neuen Alben von Led Zeppelin und Crosby, Stills and Nash über die PA zu spielen, die Stimmung im Publikum war gut. Irgendwann rief Stephen Stills John Morris im Produktionsbüro an. David Geffen oder jemand anderes hatte ihm von der riesigen Besucherzahl erzählt und jetzt wurden er und die Band ein bisschen nervös. »Hör dir das an – wir spielen euer Album und die Leute lieben es!«, versicherte John ihm, während er den Hörer in Richtung Bühne hielt, sodass Stills »Suite: Judy Blue Eyes« und den anschließenden tosenden Applaus hören konnte. »Okay, wir kommen«, sagte Stephen darauf. »Wir kommen am Sonntag mit dem Hubschrauber.«

Bill Graham kreuzte irgendwann im Backstagebereich auf. John Morris versuchte, ihn einzuspannen, und klagte über die vielen Verkehrsbehinderungen und den immensen Besucherandrang. Doch Bill wusste auch nicht weiter. Mit den Problemen, vor denen wir standen, war noch niemand zuvor konfrontiert worden. »Hör auf, Veranstalter zu sein, du musst Produzent werden!«, empfahl er mir. »Du hast all diese Leute hier. Was willst du mit denen anfangen?« »Wir werden uns um sie kümmern, Bill«, sagte ich, als ich die Treppe zur Bühne hinaufstieg.

Um etwa 16 Uhr stand ich an einem Kommandoposten, den Chip am rechten Bühnenrand aufgebaut hatte. Dort verbrachte ich einen Großteil des kommenden Wochenendes. Plötzlich hörte ich lautes Motorradknattern und sah, wie eine Gruppe von etwa zwanzig Bikern die West Shore Road raufgefahren kam, die direkt hinter der Bühne vorbeiführte. Als ich erkannte, dass es sich um eine New Yorker Gang handelte, war ich einen Augenblick lang besorgt, doch als sie vorbeifuhren, fiel mir auf, wie freundlich sie zu den Leuten waren, die beiseitetraten, um ihnen Platz zu machen. Irgendwann wurden sie dann wieder von der Menge verschluckt und verschwanden aus meinem Blickfeld.

Rob Kennedy, Festivalbesucher: Das Publikum war ein einziger, lebender und atmender Organismus. Es gab Nackte, Zugedröhnte, Normalos und alles Erdenkliche dazwischen. Es war eine wirklich coole Mischung. Eine kleine Anekdote: Einer meiner Freunde kaufte sich eine riesige Pfeife im Sherlock-Holmes-Stil. Der Holm war mindestens fünfundzwanzig Zentimeter lang, und der Kopf war so groß, dass man beim Rauchen *immer* Husten musste. Nach einem besonders schweren Hustenanfall ärgerte sich ein anderer Freund von mir so sehr, dass er das Ding in seiner Wut so weit wie möglich in die Menge hinter uns schleuderte. Der Freund, der die Pfeife gekauft hatte, wurde natürlich fuchsteufelswild und brüllte: »Werft sie zurück! Werft sie zurück!« Und plötzlich tauchte sie wieder auf. Immer noch brennend flog sie demjenigen, der sie weggeworfen hatte, an den Kopf. Das nennt man dann wohl »Instant Karma!«

Im Wald, nicht weit von der Stelle mit den Verkaufsständen entfernt, florierte bald das Geschäft mit Drogen und diversem Zubehör. Man bekam dort alles Mögliche, von LSD über Meskalin und Magic Mushrooms bis hin zu verschiedenen Sorten Gras und Hasch. Blättchen, Pfeifen, Roach-Clips und Zigaretten wurden offen an einigen Verkaufsständen angeboten.

Der Besucherstrom riss den ganzen Tag über nicht ab. Es dauerte acht Stunden oder länger, die etwa hundertsechzig Kilometer von New York bis hierher zurückzulegen. Der Verkehr kam schon mehrere Kilometer vor der Ausfahrt 16 auf der Autobahn zum Erliegen. Die dahinterliegende Route 17 war hoffnungslos überlastet, was dazu führte, dass die State Police die Ausfahrt irgendwann sperrte. Auf der gut fünfzehn Kilometer langen Route 17b herrschte bereits seit Donnerstagabend Stillstand und ab Freitagnachmittag ging in einem Umkreis von etwa dreißig Kilometern rund um das Gelände nichts mehr.

Greil Marcus, Musikjournalist: Die unerschrockene Truppe vom *Rolling Stone* dachte sich, wir sind schlau und fahren ganz früh morgens los, um vor dem großen Ansturm vor Ort zu sein … Wir kamen bis Monticello, einem kleinen Ort, etwa zwölf Kilometer vom Festivalgelände entfernt. Eine zwölf Kilometer lange zweispurige Straße stand voll mit Tausenden von Autos, die nur kriechend vorankamen. Motoren begannen zu kochen, Leute kollabierten am Straßenrand und jeder lächelte in allgemeiner Ratlosigkeit vor sich hin. Liegen gebliebene Wagen am Straßenrand sahen aus wie die Skelette der Pferde, die auf dem Oregon Trail verendet sind. Die Leute begannen zu improvisieren und fuhren auf dem Seitenstreifen weiter, bis sie auf das Ende der Schlange trafen, in der die tausend anderen Wagen steckten, deren Fahrer die gleiche Idee gehabt hatten. Irgendwann war aus der zweispurigen eine vierspurige Straße geworden und trotzdem ging es nicht voran. Viele ließen daraufhin einfach ihre Autos stehen und machten sich querfeldein zu Fuß auf den Weg. Einige Kids, die sich geschlagen gaben und sich wieder auf den Rückweg machten, erklärten uns, dass es weiter vorne gar nicht mehr weiterging und dass es noch zehn Kilometer bis zum Festivalgelände waren. Es war ein geradezu galaktischer Stau, bei dem sich die Fahrzeuge wie winzige Puzzleteilchen aneinanderfügten … Der Highway nach White Lake bot einen umwerfenden Anblick. Irgendjemand meinte ganz passend, dass es aussah wie bei Napoleons Rückzug aus Moskau.

Jonathan Gould, Festivalbesucher: Wir sonderten uns von der kilometerlangen Schlange aus festgefahrenen Fahrzeugen ab und suchten unseren eigenen Weg. Nach einigen Kilometern auf einem staubigen Kiesweg erreichten wir den winzigen Flughafen von Sullivan County, der mehr oder weniger aus einer einzigen Piste und ein paar heruntergekommenen Hangars und Versorgungsgebäuden bestand. Ich weiß nicht mehr, ob irgendwer von uns laut ausgesprochen hat, wie wir jetzt weitermachen sollten. Ich trug an dem Tag das, was man als siebzehnjähriger selbstbewusster heimlicher Hippie und Möchtegernrockstar, der gerade aus London kam, für einen dreitägigen Ausflug ins Hinterland von New York ausgewählt hatte: ein eng anliegendes Samtsakko, ein weites, gelbes Hemd mit Ballonärmeln und ein paar Schlaghosen aus Pannesamt. Meine Haare reichten mir bis zur Schulter und eine Pilotenbrille komplettierte das Outfit. Tom und Chris, meine Freunde, liefen etwas dezenter herum. Soweit ich mich erinnere, waren sie von Kopf bis Fuß in Jeans gekleidet. Unsere Kleidung erzählte eine Geschichte: Ich war ein Rockmusiker und die beiden meine Roadies. Inspiriert von dieser Vorstellung gingen wir über den Parkplatz und stellten uns in eine Schlange aus etwa fünfundzwanzig farbenfroh gekleideten Menschen neben einen von Unkraut überwucherten Asphaltflecken, der als Hubschrauberlandeplatz diente. Das Einzige, woran ich mich noch erinnere, ist diese nagende Nervosität, darauf zu warten, dass irgendwer auf uns zugelaufen kommt und fragt: »Was habt ihr denn hier verloren?« Inzwischen landeten und starteten die Hubschrauber in regelmäßigen Abständen vor unserer Nase. Jeder davon beförderte zwei Passagiere, die neben dem Piloten saßen. Schließlich waren wir dran. Chris und ich duckten uns und liefen über den Asphalt auf den Hubschrauber zu (so wie wir es im Fernsehen gesehen hatten). Wir stiegen in die blasenförmige Glaskabine, legten die Sicherheitsgurte an und erhoben uns in die Lüfte.

Ich hatte noch nie zuvor in einem Hubschrauber gesessen, und erst recht nicht in einem, der zu beiden Seiten keine Türen hatte und im Tiefflug über die hügligen Ackerflächen im Hinterland von New York sauste. Der Flug war zum Glück nur sehr kurz. Wir flogen über eine Anhebung, und in dem dahinterliegenden Talkessel erblickte ich die größte Menschenansammlung, die ich je gesehen hatte. Wir kreisten einmal über der Menge und landeten dann auf einem freien Feld links von der Bühne. Während des gesamten Flugs hatten Chris und ich vermieden, uns anzusehen. Stattdessen hatten wir uns darauf konzentriert, den Anschein zu erwecken, als wäre ein Flug in einem Hubschrauber nichts Neues für uns. Jetzt bereiteten wir uns auf den Augenblick der Wahrheit vor, der unweigerlich kommen musste, wenn wir erst einmal gelandet waren und man uns als dreiste Betrüger entlarvte. Und natürlich kamen direkt nach der Landung zwei grimmig dreinblickende Roadies auf uns zugerannt. (Ich weiß noch, dass ich dachte, ein Segen, dass es keine Bullen sind.) Einer davon beugte sich in das Hubschraubercockpit hinein und schrie über den Motorenlärm hinweg: »Braucht ihr irgendwas?« Ob wir irgendetwas *brauchten?* Nun ja, jetzt gerade im Moment eigentlich nicht, danke sehr. Wir schnallten die Gurte ab, kletterten aus dem gläsernen Cockpit und duckten uns – inzwischen fast routiniert – beim Rennen unter den laufenden Rotorblättern. Anschließend liefen wir quer über das Feld zum äußersten Rand des Landeplatzes, eskortiert von den beiden Roadies, die uns währenddessen eine kurze Einweisung gaben (»Da hinten ist der Backstagebereich. Und dort findet ihr die Verpflegungstische.«). Der Hubschrauber mit Tom landete wenige Augenblicke später und dann kam er zu uns hinüber. Wir hatten es tatsächlich unbehelligt mit dem Helikopter hierhergeschafft. Wir waren in Woodstock. Wir standen mit beiden Beinen auf dem Boden, aber unseren Kopf trugen wir hoch erhoben, bis in den Himmel hinauf.

Gegen Ende des Tages ließ Wes über die regionalen Radiosender eine öffentliche Mitteilung verbreiten. Die Leute wurden gebeten, nicht mehr zu versuchen, zum Festival anzureisen. Wir hatten unsere Kapazitätsgrenzen erreicht. Am Freitag hatten sich schätzungsweise eine Million Menschen zum Festival aufgemacht, die wieder umkehren mussten.

Penny Stallings: Es kam einem vor, als habe sich unter der Last der gesamten Babyboomergeneration, die hierherzukommen versuchte, die Erde geneigt.

Joyce Mitchell: Ich hatte mein Büro in einem Wohnwagen, und genau von dort aus rief dieser *New York Times*-Reporter bei seiner Redaktion an und sagte, dass es hier wie in einem Katastrophengebiet zugehe. Ich hätte den Mann erwürgen können, aber nun ja, auch das gehört zur »Pressefreiheit«. Ich saß gleich gegenüber der Fußgängerbrücke und war für die interne Kommunikation verantwortlich – die Nachrichten, die zur Bühne gingen. Und ich lag mit dem Agenten von Jimi Hendrix im Clinch, den ich dazu zu überreden versuchte, Jimi rüberzuschicken.

Ursprünglich hatte ich geplant, das Festival am Freitag mit einem unangekündigten Akustikset von Jimi eröffnen zu lassen, aber der war bisher noch nicht aufgetaucht. Um 16:30 Uhr war klar, dass jetzt irgendwer auf die Bühne musste. Abgesehen von Richie war der einzige andere Kandidat, der sich anbot, Tim Hardin. Als ich ihn ansprach, saß er im Künstlerpavillon, zupfte auf seiner Gitarre herum und sang leise vor sich hin. »Hey Tim, willst du das Ganze hier eröffnen?«

»Auf gar keinen Fall, Mann! Ich kann da jetzt nicht rausgehen – ich nicht, nicht als Erster! Das pack ich nicht!« Er sah verzweifelt zu mir auf. »Ich warte auf meine Band.«

Ich wusste, dass er nicht sonderlich stabil war. Er hatte gerade erst einen Heroinentzug hinter sich und war jetzt auf Methadon und ich wollte ihn nicht drängen. Tim war ein Freund, ich war ein großer Fan von ihm und seiner Musik und hoffte, dass er es schaffen würde, auf der Bühne sein Bestes zu geben. Das könnte der große Durchbruch für ihn werden.

Blieb also nur Richie übrig. Ich wusste, dass er es konnte. Sein ebenso bestimmtes wie ruhiges Auftreten war genau das, was wir für die Eröffnung brauchten. Es schuf die richtige Atmosphäre. Egal was er sagte, er war bereit, und er war derjenige, der die geringste Aufbauzeit hatte und das wenigste Equipment benötigte. Er wirkte erschrocken, als ich auf ihn zukam, und versuchte, mir aus dem Weg zu gehen.

> **Richie Havens:** Michael ging ganz langsam auf mich zu, und ich wusste ganz genau, was er sagen wollte. Ich sah, wie sein Lächeln immer breiter wurde, je näher er kam. Dann neigte er seinen Kopf ein wenig zur Seite und sagte: »Richie, bitte hilf uns. Oh Mann, du *musst* uns aus der Patsche helfen.«
>
> Als mir klar wurde, dass er es diesmal ernst meinte, fing mein Herz an zu rasen. Ich flehte ihn an. »Michael«, sagte ich, »ich bin als Fünfter eingeplant, nicht als Erster.«
>
> »Bitte, Richie, Mann, bitte!« Und schließlich ließ ich mich überreden.

Um 17:07 Uhr ging Richie Havens schließlich raus auf diese große Bühne. Er trug einen orangefarbenen Dashiki über einer weißen Hose, hielt seine große akustische Guild-Gitarre in der Hand und setzte sich auf einen hölzernen Barhocker. Rechts und links von ihm standen sein Percussionist und sein Gitarrist. Und dann sprach er mit der Menge genauso, als säße er auf der Bühne des Café Wha: »Wisst ihr was? Wir haben es endlich geschafft! Dieses Mal haben wir es geschafft. Jetzt werden sie uns nicht länger ignorieren können.«

»Get Together«, »I'm a Stranger Here«, »High Flying Bird«, »I Can't Make It Anymore«, »Handsome Johnny«. Nach einem rund vierzigminütigen, energiegeladenen Folkset erhob sich Richie von seinem Hocker, um seinen Auftritt zu beenden. Der nächste Act war allerdings immer noch nicht bereit, also gab ich Richie ein Zeichen, weiterzumachen. Ganz der Profi, der er war, spielte er noch einen Song nach dem anderen. Als er dann aufstand, um die Bühne zu verlassen, schickten wir ihn abermals zurück. Er folgte keiner Setliste, sondern spielte einfach Song für Song, wie es ihm gerade gefiel, und seine Band folgte ihm. Schließlich, nach seiner sechsten oder siebten Zugabe, richtete er sich schweißgebadet auf und gab uns mit einem Blick zu verstehen, dass jetzt wirklich Schluss war.

Richie Havens: Ich gehe noch ein einziges Mal raus, danach gibt es keinen Song, den ich noch spielen könnte. Das wars. Ich muss runter von der Bühne, ganz gleich in was für einer Lage die anderen gerade sind. Trotzdem gehe ich tatsächlich noch mal zurück und hoffe, dass mir irgendein Song einfällt, den ich vielleicht vergessen habe. Da geht mir plötzlich wieder dieses Wort durch den Kopf, ein Wort, an das ich spontan denken musste, als ich ganz zu Beginn auf die Bühne kam und in die Menge blickte. Dieses Wort hieß Freiheit: *freedom*.

Und so sage ich zum Publikum: »Freiheit ist das, wovon wir alle sagen, dass wir es erlangen wollen. Es ist das, wonach wir suchen … Ich glaube, das hier ist es.«

Ich beginne, an meiner Gitarre herumzuzupfen, und spreche dabei das Wort *freedom* aus wie »FREE-dom, FREE-dom«, mit einem ganz eigenen Rhythmus. Mein Fuß geht mit und spornt mich zu einem noch schnelleren, noch kraftvolleren Rhythmus auf meiner Gitarre an. Ich habe keine Ahnung, wo das hinführen soll, aber es fühlt sich richtig an, und mit einem Mal merke ich, wie ich zu einem ganz alten Song überleite, »Sometimes I Feel Like a Motherless Child«, einem großartigen Spiritual, das mir meine Großmutter oft vorgesungen hatte, als ich noch ein kleiner Junge war, der in Brooklyn aufwuchs. Es ist ein schöner

Song, ein Song, den ich seit sechs oder sieben Jahren nicht mehr gespielt hatte. Er hat einen starken Rhythmus und mein Fuß treibt mich an.

Deano und Daniel gehen mit, spüren sich in den Rhythmus ein und tragen sogar ein paar Backing-Vocals bei. Das Wort »FREE-dom« klingt dabei im Hintergrund fort wie eine unausgesprochene Bassline oder ein leiser Refrain in der Ferne. Das Ganze transportierte ein Gefühl, das ich die ganze Zeit schon empfunden hatte. Dass Bethel ein ganz besonderer Ort ist, ein Ort, der uns in diesem Moment allen vorkam wie das Zentrum der wahren Freiheit. Also singe ich es, »FREE-dom, FREE-dom«, nehme den Rhythmus auf, verknüpfe ihn mit einem anderen Beat, und dieser Impuls hilft mir weiterzumachen und verbindet mich in diesen letzten Minuten auf der Bühne mit allen Festivalbesuchern. Mir war, als könnte ich selbst die Anwesenheit der Menschen auf der anderen Seite des Hügels, die ich gar nicht sehen konnte, spüren … »Clap your hands! Clap your hands!«, rief ich. Und sie taten es alle!

Während ich Richie hinterhersah, als er nach diesem unglaublichen Set die Bühne verließ, fiel mein Blick auf meinen Vater. Er saß auf der Gerüstkonstruktion im vorderen Bühnenbereich – dem besten Platz auf dem ganzen Festivalgelände – und strahlte übers ganze Gesicht.

Wen konnte man nach Richie auf die Bühne schicken? Artie und John Morris hatten eine Idee: Swami Satchidananda, einen spirituellen indischen Meister, der ein paar Worte an die Festivalbesucher richten wollte. Mein alter Freund Peter Max, der sich intensiv mit Meditation und Yoga beschäftigt hatte, hatte den Swami und ein paar seiner Anhänger nach Woostock gebracht.

Artie Kornfeld: Das wurde gar nicht lange diskutiert, denn Michael war von dem Vorschlag sofort begeistert. Er fand es cool. Und ich dachte nur: »Das wird großartige Schwingungen freisetzen.« Er ließ eine Welle des Friedens über das Festival schwappen.

John Morris: Da war dieser winzig kleine Mann in seinem Gewand … Ich brachte ihn auf die Bühne und er setzte sich hin und redete mit seiner Piepsstimme zum Publikum … Das hatte einen wirklich beruhigenden Effekt. Es war wie eine Beschwörung.

Obschon wir ihn nicht für einen Auftritt gebucht hatten, war John Sebastian während des Festivals häufig im Backstagebereich zu sehen. Nachdem sich seine Band Lovin' Spoonful im Jahr zuvor aufgelöst hatte, war er nach Kalifornien gegangen, wo er in der Firesign-Theatre-Kommune lebte und Songs für sein erstes Soloalbum schrieb. Er war am Freitagmorgen am Flughafen in Albany zufällig der Incredible String Band über den Weg gelaufen und sie hatten ihn eingeladen, mit zu ihnen in den Hubschrauber zu steigen, den wir ihnen geschickt hatten, um sie abzuholen.

John Sebastian: Ich hing letzten Endes vor allem deshalb im Backstagebereich rum, weil ich jeden dort kannte. Da waren lauter Leute, mit denen ich schon gespielt, rumgehangen oder gekifft hatte. Das war eine tolle Gemeinschaft. Ich fühlte mich mehr oder weniger eins mit der ganzen Truppe. Ich bekam ziemlich schnell alle Pässe, die ich benötigte, um mich frei bewegen zu können, und von da an spazierte ich im Backstagebereich rum. So langsam fanden sich alle damit ab, dass Woodstock zu einem Festival mit freiem Eintritt geworden war. Darüber, wie man die Leute zügig auf die Bühne und wieder herunterbekommt, war gründlich nachgedacht worden, dennoch war es eine gewaltige Aufgabe, dafür zu sorgen, dass alles möglichst reibungslos ablief. Daher halfen alle, die gerade nicht auftraten, überall dort aus, wo Hilfe nötig war, bei der Essensausgabe, bei der Suche nach Unterkünften und bei anderen Dingen, bei denen sie sich nützlich machen konnten.

Während ich durch die Gegend schlenderte, entdeckte ich ein zirka zweieinhalb Meter mal zweieinhalb Meter großes VW-Bus-Vorzelt, das als Garderobe genutzt wurde. Als ich das sah, fühlte ich mich sofort zu Hause. Ich machte drinnen ein bisschen sauber und zurrte alles noch einmal gut fest. Das Zelt war anscheinend in großer Eile aufgebaut worden, und nachdem ein paar Leute darin herumgelaufen waren, hatten sich die Verankerungen gelöst. Also machte ich mich daran, das Ganze wieder zu stabilisieren. Irgendwann kam Chip Monck vorbei und sagte: »Großer Gott, du kennst dich damit aus.« Worauf ich antwortete: »Nun ja, ich wohne seit ein paar Monaten in genau so einem Zelt.« »Großartig«, meinte er daraufhin, »du hast jetzt die Verantwortung dafür.« Meinetwegen, warum nicht? Die Incredible String Band verstaute ihre ganzen Instrumente darin. Sie hatten eine Oud, eine zwölfsaitige Gitarre, eine Sitar, ein paar Mandolinen und Banjos. Wir packten die ganzen Sachen in die hinterste Ecke des Zeltes, um sie vor Nässe zu schützen.

Es war noch ziemlich früh, daher wollte ich erst einmal um die ganze Menschenmenge herumgehen, um einen Eindruck von dem zu erhalten, was da draußen los war. Es wurde ein ziemlich langer Spaziergang – er dauerte ganze drei Stunden. Ich ging bis in den Wald hinein, wo man ein Klettergerüst errichtet und verschiedene Kunsthandwerker ihre kleinen Stände aufgebaut hatten. Es war einfach zauberhaft, da durchzuschlendern und sich die einzelnen Grüppchen der riesigen Gemeinschaft, die hier zusammengekommen war, genauer anzusehen. Das wurde nirgendwo richtig gewürdigt.

Wir hatten einen speziellen Backstagebereich eigens für Freunde und Familienmitglieder reserviert. Meine Mutter und mein Vater waren ganz begeistert von dem, was sich ihnen hier bot. Eigentlich wollten sie das ganze Wochenende über dableiben, aber sie hatten ihren Hund im Auto gelassen und mussten zwischendurch zurückgehen, um nach ihm zu sehen. Irgendwann erhielt ich einen Anruf von ihnen. Aufgrund des Verkehrschaos konnten sie ihren Wagen nicht mehr erreichen. Da schickte ich einen Hubschrauber zu ihnen rüber, damit er erst sie und dann ihren Hund Jody einsammelt und sie dann allesamt nach Monticello fliegt. Mein ganzes Leben zog hier vor meinen Augen vorbei. Ich hatte Ric O'Barry aus Miami eingeladen, der auch Fred Neil dazu bringen wollte vorbeizukommen. Peter Max war da, ebenso wie viele Freunde aus Woodstock, der Grove und Brooklyn. Ich war schon seit Wochen kaum noch zu Hause gewesen und meine Beziehung zu Sonya war im Grunde am Ende. Dennoch war auch sie gekommen, zusammen mit ein paar anderen Freunden aus der Grove. Ich hatte auch Train eingeladen, aber sie waren gerade im Studio, um ihr erstes Album für Vanguard einzuspielen, demselben Label, bei dem auch Joan Baez und Country Joe and the Fish unter Vertrag standen.

Christine Oliveira, Festivalbesucherin: Ich hatte mich mit Michael und Sonya in Coconut Grove angefreundet, und kurz nachdem sie nach Woodstock gezogen waren, zog ich auch da rauf. Nachdem wir monatelang beobachtet hatten, wie Michael ständig unterwegs war und das Festival plante, mussten wir einfach dahin. Er schenkte uns die Tickets. Wir campten ein wenig abseits, in der Nähe der Hog-Farmer, wodurch wir ein wenig privilegiert waren, auch wenn mir das zu dem Zeitpunkt nicht klar war. Unser Bereich verfügte über ein eigenes Amphitheater, und die Musiker, die auf der großen Bühne auftraten, kamen irgendwann rüber und spielten auch hier, wo man ganz entspannt rumsitzen konnte, ohne gesehen zu werden. Die Hog-Farmer waren wirklich gut organisiert, was das Zubereiten und Austeilen der Lebensmittel und die Hygiene anbelangte. Ich hasse große Menschenansammlungen, daher hielt ich mich größtenteils in diesem Bereich auf. Ich dachte mir damals schon, dass das ein Jahrtausendereignis ist, und dass es zustande kam, lag meiner Meinung nach hauptsächlich an Michaels unermüdlicher Energie.

Am ersten Tag saß ich vier Stunden lang zwischen den Zuschauern vor der Hauptbühne, bis ich mir irgendwann dachte: »Hier kann ich nicht mehr sitzen.« Die Leute um mich herum waren nicht schlimm, aber ich musste da einfach raus. Die meisten waren total zugedröhnt. Da waren Fünfzehn-, Sechzehn-, Siebzehnjährige darunter, die noch nie alleine von zu Hause weg gewesen waren. Ich war damals schon sechsundzwanzig. Von der Bühne hörte man ständig Durchsagen wie: »Dingenskirchen, komm vorbei und hol dir deine Diabetesmedikamente ab.« Ich fand das total erschreckend, weil ich noch nie zuvor gehört hatte, dass so viele Menschen Diabetes haben.

Ich stand also auf und schlenderte umher. Überall auf dem Boden lagen Leitungsrohre. Die Wasserversorgung brach immer wieder zusammen. Die Straßen waren nicht vollständig angelegt worden, sodass die Wagen nicht so problemlos wie geplant rein- und rausfahren konnten. Sie werkelten bis zur letzten Minute an der Bühne herum – ja, selbst als die ersten Acts schon auftraten, wurde noch daran gearbeitet.

Es gab da so ein kleines Dorf im Wald mit vielen Verkaufsständen, wo man wunderschöne Dinge erwerben konnte, Lederarbeiten, Batiksachen und so was in der Art. Aber es war nicht nur das, es war die gesamte Subkultur, die mich da faszinierte. Es war alles so wunderschön aufgebaut, es gab sogar ein großes Klettergerüst und einen Spielplatz. Es war ein ganz zauberhaftes, utopisches Dorf.

Abbie Hoffman: Es wurde wirklich ganz idyllisch dort, jeder gab auf jeden acht. Ich konnte Bobby Neuwirth, Rick Danko, John Sebastian und noch ein paar andere dazu überreden runterzukommen, um ein kleines Konzert auf der *free stage* zu geben. Das war schon was ganz Besonderes. Joan Baez wartete eine Stunde lang im Regen auf ihren Auftritt, ohne irgendwem zu erzählen, wer sie ist.

John Sebastian: Zusammen mit Rick Danko ging ich zu dem großen Zelt, in dem die Hog-Farmer durchgedrehte Leute auf LSD ausnüchterten. Die Leute lagen auf Feldbetten und (Hugh Romney) lief ganz in Weiß gekleidet dazwischen herum. Die Kids, die da reinkamen, gingen zu ihm und sagten: »Hey Mann, nimm die hier und pass auf, dass ich die nie mehr zu Gesicht bekomme.« Rick und ich überlegten uns, welche Songs wir für diese geistig Verwirrten spielen konnten. Das musste wirklich Hardcore-Easy-Listening-Kram sein.

Es kam auch zu kleinen spontanen Jamsessions hinter der Bühne. Einmal sangen und spielten zum Beispiel Jerry Garcia und Mimi Fariña zusammen. Auf der Hauptbühne klang das Freitagsprogramm langsam aus. Wir hatten Sweetwater endlich ausfindig gemacht und sie mit Hubschraubern zum Gelände geflogen. Aufgrund ihres umfangreichen Instrumentariums – darunter Querflöte, Cello, Keyboards, Congas, Schlagzeug, Bass – und der beiden Leadsänger, Nancy Nevins und Albert Moore, gab es bei ihrem Auftritt jedoch erhebliche Probleme mit dem Sound.

Alex del Zoppo von Sweetwater: Die Band war ein ziemlich bunt gemischter Haufen – bei uns gabs Männer und Frauen, Italiener, Juden, Mexikaner, Iren. Wir nahmen einfach jeden! Wir waren zu siebt und die Zusammensetzung der Instrumente war ungewöhnlich – es gab bei uns zum Beispiel keine Gitarren. Unsere Auftritte technisch einwandfrei rüberzubringen, war eine sehr komplexe Aufgabe. Wir waren daran gewöhnt, ohne Soundcheck auf die Bühne zu gehen – nicht gewöhnt waren wir, diejenigen zu sein, an denen der Soundcheck erprobt wurde. Soviel ich weiß, traf Albert außerdem noch einen Bekannten auf dem Festival und schmiss sich etwas von dem braunen Acid ein, das in Umlauf war, was uns auch nicht gerade weiterhalf.

Fred Herrera von Sweetwater: Wir waren die erste elektrische Band auf der Bühne, die Amps und das Schlagzeug wurden über Mikros abgenommen. Damit waren wir letztlich auch diejenigen, mit denen die Soundcrew den Soundcheck durchführte. Während unseres gesamten Auftritts drehten sie an den Reglern rum, es ging ständig hin und her, mal lauter, mal leiser. Über die Hauptlautsprecher hörte ich, was auch das Publikum hörte, allerdings konnte ich nicht hören, was auf der anderen Seite der Bühne passierte, und die dahinten

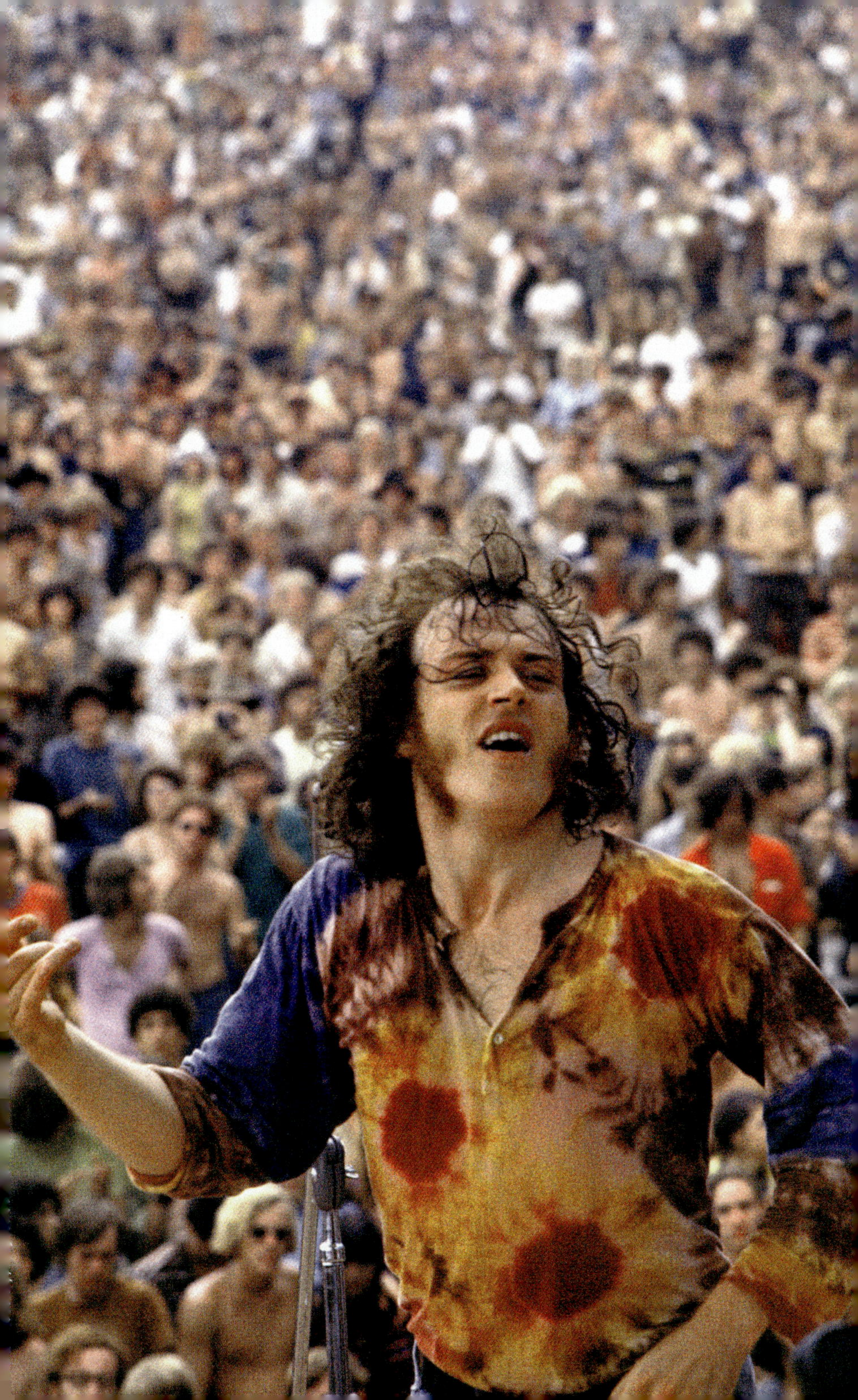

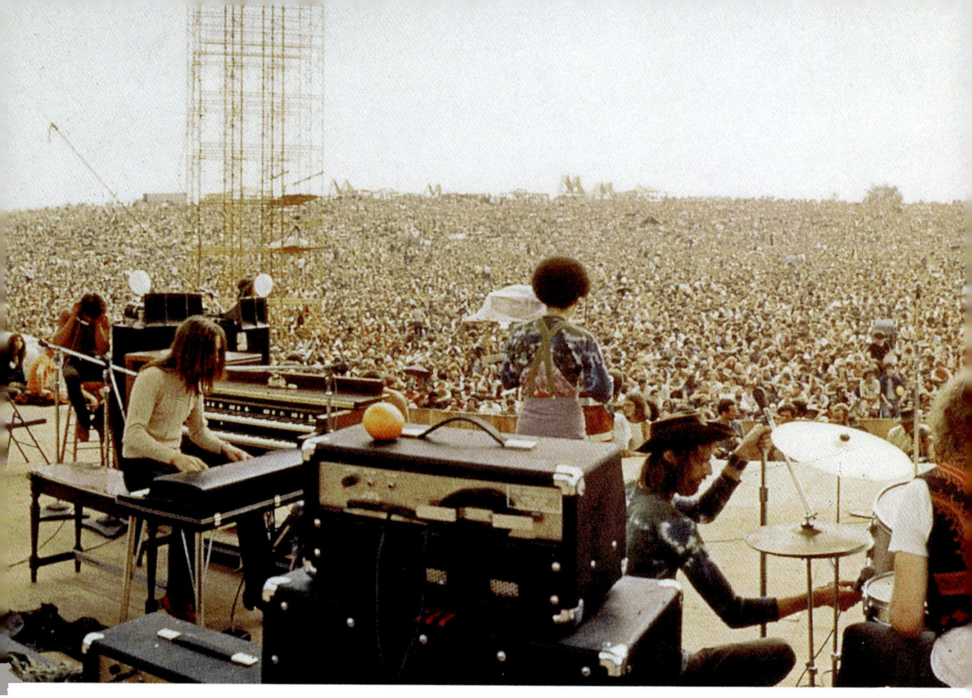

Vorherige Seite: Der noch unbekannte Joe Cocker, begleitet von der Grease Band, beeindruckt das Publikum mit seiner intensiven Soulstimme und seinen eigenartigen Bewegungen.

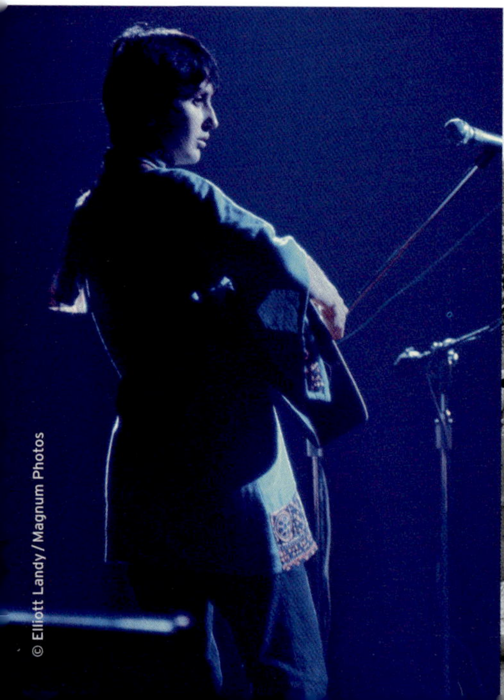

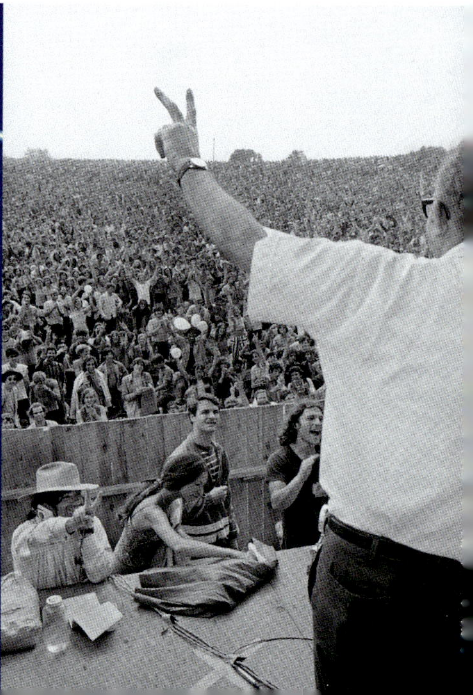

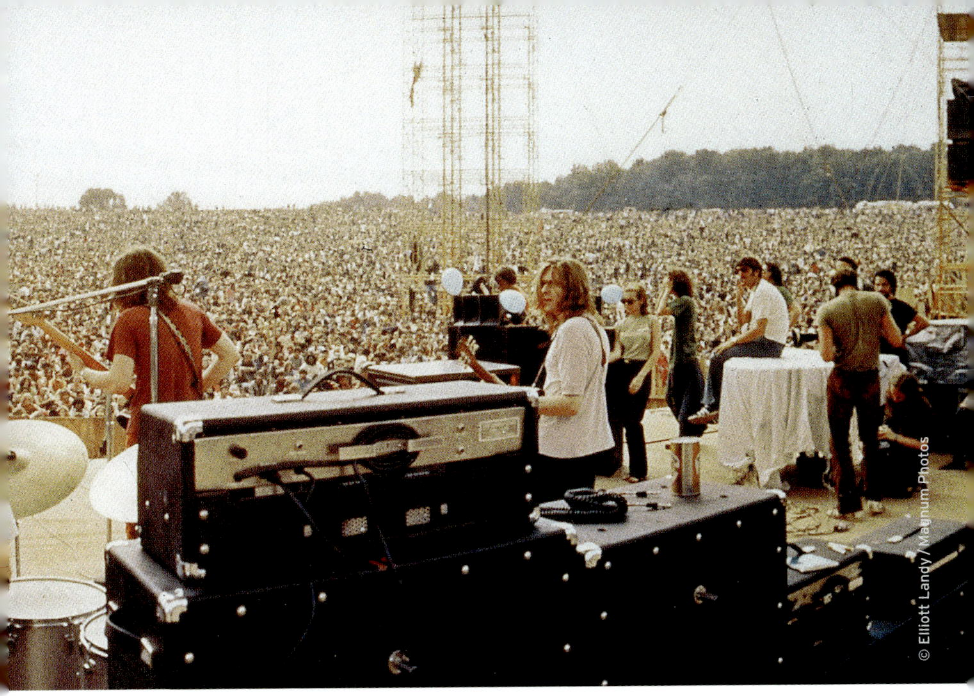

© Elliott Landy / Magnum Photos

Unten von links nach rechts: Die schwangere **Joan Baez** wartet eine Stunde lang im Regen auf ihren Auftritt. **Martin Scorsese** von der Filmcrew, noch Regieassistent. »Woodstock« gewinnt einen Oskar.
Am 17. August um 8:30 Uhr beschließen **Hendrix** und seine Band das Festival vor nur etwa 40 000 Zuschauern. **Janis Joplin** verteilt Champagner an alle.

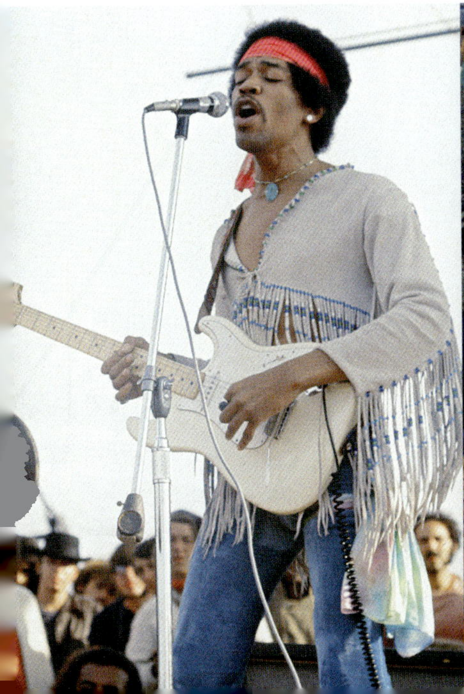

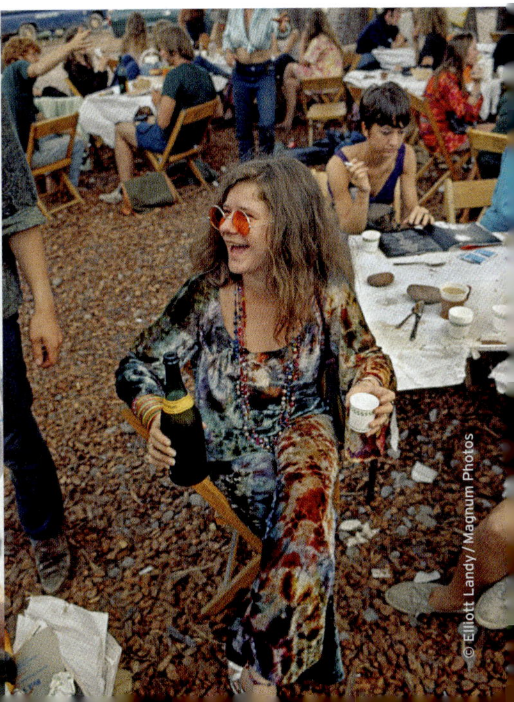

© Elliott Landy / Magnum Photos

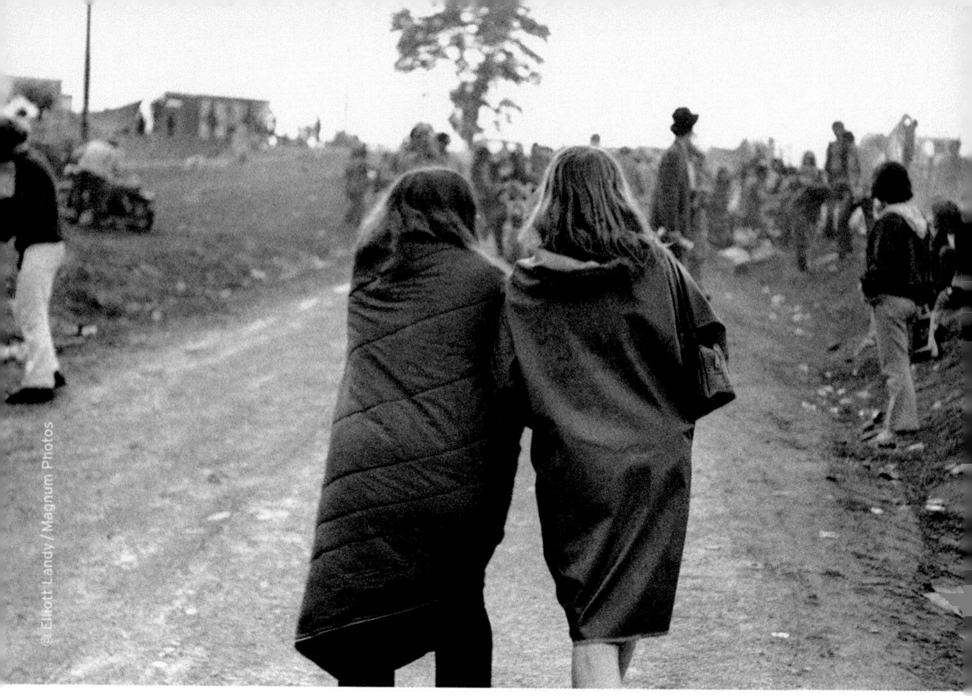

Zusammenzurücken, sich an der Musik und aneinander zu erfreuen und Teil einer so großen Menge zu sein, während ein Ungemach aufs nächste folgt – die vielen Staus, der ganze Regen –, das ist ein einschneidendes Erlebnis.

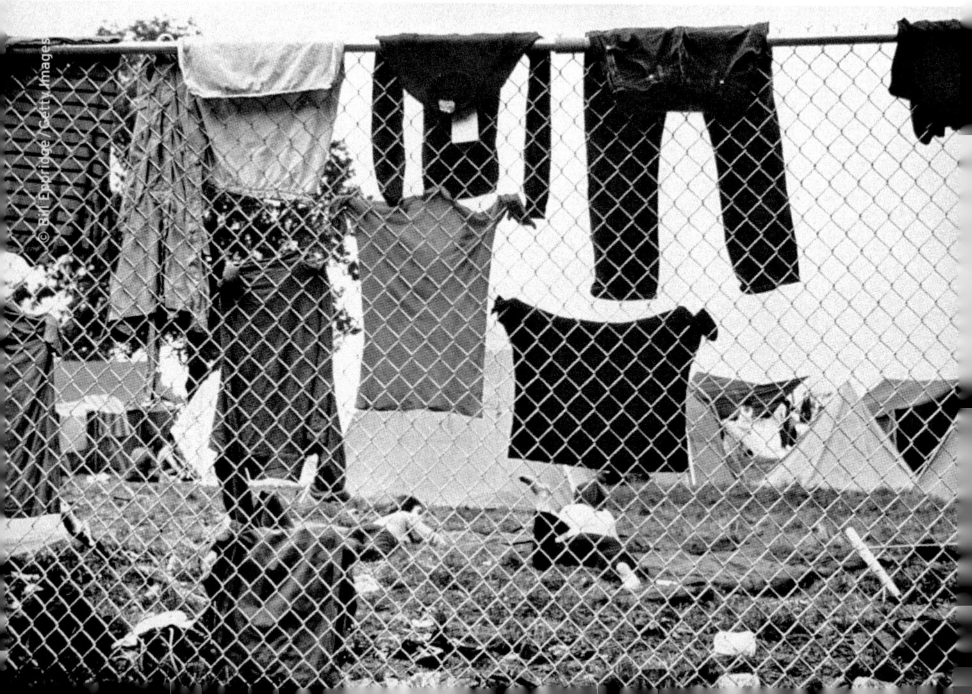

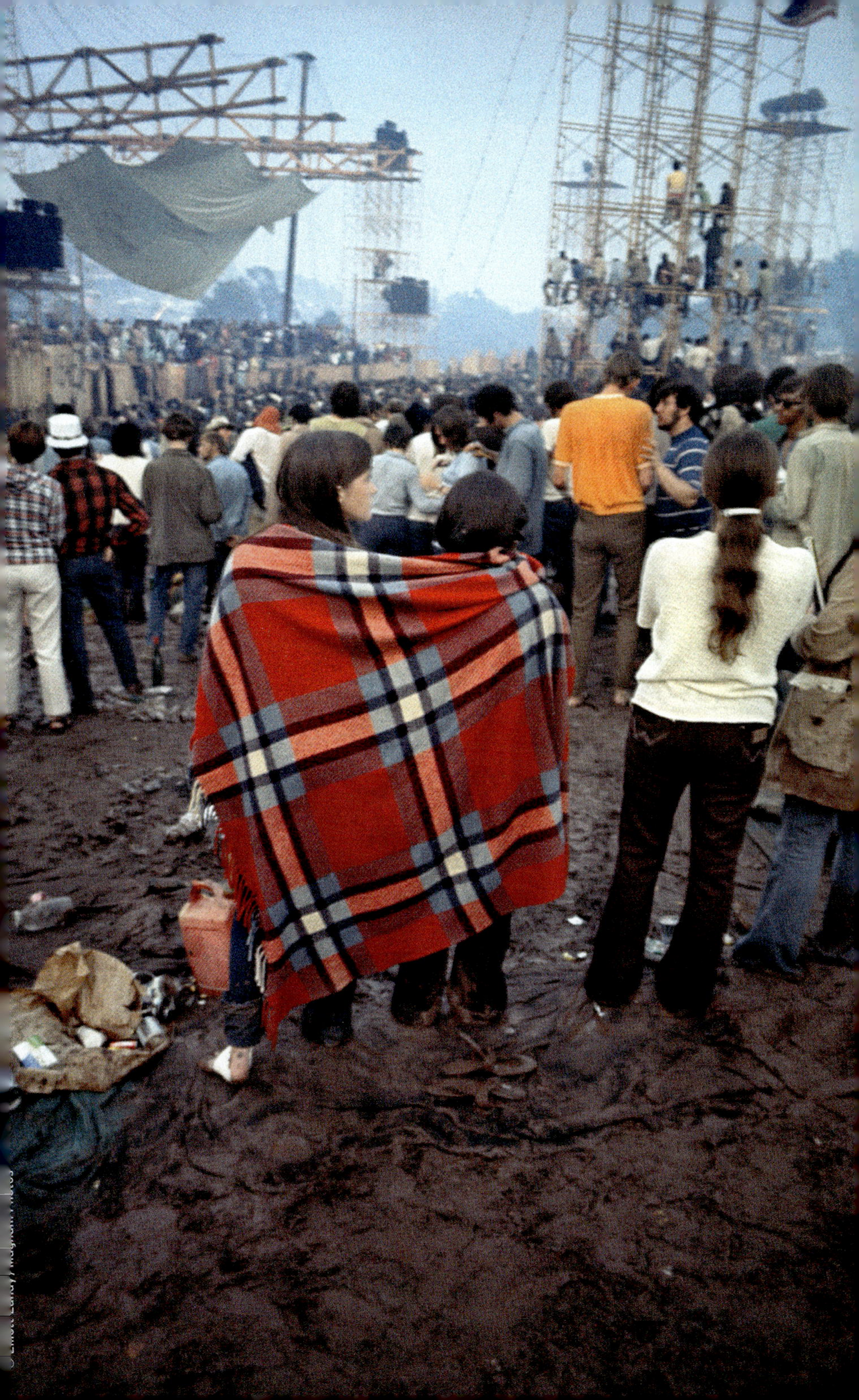

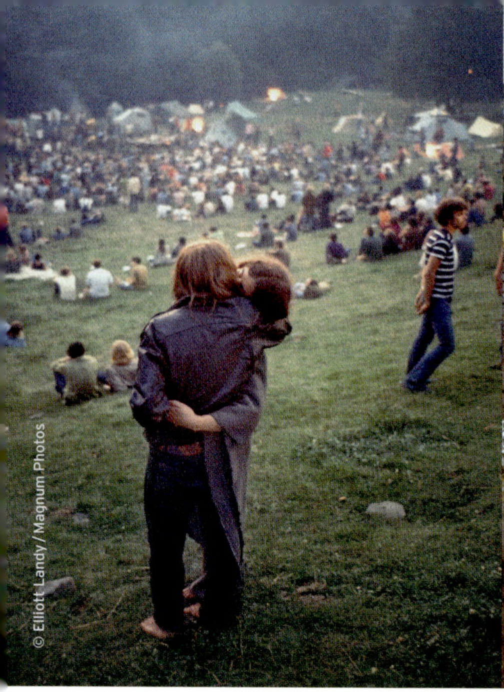

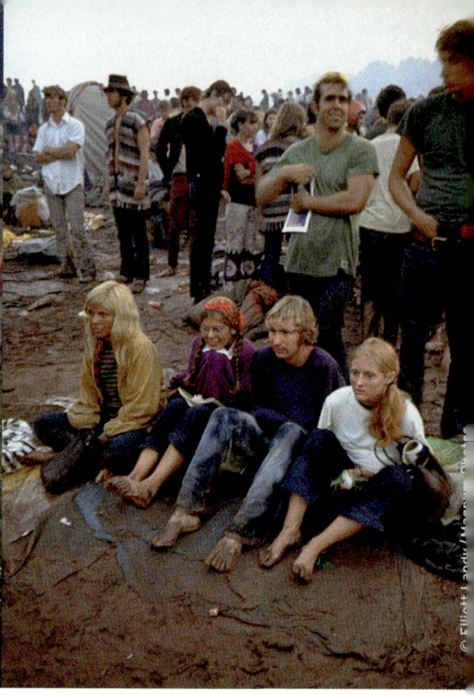

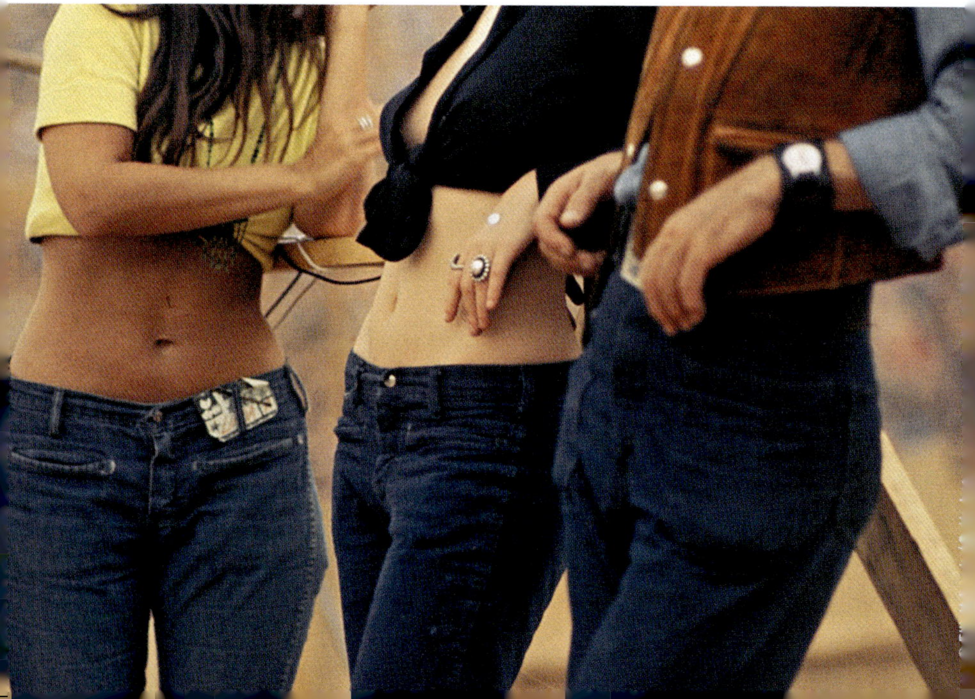

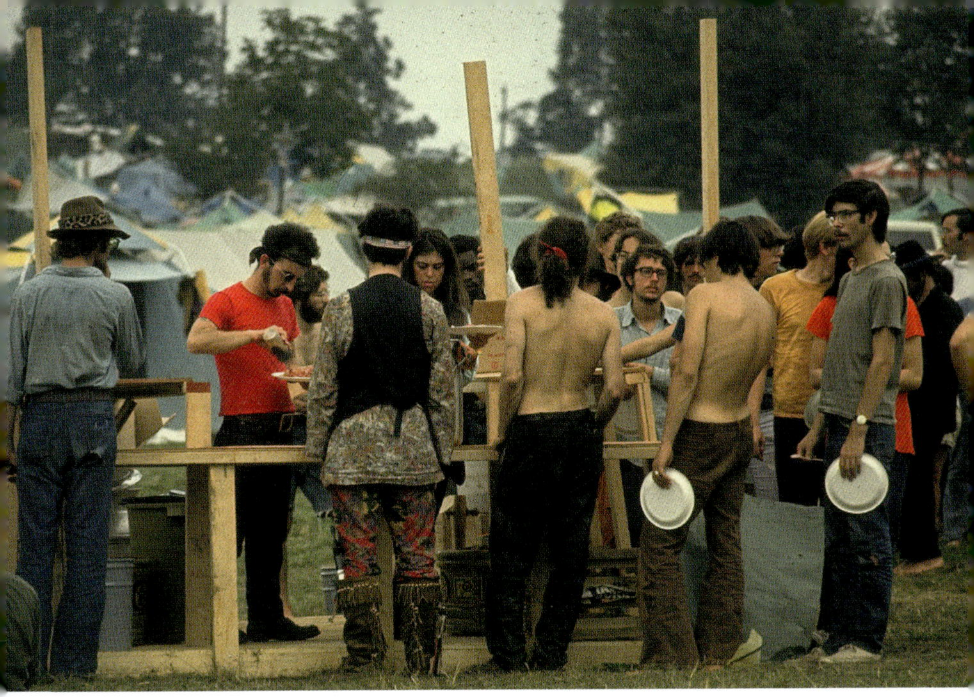

Aus der Anzeige zum Festival:
»Es wird Softdrinks, Hotdogs und Dutzende spannender Lebensmittelkreationen geben, mit denen man experimentieren kann.«

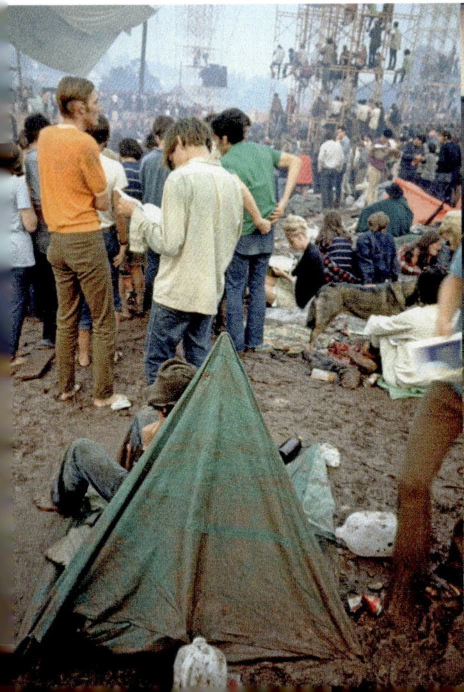

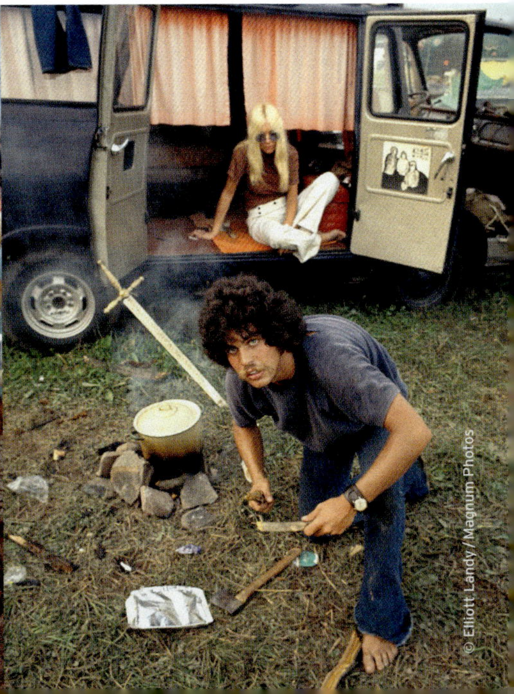

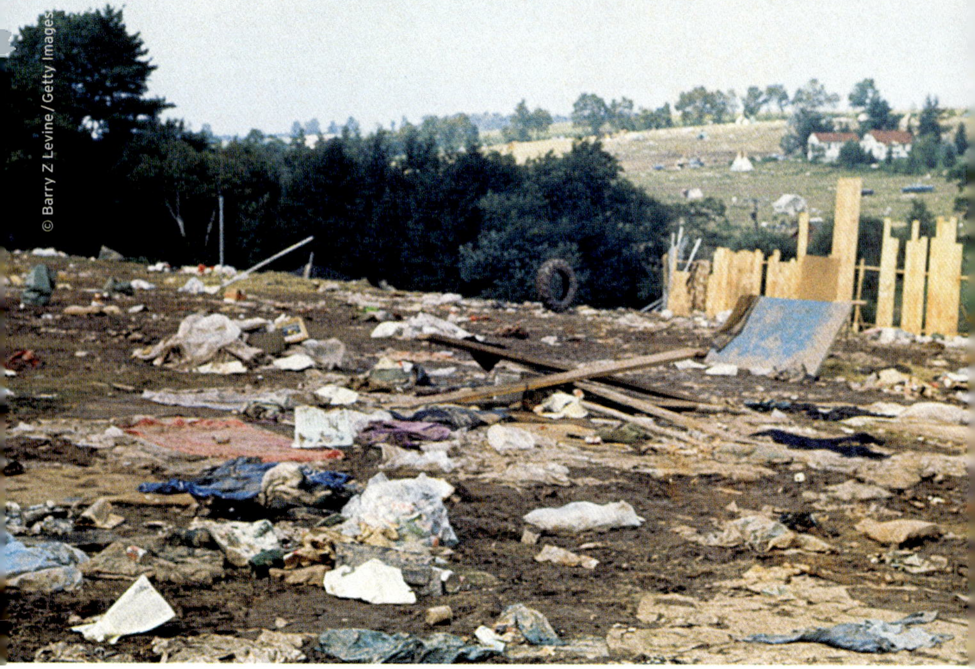

Nach dem Festival: Das Gelände gleicht einer Mülldeponie.
Mit Bulldozern wird aufgeräumt.

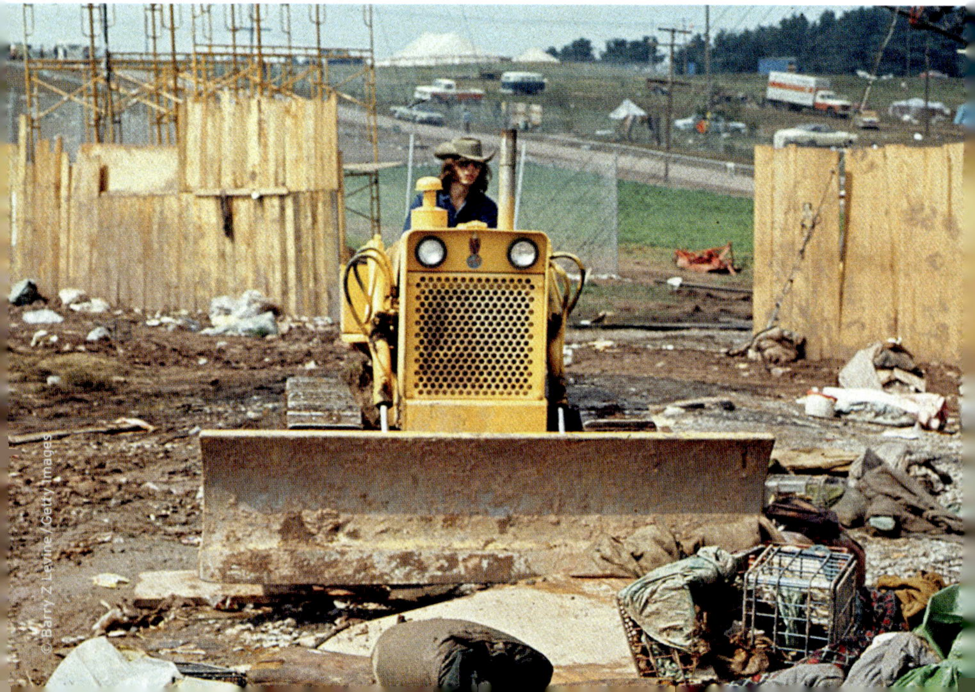

konnten uns nicht hören. Wir versuchten, uns auf den Sound aus unseren Amps zu konzentrieren, aber die standen so weit auseinander, dass sich sogar der Klang von meinem Bass, der ziemlich laut aufgedreht war, verlor. Dementsprechend hing ich die ganze Zeit mehr oder weniger in der Luft.

Mit seinem eindringlichen Tenor trug Singer-Songwriter Bert Sommer Songs wie »Jennifer«, »She's Gone«, Simon and Garfunkels »America« und andere Balladen vor. Dabei saß er im Schneidersitz auf der Bühne und wurde von zwei elektrischen Gitarren begleitet. Artie produzierte seine nächsten beiden Alben.

Inzwischen waren weitere Musiker im Holiday Inn in Liberty eingetroffen, und wir schickten Joyce mit einem Hubschrauber rüber, damit sie überprüfen konnte, ob dort alles in Ordnung war.

Joyce Mitchell: Im Motel kam es zu einem großen Streit um die Zimmer – es gab nicht genug, um alle unterzubringen. Janis war auch da. Wir waren in der Lobby und ich versuchte, sie zu beruhigen, denn sie war sehr betrunken und fordernd. The Grateful Dead waren ganz wunderbar. Sie sagten, sie würden ihre Zimmer teilen. The Who waren auch da, und Keith Moon zur Raison zu bringen, war ein hartes Stück Arbeit. Dieses Arschloch wollte mich tatsächlich vergewaltigen! Ich musste ihn mit aller Kraft von mir wegdrücken, um aus seinem Zimmer zu kommen. Er hat mich überall begrapscht.

Ellen Sander, Musikjournalistin: Ein paar Kilometer weiter weg steuerte die Popgeschichte gerade auf ihren Höhepunkt zu, während einige der Superstars samt ihren Crews im Holiday Inn gestrandet waren. Jefferson Airplane und The

Who waren wenige Tage zuvor in Tanglewood aufgetreten und daher schon vor Ort. Jemand hatte sich einen Fünfdollarschein an der Bar kleinmachen lassen und alle Münzen in die Jukebox geworfen, die nun sechzigmal hintereinander ohne Unterbrechung »Hey Jude« spielte. Die ganze Bar sang den Refrain mit, alle hakten einander unter, schunkelten und lachten. Unter ihnen Jack Casady, Marty Balin (beide von Jefferson Airplane), Janis Joplin und Jerry Garcia. In einer Ecke der Bar wurde um ziemlich hohe Summen gepokert. Später saßen (die Folksängerin) Rosalie Sorrels und Jerry Garcia mit ihren Gitarren auf dem Boden und sangen zusammen Folksongs, Judy Collins saß am Kopfende einer langen Tafel im Speisesaal, an dem auch (die Plattenbosse) Clive Davis und Jac Holzman Platz genommen hatten.

Nach Einbruch der Dunkelheit erklärte Tim Hardin schließlich, dass er bereit sei aufzutreten. Seine Band war inzwischen eingetroffen, doch er ging alleine, nur mit seiner Gitarre auf die Bühne und spielte einige von den großartigen Songs, die er geschrieben hatte, wie »If I Were a Carpenter« und »Reason to Believe«. Sein Auftritt fing richtig stark an.

Gilles Malkine, Tim Hardins Gitarrist: Ich war damals zwanzig und spielte Rhythmusgitarre für Tim. Die erste Hälfte seines Auftritts bestritt er alleine. Dann holte er die Band auf die Bühne. Von da oben konnte man das Ende der Menge gar nicht erkennen. Es war, als würde die gesamte Menschheit da unten stehen und zu uns raufblicken. Den meisten in der Band machte das, glaube ich, nichts aus, aber ich war erschöpft, so ziemlich am Ende meiner Kraft. Plötzlich warf er uns den Titel eines Songs an den Kopf, den er noch gar nicht geschrieben hatte. Seine Frau Susan hatte ein Gedicht über Heroin mit dem Titel »Snow White Lady« geschrieben und er sagte: »›Snow White Lady‹ in F.« Dann stellte er ein zerknittertes Blatt Papier auf dem Keyboard auf und begann zu spielen, und wir stimmten ein, aber es war eine einzige Katastrophe. Er skandierte irgendwas und spielte dabei nur einen einzigen Akkord, als würde er nach der Melodie darin suchen. So was kann man vielleicht während eines Auftritts in irgendeinem kleinen Café machen, aber doch nicht hier, um Himmels willen, wo die ganze Welt auf uns schaute. Nach diesem ersten Song wurden wir ein bisschen besser, wobei wir aber immer noch verdammt schlecht waren. Jedes andere Publikum wäre uns davongelaufen. Das Ganze war so entsetzlich, dass ich danach jahrelang nichts mehr mit der Musikbranche zu tun haben wollte.

Ich war enttäuscht und es tat mir leid für Tim, dass das auf der Bühne so ein Fiasko war. Aber nach seinem Auftritt war er erleichtert und glücklich.

Gegen halb elf machte sich Ravi Shankar bereit, auf die Bühne zu gehen, aber dann setzte der Donner ein. Al Aronowitz erklärte er: »Ich mache mir Sorgen, falls irgendetwas passiert bei so vielen Menschen.« Als er erst einmal auf der Bühne stand und loslegte, war alles andere vergessen. Die Atmosphäre knisterte allein seinetwegen. Spirituelle Momente wie diese konnte man fühlen. Man spürte förmlich, wie alle einander näherkamen.

Gilles Malkine: Einer, der allen anderen weit überlegen war, war Ravi Shankar. Bei ihm gab es keine Worte, nur reine Musik. Es war umwerfend zu sehen, welche Wirkung er auf das Publikum hatte, nur durch seine Musik. Zwischendurch standen immer wieder Leute auf und schrien, so sehr hatte er sie in seinen Bann geschlagen. Man sagt, dass ein Leben nicht ausreicht, um ein guter Sitarspieler zu werden – ich glaube das aufs Wort. Es geht darum, den Verstand auszuschalten, sich nur von der Musik und dem Rhythmus tragen zu lassen und auf das Spiel weniger anderer Menschen einzugehen, mit denen man sein ganzes Leben lang zusammengespielt hat, wie der Tabaspieler Ustad Alla Rakha. (Ravi Shankar) weckte das Publikum auf und nahm es mit auf seine musikalische Reise. Das gelang sonst niemandem.

Al Aronowitz, Redakteur der *New York Post*: Shankar war gerade mitten in seinem Auftritt, als es anfing zu regnen. Es gab auch ein paar Blitze, aber wirklich beängstigend war das Wasser. Es sammelte sich auf dem Baldachin über der Bühne, der dadurch so schwer wurde, dass er zu reißen drohte. Ein Mitglied des Sicherheitspersonals gab zu einem anderen Zeitpunkt auch zu bedenken, dass die Bühne, die lediglich auf einem Gerüst aufgesetzt war, auf dem schlammigen Untergrund wegrutschen könne. Der zunehmende Regen schien das Publikum allerdings dazu zu bewegen, jetzt erst recht bleiben zu wollen. Viele Zuschauer versammelten sich während einer einstündigen Konzertpause, die eingelegt wurde, um Kurzschlüsse bei den elektrischen Komponenten auf der Bühne zu vermeiden, um Lagerfeuer. Und selbst im strömenden Regen gab es von ihnen noch stehende Ovationen.

Wegen der Dunkelheit und des starken Regens kamen uns einige – im Nachhinein unnötige – Bedenken hinsichtlich der Stabilität der Bühne. Weil sie in einen leichten Hang hineingebaut war, fürchteten wir, sie könne in Bewegung geraten. Vielleicht hat sie sich auch ein bisschen bewegt, aber sie verfügte über ein Betonfundament, und wenn überhaupt können es nur wenige Zentimeter gewesen sein. Die Plane, die über der Bühne hing, füllte sich mit Wasser, das wir am Samstag mithilfe des Krans, der von unten dagegendrückte, zunächst ablaufen lassen mussten, weil die tonnenschwere Last eine enorme Gefahr darstellte.

Nach Ravi Shankar machte sich die Folksängerin Melanie auf zur Bühne. Sie war mit Artie Ripp gekommen, einem Freund von Artie Kornfeld, der ebenfalls im Musikgeschäft arbeitete und vorgeschlagen hatte, dass sie ein paar Stücke mit ihrer Akustikgitarre vortragen könne. Melanie war damals noch weitgehend unbekannt, aber schon mit der ersten Zeile von »Beautiful People« gelang es ihr, das Publikum mit ihrer einzigartigen vibrierenden Stimme zu überzeugen. Ganz allein im Dunkeln auf der großen Bühne gelang es ihr, sich in die Herzen von Abertausenden Menschen zu spielen, die sich vor ihren Lagerfeuern zusammengekauert hatten. Inspiriert durch dieses Ereignis schrieb sie kurz darauf den Song »Lay Down (Candles in the Rain)«, der 1970 ihr erster großer Hit wurde.

> **Melanie:** Es war märchenhaft. Ich hatte meine erste außerkörperliche Erfahrung. Während ich über die Brücke zur Bühne ging, verließ ich meinen Körper und sah von einem höheren Punkt auf alles herab. Ich beobachtete mich, wie ich auf die Bühne ging, mich hinsetzte und ein paar Zeilen sang. Schon vor meinem Auftritt hatte es zu regnen begonnen. Ravi Shankar war gerade von der Bühne runter und (Chip Monck) hatte den Leuten erklärt, dass man den Regen fernhalten kann, wenn man Kerzen anzündet. Als ich mit meinem Set durch war, bestand der ganze Hügel vor mir aus einem riesigen Meer flackernder Lichter. Es war großartig, das zu erleben, in dieser Zeit und als Teil dieser Gruppe von Menschen zu existieren, die einander akzeptierten, als seien sie alle eine einzige große Familie. Woodstock bestätigte, dass wir alle zueinandergehören.

Das Anzünden der Kerzen ist eine Tradition, die bis heute fortlebt. Zuerst wurden sie durch Feuerzeuge ersetzt, später durch leuchtende Handydisplays.

Der Auftritt von Arlo Guthrie und seiner Band stand wegen des Regens auf der Kippe, doch letztendlich beschlossen wir, es trotzdem zu wagen. Arlo, der davon überzeugt war, dass sein Gig ausfallen würde, hatte inzwischen allerdings einen Trip geworfen und wollte gar nicht mehr auf die Bühne. Es gelang uns jedoch, ihn umzustimmen. Zum Glück, denn sein Auftritt, den er mit »Coming into Los Angeles« begann, war fantastisch. Er führte eine Art einseitiges Gespräch mit dem Publikum, als er mitten in Dylans »Walking Down the Line« innehielt, um über einen spontanen Gedanken zu sinnieren. Alle liebten es.

Der damals schwangeren Joan Baez schienen die Verzögerungen überhaupt nichts auszumachen. Als Melanie hustete, brachte sie ihr eine Tasse heißen Tee. Einmal stand ich mit Artie zusammen, als er sagte: »Wie soll ich hiernach jemals zur Fifty-sixth Street zurückkehren – das hier hat mein Leben verändert«, und er versuchte, mir zu erklären, was gerade in ihm vorging. Da gesellte sich Joan zu uns und sagte zu ihm: »Ich glaube, er weiß es.« Sie hatte einen wirklich guten Sinn für Humor und trug alles mit Fassung, selbst als Abbie Hoffman ihr als bekennender Pazifistin ein Klappmesser schenkte.

Kurz nach Mitternacht war die Bühne endlich frei für Joan. Sie eröffnete ihr Set mit dem heiteren Gospelsong »Oh Happy Day«. Danach erzählte sie dem gewaltigen Publikum von ihrem Mann, David Harris, der kurz zuvor verhaftet worden war, weil er den Wehrdienst verweigert hatte. Joan sang dann sein Lieblingslied, die Arbeiterballade »Joe Hill«. Zu ihrem nächsten Song, »Sweet Sir Galahad«, hatte sie ihre Schwester Mimi inspiriert, und Joan scherzte, dass es der einzige von ihr selbst geschriebene Song sei, den sie je in der Öffentlichkeit singen würde. Auf die Folksongs folgten einige Countryrocknummern, die sie zusammen mit Gram Parsons geschrieben hatte, »Hickory Wind« und »Drug Store Truck Drivin' Man«. Der erste Festivaltag endete gegen zwei Uhr nachts mit Joans bewegenden Versionen von »Swing Low, Sweet Chariot« und »We Shall Overcome«.

> **John Morris:** Nach dem Ende des Konzerts am Freitag gab es immer noch etliches zu erledigen, was liegen geblieben war. Im Grunde genommen hatten wir gerade mal die erste Runde hinter uns. Überall hieß es: »Wo können wir hier mit anpacken? Wo können wir noch etwas besser befestigen? Wie weit sind wir? Was läuft hier? Was fehlt uns? Was tun wir hier überhaupt?« Wir arbeiteten die ganze Nacht durch. Da waren all diese Menschen und wir mussten uns ja irgendwie um sie kümmern. Wir mussten zusehen, dass alles reibungslos lief.

Der Freitag zog sich hin wie eine Ewigkeit – eine himmlische Ewigkeit allerdings. Allen Widrigkeiten zum Trotz und obschon die gesamte Infrastruktur kurz vor dem Zusammenbruch stand, lebten wir – zumindest für den Augenblick – in genau der Welt, von der wir immer geträumt hatten.

Eine Million beweglicher Teilchen fügten sich hier zusammen und ich war ganz in meinem Element. Nachdem ich in der Nacht zum Samstag ein kurzes, zweistündiges Nickerchen in einem der Wohnwagen gehalten hatte, war ich bereit, das alles noch einmal zu machen.

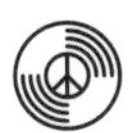

Kapitel 11

16. August 1969

»Ohne Cash auf die Hand werden wir nicht auftreten!«

Es ist am späten Samstagnachmittag, als mir der Roadmanager der Grateful Dead, Jon McIntire, sowie der Who-Manager John Wolff in meinem Trailer die Pistole auf die Brust setzen. Die Stimmung ist angespannt. Es ist der Job eines Roadmanagers, die Gage einzutreiben, bevor die Band auf die Bühne geht.

»Hört zu, wir geben euch einen Scheck«, sage ich. »Den könnt ihr nach dem Wochenende problemlos einlösen. Wir sitzen alle im selben Boot. Hier auf dem Gelände haben wir kein Bargeld. Es gibt keine Tageskasse. Das ist ja jetzt ein Gratiskonzert. Und ihr wisst selbst, womit wir hier zu kämpfen haben.«

»Das reicht uns aber nicht – wir wollen Geld sehen, ansonsten gibts keine Musik«, beharrt Wolff. Wir schulden beiden Bands die zweite Hälfte ihrer Gage. Die Grateful Dead bekommen noch 3357 Dollar von uns, The Who 6250 Dollar. Ich habe aber nicht die geringste Ahnung, wie ich an das Geld kommen soll, bevor sie auf die Bühne müssen.

»Wir können im Moment wirklich kein Bargeld beschaffen«, wiederhole ich. »Aber ich kann euch jetzt jeweils einen Scheck ausstellen, den ihr am Montag bei der Bank einlösen könnt. Ich garantiere euch, dass diese Schecks gedeckt sind.«

»Nur wenn es beglaubigte Schecks sind«, entgegnen sie.

Langsam dämmert mir, wie ich diese Kerle dazu bringe, die Bands auftreten zu lassen. Die Grateful Dead werden ohnehin keine größeren Schwierigkeiten machen, davon bin ich ziemlich überzeugt. All ihre Freunde sind hier mit ihnen zusammen, sie werden auf jeden Fall auftreten. Jerry Garcia hat schon auf der free stage *gejammt. The Who hingegen könnten eventuell nach einer Ausrede suchen, um sich vor ihrem Auftritt zu drücken. Sie wirken die ganze Zeit über schon ziemlich angepisst, dass sie sich überhaupt zu diesem Auftritt bereit erklärt haben, der rückblickend der wichtigste in ihrer ganzen Karriere war. Seit seiner Ankunft bleibt Pete Townshend für sich und wirft jedem, der seinen Weg kreuzt, grimmige Blicke zu. Mit diesem Love-and-Peace-Ding kann er rein gar nichts anfangen.*

Ich schaue Wolff direkt in die Augen. »Gut, wenn das euer Wunsch ist, dann werde ich jetzt da rausgehen und verkünden, dass The Who leider nicht auftreten werden, weil wir hier kein Bargeld für sie haben.«

The Who sind eine wichtige Band und einer der besten Liveacts, die wir haben; insofern habe ich hoch gepokert. Mir ist bewusst, dass ich diese Ankündigung nicht wirklich bringen kann. Bei der ganzen Umstrukturierung des Ablaufplans und den zahlreichen unangekündigten Acts, die auftreten, werden die Zuschauer womöglich nicht einmal merken, dass The Who gar nicht spielen.

Wolff und McIntire sehen sich an. »Vergiss es!«, sagt Wolff, bevor sie sich umdrehen und davonstapfen. Das ist bis Montag das Letzte, was ich von ihnen höre.

Mel Lawrence war am Samstagmorgen als Erster aus unserem Team auf den Beinen. Er machte einen Erkundungsgang über das Gelände, um sich zu vergewissern, dass es alle gut durch die regnerische Nacht geschafft hatten. Mel sorgte gerne vor und ging früh an die Arbeit.

Mel Lawrence: Nach diesem unglaublichen ersten Abend waren die Leute einfach im Talkessel geblieben und hatten sich schlafen gelegt. Es war sehr ruhig, als ich runter zur

Bühne und zum Produktionsbüro ging, wo immer noch alle schliefen. Es war sechs Uhr oder so, und mir war klar, dass wir das Gelände aufräumen mussten, daher schnappten meine Crew und ich uns einen Haufen Müllsäcke und legten sie am Rande des Talkessels in einer Reihe nebeneinander aus.

Als die Menschen auf dem Gelände langsam wach wurden, ging Mel auf die Bühne und hielt eine kleine Rede. »Wie wärs, wenn wir unser nächstes Umfeld einfach selbst aufräumen? Wir verteilen Müllsäcke, in die ihr eure Abfälle entsorgen könnt und die wir später wieder einsammeln.« Und das funktionierte. Wir legten etwas Musik auf, und so begann der Samstag.

Abbie Hoffman: Der Morgen nach dem großen Regen brach an … Ein Typ kroch aus seinem Zelt, reckte eine Faust gen Himmel und sagte: *»Verpiss dich, Regen, wir bleiben für immer hier!«* Das war der Moment, in dem für mich der Kampf begann, indem ich zugleich eine tiefe innere Ruhe empfand. Es war etwa fünf Uhr früh und ich lag unter einem großen braunen Segeltuch, aus dem ein Loch für den Kopf ausgeschnitten worden war. Als ich mich umsah, um die entstandenen Schäden zu begutachten, dachte ich an General George Patton, wie er die Truppen in der Normandie inspizierte. Das Gelände vor der Hauptbühne hatte sich in eine riesige Schlammrutsche verwandelt, voll mit Menschen, eingebrochenen Zelten, umgekippten Motorrädern, Dosen, Flaschen und zentnerweise Müll. In Woodstock lag verdammt noch mal mehr Müll herum als in den Straßen der Lower East Side während des Müllabfuhrstreiks (1968).

Wir hatten detaillierte Pläne für die Müllentsorgung ausgearbeitet, die auf den Kalkulationen von Peter, Stan und Mel basierten. Wir hatten geschätzt, wie viele Pappbecher, Pappteller, Dosen, Flaschen und Lebensmittelverpackungen pro Person an einem Tag anfallen würden. Wir wogen die einzelnen Posten aus, rechneten das Tagesaufkommen hoch, multiplizierten das Ergebnis mit vier, für vier Tage, und dann mit zweihunderttausend. Auf der Grundlage dieser Berechnungen mieteten wir die damals größten erhältlichen Müllpressen an und platzierten sie an strategisch günstig gelegenen Punkten rund um das gesamte Festivalgelände. Unser Plan war, den Müll einzusammeln, ihn zu den Pressen zu bringen und von dort aus auf Lkws zu verladen, die die Reste dann zu einer nahe gelegenen Kippe transportierten. Das klappte am ersten Tag auch ganz gut, bis es an den Transport ging. Die Verkehrslage war so katastrophal, dass kein Lkw durchkam.

Nachdem im Radio über die vielen Staus und den damit verbundenen Versorgungsengpass berichtet worden war, gingen in den schlecht informierten Medien Gerüchte über Lebensmittel- und Wasserknappheit um, es war von allgemeinem Chaos und einer notstandsähnlichen Situation die Rede. Die Presse dramatisierte das und sprach von »Katastrophengebiet«. Ich wusste, dass es so schlimm gar nicht war. Bei einem Rundgang über das Gelände hatte ich mich selbst davon überzeugt. Auf meinem Weg durch die Menge begegnete ich Mel, der sich gerade darum kümmerte, das Problem mit den übervollen mobilen Toiletten zu lösen. Freitags hatten sie noch geleert und die Fäkalien abtransportiert werden können, doch am Samstag ging auf den Straßen nichts mehr, die Entsorgungsfahrzeuge kamen einfach nicht zu uns durch. Mel griff auf eine unserer ersten Ideen für die Abfallbeseitigung zurück: Mit einem uns zur Verfügung stehenden Bagger ließ er tiefe, große Gräben anlegen, die sofort wieder zugeschaufelt wurden, nachdem die Fäkalien darin abgelassen worden waren.

Mel Lawrence: Der Graben lag auf dem höchsten Punkt eines Hügels. Dort brachten Sie die Fäkalien hin. Wie ich gehört habe, soll das Getreide an dieser Stelle im nächsten Jahr besonders gut gewachsen sein.

Miriam Yasgur: Jugendliche fuhren mit ihren Motorrädern durch unsere Felder, die direkt gegenüber von unserem Bürogebäude lagen. Sie fuhren das ganze Korn platt. Max rief sofort bei Michael an und sagte: »Ist dir bewusst, dass sie mir hier gerade ein Feld verwüsten, das ihr nicht von uns gepachtet habt?« Nur wenig später kam eine Gruppe junger Leute vorbei, die überall Schilder mit der Aufschrift aufstellten: »Fahrt nicht durch dieses Feld … Hier wächst Max' Getreide.« Danach nahm keiner mehr den Weg über das Feld, alle fuhren außen herum. Die Leute campten am Straßenrand und kamen bis in meine Einfahrt hinein. Ich ging zu den jungen Leuten und sagte ihnen: »Hört mal, hier in der Einfahrt könnt ihr aber nicht campen. Unsere Leute arbeiten hier und müssen weiterhin rein- und rauskommen können.« Daraufhin suchten sie sich eine andere Stelle, an der sie sich niederließen. Niemand campte mehr in meiner Einfahrt. Niemand campte in der Nähe der Molkerei.

Das Gesundheitsamt hatte am Freitagmorgen jemanden vorbeigeschickt, um das Gelände zu inspizieren. Mel meint, der Inspektor hätte die ganze Veranstaltung platzen lassen können. Aber er hatte seine Tochter mitgebracht und die war kurz nach der Ankunft verschwunden. Der Gesundheitsamtmitarbeiter verbrachte das ganze Wochenende damit, nach ihr zu suchen – und aus seinem Bericht wurde nichts. Ich gehe davon aus, dass sich seine Tochter bestens amüsiert haben wird.

Am frühen Morgen wollte ich den Hog-Farmern einen Besuch abstatten und mich in Movement City umsehen. Kaum zu glauben, aber auf dem Weg dorthin begegnete ich in der riesigen Menschenmenge tatsächlich meiner alten Freundin Ellen Lemisch. Sie setzte sich hinter mich auf mein Bike und ich nahm sie mit auf meine Inspektionsrunde. Dabei unterhielten wir uns ein bisschen. Irgendwann sagte sie: »Ist dir eigentlich klar, was du hier vollbracht hast, Lang?« Das traf mich völlig unvorbereitet, denn erst jetzt wurde mir klar, dass wir dieses Festival tatsächlich auf die Bühne gebracht hatten und nicht immer noch verzweifelt versuchten, es umzusetzen.

Den ganzen Tag über – zwischen den einzelnen Auftritten und immer wenn ich dachte, dass alles so lief, wie es laufen sollte – nahm ich mir ein paar Minuten frei, stieg auf mein Bike und erkundete unsere kleine Stadt, die in Wirklichkeit gar nicht so klein war: die Sanitätszelte, den Hubschrauberlandeplatz, die *free stage*, die verschiedenen Campingplätze, Movement City, die Suppenküchen. Die Kommunikation zwischen den verschiedenen Bereichen auf dem Festivalgelände war nur eingeschränkt möglich, daher war das die einzige Möglichkeit, sich ein direktes Bild von der Lage zu verschaffen. Anscheinend sorgten überall alle mit vereinten Kräften dafür, dass das Ganze funktionierte. Ich hielt an, um mich kurz mit Paul Krassner zu unterhalten, den ich am Yippiestand traf.

Paul Krassner, Mitbegründer der Yippiepartei und Herausgeber der Zeitschrift *The Realist*: Woodstock war das, was wir uns für unsere Demo bei der Chicago Democratic Convention im Jahr zuvor ursprünglich vorgestellt hatten: eine alternative Veranstaltung mit Musik, eine besondere Gemeinschaft von Menschen, die die gleichen Werte teilen.

Stan Goldstein: Die Menge wurde eine sich selbst überwachende, selbst regulierende, selbst kontrollierende Einheit.

Es gab selbst gemachte Verschläge, Tipis, Minizelte, ja sogar provisorische Unterstände aus Heuballen. Genau wie wir es uns vorgestellt hatten, gab es überall im Umkreis kleine Lager, in denen die Menschen alles miteinander teilten. Ich sah immer weniger Menschen hinter den Infoständen in Movement City stehen, die von verschiedenen politischen Organisationen aufgestellt worden waren. Die gesamte Versammlung war zur Movement City geworden.

Tom Smucker, Aktivist und Journalist: Wir waren mit unseren Flugblättern und Infoschriften raufgefahren und hatten zusammen mit den anderen unseren Stand aufgestellt. Dahinter stand eine Druckerpresse, auf der jeden Tag eine Zeitung ausgegeben werden sollte: Abbie Hoffman war auch gekommen, ebenso SDS, Motherfuckers, Peaceniks, Swamis, Meher-Babaites, die Jungs von Hot Chow Mein, wir waren alle da, um für unsere Sache zu werben … Im Endeffekt wurden die Stände aber nicht benötigt. Die eigentliche (Festival-)Szene spielte sich ganz woanders ab, sodass die Leute (den Bereich bei uns) rasch verließen. Die Flugblätter wurden vom Regen durchweicht und nie verteilt … Man nahm einfach diese ungeheure Energie, die Freiheit … die großartige Musik und die allgemeine Freundlichkeit in sich auf und fuhr darauf ab … Die Hog-Farmer kümmerten sich bei dem ganzen Regen und dem Matsch, der Wasserknappheit, der Hitze und der Kälte um alle Menschen, ganz gleich welcher Ideologie sie anhingen.

Weit wichtiger als Politik war die *Gemeinschaft*. All die verschiedenen Menschen, die hier zusammenkamen, miteinander auskamen und sich alles miteinander teilten. Die Hog-Farmer kümmerten sich um mehrere Lebensmittelausgaben, und obschon sich lange Schlangen vor den Toilettenhäuschen und den Telefonzellen bildeten, schien das niemanden groß zu stören. Die Menschen riefen ihre Freunde an und erzählten ihnen, wie toll es hier war. So sprach sich ziemlich schnell herum, dass die Lage vor Ort ganz anders aussah, als es in den Medien dargestellt wurde.

Die einzigen Beschwerden, die mir zu Ohren kamen, waren die von Leuten, die sich Wertmarken kauften, um sie an den Ständen von Food for Love gegen Burger und Softdrinks einzutauschen. Die Schlangen an der Wertmarkenausgabe waren lang, und um an etwas Essbares zu kommen, mussten sie sich noch einmal anstellen. Jeffrey und Co. hatten sich bezüglich der angelegten Vorräte gründlich verschätzt, denn bereits jetzt gingen ihnen allmählich die Lebensmittel aus. Daher erhöhten sie drastisch die Preise und verlangten Unsummen für kalte Hotdogs. (Einen Dollar pro Stück zu einer Zeit, in der der Durchschnittspreis bei einem Vierteldollar lag.) Auf die mussten die Leute dann auch noch ewig warten. Die Motherfuckers und ein paar andere Movement-City-Leute waren deswegen extrem sauer – ganz zu schweigen von den hungrigen Festivalbesuchern.

Nach all den Berichten über Lebensmittel- und Wasserknappheit hatten sich einige regionale Organisationen in Sullivan County zusammengeschlossen, um Tausende von Lebensmittelspenden zu sammeln, die über eine Luftbrücke zum Gelände transportiert werden sollten. Leute, die das Gelände nach kilometerlangen Fußmärschen erreichten, berichteten von Anwohnern, die ihnen Lebensmittel und Getränke angeboten hätten, als sie bei ihnen vorbeikamen. In der Presse waren Geschichten über extreme Fälle von Preistreiberei zu lesen, aber ich glaube, das die meisten Leute aus White Lake taten und gaben, was sie konnten.

Bill Ward: Wir verließen das Gelände am Freitagabend und machten uns zu unserer Unterkunft, dem Diamond Horseshoe, auf. Aber wir blieben im Stau stecken, ließen unseren Wagen stehen und legten die restlichen acht Kilometer zu Fuß zurück. Am Samstagmorgen stand ich früh auf und ging zurück zum Auto. Inzwischen stand die ganze Straße voll mit verlassenen Wagen. Überall sah man Müll und Menschen. Ein freundliches älteres Ehepaar, das am Rande der Straße wohnte, hatte all diesen Hippies erlaubt, in ihrem Garten zu campen, und sie brachten ihnen etwas zu essen und zu trinken. Und die Leute teilten sich Cola und so was. All diese Menschen, die nach außen hin so unterschiedlich aussahen, standen rum, redeten miteinander und teilten ihre Sachen mit anderen.

Tom Smucker: Die paar Unannehmlichkeiten, die es gab, sorgten dafür, dass jeder etwas zu tun hatte. Sie sorgten letztlich dafür, dass ein gemeinschaftliches Miteinander entstand, wodurch man sich gut fühlte.

Gilles Malkine: Alle kamen zusammen, um einander zu helfen, um wie eine Familie füreinander da zu sein, im Schlamm zu spielen, zu teilen, zu helfen. Das schwappte auch auf einige der Anwohner über. Immer und immer wieder sagten sie: »Die Jungendlichen sind großartig. Wir haben ihnen geholfen und jetzt haben wir selbst auch nichts mehr zu essen.« Es war wunderbar und es brachte von jedem das Beste zum Vorschein. Als es regnete, war das so etwas wie eine Ansage: »Okay, Zeit, sich zu waschen, Zeit aufzuräumen, wir wollen doch nicht vergessen, wer wir sind.« Man fühlte sich nicht gefährdet und der Regen trübte auch nicht die Stimmung. Es war mehr wie: »Na ja, das werden wir auch noch irgendwie überstehen.« Und eigentlich war es ganz lustig mit dem ganzen Schlamm.

Christine Oliveira: Nach dem Regen war es grässlich. Es war die reinste Schlammstadt! Ich bin gar nicht so nass geworden, weil ich während des Regens im Zelt geblieben bin. Aber das mit dem Schlamm war einfach unglaublich. Wir kamen gar nicht mehr durch bis zu den Lebensmittelständen, weil man auf dem Matsch einfach nur wegrutschte. Das wurde ein Running Gag. Wir hatten glücklicherweise reichlich Essen mitgebracht und irgendwoher konnte man auch immer etwas bekommen. Wir waren ganz in der Nähe des Hog-Farm-Bereichs. Da gab es makrobiotisches Essen, gesundes Gemüse und Reis. Das schmeckte sehr gut.

Abbie Hoffman: Es gab ganze Reihen von Telefonzellen. Eine wurde die ganze Zeit lang ausschließlich von unseren Organisatoren genutzt. Irgendwann im Lauf des Samstags bekamen wir von den Veranstaltern Walkie-Talkies, außerdem erlaubten sie uns, einen ihrer Hubschrauber zu nutzen. Das war schon irgendwie interessant, denn die Jungs, die die Hubschrauber flogen, waren natürlich von der Nationalgarde. Die waren bereit, nach Vietnam zu gehen. Typische Soldaten halt – und da standen wir, die komplette Antithese. Aber wenn es darum ging, Leben zu retten, wichtige Informationen in Umlauf zu bringen, etwa welches Wasser man besser nicht trinken sollte, dann waren Dinge wie zwangloser Sex, Nacktheit, Drogen und die Tatsache, dass wir gegen den Krieg waren, plötzlich nicht mehr wichtig. So gesehen waren wir alle Amerikaner. Und ich kann mich nicht erinnern, dass es auch nur ein Mal zu Reibereien gekommen wäre.

Parry Teasdale: Einer meiner Freunde erkundete das Gelände, und samstags erzählte er mir, dass er einen Kerl getroffen hätte, der in Movement City Videoaufnahmen macht. »Noch jemand, der Videos macht? Das ist erstaunlich«, sagte ich. Das war damals so neu, dass ich dachte, ich sei der Einzige auf dem Festival, der das Equipment dafür hatte. Der andere war David Cort. Er hatte eine tragbare Videoausrüstung dabei und ich sagte zu ihm: »Weißt du, ich bring einfach ein paar von meinen Sachen zu dir rüber, okay?« Ich schnappte mir also mein Zeug – meinen Monitor, meine Kamera, meinen Rekorder – und ging damit nach Movement City. Mein Equipment bauten wir dort in einer Art Verschlag auf. Die Leute konnten dort hingehen, sich selbst auf Videomaterial betrachten und sich unterhalten. Sein eigenes Konterfei auf einem Bildschirm zu sehen war damals ein absolutes Novum. David und ich zogen auch zusammen rum, um Aufnahmen von den Leuten zu machen, die in den Sanitätszelten arbeiteten oder das Wasser brachten. Außerdem interviewten wir Festivalbesucher und nahmen auf, was in Movement City passierte.

Hugh Romney: Man spürte überall eine ungeheure Energie und Tatkraft, und wenn man sich davon einmal hatte anstecken lassen, machte man einfach immer weiter. Es war ein wahnsinniges Gefühl, davon angesteckt zu werden. Woodstock funktionierte durch diesen Geist des freiwilligen Engagements, diesen urwüchsigen Drang, das Leben aufrechtzuerhalten.

Es trafen immer mehr Menschen ein. Einige davon waren schon seit Freitag unterwegs. Mit der zunehmenden Besucherzahl stieg auch die Anzahl derjenigen, die medizinische Hilfe benötigten. Die meisten von ihnen hatten Schnittwunden an den Füßen, weil sie in Scherben von zerbrochenen Glasflaschen getreten waren. Personen mit ernsteren gesundheitlichen Problemen wurden mit Hubschraubern in umliegende Krankenhäuser geflogen. Am Samstag arbeiteten um die zwanzig Ärzte und fünfzig Sanitäter auf dem Festivalgelände – und es wurden noch weitere erwartet. Am Samstagmorgen erfuhren wir zu unserem Entsetzen, dass der 17-jährige Raymond Mizsak aus Trenton, New Jersey, in seinem Schlafsack am Straßenrand liegend von einem Traktor überrollt und tödlich verletzt worden war. Das waren ganz schreckliche Nachrichten. Am Sonntag gab es zwei weitere Todesfälle, ein Mensch starb durch eine Überdosis Heroin, ein weiterer infolge eines Blinddarmdurchbruchs. Außerdem wurden während des Festivals zwei Babys geboren. Das erste kam in einem Auto zur Welt, das im Stau stecken geblieben war. Die Mutter des zweiten Babys konnte noch rechtzeitig mit dem Hubschrauber in ein nahe gelegenes Krankenhaus gebracht werden.

Die Anwohner halfen, wo sie nur konnten. Als die Krankenhäuser in der Umgebung überfüllt waren, wurde eine Highschool in Monticello in eine Krankenstation umgewandelt. Mohawk, eine regionale Airline, die inzwischen den Betrieb eingestellt hat, stellte uns einen 40-Sitzer zur Verfügung, mit dem Don Goldmacher und June Finer vom New Yorker Medical Committee for Human Rights sowie weiteres medizinisches Personal und Arzneimittel eingeflogen wurden. Auf dem Gelände erweiterten wir unseren Sanitätsbereich, indem wir die Kantine, die in einem großen rosa-weiß gestreiften Zelt untergebracht war, in ein weiteres Sanitätszelt umwandelten.

Penny Stallings: Peter Goodrich war für das Zelt verantwortlich, das eigentlich als Pausenraum für die Arbeiter gedacht war. Spätestens Samstagnachmittag war klar, dass keiner von uns Zeit finden würde, um ein Nickerchen zu halten oder auch nur mal kurz in die Kantine zu gehen und etwas zu essen. Daher schlug ich Peter vor, die Kantine in ein Sanitätszelt umzuwandeln. Die Leute zogen sich beim Waten im Schlamm Schnittwunden und Zerrungen zu. Und allein mit den Kids auf Horrortrips hätte man eine ganze Psychiatrieabteilung füllen können.

Peters Augen funkelten gefährlich, als er mir erklärte, dass er nicht die Absicht habe, sein Zelt aufzugeben. Der letzten Person, mit der er eine Meinungsverschiedenheit hatte, hatte Peter eine reingehauen. Daher musste ich all meinen Mut zusammennehmen, als ich ihm sagte, dass ich die Verantwortung für die Umwidmung übernehmen würde. Ich hab ihm klargemacht, dass es da nichts zu diskutieren gibt. Laut zeternd und kochend vor Wut stapfte er durch den Matsch davon. Zum Glück hatte Chris Langhart kein Problem damit, sich von mir etwas sagen zu lassen. Unterstützt von zweien seiner Mitarbeiter schloss er das Zelt umgehend an das Wasser- und Stromnetz an. Ein paar andere Jungs aus dem Team legten Sperrholzplatten über den aufgeweichten Boden und brachten die Feldbetten, Decken und Arzneimittel herbei, die die Nationalgarde geliefert hatte.

Abbie Hoffman, dessen Vater Arzneimittellieferant gewesen war, bot seine Unterstützung an und wurde zu einer großen Hilfe; dass er als Aktivist gelernt hatte, mit kritischen Situationen umzugehen, kam hier sehr gelegen. Er ging den Ärzten in den Sanitätszelten zur Hand und half auch bei den Hog-Farmern aus. Anfangs waren Besucher mit Knochenbrüchen in denselben Zelten behandelt worden wie solche auf Horrortrips, aber das funktionierte nicht gut. Daher wurde ein separates Zelt für die Drogenopfer eingerichtet, um das sich die Hog-Farmer kümmerten. Damit war das Problem gelöst. Die Methode der Hog-Farmer bestand darin, auf Horrortrippatienten so lange beruhigend einzuwirken und ihnen Zuneigung, Trost und Geborgenheit zu spenden, bis die schlimmste Phase vorüber war. Anschließend baten sie die Leute, noch eine Weile zu bleiben und sich mit um die Nächsten zu kümmern, die in das Zelt gebracht wurden.

> **Roz Payne:** Abbie und ich halfen im Sanitätszelt aus, bei Don Goldmacher und June Finer. June war eine großartige Ärztin, die in Krankenhäusern viel Erfahrung gesammelt hatte, und Don arbeitete in einer Methadonklinik in der South Bronx. Die beiden waren auch immer bei allen Demos dabei.

> **Abbie Hoffman:** In null Komma nichts waren Schilder aufgestellt: Schnittwunden, Wartezimmer, Eingangsbereich, Freiwillige, Ruheraum, Notfälle. Nach und nach kamen alte Freunde vorbei. Abe Peck, der ehemalige Herausgeber von *Chicago Seed* und einer der besten Typen, die ich kenne, organisierte den Trupp der Freiwilligen.

Ein Regionalpolitiker forderte die Nationalgarde auf, die ganz in der Nähe ein Biwak errichtet hatte, Hubschrauber zur Verfügung zu stellen. Die Truppe erklärte sich dazu bereit und brachte mit ihren Helikoptern Lebensmittelspenden zum Gelände. Die Anwohner von Sullivan County spendeten etwa zehntausend Sandwiches, Wasser, Obst und jede Menge Konserven. Der erste Hubschrauber fand keinen geeigneten Landeplatz in der Nähe der Suppenküchen und musste daher unverrichteter Dinge wieder zurückfliegen. Man wartete, bis jemand Stan erreichte. Der trommelte eine große Gruppe Freiwilliger auf einem Feld in der Nähe der Suppenküchen zusammen, die einander an den Händen hielten und einen riesigen Kreis bildeten. In der Mitte dieses Kreises legten sie eine Markierung für den Landepunkt aus. Sobald ein Hubschrauber landete, betätigten sich diejenigen, die den Landeplatz markiert hatten, als Träger und brachten die gespendeten Lebensmittel zu den Suppenküchen.

Irgendwann im Verlauf des Nachmittags nahm mich ein Redakteur der *New York Times* für ein Interview beiseite. Ich gab ein kurzes Statement ab: »Manierlicher als hier kann man sich fünfhunderttausend Menschen an einem verregneten Wochenende auf schlammigem Untergrund kaum vorstellen. Bisher ist es zu keinerlei Handgreiflichkeiten oder gewalttätigen Übergriffen gekommen.« Ein Sprecher der State Police erklärte demselben Journalisten, dass er sprachlos sei angesichts der riesigen Menschenmassen. »Ich kann kaum glauben, dass es mit diesen jungen Leuten bisher nicht die geringsten Zwischenfälle gegeben hat.«

Henry Diltz: Hinter der Bühne gab es einen See, in dem alle nackt badeten. Wie die Zigeuner. Sie zogen einfach ihre Klamotten aus und schwammen drauflos. Irgendwann ging ich rüber zum Steg und begann zu fotografieren und niemand scherte sich darum. Ich schoss ein wunderschönes Bild von einem Mädchen, das zwischen Seerosenblättern im Wasser herumplantschte. Es sah aus wie ein präraffaelitisches Gemälde.

Jane Friedman: Wir gingen über das Gelände, und wir hatten kein LSD oder irgendwelche anderen Drogen genommen, aber es fühlte sich an, als seien wir auf einem Trip. Man spürte einfach die enorme Entspannung, die diese riesige

Menschenmasse ausstrahlte. Einfach alle waren entspannt. Es gab keinen Stress, keinen Ärger, keine kleinen Zwistigkeiten. Möglicherweise lag das an den Drogen, jedenfalls schlug einem einfach eine enorme Ruhe und Gelassenheit entgegen. Und die Musiker waren wirklich cool. Alle waren stolz, dabei zu sein.

Quill, die Band aus Boston, die für uns die Gratiskonzerte in Wallkill gegeben hatte, eröffneten die Show am Samstag kurz nach Mittag. Nachdem es vormittags geregnet hatte, wurde es nachmittags heiß und schwül. Quill hatten alle möglichen Percussioninstrumente dabei und sie forderten das Publikum zum Mitspielen auf. Sie waren eine fröhliche junge Band, die sich in der wenig beneidenswerten Lage befand, die Leute anheizen zu müssen, während die Tontechniker gleichzeitig noch herumexperimentierten, um den optimalen Sound zu finden. Daher spielten sie Freeformjams und eher psychedelische Songs wie »They Live the Life« und »That's How I Eat«.

In der Zwischenzeit überredete John Joe McDonald dazu, danach aufzutreten und die Menge bei Laune zu halten, während wir die Bühne für Santana vorbereiteten. Eigentlich sollte Joe mit seiner Band Fish erst am Sonntag auftreten, aber John hatte ihn backstage entdeckt und beiseitegenommen. Es waren Gerüchte in Umlauf, dass Joe es ohnehin bald solo probieren wollte, daher brauchte John nichts weiter zu tun, als ihm klarzumachen, dass es keine bessere Gelegenheit gäbe als hier, testweise einen Soloauftritt zu absolvieren.

Country Joe McDonald: Ich entgegnete, dass ich keine Gitarre habe. Ich hatte nicht mal ein Plektrum, nur die Hülle einer Streichholzschachtel. Sie gaben mir dann eine Kordel anstelle eines Gitarrengurts.

> Ich gab ein buntes Potpourri an Folksongs zum Besten. Viel Aufmerksamkeit wurde mir nicht zuteil. Ich sah, wie sich die Leute während meines Auftritts unterhielten. Sie kannten Country Joe and the Fish, also wunderte mich das nicht wirklich. Ich lieferte für sie nur Hintergrundbeschallung. Und ich wusste ja auch, dass es meine Aufgabe war, mich da oben hinzustellen, um Zeit totzuschlagen. Aber nach etwa einer Stunde wurde ich selbstbewusster. Ich sagte mir, dass ich nichts zu verlieren hätte. Langeweile gebiert Selbstvertrauen. Ich hörte kurz auf zu spielen, ging rüber (zu meinem Manager) und fragte, ob ich es mit dem Cheerleaderruf versuchen solle.
>
> Ich ging zurück und rief: »Give me an F.« Und alle drehten sich zu mir um und riefen: »F.«
>
> Dann fuhr ich fort: »Give me a U.« Und sie riefen: »U!«, und so weiter. Ich machte dann einfach mit dem Song weiter und sie starrten mich alle an. Da schoss mir ordentlich Adrenalin durch den Körper.

Wenn das Publikum auf Joes Akustikversionen von »Ring of Fire« und »Tennessee Stud« auch nicht richtig eingegangen sein mag, der »Fish Cheer« und sein ironischer Antikriegssong »I Feel Like I'm Fixin' to Die Rag«, der zu einer wahren Woodstock-Hymne und einem Highlight des Woodstock-Films wurde, heizten ihnen ordentlich ein. Hunderttausende sangen mit: »So it's one, two, three, what are we fighting for? Don't ask me, I don't give a damn. Next stop is Vietnam«, und gaben damit ein eindrucksvolles Statement gegen den Krieg ab.

Zwischen den einzelnen Auftritten kam Hugh Romney auf die Bühne und kündigte den jeweils nächsten Act an. Nach und nach wurde er zu einem echten Publikumsliebling.

Hugh Romney: Eigentlich hatte ich genug damit zu tun, die Leute, die einen Horrortrip hatten, zu beruhigen und langsam wieder runterzubringen. Da kam einer nach dem anderen rein. Auf der Bühne landete ich schließlich, weil es ein paar allgemeine Hinweise gab, die ich Chip geben wollte, damit er sie durchsagte. Er hatte ja auch schon darauf hingewiesen, dass die Leute sich vor dem »blauen Acid« hüten sollten. Aber Chip sagte nur: »Komm rauf und sag es den Leuten selbst.« Er hatte kein Problem damit, mich für solche Durchsagen ans Mikro zu lassen. Später, als es zu regnen anfing und es überall hieß, dass wir ein Katastrophengebiet seien, sagte ich: »In jeder Katastrophe steckt immer auch ein Stück Himmel!«

Hugh beruhigte die Leute, die sich wegen des »schlechten Acids« Sorgen machten. »Es ist nicht *giftig*«, erklärte er ihnen von der Bühne aus, »es ist einfach nur schlecht hergestellt.«

Als Nächstes waren Santana dran, auf deren Auftritt ich mich schon sehr freute. Ich hoffte, sie würden für eine richtig gute Grundstimmung an diesem Tag sorgen. Sie traten zwar schon seit ein paar Jahren in der Bay Area auf, aber an der Ostküste hatte sie bis dato kaum jemand live gesehen.

Carlos Santana: Wir kamen um elf Uhr vormittags in Woodstock an. Wir hatten gehört, dass es ein Katastrophengebiet sein sollte. Sie flogen uns im Hubschrauber rüber. Wir hingen mit Jerry Garcia rum und man sagte uns, dass unser Auftritt nicht vor acht Uhr abends geplant sei. Wir sollten uns einfach zurücklehnen und ein bisschen entspannen.

Eins führte zum anderen. Ich wollte ein bisschen Meskalin nehmen. Und gerade als die Wirkung voll einsetzte, kam dieser Typ rüber und sagte: »Hört mal, wenn ihr nicht *jetzt sofort* auf die Bühne geht, dann werdet ihr gar nicht mehr auftreten.« Also ging ich da raus, und da sah ich dieses Meer aus Menschen, so weit das Auge reichte. Ein Meer aus Haut, Haaren, Zähnen und Händen. Ich spielte einfach drauflos. Ich betete, dass Gott dafür sorgen möge, dass ich die richtige Tonart und das richtige Tempo traf. Ich war früher schon berauscht aufgetreten, aber nicht vor einem so großen Publikum. Wir versuchten, so viele Herzen wie möglich zur gleichen Zeit zu erreichen, und wir schafften es. Es war unglaublich. Ich werde nie vergessen, wie sich die Musik anhörte, als die Schallwellen gegen dieses Meer aus Körpern prallten. Es war absolut großartig, für die ganze Band.

Gregg Rolie, Sänger und Keyboarder von Santana: Wir spielten, als wären wir unter uns. Carlos stand meist mit dem Rücken zum Publikum, weil wir wie Jazzmusiker spielten. Und es waren eben zufällig fünfhunderttausend Leute mit dabei. Die ersten zehn- bis zwanzigtausend kann man erkennen. Dahinter sieht man nur noch Haare und Zähne. Es gab also nichts, wovor man sich hätte fürchten müssen. Hätte ich damals gewusst, worum es geht und was Woodstock einmal für eine Bedeutung erlangen würde, hätte ich mir vor Angst wahrscheinlich in die Hose gemacht.

Mit ihrer unglaublichen Rhythmusgruppe war Santana die erste Band, die alle dazu brachte, aufzustehen und zu tanzen. Ich musste an den Nachtclub meiner Eltern denken, wo samstagabends Mambo getanzt wurde. Carlos Santana kombinierte lateinamerikanische Klänge mit Rock 'n' Roll und das Ergebnis war phänomenal. Während »Soul Sacrifice« spielte Michael Shrieve eines der beeindruckendsten Schlagzeugsoli, die ich je gehört habe. Die anderen Percussionisten fielen mit ein und

Carlos setzte mit seiner Gitarre das absolute Glanzlicht obendrauf. Das Publikum rastete aus – und allen war bewusst, dass hier ein neuer Star geboren worden war.

> **Michael Shrieve, Schlagzeuger von Santana:** Die Menge war so groß, dass man sich vorkam wie am Strand, wenn man über den Ozean blickt und am Ende nur den Horizont und den Himmel sieht. Da war ein Meer aus Menschen, so weit das Auge reichte. Wir waren nichts weiter als eine kleine Straßengang, die Musik machte und hoffte, dass es bald vorbei wäre. Wenn ich mir mein Drumsolo so anhöre, machen mich einige Entscheidungen, die ich dabei traf, völlig wahnsinnig. Zum Beispiel dass ich das Tempo drosselte und langsamer wurde. Aber dem Publikum hats gefallen.

Während immer mehr Besucher aufs Gelände strömten, füllte sich auch der Backstagebereich mit immer mehr Musikern und alten Bekannten. Als wir noch dabei waren, Santanas Equipment abzubauen, entdeckte Chip Monck plötzlich John Sebastian hinter der Bühne und überredete ihn, ein paar Songs zu spielen. John hatte zwar einen Trip eingeworfen, aber das war für ihn kein Hinderungsgrund. Er ging rauf und redete mit den Zuschauern, als seien sie alte Freunde.

»Das hier ist ein Mindfuck«, erklärte er und gab eine Art Acidrap zum Besten, bevor er »Rainbows All Over Your Blues«, »Darlin' Be Home Soon« und »Younger Generation« spielte. Als er sein Set beendet hatte, war die Sonne rausgekommen. John ist seither überzeugt, dass das der schlimmste Auftritt seiner Karriere gewesen sei, aber ich fand es einfach grandios, wie er das ganze Publikum als Familie betrachtete und damit wieder den Fokus auf unsere Idee richtete, das Festival als Zusammenkunft einer neuen Gesellschaft zu betrachten.

Henry Diltz, Fotograf: Ich stellte mich hinter John Sebastian auf die Bühne und machte ein Foto von dieser einsamen Gestalt in ihrem bunten Jackett vor dem riesigen Meer aus Menschen. John, wie er dort stand, in seinen Batikklamotten, und ein Peacezeichen machte. All diese kleinen Köpfe, die bis ins Unendliche reichten, ganz gleich ob man sich nach rechts oder links wandte. Und die Kuppe des Hügels war übersäht mit Camps und Zelten.

John Sebastian: Es hat Jahre gedauert, bis ich nicht mehr auf die Klamotten angesprochen wurde, die ich damals trug: eine gebatikte Levi's und eine passende Jacke. Mein Woodstock-»Lichtkleid«, wie es jemand so schön sagte.

Alan Douglas, Produzent und Plattenboss: Donnerstags ging meinen Leuten das Filmmaterial aus, daher packten wir freitags den Wagen voll, um ihnen neues Equipment zu bringen, mehr Film und zusätzliche Kameras. Wir waren zu sechst und jeder von uns hatte Kameras und Filmmaterial auf dem Schoß. Als wir endlich ankamen, war es schon spät. Die Polizei hielt uns an einer Stelle an, wo Wagen beiderseits der Straße geparkt waren. »Es tut uns leid, aber weiter können Sie nicht fahren«, sagten die Beamten. Wir erklärten, dass wir Filmmaterial für die Kameraleute brächten, aber sie sagten nur: »Es tut uns leid, aber Sie können nicht weiter fahren«, und wiesen uns an, den Wagen stehen zu lassen. »Wo ist das Konzertgelände?«, fragte ich. »Nur ein paar Kilometer von hier«, antworteten sie und deuteten auf ein Waldstück und einen Weg.

Wir stiegen alle aus, schulterten das Equipment und gingen los. Es dauerte acht Stunden, bis wir ankamen. Überall, wo man uns etwas anbot, nahmen wir Erfrischungen an.

Den Freitag verpassten wir komplett, wir kamen erst am Samstagmorgen an. Wir waren alle so k. o., dass wir an Ort und Stelle zusammenklappten. Michael hatte dafür gesorgt, dass Freunde und Familienmitglieder im Backstagebereich unterkommen konnten, man schlug Zelte für uns auf. Wir waren damals stark in ein Lenny-Bruce-Projekt involviert, daher stellte eine junge Dame namens Doris Dynamite, die half, unser Zelt aufzubauen, eine Lenny-Bruce-Flagge vor dem Eingang auf. Ich lag fast den ganzen Tag über im Zelt. Erst nachmittags stand ich auf und ging zur Bühne. Der Anblick der Menge war einfach atemberaubend. Michael sagt immer: »Die Menge war der Star.« Und er hat recht. Das war ungeheuer inspirierend. Ich habe die Leute, die dort auftraten, nie mehr so spielen gehört wie da. Und natürlich war das Einzige, was man sah, das Weiße in ihren Augen. Jeder dort halluzinierte vor sich hin. Es war die ganze Zeit über ein bisschen irreal.

Ellen Sander: Am Samstagnachmittag gab es einen Wetterumschwung. Jefferson Airplane sollten erst später am Abend auftreten, als letzter Act des Tages. Aber sie wollten das Konzert unbedingt sehen, wie alle anderen Musiker, die im Holiday Inn abgestiegen waren, auch. Stündlich kamen neue Berichte zur Besucherzahl und dem großen Chaos, das auf dem Gelände herrschte, herein. Irgendwann fuhr ein Tross aus etwa einem Dutzend Wagen vor. Einer der Insassen war Bear – Augustus Owsley Stanley III –, ein namhafter Toningenieur, der auch als Drogenkönig von San Francisco bekannt war und dem gesamten Festivalgelände Flügel verleihen konnte. Geleitschutz erhielt der Tross mit Airplane, deren Entourage, Bear und seinem massiven Drogenvorrat von vier State-Troopern, die den etwa ein Dutzend Wagen voran- und hinterherfuhren, bis sie das Festivalgelände erreicht hatten.

Die Stars und ihre Gäste stiegen aus und betraten einen Pavillon, in dem Obst, Wein, Sandwiches und Punsch in rauen Mengen serviert wurden. Sofort begann irgendwer, LSD in eine große Schale mit Punsch zu schütten. Der Übeltäter wurde schnell entdeckt und rund vierzig Liter Punsch landeten im Ausguss. Da hatten allerdings schon ein paar Ahnungslose von dem mit Drogen versetzten Gebräu getrunken. Al Aronowitz spuckte aus, was er noch im Mund hatte, und fluchte lautstark, als ihm bewusst wurde, was das in seinem Glas war.

Wir gingen über eine Fußgängerbrücke, die vom Backstagebereich zur Bühne führte, ein Holzgerüst, das etwa sechs Meter über dem Boden schwebte und über die Absperrung führte, die die Musiker von den Normalsterblichen trennte. Von dort oben aus hatte man einen exklusiven Blick auf die aus vielen Hunderttausend Menschen bestehende Menge, deren Ausläufer sich bis auf ein rund einen Kilometer entferntes Feld erstreckten. Sie alle standen und tanzten zu Santanas Latinorock. Es war eine große sich windende Masse aus T-Shirts und verzückten Gesichtern, aus deren Mitte massenhaft süßlich duftende Rauchwolken aufstiegen.

Worauf ich an diesem Wochenende ganz besonders achtete, war, aus keinen Bechern oder offenen Flaschen zu trinken, die mir irgendjemand reichte. Ich wollte keine Drogen nehmen. Ich war einfach viel zu stark eingebunden und jonglierte zu viele Bälle in der Luft, um diese Bewusstseinsebene zu verlassen. Artie und Linda nahmen an diesem Wochenende Drogen, ja selbst Mel und Joyce, aber eigentlich nur unbedenkliches Zeug, Acid und so.

Owsley, Garcia und einige andere Mitglieder der Grateful Dead sowie ihrer Entourage waren zwar schon früh angekommen, Bob Weir und Bandmanager Rock Scully trafen allerdings erst am Samstag ein. Ihre Limousine war auf der Autobahn stecken geblieben und sie hatten zu Fuß weitergehen müssen.

Rock Scully, ehemaliger Manager der Grateful Dead: In dem elenden Dauerregen lösten sich die paar Hundert Sunshine-Acid-Tabletten, die ich in eine silberne Art-déco-Dose gepackt hatte, auf und das ganze Zeug rann mir mein Bein hinunter. Meine Poren waren förmlich getränkt damit. Mein Mund war verschmiert mit Day-Glo-Acid, meine Hand sah aus wie eine riesige orangefarbene Klaue und meine Hose leuchtete in grellem Gelb. Ein ganzes Rinnsal aus orangefarbenem Acid breitete sich hinter mir aus und seltsame, mutierte Pflanzen begannen darin zu sprießen.

Bob Weir von den Grateful Dead: Als ich ankam, legte ich mich erst mal in ein Zelt, das ein paar Hundert Meter von der Bühne entfernt stand. Wobei ich eigentlich vielmehr hin und her schlitterte. Es war ungeheuer matschig. Es gab nicht genug zu Essen und nicht genug Toiletten. Aber den Leuten gefiel es trotzdem, sie machten das Beste daraus.

Paul Kanter von Jefferson Airplane: Wir haben uns nie davor gescheut, neue Wege zu beschreiten, daher sind wir ganz unvoreingenommen nach Woodstock gegangen. Dort herrschte ein Riesenchaos – und das war gut so. Denn wäre es komplett durchorganisiert gewesen, dann hätten sie es wirklich verkackt. So aber überwogen Chaos und Anarchie – zwei meiner Lieblingswörter übrigens –, und das machte

Woodstock zu dem, was es war. Keine Absperrungen, keine Security, nichts von all dem Scheiß.

Ich schmiss ein paar Trips ein, sah mich um und hing einfach ab. Die Leute schlugen Zelte auf und bereiteten Lagerfeuer vor, kochten, schwammen und tanzten. Es war wie ein Kinderkreuzzug, ein großes soziales Experiment. So etwas hatte es nie zuvor gegeben. Es hatte was von einer Wildwasserfahrt, denn man wusste nie genau, was hinter der nächsten Ecke auf einen zukommt, was einem aber keine Sorgen bereitete, denn man war viel zu sehr damit beschäftigt, nicht an den Felsen hängen zu bleiben, die vor einem lagen.

Nach John Sebastians Auftritt hielten wir die Show am Laufen und bereiteten die Bühne für die Keef Hartley Band vor, die eine Mischung aus Jazz, Blues und Rock spielten. Keef Hartley, der Drummer der Band, war mehrere Jahre Mitglied von John Mayalls Bluesbreakers gewesen. Seiner eigenen Band verschaffte er einen noch intensiveren Bluessound, indem er eine Bläsersektion hinzufügte. Die Keef Hartley Band coverte »Leaving Trunk«, einen alten Song von Sleepy John Estes, von dem aus sie zu Eigenkompositionen wie »Sinnin' for You« und »Just to Cry« überleitete.

Als Nächstes trat die Incredible String Band auf, die mit Banjo, Oud, Mandoline und Keyboard psychedelische Folkimprovisationen darbot. Leadsänger Robin Williamson rezitierte zu Beginn ihres Gigs ein langes Gedicht. Die aus Schottland stammende Band ließ sich von alter englischer Volksmusik und indischen Ragas, wie der modalen Musik von Ravi Shankar, inspirieren. Ein gutes Beispiel für diesen Stilmix ist »When You Find Out Who You Are«. Die Band war für die heutige Freakfolkbewegung ein wesentlicher Wegbereiter.

Canned Heat hielten die Menge mit Songs wie »Going Up the Country« und einigen Boogie-Blues-Nummern bei Laune, darunter auch eine Spontanimprovisation, die sie später »Woodstock Boogie« nannten. Leider hab ich wegen des Disputs mit Wolff und McIntire wegen der Gagenzahlung für The Who und die Grateful Dead nicht viel von ihrem Auftritt mitbekommen.

Später fand ich heraus, dass Wolff und McIntire John Morris mit derselben Drohung unter Druck gesetzt hatten, nachdem sie bei mir damit nicht durchgekommen waren. John war derjenige gewesen, der The Who zu ihrem Woodstock-Auftritt überredet hatte, daher fühlte er sich besonders in der Pflicht. Da er wusste, dass er bei mir keine Chance hatte, rief er Joel im Telephone Building an. Er überzeugte ihn davon, dass die Bands nicht auftreten würden, wenn wir ihnen ihre Gage nicht in bar aushändigten, und verlieh seiner Forderung Nachdruck, indem er das Szenario eines durch das Nichtauftreten der Bands wütenden Mobs in bunten Farben ausmalte.

Nicht ahnend, dass er einer massiven Übertreibung aufgesessen war und die Drohungen letzten Endes nur heiße Luft waren, machte sich Joel daran, das Problem zu lösen. Er rief Charlie Prince an, den Direktor der White Lake Bank, bei der wir ein Konto eröffnet hatten, und schilderte ihm eindringlich die Situation. Per Hubschrauber wurde Charlie am Samstagabend zur Bank geflogen, die er extra aufschloss, um nach ein paar Blankobarschecks zu suchen, die er für uns ausstellen konnte. Daran sieht man, wie sehr die Leute aus White Lake an uns glaubten.

Als ich wieder zur Bühne kam, waren Mountain bereits mit ihrem Auftritt an der Reihe. Mit Leslie Wests Reibeisenstimme und seinem scharfen Gitarrensound war ihre Spielart des Blues um einiges härter als die von Canned Heat. Mountain gehörten zu den Newcomern, und das Publikum war begeistert von ihnen, insbesondere von Standards wie »Stormy Monday« und Jack Bruce' Ballade »Theme from an Imaginary Western«. Um sich von Canned Heat und ihrer Improvisation nicht übertrumpfen zu lassen, präsentierten sie mit »For Yasgur's Farm« ebenfalls einen eigens für das Festival geschriebenen Song.

Leslie West: Ich glaube, ich hatte von allen die meisten Amps dabei. Der Blick von der Bühne, die am tiefsten Punkt eines natürlichen Amphitheaters stand, schüchterte mich ein und paralysierte mich fast. Und der Sound war so markerschütternd und durchdringend, dass ich es mit der Angst bekam. Aber als ich erst einmal angefangen hatte zu spielen, musste ich einfach weitermachen, weil ich Angst hatte aufzuhören.

Inzwischen tummelten sich immer mehr Musiker im Künstlerpavillon. Mountain hatten einige Grillhähnchen mitgebracht, die sie sich mit Janis Joplin und ihrer Band teilten. Janis verteilte Champagner an alle. John Sebastian lief ständig rein und raus, wenn er sich nicht gerade um die provisorische Garderobe in dem VW-Vorzelt kümmerte.

John Sebastian: Zu diesem Zeitpunkt war ich hauptsächlich damit beschäftigt, das Zelt vor der Nässe zu schützen. Wegen des ganzen Regens hatte Sly Stone arge Probleme damit, trocken zu bleiben und seine Klamotten sauber zu halten. Er trug ein weitaus spektakuläreres Bühnenoutfit als die anderen Musiker. Ich wollte ihn ein bisschen beruhigen und ging zu ihm rüber, da hörte ich, wie seine Schwester über irgendwas meckerte. »Herrje«, sagte ich, »gibt es irgendwas, das ich für euch tun kann? Möchtet ihr vielleicht das Zelt benutzen?« Aber Sly meinte nur: »Ist schon okay, sie braucht nur ein bisschen rotes Fleisch, dann gehts ihr wieder gut.«

Ich frage mich seither, ob Sister Rose je den Weg zu Bill Grahams Trailer und den Kühlschrank mit den ganzen Steaks gefunden hat.

Als Nächstes waren die Grateful Dead an der Reihe. Und genau jetzt forderten das Wetter und die physischen Folgen der reichlich konsumierten Halluzinogene ihren Tribut. Als das schwere Equipment der Band auf die gut zwölf Meter große Drehbühne gehievt wurde, knickten die darunter angebrachten Laufräder ein. Dadurch verzögerte sich der Auftritt der Band, und er wurde noch weiter nach hinten verschoben, weil die Band darauf bestand, dass ihr Tontechniker Owsley Stanley die Bühne für ihren Auftritt neu verkabelte. Diese Rumbastelei an dem Soundsystem und an den Anschlüssen hatte zur Folge, dass die Gitarristen von ihren elektrischen Instrumenten immer wieder einen gewischt bekamen.

Rock Scully: Wir machen uns daran, das Equipment auf die Bühne zu schaffen. Die Sachen stehen auf Transportrollern, aber sie sind so schwer, dass die Rollen darunter umknicken und wir das ganze Zeug schleppen müssen. Das dauert ewig. Währenddessen ertönen immer wieder albtraumhafte Durchsagen über die Lautsprecheranlage: »Bitte kommt alle von den Masten runter, es ist gerade jemand abgestürzt!«, »Finger weg von dem braunen Acid, es ist unsauberes Acid im Umlauf!« und so weiter. Was die Zigtausende tun sollen, die das Zeug bereits genommen haben, sagen sie nicht …

Ich fange an zu denken, was ich besser sein gelassen hätte. Was kann sonst noch alles schiefgehen? Und plötzlich, als hätte jemand einen Schalter umgelegt, wird alles dunkel. Der Wind nimmt Fahrt auf und die Bühne beginnt zu vibrieren, sie bebt förmlich. Die Leinwand für unsere grandiose Lightshow hat sich in ein Segel verwandelt und zieht die Bühne durch ein Meer aus Schlamm, als sei sie die große *Mary Celeste*. Sie gerät außer Kontrolle und – oh, oh – droht zu kentern, da klettert mein Bruder Dicken den Besanmast rauf und kappt das Segeltuch mit einem Bowiemesser. Kein gutes Omen, Kapitän …

Während sie ihren ersten Song, »St. Stephen«, vortragen, rennt so ein Verrückter auf die Bühne und wirft LSD ins Publikum. Und das nach diesen ganzen Durchsagen. Okay, sein Acid ist eher dunkelviolett, aber es sieht braun aus. Oh nein, es ist das braune Acid, das Acid … *von dem man die Finger lassen soll.* Als Garcia diesen Verrückten entdeckt, der Zeug von der Bühne wirft, das wie braunes Acid aussieht, nimmt etwas, das er unter anderen Umständen vermutlich witzig oder grotesk gefunden hätte, bedrohliche Züge an. Er stellt sich die Frage, die sich Menschen, deren Bewusstsein durch psychotrope Substanzen beeinflusst ist, niemals stellen sollten: »Warum ich?«

Zu allem Überfluss spielt die Band auch noch grauenhaft. Sie kommen einfach nicht aus dem Quark, kriegen nichts gebacken. Nicht einen einzigen Song bekommen sie halbwegs ordentlich hin. Der Sound ist schrecklich und es ist stürmisch und kalt. Die Dead beenden ihr Set mit »Lovelight«, aber nicht mal Pigpens todsichere Mitreißnummer haut die Leute aus den Socken. *Gott sei Dank ist die Show vorüber!*

Jerry Garcia: Mein Gott, waren wir schlecht! Wir waren einfach *grauenhaft!* Ich war total zugedröhnt und sah, wie die blauen Stromfunken über die Bühne hüpften und direkt in meine Gitarre sprangen, wenn ich die Saiten berührte. Hinter den Verstärkern rief ständig irgendwer: *»Die Bühne bricht zusammen! Die Bühne bricht zusammen!«* Rein privat hatte ich wirklich viel Spaß (auf dem Festival), ich hing mit meinen Freunden rum und jammte ein bisschen. Aber unser Auftritt war musikalisch gesehen eine reine Katastrophe und sollte am besten vergessen werden.

Bob Weir: Während unseres Auftritts schüttete es wie aus Kübeln. Aber der Regen war nur zu einem gewissen Teil an unserem Albtraum schuld. Der Rest ging auf die Kappe unseres Tontechnikers. Der befand, dass der Grundaufbau auf der Bühne völlig vermurkst war, und werkelte zwei Stunden daran herum, was unseren Auftritt natürlich erheblich verzögerte. Irgendwann stand und lag alles so, wie er es haben wollte, nur bekam ich jetzt immer einen gezockt, wenn ich meine Gitarre anfasste. Die Bühne war nass und der Strom ging einfach durch mich durch. Ich war ein *lebender Stromleiter!* Meine Gitarre und mein Mikro zu berühren hätte mich beinahe umgebracht. Plötzlich war da ein riesiger blauer Funke, fast so groß wie ein Baseball, ich ging in die Luft und wurde zwei, drei Meter rückwärts gegen meinen Verstärker geschleudert. Für einige Leute war Woodstock ein echtes Karrieresprungbrett. Wir hingegen brauchten gut zwanzig Jahre, um unser Desaster dort in Vergessenheit geraten zu lassen. Das war wahrscheinlich der schlimmste Auftritt unserer Karriere.

Tom Constanten, Keyboarder der Grateful Dead: Das Publikum war nett, aber ein bisschen angesäuert, als wir endlich loslegten. Die Aussicht von der Bühne hatte was von einem Hieronymus-Bosch-Gemälde mit Zehntausenden grotesk aussehenden Körpern. Ich hatte während des Auftritts kein Problem mit dem Strom, aber weil die anderen so sehr damit zu kämpfen hatten, war es schwer, das Tempo zu halten. Es war ein besonders langer Auftritt. Ich glaube, wir spielten gut fünfundvierzig Minuten. Alle waren froh, als es vorbei war. Wir fühlten uns wie menschliche Jukeboxen.

Als die Grateful Dead gegen 22 Uhr von der Bühne torkelten, versuchten wir, alles so schnell wie möglich für Creedence Clearwater Revival umzubauen. Ich glaube, nachdem sie gesehen hatten, wie es den Dead ergangen war, waren sie ein bisschen nervös, aber sie ließen sich nichts anmerken. Sie hauten damals praktisch einen Hit nach dem anderen raus. Ihr Auftritt war sehr intensiv und überzeugend. Los ging es mit »Born on the Bayou«, dann folgten »Green River« und »Bad Moon Rising«. Weiter ging es über »Proud Mary« zu »I Put a Spell on You« und so weiter. Geprägt wurde der Sound von John Fogertys markanter Reibeisenstimme, seiner prägnanten Leadgitarre und seinem meisterhaften Harmonicaspiel. Das große Finale bildete »Suzie Q«.

Stu Cook, Bassist von Creedence Clearwater Revival: Wir konnten nichts sehen. Und dann hatten wir auch noch technische Probleme. Nach unserem ersten Song wussten wir nicht, ob da draußen überhaupt jemand war. Es war absolut still. Aber dann rief irgendjemand weit draußen: »Wir sind bei euch!« Okay, das muss der Typ gewesen sein, für den wir das Konzert hier geben. Und dann spielten wir einfach weiter. Wir hatten keine Vorstellung davon, in was für eine Riesensache wir da involviert waren. Erst später ging uns auf, woran wir da beteiligt gewesen waren und dass wir so was nie mehr erleben würden.

Jocko Marcellino, Schlagzeuger von Sha Na Na: Ich hatte irgendeine bewusstseinserweiternde Substanz genommen, und ich garantiere dir, dass die vom Gesundheitsamt nicht zugelassen war. Ich dachte mir: »Ich will jetzt alleine sein«, aber da waren fünfhunderttausend Menschen um mich herum. Ich versuchte, wieder einen klaren Kopf zu bekommen, und kletterte den Hügel rauf. Creedence rockten mit »Born on the Bayou« gerade, was das Zeug hielt, und als ich das hörte, kam ich wieder in die Spur.

John Sebastian: Creedence Clearwater legten einen Auftritt hin, der es mit allen anderen Musikern, die auf die Woodstock-Bühne gingen, mit Leichtigkeit aufnehmen konnte. Abgesehen von Sly Stone und Jimi Hendrix hatten sie meiner Meinung nach eh keine ernst zu nehmenden Konkurrenten. Ich – in meinem halluzinierenden Zustand jedenfalls – empfand ihr Spiel als ungeheuer geradlinig und solide. Doch als Fogerty von der Bühne kam, sagte er: »Was soll ich sagen, Jungs, das habt ihr echt vermasselt.«

Als Nächstes war Janis Joplin mit ihrer neuen Band – einer Art Stax/Volt Revue mit Bläsersektion – an der Reihe. Ihre Performance enttäuschte mich allerdings ein wenig. Janis' Stimme war so grandios wie immer, aber sie musste sich ständig umdrehen, um den Musikern, die noch nicht oft mit ihr aufgetreten waren, Anweisungen zu geben. Bei Otis Reddings »I Can't Turn You Loose« überließ Janis Snooky Flowers, einem genialen R&B-Sänger, das Mikro, zog sich die Schuhe aus und tanzte und stolzierte barfuß über die Bühne. Ihre ergreifende Performance von »Try (Just a Little Bit Harder)« und »Work Me Lord« versetzte die Zuschauer in Extase, und sie flehten sie geradezu an, nicht aufzuhören. Und als sie nach den markerschütternden

Darbietungen von »Piece of My Heart« und »Ball and Chain« schließlich von der Bühne stieg, hätte es mich nicht gewundert, wenn alle auf der Stelle zusammengebrochen wären.

Ellen Sander: Janis Joplin tanzte mit ihnen, als seien sie ein einziger Organismus. Sie schrien und kreischten und wollten sie nicht von der Bühne lassen, bis sie das letzte bisschen Energie aus ihr herausgequetscht hatten.

Jetzt waren alle bereit für Sly and the Family Stone – und die brannten darauf, eine echte SHOW hinzulegen. Sie hatten fantastische Outfits: Sly trug ein auffälliges weißes Fransenhemd, Sister Rose hatte eine platinfarbene Perücke und ein glitzriges Go-go-Kleid für den Auftritt ausgewählt und Bassist Larry Graham ging mit einem großen Federhut und dazu passendem Anzug auf die Bühne. Ihr Auftritt war absolut phänomenal: »M'Lady«, »Sing a Simple Song«, »You Can Make It If You Try«, »Everyday People«. Während des spektakulären Finales – ein Medley aus »Dance to the Music«, »Music Lover« und »I Want to Take You Higher« – nahm uns Sly mit in das Heiligtum des Psychedelic Rock, indem er fünfhunderttausend Zuschauer zu einem fiebrigen *call and response* animierte, ganz so wie ein Priester und seine Gemeinde im tiefsten Süden.

Carlos Santana: Ich wurde Zeuge des absoluten Festivalhöhepunkts: Sly Stone. Ich glaube nicht, dass er je wieder so gut gespielt hat. Man konnte regelrecht sehen, wie es aus seinem Afro dampfte.

Ellen Sander: Grace Slick und Janis Joplin tanzten zusammen, die Augen fest geschlossen, die Fäuste geballt, die Körper bewegten sich zur Musik. »Higher!«, rief Sly der Menge zu. »Higher!«, echote es aus einer halben Million Kehlen. Sly warf die Arme in die Luft, formte mit den Fingern ein Peacezeichen und verschwand hinter einem Gewirr aus Fransen. Die Zuschauer reagierten mit einem weiteren einstimmigen »Higher« und reckten ebenfalls ihre Arme in die Höhe. Teils freudig, teils hoffnungsvoll, teils verzweifelt streckten sie Arme, Hände und Finger aus, machten Peacezeichen und ließen ihre Stimmen in der Nacht erklingen, auf den Lippen das schmerzliche Flehen der Sixtiesgeneration: »Higher, higher!«

Es war nicht leicht, nach Slys Auftritt wieder runterzukommen, aber Abbie Hoffman trug das Seine dazu bei, der Stimmung einen neuen Impuls zu geben. Er nahm mich hinter der Bühne beiseite und sagte panisch: »Ich hab hier gerade jemanden mit einer Knarre rumlaufen sehen. Du musst mir helfen, ihn zu finden.«

In dem Moment war mir nicht klar, dass Abbie nach einer Vierundzwanzigstundenschicht in den Sanitätszelten beschlossen hatte, sich vollzudröhnen. Er hatte einen oder auch zwei oder drei Trips eingeschmissen. Da niemand vom Sicherheitsdienst in der Nähe war, zogen wir alleine los, um den Bewaffneten zu finden.

»Ich glaube, er ist unter der Bühne verschwunden!«, sagte Abbie im Brustton der Überzeugung. Und so suchten wir alle Ecken unter dem massiven Unterbau ab, wo die Kameraassistenten die Filmrollen wechselten. Nachdem wir einige Minuten lang vergeblich gesucht hatten, hielt Abbie inne. Er sah mich völlig perplex an und meinte: »Du hast wirklich keine Angst davor, zu sterben, was?«

Mir war nicht ganz klar, wie ich darauf reagieren sollte, allerdings begann ich allmählich, den Sinn dieser Suche infrage zu stellen. Als dann aus dem »Verrückten mit der Knarre« plötzlich der »Verrückte mit dem Messer« wurde, dämmerte mir, dass der einzige *Verrückte*, den ich hier unten antreffen würde, Abbie war.

Es war ungefähr halb vier Uhr nachts und in Kürze sollten The Who auf die Bühne gehen. Also sagte ich: »Wen immer du auch gesehen hast, Abbie, er ist jetzt weg, also lass uns doch einfach raufgehen, die Musik genießen und ein paar Minuten abschalten.«

Er war einverstanden, und so kletterten wir wieder rauf auf die Bühne und setzten uns zu einer Gruppe Musiker aus verschiedenen Bands, die sich dort versammelt hatten, um sich den Auftritt anzusehen. Abbie zappelte weiter neben mir rum. Er konnte einfach nicht aufhören zu reden: »Ich muss unbedingt was zu John Sinclair sagen! Der Kerl versauert im Knast, weil er einen Joint geraucht hat!« Sinclair, der Manager der radikalen Detroiter Rockband MC5 und Gründer der White Panther Party, war wegen des Besitzes von zwei Joints verhaftet und zu zehn Jahren Gefängnis verurteilt worden.

»Okay, Abbie«, versuchte ich ihn zu beschwichtigen, »das kriegen wir später zwischen zwei Sets sicher hin.«

Aber er ließ nicht locker. »Nein, ich muss wirklich was sagen! *Und zwar jetzt!*«

»Abbie, The Who stehen gerade auf der Bühne«, erinnerte ich ihn. Sie spielten gerade das komplette *Tommy*-Album, und mir war vollkommen schleierhaft, wie ihm das entgehen konnte. »Du kannst nicht mitten während ihres Auftritts eine Ansprache halten – lass sie erst mal fertig werden! *Entspann dich!*«

Doch als die letzten Akkorde von »Pinball Wizard« verklungen waren, sprang Abbie so schnell auf, dass ich ihn nicht mehr zurückhalten konnte, und steuerte zielstrebig auf Townshends Mikro zu. Der stand gerade mit dem Rücken zum Publikum, weil er an seinem Verstärker eine Einstellung korrigierte. Abbie erinnerte derweil das Publikum daran, dass John Sinclair im Gefängnis saß und unsere Hilfe brauchte. Er war ganz in seinem

Element, während er die Leute beschimpfte, weil sie sich amüsierten. »Hey, ihr alle da draußen, die ihr so unheimlich viel Spaß habt, während John Sinclair als politischer Gefangener im Gefängnis versauert …« WHAM! Townshend, der sich wieder umgedreht und Hoffman an seinem Mikrofon entdeckt hatte, briet dem Störenfried mit seiner Gitarre eins über.

Abbie strauchelte, sprang runter auf den Steg für die Fotografen und Kameraleute, kletterte über die Absperrung und verschwand in der Menge. Es war ein ziemlich dramatischer Abgang und das Letzte, was ich von Abbie an diesem Wochenende sah.

> **Henry Diltz:** Ich stand direkt vor The Who am Rand der Bühne. Die Fransen von Roger Daltreys Weste wirbelten vor meinem Gesicht. Da sprang Abbie Hoffman auf die Bühne, und Pete Townshend hielt seine Gitarre wie ein Bajonett vor sich, den Hals auf den Störenfried gerichtet, und dann machte er nur zonk! Ich dachte, er hätte ihn umgebracht.

Bereits kurz nach Beginn des Auftritts hatte Townshend schon Michael Wadleigh gegen den Brustkorb getreten, weil der sich mit seiner Kamera vor ihn hingekniet hatte. Jetzt war es Townshend offensichtlich vollends zu bunt geworden. »Das nächste Arschloch, das über diese Bühne läuft, wird es verdammt noch mal nicht überleben«, motzte er, während er seine Gibson SG nachstimmte. Das Publikum, das wohl annahm, er hätte einen Witz gemacht, lachte und klatschte. »Da könnt ihr ruhig lachen«, entgegnete er ungerührt, *»aber ich meine es ernst!«*

> **Pete Townshend:** Meine Reaktion war eher impulsiv als überlegt. Politisch gesehen war das, was Abbie gesagt hat, in vielerlei Hinsicht korrekt. Die Woodstock-Besucher waren wirklich ein Haufen Heuchler, die meinten, eine kosmische

Revolution für sich reklamieren zu können, nur weil sie ein Feld eingenommen, ein paar Zäune niedergerissen und schlechtes Acid geschluckt hatten und dann abhauen wollten, ohne für die Bands zu bezahlen. Und all das, während John Sinclair nach einer an den Haaren herbeigezogenen Drogenrazzia im Knast versauerte.

The Who setzten ihre berauschende Darbietung von *Tommy* fort, und als die Sonne aufging, spielten sie lärmende Rock-'n'-Roll-Klassiker aus ihrer Modphase: »Summertime Blues«, »Shakin' All Over« und »My Generation«. Sie waren einfach atemberaubend. Als ich später hörte, dass sie ihren Auftritt als unterdurchschnittlich empfanden und überzeugt waren, das Publikum sei mit *Tommy* nicht warm geworden, konnte ich es nicht glauben.

Pete Townshend: *Tommy* sprach niemanden an. Gegen (Ende des Auftritts) war ich ziemlich wach. Wir achteten nur auf die Musik, als urplötzlich – bang! – die verdammte Sonne aufging! Es war unglaublich. Ich dachte, dass wir das eigentlich gar nicht verdient hätten. Wir hatten so eine miese Stimmung verbreitet – und als wir fertig waren, war es helllichter Tag. Wir verließen die Bühne, stiegen ins Auto und fuhren zurück zum Hotel. Es war einfach nur fantastisch.

Bill Graham: The Who waren brillant. Wenn er loslegt, ist Townshend wie eine Dampflok, wie ein ungezähmter schwarzer Hengst. Mach dich auf was gefasst, wenn er richtig loslegt.

Roger Daltery: Wir haben zweieinhalb Stunden lang gespielt … Danach hatten wir es so richtig geschafft. Wir waren vorher schon eine bekannte Kultband, aber Woodstock verschaffte uns einen festen Platz in den Annalen des Rock 'n' Roll.

Jefferson Airplane, gaben alles, um gegenüber The Who nicht abzufallen, doch egal wer nach ihnen auf die Bühne gemusst hätte, das Level war nicht zu halten. Aber zumindest schien die Sonne, und Airplane, die seit vierundzwanzig Stunden nonstop feierten, machten das Beste daraus. Nicky Hopkins, der schon mit den Stones gespielt hatte und ursprünglich mit der Jeff Beck Group bei Woodstock auftreten sollte, unterstützte die Band an den Keyboards. »Die harten Bands habt ihr gehört«, erklärte Grace Slick von der Bühne, »jetzt hört ihr Morning Maniac Music.« Grace war atemberaubend schön. Sie wechselte sich mit Marty Balin, Jorma Kaukonen und Paul Kanter am Mikro ab. Die Band spielte ihre großen Hits – »Somebody to Love«, »Volunteers«, »White Rabbit« – und ein paar längere psychedelische Jams.

Grace Slick: Wir waren die ganze Nacht wach gewesen und ich sang die verdammten Songs mit geschlossenen Augen, quasi im Halbschlaf. Vielleicht hätten wir besser gespielt, wenn wir wacher gewesen wären. Aber der Rock 'n' Roll ist ja nicht zuletzt deswegen so faszinierend, weil man gelegentlich ziemlich abgefuckt ist.

Sie waren erschöpft. Wie wir alle. Unsere neu errichtete Stadt wurde mit ihren abgefahrenen morgendlichen Wiegenliedern in jede Menge verrückte Träume entlassen.

Besser hätte Tag drei nicht beginnen können.

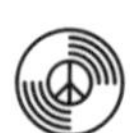

Kapitel 12

17. August 1969

Es ist Sonntagnachmittag, 16:30 Uhr. Der erste Act des Tages – Joe Cocker and the Grease Band – hat gerade sein Set beendet. Ein Sturm zieht auf, und zwar ein ziemlich heftiger. Solche Böen hab ich seit dem schlimmen Tropensturm, der 1966 durch die Coconut Grove fegte, nicht mehr gesehen. Bevor der Regen einsetzt, versucht die Stagecrew so schnell wie möglich, das gesamte Equipment mit Planen abzudecken. In den letzten drei Tagen haben wir hier massenweise Plastikplanen verbraucht. Mit dem schweren Donnergrollen und den lang gezogenen Blitzen am Himmel scheint uns Mutter Natur sagen zu wollen, dass sie Feuerwerke von ganz anderer Art produzieren kann als wir mit unseren akustischen Explosionen auf der Bühne.

Einige der Bühnenarbeiter machen uns darauf aufmerksam, dass einige Kabel, die eigentlich unterirdisch verlegt worden waren, mittlerweile offen sichtbar daliegen, nachdem sich die Erde im Laufe des letzten Tages in Schlamm verwandelt hat und weggespült wurde. Durch diese Kabel wird Strom von unter der Bühne zu den Lautsprechermasten hinaufgeführt. Einer unserer Elektriker ist davon überzeugt, dass sich die Isolierung dieser Kabel allmählich abnutzt und bald die blanke Leitung freiliegen wird. Chip sagt, dass er sich das mal anschauen werde, dass diese »Pferdeschwanzkabel« aber eigentlich unverwüstlich seien und sich die Isolierung nicht abnutzen würde, nur weil ein paar Leute darüberstapfen. Es handelt sich um Bergbaukabel mit einem soliden Kupfermantel unter der äußeren Kunststoffummantelung. Während wir noch überlegen, was zu tun ist, ruft schon jemand in heller Aufregung im Telephone Building an, woraufhin Wes' Partner im Sicherheitsteam, Jon Fabbri, panisch darauf dringt, das Festival zu beenden. Er und Joel diskutierten schon darüber, was schlimmer wäre: gewalttätige Tumulte oder ein Massensterben durch Stromschläge. Ich bitte jemanden um Rückruf und erkläre, dass wir dafür sorgen werden, dass weder das eine noch das andere geschieht. Die Kabel sind sicher, aber während des Unwetters kann auf der Bühne kein Strom genutzt werden, daher werden wird das Konzert ohnehin für eine Weile unterbrechen müssen.

An den Regen habe ich mich inzwischen gewöhnt. Sorgen bereiten mir allerdings die knapp zwanzig Meter hohen Lautsprechermasten. Ganz oben sind massive Super-Trouper-Scheinwerfer angebracht, die jeweils gut über hundert Kilo wiegen. Wenn sich einer davon löst, könnte es zu einer Katastrophe kommen. Der Wind, der mit gut sechzig Stundenkilometern über uns hinwegpfeift, bringt sie gehörig ins Schwanken. Ein Angst einflößender Anblick, nicht zuletzt weil einige Zuschauer in dem Gerüst hocken. Und darunter halten sich ja auch noch Tausende von Menschen auf. Chip schickt ein paar Rigger hoch auf die Spitze, damit sie die Scheinwerfer auf die Seite legen und festzurren. Die Masten sind zwar so konstruiert, dass sie starken Windböen standhalten, doch der momentane Sturm bringt sie gefährlich an ihre Grenzen, insbesondere mit dem zusätzlichen Gewicht durch die Kids, die darinsitzen. Wir müssen sie dazu bringen, runterzuklettern und sich von den Masten fernzuhalten, ohne eine Panik auszulösen. Der Wind bläst heftig, die Böen schlagen den Regen in Salven über das Gelände, alle sind bis auf die Knochen durchnässt.

John Morris reagiert schnell. Er schnappt sich ein Mikro und erklärt den Leuten, was wir tun und wie sie sich verhalten sollen. »Kommt bitte von den Masten runter. Und ihr da unten, tretet bitte von den Masten zurück. Macht Platz, bevor jemand verletzt wird. Behaltet unbedingt die Masten im Auge.« Er steht ganz alleine auf der Bühne, denn Crew, Musiker und Gäste haben sich bereits in Sicherheit gebracht. Auch wenn das Mikro bereits unter Strom steht, er muss die Durchsage zu Ende bringen, bevor der Strom abgeschaltet wird.

Nach zwei mehr oder weniger schlaflosen Tagen und Hunderten von Durchsagen ist Johns Stimme merklich angeschlagen. Ich beobachte ihn, wie er noch einmal alles gibt, um für die Sicherheit des Publikums zu sorgen. Er hält gewissermaßen einen Blitzableiter in der Hand, aber das schreckt ihn nicht ab. »Packt euch warm ein, Leute. Es sieht so aus, als müssten wir da jetzt durch!« John erklärt den Leuten, dass wir das Konzert unterbrechen müssen, bis der Sturm abgezogen ist, aber dass wir bei ihnen sind und sie alle einander haben und dass wir das alle zusammen schaffen werden. Es ist ein heldenhafter Moment für John.

Der Tag hatte sonnig begonnen. Die Menge wachte zu Hugh Romneys rauer Stimme auf, die sagte: »Was wir uns vorgestellt haben, ist ein Frühstück im Bett für Hunderttausende! Es wird gutes Essen sein und wir werden es zu euch bringen. Wir füttern uns gegenseitig.«

Stan und Hugh hatten einen Plan erarbeitet, wie sie den Bereich rund um die Bühne mit Tausenden von Schalen mit Müsli versorgen wollten. Dort gab es eine ganze Menge Leute, die schon ewig nichts mehr gegessen hatten, weil sie ihren Platz nicht verlieren wollten.

Stan Goldstein: Mitten vor der Bühne saßen Leute, die ihren Platz nicht mal verlassen wollten, um sich ein Sandwich zu holen, ein bisschen Gemüse zu besorgen oder gar zur Toilette zu gehen. Sie saßen da wie festgewachsen. Und wenn ein Journalist zu ihnen kam und sie fragte: »Wie geht es Ihnen?«, sagten sie: »Hey, Mann, mir gehts gut.« »Wie lange sitzen Sie denn schon hier?« »Ach, so ungefähr zwei Tage, glaub ich.« »Sind Sie irgendwann mal aufgestanden und haben sich etwas zu essen geholt?« »Oh, nein Mann, aber ich bin echt ziemlich hungrig.« »Sie haben seit zwei Tagen nichts gegessen?« »Nein, Mann, ich hab nichts gegessen. Ich hab echt Hunger.« Der Journalist machte sich dann vom Acker und berichtete, dass die Jugendlichen vor der Bühne verhungern. Tatsache ist aber, dass diese Kids niemals ihren Platz verlassen hätten, nur um sich etwas zu essen zu holen.

Die Hog-Farmer stellten mit Plastikfolie ausgeschlagene Mülleimer auf die Ladefläche eines Pritschenwagens und füllten diese mit Müsli. Als sie damit fertig waren, dirigierten sie den Wagen durch die Menge. »Entschuldigt bitte, hier muss ein Transporter durchfahren, macht bitte mal Platz, wir lotsen einen Transporter mit Lebensmitteln hier durch.«

Stan Goldstein: Ich sprach mit den Betreibern der Lebensmittelstände, denen mittlerweile die Waren ausgegangen waren. Sie stellten uns all ihre unbenutzten Pappteller und -schalen zur Verfügung und halfen, sie zu verladen, damit wir sie zur Suppenküche transportieren konnten. Das war Einweggeschirr für gut hundertfünfzigtausend Essensportionen, das uns die Konzessionäre spendeten.

Am Sonntag gab es zwei Food-for-Love-Stände weniger als am Vortag. Mitglieder der Motherfuckers und ein paar wütende Jugendliche, die sich über die Preise und die langen Warteschlangen ärgerten, hatten sie am Samstagabend niedergebrannt. Die Hog-Farmer versuchten, die Situation zu entschärfen, und zumindest hatten sie dafür gesorgt, dass nicht noch weitere Verkaufsstände angezündet wurden. Hugh bat die Festivalbesucher in seiner Ansprache am Sonntagmorgen sogar um etwas Mitgefühl und Mithilfe: »Es gibt da hinten einen Typen, der Hamburger verkauft.

Dessen Stand wurde gestern Nacht niedergebrannt. Aber er hat noch ein paar Sachen retten können. Vielleicht haben diejenigen unter euch, die den Kapitalismus nicht für eine völlig verwerfliche Wirtschaftsordnung halten, Lust, ihm ein paar Burger abzukaufen und ihm damit ein bisschen unter die Arme zu greifen.«

Woodstock war inzwischen zu einer Art Lifestyle geworden. Ich hatte mich fast daran gewöhnt. Ich erwartete, genau das zu sehen, was sich vor meinen Augen abspielte. Auch die Gesichter in der Menge schienen mir vertraut. Es war, als begegnete man Leuten aus der Nachbarschaft, der Gegend, in der man aufgewachsen war. Ich glaube, nach einer Weile kann sich der Verstand an alles gewöhnen.

Alle hatten sich eingelebt, und die schlimmsten Probleme, wie die Nahrungsmittelknappheit und die Instandhaltung der sanitären Anlagen, hatten wir einigermaßen in den Griff bekommen. Leute rauszuschicken, die die Leitungen reparierten, um die Wasserversorgung aufrechtzuerhalten, war für uns inzwischen ebenso zur Routine geworden wie Wege zu finden, um bei Bedarf Lkws hier durchlotsen zu können.

Die Tagesaktivitäten begannen damit, dass irgendwer auf der Bühne eine leicht schiefe Version der »Reveille« auf dem Horn zum Besten gab. Das Highlight des Vormittags war ein Besuch von Max Yasgur auf dem Gelände. Ich war während des Wochenendes mehrmals bei ihm zu Hause gewesen. Es ging ihm nicht gut, er erlitt in dieser Zeit mehrere Angina-Pectoris-Anfälle. Als Mel und ich ihn im Backstagebereich entdeckten und sahen, wie er auf uns zukam, dachten wir als Erstes: »Oh, oh, es gibt Probleme.« Doch dann erschien ein breites Lächeln auf seinem hageren Gesicht, und wir wussten, dass alles in Ordnung war.

Miriam Yasgur: Er ging rüber, um nachzusehen, was sich dort abspielte. Er wollte sich bei ihnen bedanken und ihnen sagen, dass er schätzte, was sie taten. Als Max zurückkam, meinte er: »Du kannst dir wirklich nicht vorstellen, wie es aussieht, wenn man da oben steht!«

Ich bat Max, auf die Bühne zu kommen und ein paar Worte ans Publikum zu richten. Ich versicherte ihm, dass sie begeistert sein würden, den Mann kennenzulernen, der ihnen und uns für dieses wundervolle Wochenende sein Land zur Verfügung gestellt hatte. Anfangs wirkte er etwas verlegen, aber es dauerte nicht lange, ihn zu überreden. Chip begleitete ihn zum Mikro und Max begann: »Ich bin ein Bauer …« Die Menge jubelte. »Ich bin nicht geübt darin, vor zwanzig Personen zu sprechen – von einer Menge wie dieser ganz zu schweigen«, fuhr Max langsam und deutlich fort, wobei er immer wieder durch seine Brille blinzelte und ungläubig die Menschenmassen betrachtete, die sich vor der Bühne erstreckten, so weit das Auge reichte. »Das ist die größte Gruppe von Menschen, die je an einem Ort zusammengekommen ist, und ich glaube, dass ihr der Welt etwas bewiesen habt. Nämlich, dass eine halbe Million Jugendliche zusammenkommen und drei Tage Spaß haben und Musik hören können und dass es das wirklich ist: Spaß und Musik. Und dafür soll Gott euch segnen.«

Es war ungeheuer bewegend zu sehen, wie Max da oben stand, überwältigt von seinen Gefühlen. Während ich ihn bei seiner Ansprache vor dieser historischen Menschenansammlung beobachtete, wurde ich wieder ein bisschen demütig und staunte darüber, welch wundersame Wendung unser Schicksal genommen hatte, als es uns hierherbrachte.

Max stand die ganze Zeit über zu uns. Als er erfuhr, dass einige Leute Leitungswasser an die Festivalbesucher verkauften, hing er ein großes Schild an seine Scheune, auf dem »GRATIS WASSER« zu lesen war. Er spendete aber nicht nur Wasser, sondern auch Milch, Käse und Butter – und er bat noch einen Verwandten, Brot dazu zu spenden. Seine Tochter war Krankenschwester und arbeitete als Freiwillige in einem der Sanitätszelte, und sein Sohn Sam half, den Verkehr zu regeln. »Um die Kluft zwischen den Generationen zu überbrücken«, erklärte er einem Journalisten, »müssen die alten Leute mehr tun, als wir getan haben.«

Langsam wurde es Zeit, dass es mit der Musik weiterging. Um 14 Uhr ging Joe Cocker auf die Bühne – ein weiterer Unbekannter, der kurz vor dem Durchbruch stand. Begleitet von der Grease Band beeindruckte er das Publikum mit seiner intensiven Soulstimme und seinen eigenartigen Bewegungen. Ich denke, man darf mit Fug und Recht behaupten, dass Joe an diesem Tag die Luftgitarre erfand – oder sie zumindest einem breiten Publikum bekannt machte. Die Grease Band ging es locker an. Ihr Auftritt begann mit einem instrumentalen Bluesjam. Erst danach spielten sie Songs aus ihrem Repertoire, bei denen Cocker glänzte. Ihre Setlist bestand aus allerlei Coverversionen, denen Joe seinen ganz eigenen Stempel aufdrückte: »Dear Landlord«, »Feelin' Alright«, »Just Like a Woman«, »I Don't Need No Doctor«, »I Shall Be Released«. Ashford and Simpsons »Let's Go Get Stoned« machte er zu einer wahren Hymne, in deren Mitte er eine kleine Impro über seine Zeit in New York einfügte. Zum Finale spielte er die Nummer, die für den Rest seiner grandiosen Karriere seine bekannteste war: »With a Little Help from My Friends«. Es war der Song, der dieses Wochenende am besten zusammenfasste, und jeder wusste das. Joes inbrünstiger Vortrag verwandelte den Beatles-Hit in einen unverwechselbaren Joe-Cocker-Song. Kurz nach dem Ende ihres Sets verdunkelte sich der Himmel. Und danach brach die Hölle los.

Joe Cocker: Ich war der Einzige in der Band, der an dem Tag keinen Trip geschmissen hatte, und in gewisser Hinsicht bedauerte ich (das) … Ich hatte nicht den Eindruck, all diese Menschen sonderlich gut zu erreichen, bis wir »Let's Go Get Stoned« spielten. Das brachte alle auf die Beine, einfach weil sie es waren. Und gegen Ende von »With a Little Help from My Friends« war die gesamte Aufmerksamkeit dieser riesigen Menschenmasse auf uns gerichtet. Mit einem Mal hatte ich das Gefühl, dass sie das, was wir ihnen boten, auch annahmen. Das war ein sehr eindringliches und erhabenes Gefühl. Doch das verflüchtigte sich recht schnell wieder, als jemand rief: »Joe, sieh dich mal um!« Und als ich über die Schulter blickte, sah ich diese riesige Wolkenwand auf uns zusteuern. Und ich dachte mir: Oh je, sind wir dafür verantwortlich?

Zwanzig Minuten nachdem wir den Strom abgestellt hatten, hatte sich der schlimmste Sturm gelegt. Aber es regnete noch, daher konnten wir mit dem Konzert erst mal nicht weitermachen. Ich hatte eine Überraschung für die Zuschauer geplant, und während Artie und ich auf der Bühne standen und ein Flugzeug beobachteten, das über unsere Köpfe hinwegflog, regnete es Tausende von Blumen vom Himmel.

Bill Ward: Es war immer noch dunkel und bewölkt, aber es hatte aufgehört zu regnen, da flog ein Kleinflugzeug über uns hinweg und Blumen fielen vom Himmel. Tausende von Menschen standen einfach nur da und staunten. Mit offenen Mündern blickten sie gen Himmel. Sie waren komplett durchnässt und der Boden hatte sich in ein einziges Schlammloch verwandelt. Die Leute hielten sich bei Laune, indem sie durch den Schlamm schlitterten. Manche hatten ihre Kleider noch an, andere nicht. Es gab da eine Anhöhe, von der aus die Leute Anlauf nahmen, sich auf den Hintern plumpsen ließen und durch den Schlamm hinabglitten.

Greil Marcus: Die Kids schrien: »Scheiß auf den Regen, scheiß auf den Regen!« Aber im Grunde genommen bot ihnen das nur eine neue Art, sich zu vergnügen. Es war ein Geschenk des Himmels. Unsere ureigenen Heiligen der Letzten Tage, die wie aus dem Nichts auftauchten. Direkt vor der Bühne rissen sich ein Weißer und ein Schwarzer die Klamotten vom Leib und tanzten im Regen durch den Schlamm, immer im Kreis herum. Und der Kreis wurde immer größer, als sich ihnen mehr und mehr Leute anschlossen.

Moonfire, ein freundlicher Hexenmeister, predigte vor einer kleinen Gruppe von Menschen, die unter der Bühne Schutz gesucht hatten. Er war ein hochgewachsener Mann mit rotbraunen Haaren und glänzenden Augen. Er lief barfuß und trug nur sein Gewand, sonst nichts. Zum Festival war er mit seiner Geliebten, einem Schaf, angereist … Weiter hinten in der Ecke standen seine Mitarbeiter, und allen voran thronte ein menschlicher Schädel auf einem Pfahl, auf dem seine Botschaft zu lesen war: »ESST KEINE TIERE/ LIEBT SIE« … Ganz in der Nähe stand Albert Grossman, sein Zopf triefte vor Nässe. Moonfire schlenderte zu ihm hinüber, um ihn zu segnen. Grossman ließ es über sich ergehen. Der Regen sorgte einfach für eine gute Atmosphäre, um neue Menschen kennenzulernen.

In den frühen Morgenstunden waren Ten Years After eingetroffen. Sie sollten eigentlich direkt nach ihrem Landsmann Joe Cocker auftreten – die Musiker kannten sich aus ihrer englischen Heimat. Die Bühne war nach dem Unwetter jedoch viel zu nass, und ich wollte sie erst freigeben, wenn wir den Strom gefahrlos wieder anschalten konnten. Aber Country Joe and the Fish sagten, dass sie trotzdem auftreten wollten. Es war klar, dass wir noch einige Zeit brauchen würden, bis die Bühne wieder trocken war. Das Unwetter hatte unseren Zeitplan mächtig durcheinandergebracht. Die Bühnenarbeiter versuchten deshalb auch, der Band auszureden, auf die Bühne zu gehen. Sie erklärten ihnen, dass es zu gefährlich sei, den Strom anzustellen und die Mikros und Verstärker anzuschließen. Aber Joe McDonald und Barry Melton wollten ihr Nein nicht akzeptieren. Sie erklärten, dass sie keinen Strom benötigten und ein Akustikset spielen würden, ohne Mikros, Verstärker oder anderes elektrisches Equipment. Sie hatten eine Ukulele, einige Percussioninstrumente und ein paar Trommeln.

Joyce Mitchell: Country Joe kam rein und sagte: »Mir reichts. Die Kids stehen da draußen patschnass im Schlamm. Wir werden für sie spielen.« Und das taten sie auch. In meinen Augen war er ein großer Held. Ich kann gar nicht sagen, wie sehr mich das beeindruckte, was er da machte.

Country Joe McDonald: Die Kids langweilten sich, als der Strom weg war. Da wir schon bei einigen Demos gespielt hatten, wussten wir, dass auch jede Art von unverstärkter Musik bei den Leuten ankommen würde. Letztendlich schlugen wir Töpfe und Pfannen gegeneinander und machten ein bisschen Agitprop-Percussion. Wir skandierten »No Rain« und spielten auf Kuhglocken und das Publikum ging mit. Dann hatten wir plötzlich die Idee, Getränke ins Publikum zu reichen. Das funktionierte auch ganz gut, bis Barry Melton, der Leadgitarrist von Fish, plötzlich zwei Sixpacks Bierdosen anschleppte und ins Publikum warf. Einige Leute traf er dabei am Kopf, und die fingen dann ihrerseits an, uns mit irgendwelchem Kram zu bewerfen.

Greil Marcus: Fish spielten einfach weiter und Joe hörte nicht auf zu lächeln. Sie erinnerten mich an tapfere Rodeoclowns, die immer dann auf den Platz laufen, wenn ein Reiter verletzt wird und der Bulle kurz davor steht, ihn totzutrampeln.

Country Joe McDonald: Ich fühlte mich pudelwohl. Das war einfach ein großartiger Freiraum. Zur alternativen Szene zu gehören war 1969 nicht ohne. Da gab es eine Menge Leute, die einen nicht leiden konnten und einfach zusammenschlugen oder festnahmen, weil man ein Rocker oder ein Hippie war. Daher war es sehr befreiend, hier völlig unbekümmert sein Ding machen zu können und nicht fertiggemacht zu werden, weil man zu den Alternativen gehörte. Von Anfang an hatte ich das sichere Gefühl, dass das hier unser Territorium war.

Außer Bierdosen warfen Barry und die Band noch Orangen und Sektflaschen ins Publikum. Gegen 18:30 Uhr kam endlich die Sonne hinter den Wolken hervor und wir konnten den Strom wieder anstellen. Einige der Zuschauer waren inzwischen abgereist, aber die, die geblieben waren, schienen während des Unwetters neue Kraft gesammelt zu haben. The Fish spielten ihr reguläres Set und wiederholten noch einmal ihr berauschendes »Rock and Soul Music«. Gegen Ende ihres Auftritts dämmerte es bereits wieder. Ten Years After standen schon auf der Bühne und warteten darauf, dass ihr Equipment aufgebaut und angeschlossen wurde. Ihr Gitarrist und Sänger Alvin Lee war ganz aufgedreht und konnte es gar nicht erwarten loszulegen.

Leo Lyons von Ten Years After: Wir waren um sechs Uhr morgens direkt von einem Gig in St. Louis, Missouri, angereist. Ich hatte den ganzen Tag nichts gegessen. Als ich aufs Gelände kam, lief mir Pete Townshend über den Weg und sagte: »Esst oder trinkt nichts, das nicht in verschlossenen Dosen angeboten wird, die haben hier überall was reingepanscht. Ich war letzte Nacht ungewollt zugedröhnt und das ist kein astreines Zeug hier.«

Eigentlich sollten wir auftreten, sobald der Regen vorbei war, aber dann drängelten sich Country Joe and the Fish an uns vorbei und stürmten vor uns auf die Bühne. Weil wir schon so lange gewartet hatten, wollten wir endlich auftreten, es hinter uns bringen und wieder verschwinden. Wir hatten Probleme mit dem Sound. Nach dem ersten Song mussten wir eine Pause machen und unsere Instrumente nachstimmen. Aber das Publikum war großartig.

Um etwa 20 Uhr eröffnete Alvin Lee die Show mit dem bluesigen »Spoonful«, dem ein ausgedehntes »Good Morning, Little Schoolgirl« folgte. Nach etwa zwei Stunden beendete die Band ihr Set mit einer langen Version von »I'm Goin' Home«, einem Song, in dem zahlreiche frühe Rock-'n'-Roll-Songs zitiert wurden und bei dem Alvin unter Beweis stellen konnte, was für ein hervorragender Gitarrist er war.

Ursprünglich hatten wir Iron Butterfly für einen Auftritt am Sonntagnachmittag gebucht, aber dann erfuhr ich von John Morris, dass ihr Agent in letzter Minute angerufen und verlangt hatte, dass die Band per Hubschrauber von New York aus zum Festivalgelände geflogen wurde. Der Kerl hatte ganz offensichtlich gerade Spaß daran, uns mit solchen allürenhaften Mätzchen zu kommen – als ob wir nicht so schon genügend Probleme zu lösen gehabt hätten. Daher sagte ich John, er solle dem Agenten ausrichten, dass er das vergessen könne, wir hätten uns im Moment um wichtigere Dinge zu kümmern.

Lee Dorman von Iron Butterfly: Wir sind zwei-, dreimal von unserem Hotel zum Heliport in der Thirty-third Street gefahren. Aber es kam kein Hubschrauber, um uns abzuholen. Ich vermute, die hatten Wichtigeres zu tun, zum Beispiel Nahrungsmittel für all die Leute ranschaffen. Aber es wäre schon toll gewesen, »In-A-Gadda-Da-Vida« da oben zu spielen.

Als Nächstes waren The Band an der Reihe. Auf ihren Auftritt freute ich mich ganz besonders. Mit Rick Danko und Richard Manuel hatte ich mich inzwischen angefreundet. Rick hing schon eine Weile auf dem Gelände rum, aber der Rest der Band trudelte erst kurz vor dem Unwetter auf dem Festival ein. Sie wirkten ein wenig erschlagen von dem Anblick und waren anscheinend etwas nervös, weil der Sound nicht perfekt war. Sie waren bei allem, was sie machten, ziemlich perfektionistisch. Ihren üblichen Ansprüchen würde das hier also kaum genügen können. Allerdings wohnten sie nur einen Katzensprung vom Festivalgelände entfernt, daher war es für sie ein eher unkomplizierter Gig.

Robbie Robertson: Es gab da einen Bereich, wo ganz unterschiedliche Leute zusammenkamen – Musiker, Manager, Mitarbeiter von Plattenfirmen und, und, und. Etliche Fellini-Gesichter huschten vorbei. Es war wie in einem Zigeunerlager, ein wirklich bunter Haufen.

Eine ganze Traube von Musikern versammelte sich am Bühnenrand und schaute interessiert zu, als The Band mit »Chest Fever«

ihren Gig begannen. Levon, Rick und Richard wechselten sich beim Gesang ab, während sie Songs von ihrem Album *Music from Big Pink* spielten: »Tears of Rage«, »This Wheel's on Fire«, »The Weight«. Einige der Nummern, die sie spielten, kamen erst Jahre später auf Vinyl heraus. Ich fand ihren Auftritt fantastisch, aber weil sie vergleichsweise sanfte, feinsinnige Musik machten und eher für sich spielten als für das Publikum, kamen sie bei den Zuschauern nicht ganz so gut an.

Robbie Robertson: Die Leute waren drei Tage lang von Musik berieselt und vom Wetter gebeutelt worden – es war schwer, ihre Stimmung richtig einzuschätzen. Unser Set wurde von langsamer, eindringlicher Mountain-Music dominiert. Wir hielten das für angemessen. Wir dachten: »Diese armen Schlucker hier haben eine Menge über sich ergehen lassen müssen, also sollten wir für sie vielleicht eine spirituelle Atmosphäre schaffen.« Wir spielten Songs wie »Long Black Veil« und »The Weight«, die alle ein bisschen andächtig und ehrfurchtsvoll klangen. Selbst den schnelleren Stücken haftete etwas Religiöses an. Ich dachte: »Mein Gott, ich weiß nicht, ob das der richtige Ort dafür ist.« Ich blickte in die Menge und mir schien, als hielten uns die Kids für ein bisschen schrullig. Wir spielten so, als stünden wir zu Hause im eigenen Wohnzimmer. Wir waren wie Waisenknaben, die man im Regen stehen gelassen hat.

Nachdem The Band ihr Set beendet hatten, stand der Auftritt von Johnny Winter und damit ein weiterer komplexer Ab- und Aufbau an. In solchen Momenten vermissten wir den Drehbühnenmechanismus sehr. Inzwischen war es weit nach Mitternacht und es hatte sich merklich abgekühlt. Doch Winter schaffte es, den Leuten mit seiner Slidegitarre und einer Mischung aus Texasblues, R&B und frühen Rock-'n'-Roll-Nummern eine Stunde lang ordentlich einzuheizen. Mit Chuck Berrys »Johnny B. Goode« beendete er sein Set.

Anschließend folgte ein weiterer umfangreicher Equipmentwechsel. Nun waren Blood, Sweat and Tears an der Reihe, eine achtköpfige Jazzrockcombo mit einer Bläsersektion. Unter der Leitung von Schlagzeuger Bobby Colomby hatten sie mit »You've Made Me So Very Happy« und »Spinning Wheel« gerade zwei Hits in Folge gelandet. »And When I Die«, ein Highlight ihrer Show beim Woodstock-Festival, sollte bald schon die Nummer drei werden.

> **Greil Marcus:** Am Sonntagabend herrschte eine eigentümliche Atmosphäre auf und am Rande der Bühne. Alle Bands liefen dort rum und waren entweder mit ihrem Auftritt oder dem Auf- oder Abbau ihres Equipments beschäftigt oder hörten den anderen Musikern zu: The Band, Blood, Sweat and Tears und Paul Butterfield. Was das Prestige anging, waren The Band ohne Frage die Könige des Abends, sowohl aus der Sicht der anderen Musiker als wahrscheinlich auch aus der des Publikums. Während Helm, Danko und Robertson auf Verstärkern saßen und Johnny Winters Auftritt verfolgten, kamen zahlreiche alte und neue Stars zu ihnen rüber, sagten Hallo, stellten sich vor und zollten ihnen Respekt. Der junge Kanadier David Clayton-Thomas, Leadsänger von Blood, Sweat and Tears, grinste über beide Ohren und schüttelte lebhaft die Hände der legendären Musiker. Er war Künstler, der sich gerade auf dem Weg nach oben befand, die Musik seiner Band verkaufte sich besser als die aller anderen Musiker im Land. Das Publikum hat er an diesem Abend wesentlich mehr begeistern können als The Band, dennoch stand er zu jener Zeit immer noch sehr im

Schatten der Männer vom Big Pink, die wahrhaftige Musik machten, die historische Wurzeln hatte.

Musiker, Journalisten und viele andere versammelten sich auf der Bühne und fieberten dem Auftritt der nächsten Gruppe entgegen: Crosby, Stills, Nash and Young. Neil Young war gerade erst zur Band hinzugestoßen und am Abend zuvor hatten sie in Chicago ihr erstes gemeinsames Konzert gegeben. Wir alle waren gespannt darauf, wie sich die Songs ihres Debütalbums live anhörten.

Graham Nash: Als wir aus dem Hubschrauber stiegen, wurden wir von John Sebastian begrüßt. Wir zündeten uns eine Tüte an und feierten eine kleine Party in Sebastians Zelt. Seine Beine waren zur Hälfte mit Schlamm verkrustet und er schilderte sehr anschaulich seine Regen- und Schlammerlebnisse. Hinter der Bühne herrschte totales Chaos.

Wir hatten keine Angst vor der Menge, viel nervöser machten uns die anderen Musiker. Stephen und ich hatten ein wenig Bammel davor, Hendrix, The Band und Blood, Sweat and Tears zu treffen. Und ich glaube, Neil war etwas nervös wegen seines Auftritts mit uns.

David Crosby: Wir hatten gehöriges Muffensausen. All unsere Idole aus der ganzen verdammten Musikbranche standen im Halbkreis hinter uns, als wir auf die Bühne gingen. Sie waren alle gespannt auf unseren Gig. Wir waren die Neuen, es war erst unser zweiter öffentlicher Auftritt, niemand dort hatte uns je zuvor gesehen, aber alle kannten das Album und fragten sich: »Wie zum Teufel werden sie das wohl auf die Bühne bringen?« Als es hieß, dass wir gleich dran sind, kamen sie alle angerannt und stellten sich hinter uns auf. Das zwar ziemlich einschüchternd, um es mal ganz vorsichtig auszudrücken. Immer wenn ich mich umblickte, sah ich Hendrix und Robbie Robertson und Levon Helm und Grace und Paul, jeden, den ich kannte, und jeden, den ich nicht kannte.

Außerdem war ich völlig neben der Spur, weil wir von diesem Pulloverpot geraucht hatten, diesem sagenhaften Colombian Gold, das ein Freund von mir namens Rocky mit zum Festival gebracht hatte.

Um etwa 3:30 Uhr gingen Graham, Stephen und David auf die Bühne und eröffneten die Show alleine. Kurz darauf stießen Neil, Bassist Greg Reeves und Drummer Dallas Taylor hinzu. Stills und Young boten eine atemberaubende Version von »Mr. Soul« dar, ein Song, der noch aus ihrer Zeit bei Buffalo Springfield stammte. Die Zuschauer vor und hinter der Bühne waren begeistert. Ein weiterer Höhepunkt ihres Sets, »Long Time Gone«, wurde später zum Titelsong des *Woodstock*-Films.

Greil Marcus: Ihr Auftritt war wirklich unheimlich, ein unwiderstehlicher Beweis dafür, wie erhaben Musik sein kann. Ich glaube auch nicht, dass sie irgendwo anders mit solch einer Wucht eingeschlagen wären. Dieses Festival hatte über sich selbst triumphiert, als Crosby und seine Band das Finale einläuteten.

Graham Nash: Ich fand, wir hatten einen ganz miesen Gig abgeliefert. Wenn man mal drüber nachdenkt, ist es ja auch völlig absurd, vierhunderttausend Menschen mit Akustikgitarren und Songs wie »Guinnevere« erreichen zu wollen. Aber wir haben garantiert unser Bestes gegeben. »Suite« klang zwar leicht schief, aber was solls?

David Crosby: Wir waren gut, Gott sei Dank! Unser Set kam hervorragend an. Die Leute, die ich als meine engen Freunde betrachte – Paul Kanter und Grace Slick, Garcia und noch ein paar andere –, waren begeistert. Sie sagten: »Wow! Das hat richtig reingehauen! Ihr habts geschafft!« Sie liebten es, alle liebten es. Warum auch nicht? »Suite: Judy Blue Eyes«, was gibt es daran nicht zu mögen?

Als Nächstes ging jemand auf die Bühne, den ich auch erst in Woodstock kennengelernt und mit dem ich mich angefreundet hatte: Paul Butterfield. Als wir das Equipment für sein großes Ensemble endlich aufgebaut hatten, muss es fast 6 Uhr morgens gewesen sein. Paul war ein großartiger Mundharmonikaspieler und Sänger aus Chicago, der während Songs wie »Born Under a Bad Sign«, »Driftin' and Driftin'« und »All in a Day« unendlich lang improvisieren konnte. In seiner Band spielten einige namhafte Musiker wie der Gitarrist Buzzy Feiten und der Saxofonist David Sanborn, manche seiner Bandmitglieder kannte ich aus Woodstock.

Obwohl die Bühnenarbeiter inzwischen völlig erschöpft waren, gaben sie immer noch alles und hielten die Show am Laufen. Unten auf dem Festivalgelände lichteten sich nach und nach die Reihen; die Leute reisten ab. Das sah ich mit großer Erleichterung, denn die Vorstellung, dass eine halbe Million Menschen gleichzeitig versuchten abzureisen, hatte etwas Beängstigendes. Statt auf ein großes Finale zu warten, verabschiedeten sie sich alle nach und nach vom Wochenende. Auf diese Weise würde das Festival nicht abrupt enden, sondern ganz langsam ausklingen.

Sha Na Na, die aus zwölf Studenten der Columbia-Universität bestehende Band, hatte seit Sonntagnachmittag nervös auf ihren großen Moment gewartet. Sie fürchteten, dass sie die dreißig Minuten Bühnenzeit, die ich ihnen versprochen hatte, doch nicht bekommen würden. Aber gegen 7:30 Uhr war es endlich so weit: Sie traten in ihren Goldlaméanzügen und mit ihren Schmalztollen vor das Publikum. Unbekümmert tanzten sie sich durch eine Reihe früher Rock-'n'-Roll-Klassiker wie »Get a Job«, »Teen Angel« und »Duke of Earl«. Ihr Enthusiasmus und ihr Schwung belebten auch diejenigen, die unter argem Schlafmangel litten. Michael Wadleigh und seine Filmcrew waren eigentlich dabei, sich auf den Auftritt von Hendrix vorzubereiten, aber es gelang ihnen, »At the Hop« und noch ein paar andere Nummern von Sha Na Na zu filmen.

> **Jocko Marcellino von Sha Na Na:** Im Künstlerpavillon unterhielten wir uns mit all diesen berühmten Leuten. Wir waren wie kleine Kinder. Aber sie behandelten uns mit einem gewissen Respekt. Fast wären wir gar nicht aufgetreten. Wir waren zunehmend angepisst. Ich mag Paul Butterfield, aber er wollte einfach nicht zum Ende kommen. An dem Tag ging er mir wirklich auf den Senkel. Letztendlich traten wir direkt vor Hendrix auf. Inzwischen sah es auf dem Gelände aus wie in einem Flüchtlingscamp. Die meisten Leute waren schon abgereist. Jahre später hab ich einen Typen getroffen, der am Abend zuvor einen Trip eingeworfen hatte. Irgendwann war er eingeschlafen, und als er aufwachte, standen wir auf der Bühne. Er hatte keine Ahnung, wer wir waren, und dachte, dass er auf einem tierisch guten Trip sei.

Jimi Hendrix war am Sonntag gegen Mittag angekommen. Ich hatte ihn und Michael Jeffrey backstage getroffen, ihnen erklärt, dass wir schon das ganze Wochenende unserem Zeitplan hinterherhinkten, aber vorgeschlagen, dass Jimi trotzdem gegen Mitternacht auftreten könnte. Aber Jeffrey lehnte ab. Er wollte, dass Jimi der Letzte auf der Bühne war, ganz gleich wie spät es wurde. Jimi und seine neue Band spielten noch nicht lange zusammen. Vor dem Festival hatten sie sich alle in Jimis Haus in West Shokan getroffen, um an den Songs zu arbeiten, die sie beim Woodstock-Festival spielen wollten.

Wir hatten ein kleines Haus in der Nähe des Backstagebereichs angemietet, das ich ihnen für die Zeit bis zu ihrem Auftritt zur Verfügung stellte. Jimi schaute gelegentlich auf der Bühne oder im Pavillon vorbei. Irgendwann im Laufe des Tages wurde allen klar, dass sich das Festival noch bis in die frühen Morgenstunden hinziehen würde. Ich hörte noch mal nach, ob Jimi es sich vielleicht anders überlegt hatte und doch lieber um Mitternacht auftreten wollte, aber Jeffrey bestand darauf, dass Jimi mit seinem Auftritt das Festival beendete.

Um 8:30 Uhr gingen Hendrix und seine Band schließlich auf die Bühne. Dass inzwischen nur noch etwa vierzigtausend Zuschauer übrig geblieben waren, schien ihn nicht zu stören. Am Ende war die Show, die er an diesem Morgen ablieferte, die längste seiner gesamten, viel zu kurzen Karriere – er spielte ganze zwei Stunden. Zunächst stellte er seine neue Band vor: Bill Cox am Bass, Juma Sultan und Jerry Velez an den Percussions, Larry Lee an der Rhythmusgitarre und Mitch Mitchell am Schlagzeug. »Wir hatten die Lust an der Experience verloren und ab und an pusteten wir uns das Hirn einfach zu sehr weg, daher haben wir beschlossen, das Ganze zu ändern und uns künftig Gypsy, Sun and Rainbows zu nennen … Wir haben allerdings erst zweimal oder so miteinander geprobt … und auch nur ganz grundlegende Rhythmusgeschichten, aber, na ja, ich meine auch, da hinten sieht man gerade die ersten Sonnenstrahlen aufscheinen, also können wir auch einfach mit der Erde anfangen, ihrem Rhythmus folgen, nicht war?«

Nachdem er seine weiße Stratocaster gestimmt hatte, begann Jimi mit »Message to Love«, danach folgte »Hear My Train a Comin'«. Die Band schien mit den Improvisationen gut klarzukommen und so uferten einzelne Songs wegen längerer Jampassagen etwas aus. Jimi war an diesem Morgen sehr gelassen, selbst bei „Foxy Lady“. Bei einigen Songs, darunter Curtis Mayfields »Gypsy Woman«, übernahm Larry Lee die Leadvocals. Sowohl Lee als auch Jimi stimmten immer wieder ihre Gitarren nach und zwischendurch sagte Jimi irgendwann: »Wir spielen einfach ganz leise und ein bisschen falsch.«

Auf der großen Bühne war nicht viel los, verglichen damit, wie voll es an diesem Wochenende sonst hier war, als sich zahlreiche Musiker, Bühnenarbeiter, Freunde und Bekannte darauf getummelt hatten. Jimi hatte sich einen roten Schal um den Kopf gewickelt und trug ein weißes, mit Perlen besticktes Fransenhemd aus Leder. Darin ähnelte er einem mystischen, in Meditation vertieften Druiden. Mit geschlossenen Augen und in den Nacken gelegtem Kopf vertiefte er sich ganz in seine Musik, wurde eins mit ihr. Seine Gitarre, die er als Linkshänder falsch herum spielte, war sein Zauberstab. Obschon er seine Band dabeihatte, erweckte er den Eindruck, er sei ganz allein auf der Bühne.

Als er geradezu ehrfürchtig die Nationalhymne anstimmte, rückte das erschöpfte, schlammverkrustete Publikum näher zusammen. Diejenigen unter uns, die das ganze Wochenende über kaum geschlafen hatten, wachten jetzt auf, begeistert von Jimis Darbietung. Zunächst spielte er nur die wohlbekannte Melodie nach, doch schon im nächsten Moment imitierte er mithilfe von Rückkopplungen und Verzerrungen »Bomben, die in der Luft explodieren«. Es war brillant. In dieser frohen Botschaft kamen sowohl Liebe zum Vaterland zum Ausdruck als auch Verständnis für die Konflikte und Unruhen, die Amerika innerlich zerrissen hatten.

Roz Payne: Als er es spielte, arbeitete ich gerade in dem Zelt, in dem wir uns um die Leute kümmerten, die auf einem Horrortrip waren. Mit einem Mal schien alles stillzustehen. Hätte zuvor irgendwer »The Star-Spangled Banner« gespielt, hätten wir ihn ausgebuht. Danach wurde es zu *unserem* Lied.

Tom Law von den Hog-Farmern: Ich stand direkt vor ihm. Im Publikumsbereich war kaum noch jemand. Mit diesem Stück wirkte er auf mich wie der Poet, der das Festival definierte. Es war, als hätte er einen in das Herz des Monsters entführt und es zugleich gepfählt.

Graham Nash: Hendrix war okay. Ich hatte schon Besseres von ihm gehört. Aber »The Star-Spangled Banner« war irreal. Die vielleicht kreativsten zwei Minuten der Rock-'n'-Roll-Geschichte.

Mel Lawrence: Ich wachte zu Jimi Hendrix auf. Ich war in meinem Trailer oben auf dem Hügel und blickte auf das nur noch zu einem Viertel gefüllte, von Müll übersäte Festivalgelände herab – ein deprimierender Anblick. Immer mehr Leute reisten während Hendrix' Aufritt ab. Und dann spielte er »The Star-Spangled Banner« und ich bekam eine Gänsehaut.

Von »The Star-Spangled Banner« leitete Jimi zu »Purple Haze« über. Ich dachte an Miami im Mai 68, als Jimi aus dem Hubschrauber geklettert war und den Song auf der Golfstream-Bühne gespielt hatte. Irgendwie schien jener Auftritt ein Vorbote des heutigen gewesen zu sein.

Jimi läutete das Ende seines Auftritts am Montagmorgen mit einer Instrumentalnummer ein, die später »Woodstock Improvisation« genannt wurde. Es folgten noch »Villanova Junction« und zu guter Letzt gegen 10:30 Uhr »Hey Joe«.

Dann war es vorbei.

Was uns die ganze Zeit über wie eine Ewigkeit erschienen war, war zu einem kurzen Augenblick zusammengeschrumpft. Danach war nichts mehr so wie zuvor.

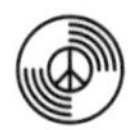

Kapitel 13

Nachwehen

Montag, 18. August, 13 Uhr: Ich blicke über das Gelände, das in den vergangenen drei Wochen so etwas wie mein Zuhause gewesen war. Der Ausblick, der sich mir bietet, ist ein ganz anderer als der, den diejenigen gehabt hatten, die während der Stoßzeiten des Festivals über das Gelände geflogen waren und erzählt hatten, dass sich unter ihnen kilometerweit ein Meer von Menschen erstreckt hatte. Einer der Jungs von Sweetwater hatte gesagt, es hätte ausgesehen wie ein Meer aus Wildblumen. Jetzt sah man da unten nur noch ein Meer aus Schlamm.

Ich muss zur Bank an die Wall Street, um mich dort mit Joel, John und Artie zu treffen. Einer der Hubschrauberpiloten hat mit angeboten, mich dorthin zu fliegen.

Als wir nach Osten abdrehen, entdecke ich etwas im Talkessel, vorne, ganz in der Nähe der Bühne: ein riesengroßes Peacezeichen. Es besteht aus Abfall und allerlei Dingen, die auf dem Gelände zurückgelassen wurden: Schuhe, Decken, Dosen, Flaschen, Papier, T-Shirts, Schlafsäcke, Melonenschalen. Die Zuschauer, die bis zum Schluss geblieben sind und uns beim Aufräumen geholfen haben, haben dieses Zeichen geschaffen, das für etwas steht, was wir der Welt zu vermachen hoffen.

Dieses Bild begleitet mich, während ich nach Manhattan fliege, wo man mich in der Bank of North America erwartet. Während ich Woodstock hinter mir lasse und gen Wall Street eile, frage ich mich, was mich erwartet. John, Joel, Artie und ich werden seit Donnerstag zum ersten Mal wieder alle zusammen sein. Ich weiß, dass wir uns einigen unangenehmen finanziellen Problemen stellen müssen. Ich weiß nur noch nicht, wie unangenehm sie tatsächlich sind. Abgesehen von dem kurzen Moment am Samstag, als ein Geldtransporter von Brink's an meinem Trailer vorfuhr und ich ihn unverrichteter Dinge wieder nach Hause schicken musste, ist dies das einzige Mal, dass ich seit dem Beginn des Festivals über Geld nachdenke. Ich hoffe, es werden sich Lösungen für die Probleme finden. Ich weiß allerdings nicht, wie viele Schecks John übers Wochenende ausgestellt hat und mit wie viel Geld wir noch aus dem Vorverkauf rechnen können.

Als Jimi Hendrix am Montagmorgen nach zwei Stunden die Bühne verließ, war das Festival offiziell beendet. Weil die Zuschauer schon seit Sonntag peu à peu abreisten, konnte der Verkehr unter der Aufsicht von dreihundert Beamten der State Police, einigen Hilfssheriffs und Mitgliedern der freiwilligen Feuerwehr reibungslos abfließen. Manche Besucher hatten sich entschlossen, nach Hause zu trampen, und hielten Schilder mit ihren jeweiligen Zielorten hoch. Außerdem fuhren Short-Line-Busse nonstop von Monticello nach New York. Eine Tageszeitung berichtete von einigen sehr unorthodoxen Reisemethoden: »Elf junge Leute verteilten sich im Innenraum, auf den Kotflügeln, den Stoßstangen, der Motorhaube und dem Dach eines 57er Chevrolets, der bei jeder Unebenheit auf dem Boden aufsetzte. Einer unserer Reporter sah einen Ford Kombi aus New Jersey, auf dessen Dachgepäckträger drei Jugendliche festgeschnallt waren ...«

In einer anderen Zeitung war zu lesen, dass die Anwohner von White Lake den Festivalbesuchern bis zum Schluss ihre Hilfe anboten, »anscheinend gerührt vom Anblick der hungrigen, ausgebrannten und obdachlosen Jugendlichen. Einige boten ihnen ein Quartier für die Nacht an, andere gaben ihnen Lebensmittel und Getränke. Die Polizei von Monticello öffnete den kleinen Stadtpark, damit sich diejenigen, die auf die Short-Line-Busse warteten, dort zum Schlafen niederlegen konnten.«

Parry Teasdale: Ich kannte ein Ehepaar, das in der Nähe lebte. Ihr Sohn, mit dem ich befreundet gewesen war, war in Vietnam gefallen. Als sie hörten, dass all diese Jungendlichen nichts zu essen hatten, sagten sie sich: »Diese Kinder sind hungrig. Wir müssen ihnen etwas zu essen geben.« Also schnappten sie sich so viele Hotdogs, wie sie bekommen und transportieren konnten, und gingen damit zum Festival, um den jungen Leuten dort etwas zu essen zu bringen.

Christine Oliveira: Wir verließen das Gelände am Montagnachmittag. Wir hielten immer wieder an, da wir nicht genau wussten, welchen Weg wir nehmen mussten, um nach Hause zu kommen, weil wir keine Karte dabeihatten. Die Leute fragten uns dann immer: »Habt ihr genug zu essen?« Und dann brachten sie uns Sandwiches.

Ich versuchte, am Montagmorgen so viel wie möglich zu erledigen, bevor ich zu meinem Termin in New York aufbrach. Mel und Stan beaufsichtigten die Aufräumarbeiten. Unseren Schätzungen zufolge würde es etwa 50 000 Dollar kosten und mindestens zwei Wochen dauern, die Ländereien, die wir von Max und den anderen Landwirten gepachtet hatten, wieder in Ordnung zu bringen. Noch campten etwa achttausend Menschen in der näheren Umgebung, darunter auch die Hog-Farmer und die Mitglieder anderer Kommunen. Viele halfen uns dabei, den Abfall einzusammeln. Mel machte sich auf die Suche nach Freiwilligen, die bereit waren, die von uns angestellten Reinigungsteams zu unterstützen. Als Erstes wandte er sich an die Pfadfinder.

Mel Lawrence: Als es an die Aufräumarbeiten ging, wurde es wirklich interessant. Da meldeten sich bei uns Leute, die bis zu dreißig Kilometer entfernt wohnten und meinten, wir müssten ihre Scheune aufräumen. Sie betrachteten das als wunderbare Gelegenheit, ihr Grundstück auf Vordermann bringen zu lassen. Wir schoben den ganzen Müll mit einem Frontlader auf einen großen Haufen und verluden die Sachen von dort auf einen Lkw. Zu den Hinterlassenschaften der Leute zählten unter anderem Tausende von Schlafsäcken und Kleidungsstücken.

Penny Stallings: Das Aufräumen war eine Herkulesaufgabe. Nachdem alle weg waren, nannte Mel das Gelände nur noch Andersonville, nach einem Gefangenenlager im Amerikanischen Bürgerkrieg. Der Boden dampfte regelrecht von all den Menschen, die sich darauf getummelt hatten.

Henry Diltz: Was übrig blieb, war ein Haufen versiffter Müll. Tüten mit Lebensmitteln, Kleidungsstücke, alles lag völlig durchnässt und zertrampelt im Schlamm. Das ganze Zeug, das da rumlag, erinnerte an Leichen. Man hat ja vielleicht schon mal solche alten Kriegsaufnahmen aus Glasnegativzeiten gesehen, auf denen aufgeblähte Pferdekadaver, im Matsch stecken gebliebene Geschütze und gefallene Soldaten auf den Schlachtfeldern zu sehen sind. Genau so sah es aus.

Mitarbeiter versammelten sich vor meinem Trailer. Ich musste ihnen erklären, dass wir ihnen kein Gehalt auszahlen konnten, solange unsere finanzielle Situation nicht geklärt war. Gleichzeitig löcherten mich anwesende Journalisten mit Fragen. Als sich ein Reporter der *New York Times* nach unserer Finanzlage erkundigte, erklärte ich ihm, dass wir weit mehr ausgegeben als eingenommen hatten. »Es sind so viele Menschen hergekommen … Wir mussten uns um sie kümmern. Es war die Sache wert.« In seinem Artikel in der *Times* hieß es später: »In der Erwartung, ihren Lohn ausgezahlt zu bekommen, versammelten sich junge Arbeiter heute in einem zum Produktionsbüro umfunktionierten Trailer. Man bat sie darum, sich nur das zu nehmen, was sie unbedingt benötigten, bis es den Sponsoren gelänge, Bargeld zu beschaffen. Es entsprach dem Geiste des Teilens, unter dem das ganze Wochenende gestanden hatte, dass Sekt und Zigaretten angeboten wurden.«

In den kommenden drei Wochen, in denen das Gros der Aufräum- und Abbrucharbeiten anstand, blieb Stan in Bethel. Er erstellte Antragsformulare, mit denen Anwohner Verluste und Schäden melden oder einfach nur um die Beseitigung von Müll bitten konnten.

Stan Goldstein: Ich blieb, um erhitzte Gemüter zu beruhigen. Es gab zwei ganz unterschiedliche unmittelbare Reaktionen. Eine sehr stark auf sich aufmerksam machende Gruppe war ungemein erbost darüber, dass sich Festivalbesucher auf ihren Wiesen und Feldern niedergelassen hatten. Es wurde beklagt, dass zahlreiche Schäden durch die marodierenden Horden entstanden seien. Dann waren da aber auch noch die anderen, die sagten: »Wow, da habt ihr echt ein Wunder vollbracht … Die jungen Leute waren großartig … Wie habt ihr das nur hinbekommen?« Die Händler und Geschäftsleute aus der Region waren natürlich im Allgemeinen zufrieden. Noch nie zuvor hatten sie innerhalb so kurzer Zeit so viel Geld verdient.

Etliche Personen reichten Klage gegen uns ein, darunter auch der Direktor des Monticello Raceways, wo an diesem Wochenende ein Rennen geplant gewesen war. Achtzig Klagen wurde stattgegeben. (Bei den meisten davon kam es später entweder zu einer außergerichtlichen Einigung oder die Klage wurde zurückgezogen.) Politiker forderten eine Untersuchung des Festivals. Einer von ihnen, Martin McKneally, Mitglied des US-Repräsentantenhauses, erklärte nach einem Hubschrauberflug über das Gelände: »Den Gestank, der von dem Hügel auf Yasgurs Farm aufsteigt, werden die Menschen in Sullivan County noch viele Jahre in der Nase haben.« Etwas später verglich er den Geruch mit »ägyptischem Dreck«. Der Justizminister des Bundesstaates New York, Louis J. Lefkowitz, erklärte, dass ihn Vertreter der Stadt New York aufgefordert hätten, eine Untersuchung des Festivals einzuleiten. Lefkowitz äußerte die Sorge, dass es Personen geben könne, die zwar Tickets gekauft hätten, aber nicht bis zum Festivalgelände hätten vordringen können. Da keine Ticketkontrolle stattgefunden hatte, ließ sich im Nachhinein nicht sagen, wer auf dem Gelände gewesen war und wer nicht. John und Joel ließen sich schließlich darauf ein, insgesamt 25 000 Dollar bereitzustellen für den Fall, dass solche Ansprüche geltend gemacht würden.

Während der Aufräumarbeiten lösten sich verschiedene Werkzeuge und Gerätschaften in Luft auf. Wir hatten den Hog-Farmern gesagt, dass sie alles behalten können, was auf dem Gelände zurückblieb, für das sie verantwortlich waren, und sie nahmen uns beim Wort.

Roz Payne: Ich blieb nach dem Ende des Festivals noch ein paar Tage auf dem Gelände. Alle verabschieden sich und lassen Berge von Müll zurück. Hier bleiben Teile von der Soundanlage stehen, dort steht eine Druckerpresse herum, ein paar Generatoren wurden zurückgelassen, ja sogar ein ganzes Feldlazarett. Die meisten Leute sind inzwischen weg. Die Hog-Farmer sammeln Flaschen ein. Ich bat ein paar

Leute aus New York, den größten Transporter zu mieten, den sie kriegen konnten, und damit herzukommen. Außerdem bat ich einen Freund, mit meinem kleinen roten Käfer vorbeizukommen. Wir packten das gesamte Feldlazarett in den Transporter, bis auf einen kleinen Kühlschrank, den verstauten wir im Fond meines Käfers. Die Druckerpresse luden wir auch in den Transporter, ebenso alle anderen Sachen, die rumlagen. Irgendjemand holte die Klimaanlagen aus den Trailern. Die Druckerpresse gaben wir den Black Panthers, die darauf ihre Zeitschrift druckten. Das Feldlazarett bekamen auch die Black Panthers für ihre *Free Clinic.*

Penny Stallings: Die Hog-Farmer luden Teile der Bauwerkzeuge, die wir gemietet hatten, in ihre Busse, und ich sagte ihnen: »He, dass könnt ihr nicht machen, die Sachen brauchen wir noch für nächstes Jahr.« Ich war davon überzeugt, dass wir das Festival wiederholen würden. Ich glaubte fest daran, dass sich die allgemeine Einstellung im Land grundlegend verändern würde.

Aber was die Werkzeuge betraf, meinte Mel nur: »Was kümmert es dich? Lass sie das Zeug ruhig mitnehmen.« Das war die Philosophie der Hippies: Wir teilen alles. Aber mir war ja klar, dass John für das alles bezahlen musste. Er war so ein netter Kerl, und ich wollte, dass er das Festival nächsten Sommer auch wieder finanzierte.

Obschon ein paar einflussreiche Leute vor Ort ungehalten waren, wegen des Chaos und der vielen Unannehmlichkeiten als Begleiterscheinungen des Festivals, zogen viele auch ein positives Fazit. Louis Ratner, der Sheriff von Sullivan County, erklärte vor Journalisten: »Ich habe mein ganzes Leben lang keine freundlicheren Jugendlichen gesehen.« Und ein anderer Beamter erzählte: »Als wir uns mit unseren Einsatzwagen festfuhren, halfen sie uns sogar, sie wieder auf die Straße zu kriegen. Ich glaube, dass viele Polizisten hier nur auf ihre politische Gesinnung schauen.« Obschon viel Aufhebens um medizinische Notfälle gemacht worden war, berichtete Dr. Abruzzi später, dass sein Team von Donnerstag an etwa fünftausend Personen behandelt habe, wobei fast die Hälfte davon wegen Schnittwunden an den Füßen gekommen waren. Zum Patientenaufkommen sagte er: »Diese Größenordnung wäre auch bei jeder Stadt mit über dreihunderttausend Einwohnern zu erwarten gewesen.«

Massiv kritisiert wurden wir von der *New York Times*, worüber sich John und Joel besonders aufregten. In ihrer Montagsausgabe lautete die Überschrift über dem Leitartikel: »Albtraum in den Catskills«. Darin stand zu lesen:

> Die Sponsoren dieser Veranstaltung, die sich offenbar keinerlei Gedanken darum gemacht haben, was für ein Chaos sie verursachen könnten, sollten für ihr Missmanagement zur Rechenschaft gezogen werden. Hunderttausende von Menschen auf ein sechshundert Morgen großes Gelände zu pferchen, zeugt von einem beachtlichen Maß an Verantwortungslosigkeit.

Max hingegen hatte nur Gutes über uns zu sagen. Am Montagnachmittag gab er auf seinem Hof eine Pressekonferenz und erklärte den anwesenden Journalisten: »Die jungen Leute waren wunderbar, es waren ehrliche, aufrichtige, gute junge Menschen, die sagten: ›Hier sind wir. So sind wir. So ziehen wir uns an. Das ist unsere Moral.‹ Die ganze Zeit über gab es nicht einen Zwischenfall. Die jungen Leute waren höflich, sie teilten alles miteinander und brachten mich dazu, meine Augen zu öffnen. Ich denke, Amerika darf das nicht ignorieren. Am letzten Wochenende feierten diese jungen Leute hier in Bethel zusammen mit den Menschen aus unserer Nachbarschaft mit dem Aquarian-Festival einen sagenhaften Triumph des Friedens, des Miteinanders und der Menschenliebe.«

Niemand weiß genau, wie viele Besucher wirklich zu dem Festival gekommen waren. Alle Angaben beruhen auf Schätzungen, die anhand von Luftaufnahmen gemacht wurden. Allgemein geht man von einer Besucherzahl von vierhundertfünfzig- bis fünfhunderttausend Menschen aus. Charlie Feldman, Heimatforscher aus der Region West Lake, ist sich allerdings sicher, dass »siebenhunderttausend Menschen da waren. Die Besucherzahlen wurden anhand von Luftaufnahmen geschätzt, doch viele Tausend Menschen standen unter Bäumen« und konnten daher gar nicht gezählt werden.

Nach meiner Landung auf dem Wall-Street-Heliport am Montagnachmittag begab ich mich unverzüglich in die Chefetage der Bank. Ich kam in einen großen, mit dunklen Holzpaneelen getäfelten Raum und hielt gleich Ausschau nach meinen Partnern. Bei all den Anwälten, Bankern und Insolvenzexperten, die sich dort tummelten, waren sie nicht leicht auszumachen. Ich fand sie schließlich im Büro des Direktors. Weitere Anwesende waren Johns Bruder Billy, seines Zeichens Rechtsanwalt, einige andere Männer, die wie Anwälte aussahen, und ein älterer Herr, von dem ich später erfuhr, dass er der Bankdirektor war. Noch während ich meinen Kopf durch die Tür steckte, entdeckte ich auf einer Seite des Raums ein großes Aquarium und fragte mich: Ob das dadrin wohl Piranhas sind? Im gleichen Moment stürzte die geballte Furcht und Wut in dem Raum auf mich ein.

Ohne dass ich davon wusste, hatte Artie noch zwei weitere Leute zu der Konferenz gebeten. Noch auf dem Festival und ziemlich stoned hatte er Albert Grossman und Artie Ripp von dem Termin erzählt. Beide waren ganz erpicht darauf, sich mit Artie und mir zusammenzutun und Joel und John ihre Anteile bei Woodstock Ventures auszuzahlen. Sie glaubten, dass der Film ein großer Erfolg werden würde und dass der Firmenname einen großen Wert besäße.

> **Artie Ripp:** Ich fragte mich, wie wir die Sache ans Laufen kriegen konnten. Wie nimmt man nach so einer Geschichte die Chancen wahr? Das ganze Unterfangen hatte etwas von der Invasion in der Normandie. Ich war mit Albert Grossman befreundet, der angesichts der vielen berühmten Acts, die er betreute, und des großen Einflusses, den er in der Branche hatte, ein echter Powerplayer war. Zusammen mit Artie stiegen wir auf dem Festivalgelände in einen Hubschrauber und flogen zur Wall Street. Von dort aus ging es geradewegs in das Büro des Bankers. Und da steht einem dann ein Typ gegenüber, der auf der einen Seite seines Büros ein Bild von Mao an der Wand hängen hat und auf der anderen Seite steht ein Aquarium voller Piranhas. Da wusste ich schon, mit dem Typen wird das nichts. Er will unmissverständlich klarstellen, dass er keinen konventionellen Denkansätzen folgt und entweder ein linker Rechter oder ein rechter Linker ist, aber keinesfalls irgendwo in der Mitte rumdümpelt.

> **Artie Kornfeld:** Ich ging mit Artie Ripp zu dem Treffen, und als ich in den Raum kam, war dieser Banker dabei, seine Piranhas mit Fleisch zu füttern. Da hatte ich gerade diese wunderbare Erfahrung gemacht, und schon wurde ich mit allem konfrontiert, was mir am Kapitalismus zuwider war.

Die Konferenz war schon seit neun Uhr morgens im Gange. John hatte das ganze Wochenende über Schecks an all die Leute ausgestellt, denen es gelungen war, sich bis zum Telephone Building durchzukämpfen. Er und seine Familie schuldeten der Bank über eine Million Dollar. Dafür mussten sie mit ihrem Privatvermögen geradestehen. Die Alternative bestand darin, mit Woodstock Ventures Konkurs anzumelden. Die Banker sagten, dass sie die Auszahlung der Schecks bis Donnerstag zurückhalten und mögliche Eingänge bis zu diesem Zeitpunkt berücksichtigen würden.

Ungeachtet dessen lag zu diesem Zeitpunkt kein klares Bild von der aktuellen Finanzsituation von Woodstock Ventures vor – zumindest scherte sich niemand darum, mich einzuweihen. Das Mindeste, was ich erwartet hatte, war, dass wir, die vier an dem Unternehmen beteiligten Partner, uns zusammensetzten, die Lage sondierten und über mögliche Lösungen nachdachten. Wir besaßen ja durchaus gewisse Vermögenswerte. Die Firma selbst hatte einen gewissen Wert, außerdem besaßen wir Film- und Tonaufnahmen einer Veranstaltung, die schon jetzt als historisch bezeichnet werden konnte. Es zeigte sich allerdings schnell, dass Billy, der die Familie Roberts vertrat, inzwischen praktisch die Leitung von Woodstock Ventures übernommen hatte. Der Roberts-Clan setzte sich in bewundernswerter Weise für John ein, stärkte ihm den Rücken und wendete die drohende Insolvenz von uns allen ab. Gleichwohl hatte ich das Gefühl, dass ihnen nicht sonderlich daran gelegen war, die Zusammenarbeit mit uns fortzuführen. Die Würfel waren schon lange vor meiner Ankunft in New York gefallen.

Trotzdem dachte ich daran, was John gerade alles durchmachte. Es tat mir sehr leid, dass Woodstock für ihn und Joel nicht ein ebenso großartiges Erlebnis gewesen war wie für Artie und mich. Die beiden hatten – aus welchen Gründen auch immer – drei ganz elende Tage im Telephone Building in White Lake verbracht. Und jetzt musste Johns Treuhandfonds herhalten, um unsere Rechnungen bezahlen zu können. Ich hatte definitiv nicht die Mittel, meinen Anteil an den Schulden zu begleichen, dasselbe galt für Artie und Joel. Zudem wusste ich, dass, ganz gleich wie mies John sich fühlte, Joels Situation weitaus schlimmer war. Er war seit jeher Johns Partner, aber dessen Familie betrachtete ihn als Außenseiter.

Joel und John waren niedergeschlagen und ihre Wut und ihr Groll richteten sich gegen Artie und mich. Die Haltung von Johns Familie uns gegenüber war ähnlich und selbst Joel schien für sie zu einer Persona non grata geworden zu sein. Es artete ziemlich rasch in eine Sie-gegen-uns-Konfrontation aus. Wir verständigten uns darauf, unser Gespräch zu vertagen, bis nähere Informationen vorlagen.

> **Lee Mackler Blumer:** John und Joel waren sehr niedergeschlagen, als sie von der Konferenz zurückkehrten. Ich glaube, das war der Moment, im dem Johns Vater sagte, dass er ihnen aus der Patsche helfen würde. Später verfügte er dann, dass sie das Logo niemals mehr verwenden oder irgendetwas Woodstock nennen dürften. John Roberts versprach, dass er niemandem die Rechte verkaufen würde, solange sein Vater lebte. Der alte Herr fand, der Name und alles, was damit assoziiert werde, besudele den Familiennamen. Ich glaube, Johns Bruder ging irgendwann auf, dass das Ganze eine bedeutende kulturelle Veranstaltung war, in die sein Bruder so sehr involviert gewesen war. Aber der Vater hat John nie verziehen, dass er an Woodstock beteiligt gewesen war.

Ich musste unbedingt Schlaf nachholen, bevor ich nach White Lake zurückkehrte, um mich wieder mit der Situation vor Ort zu beschäftigen. Ich checkte im Chelsea-Hotel ein und schlief achtzehn Stunden durch. Als ich am nächsten Tag um 14 Uhr auscheckte, sah ich Janis Joplin in der Lobby, in vollem Ornat mit Federboa und all dem Kram. Sie und ihre Band waren anscheinend ebenfalls hier abgestiegen. »*Du!*«, rief sie quer durch die Lobby. Ich blickte mich um, um zu sehen, wen sie meinte, und in dem Moment sprang sie mich an.

In der öffentlichen Meinung über das Festival vollzog sich plötzlich eine völlige Kehrtwendung. Am Dienstag veröffentlichte die *New York Times* einen weiteren Leitartikel, der wesentlich positiver ausfiel als der vorangegangene und mit »Der Morgen danach in Bethel« betitelt war. Der *Boston Globe* verglich Woodstock mit dem Marsch auf Washington und schrieb:

> Das Woodstock-Music-and-Art-Festival wird gewiss als ein großes und positives Ereignis in die Geschichte dieses Landes eingehen. Dass so viele junge Menschen auf derart großem Raum so friedlich und gut gelaunt zusammenkamen … spricht Bände im Hinblick auf ihr Engagement, sich für das Ideal, die Würde des Einzelnen zu respektieren, einzusetzen … In einer Nation, die in einer Gewaltspirale gefangen zu sein scheint, ist das ein hell leuchtender Hoffnungsschimmer. Falls Gewalt ansteckend wirkt, dann gilt das glücklicherweise auch für Gewaltlosigkeit. Die Güte und Freundlichkeit der jungen Menschen, die sich in Bethel versammelten, übertrug sich auf viele Ältere, darunter auch Polizisten, und die Kluft zwischen den Generationen konnte in zahlreichen Fällen erfolgreich überbrückt werden. Eine Veranstaltung, die derartiges bewirkt, ist ohne Frage bedeutend.

Eine Kluft jedoch konnten wir nicht überbrücken.

Al Aronowitz beendete seine Tagesberichterstattung in der *New York Post* am 19. August mit einem Artikel unter der

Headline »Nachwehen in Bethel: Müll und Gläubiger«. Darin hieß es:

> Man fragt sich, woher die vier jungen Menschen, die diese Veranstaltung initiiert haben, das Geld nehmen (um ihre Schulden zu bezahlen). Aber Michael Lang lächelt nur und sagt, wie glücklich er sei. In New York verschiebt sein 24-jähriger Partner John Roberts derweil hektisch mehrere Hunderttausend Dollar von einem Konto aufs nächste. Das ganze Unternehmen wurde mit Roberts Privatvermögen gesichert, die Haftung zu gleichen Teilen auf alle vier Partner aufgeteilt. »John«, sagt Michael Lang, der schon die ganze Woche über die gleiche indianische Lederweste trägt, »freut sich über den Erfolg der Veranstaltung.« Und dann erzählt er, dass die Stadt, das County und Max Yasgur … sie eingeladen haben, das Festival im nächsten Jahr erneut auszurichten … Man fragt sich, warum John Roberts das ganze Wochenende über nirgendwo zu sehen war. »Oh«, sagt Mike. »John ist nicht gekommen. Er war zu nervös.«

Als ich am Montagmorgen mit Aronowitz gesprochen hatte, war ich, was die Zukunft von Woodstock Ventures anbelangte, noch sehr optimistisch gewesen. Und ich hatte tatsächlich keine plausible Erklärung dafür, warum sich John und Joel nicht mal dreißig Minuten Zeit hatten freischaufeln können, um zum Festivalgelände zu kommen.

Ich blieb den ganzen Mittwoch über in White Lake, um die Aufräumarbeiten zu beaufsichtigen und die Mitarbeiter über den Stand der Dinge zu informieren. John hatte versprochen, jedem sein Gehalt zu zahlen. Ich lieh mir einen Pick-up und fuhr an den Feldern entlang und über die Nebenstraßen, um mir einen Eindruck von der Aufgabe zu verschaffen, die vor uns lag. Sie war immens. Wir vermissten noch rund vierzig Mietwagen; über zwanzig davon tauchten nie wieder auf. Einige von ihnen waren in verschiedenen Gewässern versenkt worden.

Abends fuhr ich in die Stadt zurück. Joel und John hatten mich gebeten, sie in ihrem Apartment zu treffen, um uns einmal unter sechs Augen zu unterhalten. Bevor ich mich aus Sullivan County verabschiedete, machte ich noch einen Abstecher zum El Monaco. Ich wollte sehen, wie es Elliot Tiber ergangen war. Wir tauschten uns über die vergangenen Tage aus, und als ich gerade im Begriff war zu gehen, sagte er: »Warte mal, ich hab noch was für dich!« Dann verschwand er im Büro und kam mit einer Papiertüte mit 31 000 Dollar darin wieder raus. »Hier«, sagte er. »Wir haben alle Ticktes, die wir hatten, bis zum Morgen des ersten Festivaltages verkauft.«

Über die gesamten Vorverkaufsstellen kamen insgesamt noch einmal 600 000 Dollar rein. Dass es Eliot war, der uns an diese Einnahmequelle erinnern musste, zeigt deutlich, wie gelähmt wir in den ersten Tagen nach dem Festival waren.

Ich verstaute das Geld unter dem Ersatzreifen im Kofferraum und machte mich auf den Weg in die Stadt. Um acht Uhr erreichte ich das Apartmentgebäude an der Upper East Side und parkte direkt davor. Ich war ein wenig nervös, weil mir nicht ganz klar war, was mich erwartete. Wir hatten eine ziemliche Zerreißprobe hinter uns, und als das vorbei war, wurde ein Keil zwischen uns getrieben. Was nun? Seit dem unangenehmen Termin in der Bank herrschte zwischen uns vieren Funkstille. Als zu allem Übel noch Ripp und Grossman in der Bank auftauchten und ich quasi gedrängt wurde, mit Fremden Front gegen meine Partner zu machen, fühlte ich mich niedergeschlagen. Für Artie war die Sache klar. Er wollte mit John und Joel nichts mehr zu tun haben.

Ich klingelte am Apartment 32C und John öffnete mir. Er sah aus, als sei er um zehn Jahre gealtert. Auch Joel wirkte sichtlich mitgenommen. Wir setzten uns und versuchten, die Lage zu sondieren. Die beiden fragten mich nach meinen weiteren Plänen. Ich hatte tatsächlich keine, abgesehen davon, die Aufräumarbeiten abzuschließen und Ordnung in unsere unbefriedigende geschäftliche Lage zu bekommen.

John fragte mich, ob ich Interesse daran hätte, Woodstock Ventures mit ihnen weiterzuführen. Ich mochte und respektierte John, und obschon ich mit Joel immer noch nicht richtig warm geworden war, war ich überzeugt davon, dass er sein Herz am rechten Fleck hatte – gerade auch was John anbelangte. Klar war aber auch, dass, egal wie ich mich entschied, Artie nicht mehr dabei sein würde. Während es in vielerlei Hinsicht sicher gut und richtig gewesen wäre, im Unternehmen zu bleiben, war der damit verbundene Bruch mit Artie etwas, das mir die Sache nicht wert war.

Joel und John waren fassungslos. Sie konnten meine Entscheidung nicht nachvollziehen. Aber aus meiner Sicht blieb mir keine andere Wahl.

Während ich schon im Aufbruch begriffen war, erinnerte ich mich an das Geld, das noch in meinem Auto lag. »Ach, das hätte ich beinahe vergessen«, sagte ich. »Ich war noch beim El Monaco und habe die Ticketeinnahmen abgeholt. Nach Abzug der Verkaufsgebühren sind noch 31 000 Dollar übrig. Soll ich sie aufs Konto einzahlen oder möchtet ihr mit runterkommen und ...« Ich hatte den Satz noch nicht beendet, da war Joel schon mit mir auf dem Weg zum Auto.

Während der nächsten Wochen versuchten wir zu viert, Woodstock Ventures abzuwickeln. Der Wert der Firma wurde auf 1,4 Millionen Dollar festgesetzt. Artie und ich wurden von Joe Vigoda vertreten, einem Anwalt, der Erfahrung im Musikgeschäft hatte. Wir einigten uns darauf, dass entweder sie uns oder wir sie auszahlten. Mein vorrangiges Interesse war nicht, die Partnerschaft zu beenden, sondern Woodstock Ventures aus den roten Zahlen zu bekommen. Wir machten ihnen ein Angebot, bei dem John und Joel zunächst die Schuldenlast zu tragen hatten, bis wir in der Lage waren, ihnen das Geld zurückzuzahlen. John war völlig empört über diesen Vorschlag. Es gab großes Geschrei und Gezeter. Von einer Lösung waren wir meilenweit entfernt.

Ich hatte immer ein Talent dafür gehabt, Menschen mit grundverschiedenen Ansichten zusammenzubringen, aber mit dem familiären Druck und dem mangelnden Vertrauen auf der einen und der Aussichtslosigkeit einer Versöhnung zwischen Artie, John und Joel auf der anderen Seite sah auch ich keine Möglichkeit, einen Schritt weiterzukommen, solange unsere finanziellen Probleme nicht gelöst waren.

Artie und ich trafen uns mit Freddy Weintraub von Warner Bros. Wir baten um einen Vorschuss von 500 000 Dollar auf unsere Anteile an den künftigen Gewinnen aus der Filmrechteverwertung. Damit hätten wir die drängendsten Probleme von Woodstock Ventures lösen und bereits einige Schulden begleichen können. Doch Weintraub lehnte mit der Begründung ab, dass nicht sicher sei, ob der Film überhaupt etwas abwerfe. Meiner Ansicht nach waren diese Bedenken völlig unbegründet, das war kompletter Humbug. Ted Ashley und die anderen Führungskräfte bei Warner wussten genau, was sie da in der Hand hielten. Sie rieben sich die Hände angesichts unseres finanziellen Dilemmas, denn dadurch wurde für sie die ganze Sache noch viel billiger.

Ich nahm mir das Wochenende frei und flog nach England, um mir das Isle-of-Wight-Festival anzusehen, das vom 29. bis 31. August stattfand. Ich flog zusammen mit Albert Grossman und The Band, die dort mit Dylan auftraten. Ich wollte sehen, ob der Geist von Woodstock auch über den großen Teich geschwappt war. Sollten wir das Unternehmen retten können, könnte das durchaus einen Einfluss auf künftige Projekte haben. Aber das Festival war eher enttäuschend. So schön die Isle of Wight auch war, von dem Zauber von Woodstock war hier nichts zu spüren – zumindest empfand ich das so.

Joel sah die Sache folgendermaßen: »Als alles vorbei war, machten sich Mike Lang und Artie Kornfeld aus dem Staub. Sie gingen auf die Isle of Wight oder in irgendwelche TV-Shows und sagten: ›Wir machen jetzt was Neues. Woodstock ist Geschichte.‹ Ihre beiden Ex-Partner ließen sie zurück, um aufzuräumen und die Gläubiger auszuzahlen.«

Nach meiner Rückkehr nach New York spitzte sich die Situation weiter zu. Bei unserem nächsten Treffen versuchten wir erneut, eine Einigung zu erzielen. Diesmal boten wir Joel und John an, sie mit jeweils 150 000 Dollar auszuzahlen und zugleich alle Schulden zu übernehmen. Alternativ konnten sie uns mit jeweils 75 000 Dollar auszahlen, womit wir dann schuldenfrei gewesen wären. Für die Differenz in den Abfindungssummen muss es irgendeine Grundlage gegeben haben, an die ich mich heute allerdings nicht mehr erinnern kann. Wir benötigten eine Bilanzaufstellung von Woodstock Ventures, um möglichen Investoren einen Überblick über die aktuelle Finanzsituation zu verschaffen. Neben Albert Grossman hatte Artie Ripp weitere Interessenten gefunden, die in die Firma einsteigen wollten, sodass wir das Geld, das wir benötigten, um John und Joel auszuzahlen, durchaus zusammenbekommen konnten.

Am Ende verkauften aber Artie und ich unsere Anteile an Joel und John. Die Familie Roberts schlug plötzlich einen neuen Kurs ein und drohte mit der Insolvenz, die sie Mitte August noch hatte vermeiden wollen. Mittlerweile hatte ich längst genug von all dem Streit und Ärger. Unser Angebot, die Schulden zu begleichen und die Verantwortung für alles zu übernehmen, war absolut ernst gemeint gewesen. Ich wollte partout nicht, dass unsere Angestellten und Lieferanten es auszubaden hätten, wenn die Familie Roberts mit ihrer Drohung, die Insolvenz einzuleiten, ernst machte. Woodstock war für mich kein Geschäft und Veranstalter zu sein nichts, was ich dauerhaft machen wollte. Ich hatte meinen Traum gelebt und durch den Erfolg viel gewonnen. Falls wir das hier nicht zu einem guten Ende bringen konnten, dann sollten wir es doch zumindest irgendwie beenden.

Also erklärten Artie und ich uns bereit auszusteigen. Die Trennung wurde am 8. September in der *New York Times* bekannt gegeben. Wir traten unsere Anteile an Woodstock Ventures und alle Rechte am Namen Woodstock ab. Ich sicherte mir allerdings die Option, das Tapooz-Gelände zum ursprünglichen Kaufpreis von Woodstock Ventures zu erwerben. Obschon in *Billboard* bereits ein ausführlicher Artikel über die Errichtung des neuen Studios und dessen Betrieb durch Woodstock Ventures erschienen war, lag das Projekt seit dem Debakel in Wallkill auf Eis.

Artie und ich erhielten jeder lächerliche 31 750 Dollar für unsere Anteile. Unser Anwalt ließ sich von uns sogar schriftlich bestätigen, dass er uns empfohlen habe, sich nicht auf dieses Geschäft einzulassen.

Joyce Mitchell: Ich weiß noch, dass ich bei einem Treffen mit dem Anwalt dabei war. Heute könnte ich den Mann erwürgen. Mir gefiel nicht, dass sie Michael auszahlen wollten. Ich hielt das für falsch, aber ich glaube, er hatte keine andere Wahl.

Kurz nach unserer Einigung erhielten Joel und John eine Million Dollar von Warner Bros. für die Filmrechte an dem Woodstock-Material. John und Joel sicherten sich nur einen minimalen prozentuellen Anteil an den künftigen Einnahmen. Artie und ich hätten unsere Rechte an dem Film niemals verkauft. Vermutlich hatten das Weintraub und andere bei Warner geahnt. Artie und ich vermuteten später, dass das Studio ohne unser Wissen bereits mit der Familie Roberts verhandelt hatte, bevor wir aus Woodstock Ventures ausgestiegen waren.

Nach seiner Veröffentlichung im März 1970 wurde *Woodstock* zu einem Riesenerfolg an den Kinokassen. Menschen in ganz Amerika, sogar überall auf der Welt, konnten dieses Festival nun nacherleben. Der Film gewann einen Oskar in der Kategorie »Bester Dokumentarfilm« und war in diversen anderen Kategorien nominiert. Innerhalb der ersten zehn Jahre verdiente Warner über 50 Millionen Dollar mit *Woodstock*. Vor der Veröffentlichung 1969 war Warner Bros. Pictures das wirtschaftlich am wenigsten erfolgreiche der acht großen Hollywood-Studios. Mit *Woodstock* landete das Studio seinen ersten großen Kassenerfolg seit Jahren. Bei der Premiere kam Steve Ross, der Vorstandsvorsitzende von Warner, auf mich zu und sagte: »Sie und Freddy Weintraub kriegen zusammen alles hin!« Der Film und einige Soundtrackalben ließen Warners Kurs in die Höhe schnellen. Das Unternehmen hatte jetzt Anschluss an die junge Generation gefunden. Artie und ich sahen keinen Pfennig von den Erlösen aus dem Film und den Soundtracks.

Artie Kornfeld: Dadurch dass wir aus dem Geschäft rausgedrängt wurden, sind uns insgesamt um die 50 Millionen Dollar durch die Lappen gegangen.

Obschon wir nun getrennte Wege gingen, hielten mich Leute, die weiterhin für Woodstock Ventures arbeiteten, hinsichtlich aller Dinge, die das Festival betrafen, auf dem Laufenden. Rund sechs Wochen nach unserem Ausstieg bekam ich die Kopie eines Memos auf den Tisch, das unser Einkäufer Jim Mitchell an John und Joel geschickt hatte. Es ging darin um eine abwegige Geschäftsidee, von der Joel und John offenbar angetan waren: eine afrikanische Woodstock-Tour.

Ich fand das ziemlich albern.

Ich hatte mich inzwischen anderen Dingen zugewendet, aber da, wo ich hinging, war auch immer Woodstock. Dafür musste ich das Festival nicht auf Reisen schicken.

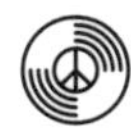

Epilog

Woodstock liegt inzwischen zwei Monate zurück. Es ist einer dieser typisch sonnigen Oktobertage in Los Angeles. Mit meinem Mietwagen fahre ich über den Sunset Strip. Ich bin von New York aus hergeflogen, um mit Vertretern von Columbia Pictures über ein Filmkonzept zu sprechen. Der neueste Rolling Stone *mit dem Aufmacher »Woodstock 450 000« und die Woodstock-Sonderausgabe des Life-Magazins liegen druckfrisch in den Kiosken. In wenigen Monaten werden der Festivalfilm und das dazugehörige Soundtrackalbum erscheinen. Ich bemerke, wie ein blaues Cabrio auf der Spur neben mir langsamer wird und mir der Fahrer zuwinkt. Seine rotblonden Haare, seine Koteletten und die wie gemeißelten Gesichtszüge sind unverkennbar: Es ist Stephen Stills.*

»Hey Mann, du bist es wirklich, ich kanns gar nicht glauben«, brüllt er. »Fahr mir hinterher, bis zu mir nach Hause. Du musst dir was anhören.«

»Okay«, sage ich neugierig und folge ihm durch den dichten Verkehr auf dem Strip. Ich habe Stills nicht mehr gesehen, seit er am frühen Morgen des 18. August mit dem Hubschrauber das Festivalgelände verlassen hat. Wir biegen rechts in den Laurel Canyon ein und fahren den Hügel hinauf, bis wir eine von einem Tor geschützte Einfahrt hochfahren. Ich parke neben einem Mercedes 600, dessen Kühlerhaube geöffnet ist, und folge Stills ein paar Stufen hinab in ein privates Kellerstudio, in dem zahlreiche Instrumente, Verstärker und Mikros herumstehen. Dallas Talyor sitzt hinter einem Drumkit und trommelt, als wir reinkommen. Stills sagt zu ihm: »Lass uns Michael den Song vorspielen.« Er setzt sich hinter eine Hammond-B3-Orgel, beginnt zu spielen und beugt sich zum Mikro vor:

I came upon a child of God
He was walking along the road
And I asked him, Tell me where are you going
And this he told me
He said, I'm going on down to Yasgur's farm
Gonna join in a rock 'n' roll band
I'm going to camp out on the land
And get my soul free
We are stardust
We are golden
And we've got to get ourselves
Back to the garden …

Stills sieht meinen perplexen Gesichtsausdruck und grinst so breit, dass man seine Zähne blitzen sieht. »Gleich nach dem Festival«, erklärt er, »besuchten wir Joni (Mitchell) am Set der Dick-Cavett-Show. Wir hatten sie dort zurücklassen müssen, als wir nach Bethel flogen. (David) Geffen hatte befürchtet, dass sie nicht rechtzeitig für ihren TV-Auftritt wieder zurück ist. Sie hatte Berichte über das Festival im Fernsehen verfolgt und daraufhin diesen Song in Geffens New Yorker Apartment geschrieben. Noch am selben Abend gab sie uns das Tape. Den Song haben wir gerade für unser nächstes Album aufgenommen.«

Ich war total begeistert. Noch heute kann ich mich an das Gefühl erinnern, das mich beschlich, als ich den Song dort, auf diese Weise vorgetragen, zum ersten Mal hörte.

Wenige Wochen nach dem Festival erhielt ich zahlreiche Anrufe von Leuten aus dem ganzen Land, die mir Geschäfte vorschlugen und mit mir zusammenarbeiten wollten. Ich hatte die besten Voraussetzungen, um künftig als Veranstalter meine Brötchen zu verdienen. Aber die Vorstellung, klassische Konzerte oder Tourneen zu buchen, fand ich nicht besonders reizvoll, daher verfolgte ich diese Angebote nicht weiter. Das Musikgeschäft empfand ich in weiten Teilen als zu stumpfsinnig. Und auch wenn ich so gut wie pleite war, war ich immer noch auf der Suche, wollte herausfinden, wer genau ich war und wo ich eigentlich hinwollte.

Im Dezember erhielt ich einen Anruf von Leuten, die für die Rolling Stones arbeiteten. Sam Cutler brauchte dringend Hilfe bei der Planung einer Veranstaltung in Nordkalifornien. Wenige Tage vor einem für den 6. Dezember geplanten Gratiskonzert waren die Verhandlungen für den ursprünglichen Veranstaltungsort, den Sears Point Raceway, geplatzt. Man bat mich, rüberzufliegen und die Veranstalter zu unterstützen. Das Ganze konnte nur in einer Katastrophe enden, dennoch war ich bereit, so gut ich konnte, zu helfen. Die Stones und ihr Team waren mit guten Absichten an das ganze Projekt herangegangen, allerdings hatte es im Vorfeld fast keine Planung gegeben und Infrastruktur war kaum vorhanden. Das Konzert wurde schließlich auf den Altamont Raceway verlegt.

Der Tag in Altamont zählt zu den schlimmsten, die ich je erlebt habe. Damals bekam ich die dunkle Seite der Drogenkultur zu sehen. Leute, berauscht von allerlei fragwürdigen Substanzen, streunten über das Gelände. Den ganzen Tag über gab es direkt vor der Bühne immer wieder Schlägereien und niemand tat etwas dagegen.

Für die Sicherheit auf dem Gelände waren ausschließlich die Hells Angels verantwortlich. Sie kümmerten sich allerdings nur um die Bühne und ihre daneben abgestellten Maschinen. Festivalbesucher, die während des lebhaften Treibens vor der Bühne unglücklicherweise gegen ihre Bikes prallten, bekamen ebenso ihre Fäuste zu spüren wie Musiker, die zu vermitteln versuchten, so zum Beispiel Marty Balin von Jefferson Airplane. Meredith Hunter, der mit seiner Freundin zum Festival gekommen war, geriet schon am frühen Nachmittag in eine Auseinandersetzung. Er ging daraufhin fort und kam später mit einer Waffe zurück. Als er sie zog, wurde er von einem Hells Angel niedergestochen. Dieser Moment war von den Maysles Brothers zufällig gefilmt worden und Hunters Tötung nahm in deren Dokumentarfilm *Gimme Shelter* großen Raum ein.

Nur vier Monate nach Woodstock hieß es, dass die Ereignisse in Altamont das Ende einer Ära markierten. Ich sah das nicht so. Was in Altamont geschehen war, war schrecklich und zeigte, was passieren konnte, wenn man ohne Umsicht und ausreichende Planung an eine Veranstaltung wie diese heranging. Altamont hätte ein großartiger Tag in der Musikgeschichte der Bay Area werden sollen.

Meiner Meinung nach kam das tatsächliche Ende der Ära fünf Monate später, als Kräfte der Nationalgarde an der Kent State University vier Studenten töteten und neun weitere schwer verletzten. Das Bild unbewaffneter amerikanischer Jugendlicher, die von anderen amerikanischen Jugendlichen in Uniform auf einem Collegecampus niedergeschossen wurden, zeigte, wie sehr die innenpolitische Lage unter der Nixon-Regierung außer Kontrolle geraten war. Neil Youngs unmittelbare künstlerische Reaktion – »Ohio«, ein Song, den Crosby, Stills, Nash and Young nur wenige Tage nach dem tragischen Ereignis einspielten – zeigt allerdings auch, wie Musik das Zeitgeschehen einfangen und dabei helfen kann, mögliche Auswege aufzuzeigen.

1970 gründeten Artie und ich eine gemeinsame Firma, die wir zu einer neuen Art von Unterhaltungsunternehmen aufbauen wollten. Diesem Unterfangen war jedoch nur eine kurze Dauer beschieden. Ich mochte Artie und Linda sehr, doch mit der geschäftlichen Zusammenarbeit klappte es einfach nicht. Schon nach einem Jahr gingen wir getrennte Wege. Da wir so eng befreundet gewesen waren, erschütterte die geschäftliche Trennung jedoch auch unsere private Beziehung. Artie fühlte sich von mir im Stich gelassen; ich fühlte mich in dem Unternehmen einfach nicht mehr wohl. Die geschäftliche Trennung überschattete über Jahre hinweg unsere Freundschaft.

Nachdem ich Anfang der 70er-Jahre zunächst das Angebot von Gulf + Western, die Leitung von Paramount Records zu übernehmen, ausgeschlagen hatte, ließ ich mich auf das Abenteuer ein, Produzent zu werden, was zur Gründung des Plattenlabels Just Sunshine führte. Ich produzierte Alben für Leute, deren Musik mir gefiel, darunter den damals noch unbekannten Billy Joel, die Singer-Songwriterin Karen Dalton, die R&B-Sängerin Betty Davis, den Bluesmusiker Mississippi Fred McDowell und die Gospelgruppe Voices of East Harlem.

Ebenso wie das Veranstaltungsmanagement war die Künstlerbetreuung kein Geschäftszweig, der mich sonderlich begeisterte. Allerdings übernahm ich vertretungsweise das Management für Billy Joel, während er nach jemandem suchte, der den Job in Vollzeit für ihn übernehmen wollte. Eines Tages fuhr ich zusammen mit Billy zum Flughafen und im Radio lief »You Are So Beautiful« von Joe Cocker. Billy sah mich an und sagte: »Ganz gleich wie oft sie diesen Kerl anzählen, er kommt immer wieder auf die Beine.«

Ich traf Joe Cocker 1976 wieder. Ich wusste, dass er sich seine Karriere mit zu vielen katastrophalen Auftritten, bei denen er zu betrunken gewesen war, um noch gerade zu stehen, ziemlich vermasselt hatte. Dennoch war ich schockiert über seine schlechte körperliche und psychische Verfassung. Aber ich erinnerte mich an das, was Billy gesagt hatte, und erklärte mich bereit, vorübergehend mit ihm zu arbeiten und den Versuch zu wagen, seine Gesundheit und seinen Ruf wiederherzustellen. Diese Zusammenarbeit dauerte sechzehn Jahre. In dieser Zeit half ich ihm, sein Alkoholproblem in den Griff zu bekommen, sich wieder auf sein ungeheures Talent zu konzentrieren und sich in Europa und im Rest der Welt als großer Star neu zu etablieren. (Wir trennten uns 1991 in einer Art *Spinal Tap*-Moment.)

Während ich mich um Joes Karriere kümmerte und außerdem Rickie Lee Jones managte, veranstaltete ich 1987 zusammen mit Peter Rieger für zweihundertfünfzigtausend Jugendliche aus der DDR ein Festival in Ostberlin. Joe war der Headliner der Show, bei der außerdem Bands aus der DDR, aus Russland und der BRD auftraten. Kurz darauf veranstalteten wir ein weiteres Open-Air-Konzert in der DDR, diesmal für hunderttausend Besucher in Dresden. Wir waren die ersten Künstler aus der westlichen Welt, die dort seit dem Ende des Zweiten Weltkriegs auftraten.

Beide Veranstaltungen sollten den Boden für ein geplantes Jubiläumskonzert zur Feier von zwanzig Jahren Woodstock ebnen. Es sollte 1989 stattfinden, und ich hoffte, Genehmigungen zur Austragung eines Festivals zu beiden Seiten der Berliner Mauer zu erhalten, um mit dem Geist von Woodstock vielleicht eine Brücke zwischen Ost und West bauen zu können.

Nachdem ich mich zwei Jahre lang mit etlichen Menschen getroffen und diverse Nacht-und-Nebel-Aktionen in der DDR hinter mich gebracht hatte, genehmigte das Honecker-Regime endlich meine Pläne. Letztendlich wurde das Projekt allerdings von Warner Bros. und der Kommunistischen Partei in Moskau torpediert – zwei äußerst merkwürdige Verbündete.

Zufälligerweise war ich am 9. November 1989, dem Tag des Mauerfalls, im Rahmen einer Cocker-Tour wieder in Berlin. Zusammen mit dem Regierenden Bürgermeister organisierte ich eine spontane Konzertparty mit Bands aus Ost und West. Millionen von Menschen feierten auf den Straßen von Berlin und immer mehr strömten durch die geöffnete Mauer und kamen hinzu. Es war ein wirklich umwerfendes Erlebnis, sich an einem Ort zu befinden, an dem Geschichte geschrieben wird.

Obschon ich jahrelang gewettet hätte, dass es niemals passieren würde, kam es tatsächlich zu zwei weiteren Woodstock-Konzerten: 1994 anlässlich des fünfundzwanzigjährigen und 1999 anlässlich des dreißigjährigen Jubiläums unseres Festivals. John Roberts und ich hatten es immer irgendwie geschafft, in Kontakt zu bleiben, und in den späten 80ern begannen wir allmählich, uns über ein Woodstock-Revival Gedanken zu machen. Irgendwann trafen er, Joel und ich uns dann, um über eine Veranstaltung zum fünfundzwanzigjährigen Jubiläum zu sprechen.

Im Winter 1994 gelang es mir, uns dafür das Gelände der achthundert Morgen großen Winston-Farm zu sichern, jene Ländereien der Familie Schaller bei Saugerties, wo das Festival ursprünglich hatte stattfinden sollen. Drei Viertel der ehemaligen Woodstock-Ventures-Gesellschafter waren damit wieder vereint, und ich holte außerdem noch John Scher ins Boot, den damaligen Vorsitzenden von PolyGram. Gemeinsam veranstalteten wir ein unserer Ansicht nach großartiges Fesitval für dreihundertfünfzigtausend glückliche Jugendliche und – häufig auch – ihre Eltern. Artie, dessen Frau Linda 1988 viel zu früh verstarb, reiste aus Florida an, um das Wochenende vom 12. bis 14. August mit uns zu verbringen.

Viele der Stars, die beim ursprünglichen Festival dabei gewesen waren, standen auch diesmal wieder auf der Bühne, darunter Santana, Joe Cocker und Crosby, Stills and Nash. Aber auch neuere Künstler waren dabei wie Sheryl Crow, Green Day (deren Manager 1969 Mitglied bei Sha Na Na gewesen war), Porno for Pyros (deren Frontmann Perry Farrell mit Lollapalooza eine Art

Woodstock auf Tour ins Leben rief), die Red Hot Chili Peppers und Metallica. Die Medien kritisierten, dass wir uns von einem Sponsor (Pepsi) finanziell unterstützen ließen, aber das war in der Konzertbranche damals längst Usus, ohne diese Art Unterstützung kam auch Woodstock nicht aus. Die meisten Festivalbesucher scherten sich ohnehin nicht darum. Und angesichts der immensen Organisationskosten (sie beliefen sich auf über 30 Millionen Dollar) hätten die Ticketpreise für das Wochenende wesentlich höher angesetzt werden müssen, wenn wir das ohne Sponsor durchgezogen hätten. Obschon es auch für mich kein ideales Szenario war, konnte ich damit leben, solange unser Konzept nicht darunter litt.

Letzten Endes bot Woodstock 94 alles, was das ursprüngliche Festival berühmt gemacht hatte: ein großes Zusammengehörigkeitsgefühl unter den Besuchern, Regen und Schlamm im Überfluss und einen Gewinn für alle Beteiligten – außer für uns.

Fünf Jahre später fand vom 23. bis 25. Juli auf der Griffiss Air Force Base in Mohawk Valley, New York, Woodstock 99 statt. Als Veranstalter fungierten John Scher, Ossie Kilkenny und ich, Woostock Ventures waren diesmal nur Lizenzgeber. Wir hätten gerne wieder das idyllische Gelände der Winston-Farm genutzt, aber die politischen Verhältnisse in der Stadtverwaltung von Saugerties hatten sich inzwischen geändert und die Verantwortlichen konnten sich nicht mehrheitlich zu der Entscheidung durchringen, noch einmal mit uns zusammenzuarbeiten. Griffiss war eine gute Alternative. Das Gelände bot bessere Grundvoraussetzungen bei Regen und verfügte über eine hervorragende Infrastruktur: Es gab eine Vielzahl von Gebäuden, in denen wir unsere Crews und Mitarbeiter unterbringen konnten, sowie Hunderte Morgen Land, die als Park-, Camping- und Veranstaltungsflächen geeignet waren. Außerdem war das Gelände leicht erreichbar.

Musikalisch plante ich wieder einen Mix aus bekannten, etablierten Künstlern, Jambands und nicht ganz so extreme Gruppen aus dem Bereich der härteren Spielarten, die damals gerade angesagt waren. Statt auf mein Bauchgefühl zu hören, orientierte ich mich diesmal am Zeitgeist, und so bestand das Line-up schließlich aus einer erstaunlichen Mischung der größten Acts jener Zeit, die für meinen Geschmack insgesamt aber ein bisschen zu düster und aggressiv waren. Im Laufe der Vorbereitungen sprach ich unter anderem mit Prince über die Idee einer Hendrix-Hommage und er fragte mich: »Warum hast du all diese üblen Bands engagiert?« Darauf fiel mir keine gute Antwort ein. Während der Auftritte von Gruppen wie Limp Bizkit, Korn und Rage Against the Machine bot der Moshpit einen erschreckenden Anblick. Die tanzende Menge war ziemlich aggressiv, und wir waren echt entsetzt, als wir später erfuhren, dass einige Frauen belästigt worden waren.

Hinzu kam, dass es extrem heiß war an diesem Wochenende. Eine Abkühlung in Form von Regen war nicht in Sicht. Obschon Leitungswasser an etlichen Stellen kostenlos zur Verfügung stand, wurde Mineralwasser an den Getränkewagen für exorbitante 4 Dollar pro Flasche verkauft. Das waren Preise wie im Yankee Stadium. Als ich davon erfuhr, versuchte ich, die Verantwortlichen dazu zu überreden, die Preise auf ein vernünftiges Niveau zu reduzieren, doch man sagte mir, dass es dazu zu spät sei. Zum Ausgleich bestellte ich mehrere Tanklastwagen voll Wasser, die auf dem Gelände aufgestellt wurden, um die Leute kostenlos mit Wasser zu versorgen. Zweifellos amüsierten sich die meisten Besucher auf dem Festival, das allerdings eher etwas von einer großen MTV-Party hatte als von einem Woodstock-Event.

Um 19 Uhr am letzten Festivaltag gab der Bürgermeister der nahe der Air Force Base gelegenen Stadt Rome zusammen mit einigen Sprechern des Bundesstaats New York eine Pressekonferenz, in der man uns zu unserem erfolgreichen Wochenende beglückwünschte und uns einlud, irgendwann wiederzukommen. Nur wenige Stunden später, als das Festival gerade mit dem von den Red Hot Chili Peppers gespielten Hendrix-Cover »Fire« ausklang, machten ein paar Jugendliche im hinteren Bereich der Menge Lagerfeuer. Kurz drauf kamen etwa fünfzig Idioten, die die Menge provozieren wollten, auf die Idee, eine Reihe von Lieferwagen anzuzünden. Anschließend »befreiten« sie die Getränke- und Imbissstände. Als sich der Zwischenfall zu einer Auseinandersetzung zwischen mehreren Hundert Personen ausgeweitet hatte, rückte die Polizei mit einer großen Zahl an Einsatzkräften an. Festivalbesucher flüchteten in alle Richtungen, hauptsächlich um aus dem Zentrum der Tumulte herauszukommen. Ich hingegen stampfte mitten hinein, um mich zu vergewissern, dass die Polizei nicht überreagierte – was sie nicht tat. Ganz im Gegenteil, ich muss ihnen zugutehalten, dass die Beamten in all dem Chaos äußerst besonnen reagierten.

Im Nachhinein muss ich leider eingestehen, dass ich mich bei dieser Veranstaltung nicht an das gehalten habe, von dem ich 1969 lernte, dass es das Beste ist, und was mir seither auch häufig bestätigt wurde: nämlich auf mein Bauchgefühl zu vertrauen.

Seit dem ersten Woodstock-Festival habe ich zahlreiche Veranstaltungen in Amerika und anderen Teilen der Welt auf die Bühne gebracht. Außerdem habe ich an verschiedenen Musik-, Film- und Kunstprojekten mitgewirkt. Unter anderem habe ich *Bottle Record,* einen Kurzfilm von Wes Anderson, produziert, das Debütprojekt von Wes und den Schauspielern Luke und Owen Wilson. Als ich mich im Zusammenhang eines Projekts, das in

Kooperation mit dem Kreml-Museum realisiert wurde, in Moskau aufhielt, erwarb ich die Filmrechte für den russischen Literaturklassiker *Der Meister und Margarita* von Michail Bulgakow. Die Umsetzung der Leinwandfassung befindet sich seit Jahren immer noch in der Entwicklungsphase.

In all den vergangenen Jahrzehnten war Woodstock stets das Ereignis, mit dem ich in Verbindung gebracht wurde und das im Vergleich zu allem anderen dominierte.

Viele der Künstler, die 1969 dabei waren, betrachten Woodstock als eine Art Wendepunkt für uns alle. Vor noch gar nicht allzu langer Zeit sagte Carlos Santana: »Woodstock war in meinen Augen ein kollektives Abenteuer, das etwas zum Ausdruck brachte, dem wir auch heute noch begegnen: Als die Berliner Mauer fiel, war ein Stück Woodstock dabei. Als Mandela freigelassen wurde, war ein Stück Woodstock dabei. Als wir die Jahrtausendwende feierten, war ein Stück Woodstock dabei. Auch heute noch erleben wir jeden Tag ein Stück Woodstock.«

Und John Lennon sagte einmal: »Es gibt nicht viele Menschen, die das Gute zur Kenntnis nehmen, das uns die letzten zehn Jahre gebracht haben. In Woodstock hat sich die größte Menschenmenge versammelt, die je für ein nicht kriegerisches Ereignis zusammengekommen ist. Niemand verfügte je über eine so große Armee, die nicht tötete oder irgendeine Art von Gewalt säte, wie zum Beispiel die Römer. Selbst auf einem Beatles-Konzert ging es gewalttätiger zu als dort.«

Der verstorbene Abbie Hoffman gab die neu gegründete Kommune, zu der er an diesem Wochenende in White Lake gehörte, nie auf. Sie inspirierte ihn zu seinem Buch *Woodstock Nation*. Kurz vor seinem Tod 1989 sagte er: »Aus diesem Sinn für Gemeinschaft, aus dieser Vision, dieser Utopie heraus erwächst die Energie, sich tatsächlich aufzuraffen und sich an dem

Prozess zu beteiligen, sodass ein gesellschaftlicher Wandel stattfinden kann.«

Der große Kulturkritiker Greil Marcus bezeichnete Jimis Darbietung der amerikanischen Nationalhymne als »sein großes Nein zum Krieg, zum Rassismus und zu allem anderen, von dem wir uns wünschen oder er sich wünschte, dass es nicht existiert. Doch dann zerbrach diese Dissonanz und es folgten über viereinhalb lange, komplexe Minuten, in denen Hendrix jedem unsichtbaren Riss in einem Gefäß nachspürte, das einst heil gewesen war, in denen er sich und seine Musik ergründete, erforschte und sie Gefühlen wie Angst, Wut, Furcht, Hass, angebotener und verweigerter Liebe gegenüberstellte. Am Ende hatte er eine Hymne geschaffen, die sich nicht einfach auf den Punkt bringen lässt und die niemals zur Ruhe kommt. Am Ende war sie ein großes Ja, war sowohl Drohung als auch Lockruf, eine Aufforderung an Amerika, sich der Bedrohung, dem Glamour und der Freiheit, die hier zum Ausdruck kamen, zu stellen.«

In einer Zeit, die Amerika vor große Herausforderungen stellte, bildete sich in Woodstock eine Gemeinschaft. Menschen mit ganz ähnlichen Werten und Wünschen pflanzten hier ein Körnchen Hoffnung und schärften den Blick für neue Möglichkeiten, und dieser Geist strahlte in die ganze Welt aus. Es hat vierzig Jahre gedauert, bis einige der Veränderungen, für die während der drei Tage im August 69 der Grundstein gelegt wurde, für alle sichtbar wurden. Der Geist von Woodstock lebt heute noch fort, in den vielen Umweltschutzinitiativen dieser Tage, in Graswurzelbewegungen wie MoveOn und in einem Ereignis, das manche Experten als Woodstock-Moment bezeichneten: der Wahl des ersten afroamerikanischen Präsidenten. Als Jimi Hendrix an diesem Tag seine Version der Nationalhymne schuf, verlieh er einer Zukunft eine Stimme, in der jemand wie Barack Obama Amerika verändern und der Welt Hoffnung bringen kann.

Vierzig Jahre nach Woodstock bezeichnete das *Wall Street Journal* Obamas Amtseinführung als »Washingtons Woodstock«. Ein Blogger namens Brian Hassett, der dieses Ereignis mit Millionen anderer Menschen auf der Mall in Washington feierte, drückte es so aus: »Alle Menschen, die ich dort sah, strahlten vor Glück. Eine derartige Masseneuphorie hat es, soweit ich gehört habe, nur 69 in Woodstock schon einmal gegeben. Das hat unser Land damals stark verändert. Doch diesmal war Woodstock der Sitz der Macht. Jimis ›Star-Spangled Banner‹ war der Auftakt und knapp vierzig Jahre später hält der glühende Geist der neuen Denkart tatsächlich die Zügel der Regierung in der Hand.«

Am Tag nach der Amtseinführung erschien Gail Collins' Kolumne »Woodstock ohne den Dreck« in der *New York Times*. Darin schrieb sie: »Da ich das Glück hatte, zwei der denkwürdigsten Ereignisse der neueren amerikanischen Geschichte miterleben zu dürfen, kann ich feststellen, dass die (gestrige) Amtseinführung in Washington der Situation beim nasskalten Woodstock-Festival ähnelte. Bei beiden Veranstaltungen herrschte ein wunderbares Gemeinschaftsgefühl vor.«

Ende 1969 schrieb Jimi Hendrix ein Gedicht, in dem er Woodstock pries. Hier fasste er in Worte, was er im August mit seiner Musik zum Ausdruck gebracht hatte: »Fünfhunderttausend Glorienscheine überstrahlten den Dreck und die Geschichte. Wir wuschen uns in und tranken von Gottes Freudentränen. Und ausnahmsweise war die Wahrheit für alle einmal kein Mysterium mehr.«

Jimis Worte – und der Geist von Woodstock – treffen auch heute noch auf Resonanz.

Anmerkung des deutschen Herausgebers: Dieses euphorische Fazit wurde vor 10 Jahren gezogen. Heute würde es völlig anders ausfallen: Seit Anfang 2017 ist Donald Trump der Präsident der Vereinigten Staaten.

Danksagung

Als man mich bat, dieses Buch zu schreiben, dachte ich über die vielen Geschichten nach, die über dieses Wochenende Mitte August 1969 bereits erzählt worden sind. Einige davon waren witzig, andere zynisch, doch alle Geschichten einte, dass sie von Menschen geschrieben wurden, die bestenfalls nur Teile der Geschichte kannten und sich schlimmstenfalls einige Fakten schlichtweg aus den Fingern gesogen hatten. Es gibt eine alte Redewendung, die da lautet: Wenn man sich an die Sixties erinnert, ist man nicht wirklich dabei gewesen. Die Arbeit mit Holly und die ersten Gespräche, die ich für dieses Buch führte, bewiesen mir, dass ich tatsächlich dabei gewesen sein muss. Abgesehen von kleineren Anekdoten, die ich über die Jahre hinweg immer wieder erzählt habe, hatte ich nur noch vage Erinnerungen an die damaligen Ereignisse, und ich begann, darüber nachzudenken, wie ich diesen Teil meines Lebens wieder lebendig werden lassen konnte. Mein Freund Steven legte mir schließlich nahe, dass es – sollte es mir darauf ankommen, die Geschichte tatsächlich mit meinen eigenen Worten zu erzählen – das Beste wäre, gleich mit dem Schreiben loszulegen. Diese Methode schüchterte mich zwar ein, aber ich wagte den Sprung ins kalte Wasser. Und tatsächlich, durch den simplen Akt des Schreibens öffnete sich ein Tor, das zuvor verschlossen war, und altbekannte Gesichter und Orte, Geräusche und Gerüche tauchten vor meinem inneren Auge wieder auf, waren wahrnehmbar, und ich durchlebte das Abenteuer Woodstock von Neuem. Das hat mich einerseits sehr erleichtert, andererseits stellte ich aber auch fest, dass viel von dem, was in Woodstock und in den Monaten vor dem Festival geschehen war, eine Menge über meine eigene innere Reise verriet. Das sind Dinge, über die ich normalerweise nur ungern spreche, aber mir ist bewusst geworden, dass es wichtig ist, sie zu erzählen, damit alle, die dieses Buch lesen, verstehen, warum alles so gelaufen ist, wie es gelaufen ist. Holly und ich haben dafür einen guten Rhythmus gefunden, und ich hoffe, dass wir damit Erfolg haben werden.

An dieser Stelle danke ich allen, die unsere Bemühungen unterstützt haben. Da sind zunächst all jene, die sich bereit erklärt haben, ihre Erinnerungen und Erfahrungen in Gesprächen mit uns zu teilen: Ticia Bernuth Agri, Paula Batson, Dale Bell, Lee Mackler Blumer, Iris Brest, Stu Cook, David Crosby, Alan Douglas, Rona Elliot, Jane Friedman, Susan und Dick Goldman, Stan Goldstein, Jonathan Gould, Wavy Gravy, Don Keider, Rob Kennedy, Artie Kornfeld, Eddie Kramer, Lisa Law, Tom Law, Mel Lawrence, Gilles Malkine, Jocko Marcellino, Peter Max, Joyce Mitchell, Chip Monck, Graham Nash, Ric O'Barry, Christine Oliveira, Roz Payne, Artie Ripp, Gregg Rolie, Marsha Rubin, Carlos Santana, Michael Shrieve, Penny Stallings, Stephen Stills, Parry Teasdale, Bill Ward, Robert Warren und Jeremy Wilber.

Ein weiterer Dank gilt Joel Makower, der uns freundlicherweise seine Interviews mit denjenigen Beteiligten zur Verfügung stellte, die nicht länger unter uns weilen. Einen ganz besonderen Dank möchte ich Steven Saporta aussprechen, der mir mit Rat und Tat zur Seite stand und mir den Weg wies, als ich nach einer Möglichkeit suchte, diese Geschichte zu erzählen. Bedanken möchte ich mich auch bei Dan Halpern von Ecco, dessen Enthusiasmus mich davon überzeugte, dass dies eine Geschichte ist, die sich zu erzählen lohnt, und bei Abigail Holstein, die stets die Übersicht über das Buch behielt, Suet Yee Chong für das Layout und Katharine Baker für ihren Sachverstand. Sarah Lazin danke ich für ihre besonnenen Urteile und ihre fundierte Kenntnis des Geschäfts: »Setze immer einen Fuß vor den anderen und du wirst irgendwann ankommen.« Danke auch an Lee Blumer und Penny Stallings für ihre Geschichten und ihren Zuspruch. Und ganz besonders danke ich Holly George-Warren für ihre Hartnäckigkeit und ihren Humor, ohne die wir womöglich noch heute an diesem Buch schreiben würden.

Danke an Linda Kornfeld, deren Liebe und Beistand viel dazu beitrug, dass Artie und ich durchhielten.

Danke an John Roberts, der uns zu früh verlassen hat und der mir charakterlich bis heute ein Vorbild ist.

Und danke auch an Tamara, Harry und Laszlo, die oft noch spät nachts oder am frühen Morgen meine »Lasst mich nur noch eben diese Seite fertigstellen«-Vertröstungen ertrugen.

Ein großer Dank geht an all die Fotografen, die so viele besondere Momente einfingen und verstanden haben, dass der wahre Zauber in den Menschen selbst lag. An Henry Diltz, der zu einem Teil unseres Teams wurde, an Jim Marshall, Lee Marshall, Ken Regan und Baron Wolman sowie an Ken Davidoff und Eddie Kramer für Miami Pop. Bedanken möchte ich mich auch bei allen anderen, die uns geholfen haben: bei Judy Whitfield, die für uns transkribierte, bei Damien Tavis Toman, Nicole Goldstein, KellyAnn Kwiatek, Bob Merlis, Bill Rush, Andy Zax, Charles Cross und beim *Times Herald-Record* aus Middletown.

Last, but not least danke ich all jenen, die für das Woodstock-Festival arbeiteten, beim Festival auftraten, einfach nur dabei waren oder es irgendwie erduldeten – und unser Leben dadurch für immer veränderten.

ML
Woodstock, New York
im März 2009

Die vollständigen Setlisten

Zusammengestellt von Any Zax

1. Tag: Freitag, 15. August

RICHIE HAVENS

From the Prison > Get Together > From the Prison
I'm a Stranger Here
High Flying Bird
I Can't Make It Anymore
With a Little Help from My Friends
Handsome Johnny
Strawberry Fields Forever
Freedom (Motherless Child) und Outro

SWEETWATER

Motherless Child
Look Out
For Pete's Sake
What's Wrong
Crystal Spider
Two Worlds
Why Oh Why
Let the Sunshine In
Oh Happy Day
Day Song

BERT SOMMER

Jennifer
The Road to Travel
I Wondered Where You'd Be
She's Gone
Things Are Going My Way
And When It's Over
Jeanette
America
A Note That Read
Smile

TIM HARDIN

How Can We Hang On to a Dream
Susan
If I Were a Carpenter
Reason to Believe
You Upset the Grace of Living
When You Lie
Speak Like a Child
Snow White Lady
Blue on My Ceiling
Sing a Song of Freedom
Misty Roses

RAVI SHANKAR
Raga Puriya-Danashri / Gat in Sawaritai
Ravi spricht
Tabla Solo in Jhaptal
Ravi spricht
Raga Manj Kmahaj

MELANIE
Close to It All
Momma Momma
Beautiful People
Animal Crackers
Mr. Tambourine Man
Tuning My Guitar
Birthday of the Sun

ARLO GUTHRIE
Coming Into Los Angeles
Wheel of Fortune
Walking Down the Line
Arlo erzählt: Exodus
Oh Mary, Don't You Weep
Every Hand in the Land
Amazing Grace

JOAN BAEZ
Oh Happy Day
Last Thing on My Mind
Joe Hill
Sweet Sir Galahad
Hickory Wind
Drug Store Truck Drivin' Man
One Day at a Time
Why Was I Tempted to Roam
Let Me Wrap You in My Warm and Tender Love
Swing Low, Sweet Chariot
We Shall Overcome

2. Tag: Samstag, 16. August

QUILL
They Live the Life
That's How I Eat
Driftin'
Waiting for You

COUNTRY JOE McDONALD
Janis
Donovan's Reef
Heartaches by the Number
Ring of Fire
Tennessee Stud
Rocking All Over the World
Flying All the Way
Seen a Rocket
Fish Cheer / I Feel Like I'm Fixin' to Die Rag (Zugabe)

SANTANA

Waiting

Evil Ways

You Just Don't Care

Savor

Jingo

Persuasion

Soul Sacrifice

Fried Neckbones

JOHN SEBASTIAN

How Have You Been

Rainbows All Over Your Blues

I Had a Dream

Darlin' Be Home Soon

Younger Generation

KEEF HARTLEY BAND

Spanish Fly

She's Gone

Too Much Thinkin'

Believe in You

Halfbreed Medley: Sinnin' for You (Intro) / Leaving Trunk / Just to Cry / Sinnin' for You

INCREDIBLE STRING BAND

Invocation (gesprochen)

The Letter

Gather 'Round

This Moment

Come with Me

When You Find Out Who You Are

CANNED HEAT

I'm Her Man

Going Up the Country

A Change Is Gonna Come / Leaving This Town (I Know My Baby?)

Woodstock Boogie

On the Road Again

MOUNTAIN

Blood of the Sun

Stormy Monday

Theme from an Imaginary Western

Long Red

For Yasgur's Farm

Beside the Sea

Waiting to Take You Away

Dreams of Milk and Honey

Southbound Train

GRATEFUL DEAD

Saint Stephen

Mama Tried

Dark Star

High Time

Turn on Your Lovelight

CREEDENCE CLEARWATER REVIVAL

Born on the Bayou
Green River
Ninety-Nine and a Half
Bootleg
Commotion
Bad Moon Rising
Proud Mary
I Put a Spell on You
Night Time Is the Right Time
Keep on Chooglin'
Suzie Q

JANIS JOPLIN

Raise Your Hand
As Good as You've Been to This World
To Love Somebody
Summertime
Try (Just a Little Bit Harder)
Cosmic Blues
I Can't Turn You Loose (Snooky Flowers)
Work Me Lord
Piece of My Heart
Ball and Chain

SLY AND THE FAMILY STONE

M'Lady
Sing a Simple Song
You Can Make It If You Try
Everyday People
Dance to the Music
Music Lover
I Want to Take You Higher
Love City
Stand

THE WHO

Heaven and Hell
I Can't Explain
It's a Boy
1921
Amazing Journey
Sparks
Eyesight to the Blind
Christmas
Tommy Can You Hear Me?
Acid Queen
Pinball Wizard
Do You Think It's Alright
Fiddle About
There's a Doctor I've Found
Go to the Mirror Boy
Smash the Mirror
I'm Free
Tommy's Holiday Camp
We're Not Gonna Take It
See Me, Feel Me
Listening to You
Summertime Blues
Shakin' All Over

My Generation
Naked Eye

JEFFERSON AIRPLANE
The Other Side of This Life
Somebody to Love
3/5ths of a Mile in 10 Seconds
Won't You Try/Saturday Afternoon
Eskimo Blue Day
Plastic Fantastic Lover
Wooden Ships
Uncle Sam's Blues
Volunteers
The Ballad of You and Me and Pooneil
Come Back Baby
White Rabbit
The House at Pooneil Corners

3. Tag: Sonntag, 17. August

THE GREASE BAND (OHNE JOE COCKER)
Impro
40,000 Headmen

JOE COCKER AND THE GREASE BAND
Dear Landlord
Something's Coming On
Do I Still Figure in Your Life
Feelin' Alright
Just Like a Woman
Let's Go Get Stoned
I Don't Need No Doctor
I Shall Be Released
Hitchcock Railway
Something to Say
With a Little Help from My Friends

COUNTRY JOE AND THE FISH
Rock and Soul Music
Love
Not So Sweet Martha Lorraine
Sing Sing Sing
Summer Dresses
Friend, Lover, Woman, Wife
Silver and Gold
Maria
The Love Machine
Ever Since You Told Me That You Love Me (I'm a Nut)
Kurze Jam
Crystal Blues
Rock and Soul Music (Reprise)
The Fish Cheer
I Feel Like I'm Fixin' to Die Rag

TEN YEARS AFTER
Spoonful
Good Morning, Little Schoolgirl
Hobbit
I Just Can't Keep from Crying Sometimes
Help Me
I'm Goin' Home

THE BAND
Chest Fever
Don't Do It
Tears of Rage
We Can Talk About It Now
Long Black Veil
Don't You Tell Henry
Ain't No More Cane
This Wheel's On Fire
I Shall Be Released
The Weight
Loving You Is Sweeter Than Ever

JOHNNY WINTER
Talk to Your Daughter/Six Feet in the Ground
Leland Mississippi Blues
Mean Town Blues
Mean Mistreater
I Can't Stand It
Tobacco Road
Tell the Truth
Johnny B. Goode

BLOOD, SWEAT AND TEARS
More and More
Just One Smile
Something's Coming On
More Than You'll Ever Know
Spinning Wheel
Sometimes in Winter
Smiling Phases
God Bless the Child
And When I Die
You've Made Me So Very Happy

CROSBY, STILLS, NASH AND YOUNG
Suite: Judy Blue Eyes
Blackbird
Helplessly Hoping
Guinnevere
Marrakesh Express
Four and Twenty
Mr. Soul
I'm Wonderin'
You Don't Have to Cry
Pre-Road Downs
Long Time Gone
Bluebird Revisited
Sea of Madness
Wooden Ships
Find the Cost of Freedom

49 Bye-Byes

PAUL BUTTERFIELD BLUES BAND

Born Under a Bad Sign
No Amount of Loving
Driftin' and Driftin'
Morning Sunrise
All in a Day
Love March
Everything's Gonna Be Alright

SHA NA NA

Get a Job
Come Go with Me
Silhouettes
Teen Angel
Her Latest Flame
Wipeout
Who Wrote the Book of Love
Little Darling
At the Hop
Duke of Earl
Get a Job (Reprise)

JIMI HENDRIX

Message to Love
Hear My Train a Comin'
Spanish Castle Magic
Red House
Mastermind
Lover Man
Foxey Lady
Jam Back at the House
Izabella
Gypsy Woman
Fire
Voodoo Child (Slight Return)
The Star-Spangled Banner
Purple Haze
Woodstock Improvisation
Villanova Junction
Hey Joe

Quellen

Die Hauptquelle für alle Informationen in diesem Buch ist Michael Lang. Im Folgenden werden alle weiteren Quellen für die Zitate aufgeführt, und zwar in chronologischer Reihenfolge dem jeweiligen Kapitel, in dem sie zu finden sind, zugeordnet. (Nach der ersten Erwähnung werden Abkürzungen für die einzelnen Quellen verwendet.)

2. The Grove

Interview von Holly George-Warren (HGW) mit Don Keider (DK); HGW im Gespräch mit Stan Goldstein (SG); Abbie Hoffman (AH) interviewt von Joel Makower für dessen Buch *Woodstock: The Oral History* (New York: Doubleday, 1989) © Joel Makower, alle Rechte hieran und an allen weiteren Zitaten aus Makower-Interviews vorbehalten; Interview von Henry Llach mit Ric O'Barry; »Flower Children Strangely Mannerly: Reporter Rubs Elbows with Weirdos«, *Fort Lauderdale News*, 19. Mai 1968; Mitch Mitchell, www.rockprophecy.com; Noel Redding und Carol Appleby, *Are You Experienced?: The Inside Story of the Jimi Hendrix Experience* (New York: Da Capo, 1996); Eddie Kramer, www.rockprophecy.com.

3. Woodstock, New York

Alf Evers, *Woodstock: History of an American Town* (Woodstock, N. Y.: Overlook Press, 1987); Robert Shelton, *No Direction Home: The Life and Music of Bob Dylan* (New York: Beech Tree Books, 1986); Interview von HGW mit Jeremy Wilber; Interview von HGW mit Gilles Malkine (GM); Barney Hoskyns, *Across the*

Great Divide: The Band and America (New York: Hyperion, 1993); Sid Griffin, *Million Dollar Bash: Bob Dylan, the Band, and the Basement Tapes* (London: Jawbone, 2007); Interview von HGW mit DK; Interview von HGW mit Artie Kornfeld (AK); Interview von Joel Makower mit AK; Joel Rosenman, John Roberts und Robert Pilpel, *Young Men with Unlimited Capital* (*YMWUC*) (New York: Harcourt Brace Jovanovich, 1974); Interview von Joel Makower mit Joel Rosenman.

4. Wallkill

»Woodstock Studios Set«, *Billboard*, 5. Juli 1969; Interview von HGW mit SG; Interview von HGW mit Mel Lawrence (ML); Interview von HGW mit Chip Monck (CM); Interview von Joel Makower mit Chris Langhart; Interview von HGW mit Joyce Mitchell; *YMWUC*; Interview von HGW mit Penny Stallings (PS); Interview von HGW mit Bill Ward (BW); Interview von HGW mit Ticia Bernuth Agri (TBA); Interview von Joel Makower mit Wes Pomeroy (WP).

5. New York City

Interview von HGW mit ML; Interview von HGW mit Joyce Mitchell; Interview von Joel Makower mit John Morris; Interview von HGW mit Lee Mackler Blumer (LMB); Interview von HGW mit Jane Friedman (JF).

6. Downtown

Interview von Joel Makower mit AH; Interview von HGW mit Roz Payne (RP); Interview von HGW mit TBA; »Public Notice and Statement of Intent«, *Times Herald-Record* (*THR*), 19. Juni 1969; Interview von HGW mit LMB; Interview von HGW mit JF; Interview von HGW mit SG; Interview von HGW mit Hugh Romney (HR); »Woodstock: Mud, Music, & Magic«, nach Berichten von Mitarbeitern des *Record*, aufgeschrieben von Mark Pittman unter Mitarbeit von Stephen Israel, *Times Herald-Record* Sonderausgabe (*THRsp*), 12. August 1989; Interview von HGW mit AK; »Editorial«, *THR*, 27. Juni 1969, abgedruckt mit freundlicher Genehmigung der Rechteinhaber.

7. Yasgurs Farm

»Show Will Go On, Rock Fete Promoters Boast«, *THR*, 15. Juli 1969; »Festival Seen Moving to Sullivan«, *Kingston Freeman*, 19. Juli 1969; »Aquarian Expo Wins A-OK from Bethel Boards«, THR, 22. Juli 1969; »Businessmen Throw Weight Behind Exposition«, THR, 31. Juli 1969; »Rock at Woodstock« von Jane Stuart, Hackensack, N. J., *Record Call*, 27. Juli 1969; »Rock Fete Readies Bethel Site; Few Protest«, *THR*, 24. Juli 1969; Interview von HGW mit ML; Interview von HGW mit SG; Interview von HGW mit PS; Interview von HGW mit TBA; Interview von Joel Makower mit Miriam Yasgur (MY); Interview von Joel Makower mit John Roberts; Interview von Joel Makower mit Joel Rosenman.

8. Bethel

Interview von Joel Makower mit WP; Interview von Joel Makower mit John Roberts; Interview von Joel Makower mit HR; »Members of the Hog-Farm«, *New York Post*, 7. August 1969; Interview von HGW mit SG; Interview von Joel Makower mit Lisa Law; »Woodstock … Well, Dylan Likes the Name« von Al Aronowitz, *New York Post*, 11. August 1969; Interview von HGW mit Alan Douglas (AD); Interview von HGW mit Dale Bell (DB); Henry Diltz zitiert in Jack Curry, *Woodstock: The Summer of Our Lives* (*WSOOL*) (New York: Weidenfeld and Nicholson, 1989); Interview von HGW mit PS; Interview von HGW mit BW.

9. 13.–14. August 1969

Interview von Joel Makower mit WP; Interview von HGW mit LMB; Interview von HGW mit RP; Interview von HGW mit CM; Interview von HGW mit SG; Abbie Hoffman, *Woodstock Nation* (*WN*) (New York: Vintage Books, 1969); Interview von HGW mit AK; Interview von HGW mit Joyce Mitchell; Interview von HGW mit DB; Interview von HGW mit Parry Teasdale (PT); Interview von HGW mit Rob Kennedy (RK); Bill Graham und Robert Greenfield, *Bill Graham Presents: My Life Inside Rock and Out* (*BGP*) (New York: Doubleday, 1992); »Thousands Rolling In for Woodstock Rock«, *Washington Post*, 14. August 1969.

10. 15. August 1969

Richie Havens mit Steve Davidowitz, *They Can't Hide Us Anymore* (New York: Spike, 1999); Interview von HGW mit CM; Interview von HGW mit Joyce Mitchell; Interview von Joel Makower mit WP; Interview von HGW mit RK; »The Woodstock Festival« von Greil Marcus, *Rolling Stone* (*RS69*), 20. September 1969; E-Mail von Jonathan Gould an HGW; Interview von HGW mit PS; Interview von HGW mit AK; Interview von Joel Makower mit John Morris; *WSOOL*; Interview von HGW mit Christine Oliveira (CO); Interview von Joel Makower mit AH; Interview von Rona Elliot (RE) mit Alex del Zoppo; Interview von RE mit Fred Herrera; Ellen Sander, *Trips: Rock Life in the Sixties* (New York: Charles Scribner's Sons, 1973); Interview von HGW mit GM; »Rock Time in the Mountains« von Al Aronowitz, *New York Post*, 16. August 1969; »Woodstock Remembered«, *Rolling Stone* (*RS89*), 24. August 1989; Interview von Joel Makower mit John Morris.

11. 16. August 1969

Interview von HGW mit ML; *WN*; Interview von Joel Makower mit MY; *THRsp*; Interview von HGW mit SG; »The Politics of Rock: Movement vs. Groovement« von Tom Smucker, *Fusion*, 17. Oktober 1969; Interview von HGW mit BW; Interview von HGW mit GM; Interview von HGW mit CO; Interview von Joel Makower mit AH; Interview von HGW mit PT; Interview von Joel Makower mit HR; Interview von HGW mit PS; Interview von HGW mit RP; »300,000 at Folk-Rock Fair Camp Out in Sea of Mud«, *New York Times*, 17. August 1969; *WSOOL*; Interview von HGW mit JF; *BGP*; Interview von HGW mit Gregg Rolie; Interview von HGW mit Michael Shrieve; Interview von HGW mit AD; Sander, *Trips*; Rock Scully mit David Dalton, *Living with the Dead: Twenty Years on the Bus with Garcia and the Grateful Dead* (New York: Little, Brown, 1996); »Woodstock Remembered«, *Rolling Stone*, 24. August 1989; Blair Jackson, *Garcia: An American Life* (New York: Viking, 1998); Interview von HGW mit Stu Cook; Interview von HGW mit Jocko Marcellino; *WSOOL*; Mark Wilkerson, *Who Are You: The Life of Pete Townshend* (London: Omnibus Press, 2008); BGP.

12. 17. August 1969

Interview von HGW mit SG; Interview von Joel Makower mit MY; *RS89*; Interview von HGW mit BW; *RS69*; Interview von HGW mit Joyce Mitchell; *WSOOL*; Interview von RE mit Leo Lyons; *THRsp*; David Crosby und Carl Gottlieb, *Long Time Gone: The Autobiography of David Crosby* (New York: Doubleday, 1988); Payne: Charles Cross, *Room Full of Mirrors: A Biography of Jimi Hendrix* (New York: Hyperion, 2005); Interview von Joel Makower mit Tom Law; Interview von HGW mit ML.

13. Nachwehen

Interview von HGW mit PT; Interview von HGW mit CO; Interview von HGW mit ML; Interview von HGW mit PS; *WSOOL*; »A 19-Hour Concert Brings Quiet Back to Max Yasgur's Cows«, *New York Times*, 18. August 1969; Interview von HGW mit SG; Interview von HGW mit RP; »Nightmare in the Catskills«, *New York Times*, 19. August 1969; »Woodstock Farmer Asks Another Fest«, *Wayne* (N. J.) *Today*, 19. August 1969; Interview von HGW mit Artie Ripp; Interview von HGW mit AK; Interview von HGW mit LMB; »Morning After at Bethel«, *New York Times*, 20. August 1969; »Happening in Bethel«, *Boston Globe*, 19. August 1969; »Aftermath at Bethel: Garbage & Creditors« von Al Aronowitz, *New York Post*, 19. August 1969; Interview von Joel Makower mit Joel Rosenman; Interview von HGW mit Joyce Mitchell.

Epilog

»Carlos Santana«, *Mojo*, November 2008; Interview von Joel Makower mit AH; »Woodstock 25 Years Later« von Greil Marcus, *Interview*, August 1994; Blog von Brian Hassett, 20. Januar 2009; »Woodstock Without the Mud« von Gail Collins, *New York Times*, 21. January 2009.

Edel Books
Ein Verlag der Edel Germany GmbH

www.edelbooks.com
3. Auflage 2019

Published by arrangement with Ecco, an imprint of HarperCollins Publishers, LLC

Titel der Originalausgabe: *The Road to Woodstock – from the man behind the legendary festival*

Übersetzung: Sonja Kerkhoffs, Print & Screen Productions, Köln | www.print-and-screen.de
Lektorat: Alexander Kerkhoffs, Print & Screen Productions, Köln | www.print-and-screen.de
Projektkoordination: Nina Schnackenbeck für Edel Books
Umschlagfoto vorn: Henry Diltz/Getty Images
Umschlagfotos hinten: Henry Diltz/Getty Images, Bill Eppridge/Getty Images
Fotos im Innenteil: Elliott Landy/Magnum Photos und Getty Images, Barry Z Levine/Getty Images, Henry Diltz/Getty Images, Bettmann/Getty Images, Bill Eppride/Getty Images, picture alliance/Associated Press, John Dominis/Getty Images
Layout: Datagrafix GSP GmbH, Berlin | www.datagrafix.com
Umschlag- und Bildstreckengestaltung: Groothuis. Gesellschaft der Ideen und Passionen mbH | www.groothuis.de
Lithografie: Frische Grafik Hamburg
Druck und Bindung: optimal media GmbH, Glienholzweg 7
17207 Röbel / Müritz

Printed in Germany

ISBN 978-3-8419-0646-5